좋은 리더를 넘어
위대한 리더로

JIM COLLINS

BE 2.0

BILL LAZIER

좋은 리더를 넘어
위대한 리더로

짐 콜린스·빌 레지어 지음

이경식 옮김

흐름출판

일러두기

- 본문에 번호로 표기된 각주는 저자가 집필하며 참고한 자료의 출처를 밝히려는 것으로 뒤편 '자료출처'의 QR코드를 통해 찾아볼 수 있다.
- 본문 하단의 각주는 이해를 돕기 위해 옮긴이와 편집자가 추가한 설명이다.

당신은 거듭날 준비가 되었는가

빌 레지어와 나는 스탠퍼드대학교 경영대학원에서 함께 가르쳤던 강의를 바탕으로 《기업가정신을 넘어서Beyond Entrepreneurship》*를 공동 집필해 1992년 세상에 내놓았다. 당시 우리는 세대를 이어서 영속적으로 번성하는 위대한 기업을 만들겠다는 야망을 가진 스타트업과 중소기업 지도자가 활용할 로드맵을 만드는 작업에 매진했다.

빌은 실무 경험과 학문적 성찰을 두루 갖춘 뛰어난 스승이었다. 그의 축적된 지혜가 《기업가정신을 넘어서》에 압축적으로 담겨 있다. 이후 나는 위대한 기업을 주제로 한 여러 권의 베스트셀러를 혼자서 또는 다른 저자와 함께 출간했지만 기업계의 많은 리더들은 《기업가정신을 넘어서》를 가장 소중하고 즐겨 읽는 책이라고 말해왔다.

2014년 넷플릭스Netflix의 공동창업자, 리드 헤이스팅스Reed Hastings는 공립대안학교KIPP 모임에서 나를 소개하면서 청년 기업가 시절에 《기업

---

*   이 책은 우리나라에서 '짐 콜린스의 경영전략'이라는 제목으로 출간됐다.

가정신을 넘어서》를 여섯 번이나 읽었다고 말했다. 그는 실리콘밸리에서 혁신과 기업 문화를 선도하는 기업가에게 수여하는 앙코르상ENCORE Award 수상자로 선정되었을 때도 야망에 불타는 젊은 CEO들에게 도움말을 하나 주겠다면서 "《기업가정신을 넘어서》의 처음 86쪽까지를 달달 외우라"고 말했다.[1] 헤이스팅스뿐만 아니라 수많은 경영자들이 이 책의 가치를 인정하고 있다. 이처럼 나의 스승 빌은 《기업가정신을 넘어서》를 통해서 한 번도 만난 적이 없는 이들의 멘토가 됐고, 영속적인 위대한 기업Enduring Great Company을 만드는데 영감을 주었다.

고전의 반열에 오른 책을 이제 와서 다시 내놓는 이유가 무엇인지 밝혀야 할 것 같다. 이유는 세 가지다.

첫째, 나는 작은 기업을 이끌거나 처음 시작하는 사업가, 리더들에게 여전히 뜨거운 열정을 갖고 있다. 내가 집필한 책들을 읽어주면 좋겠다고 가장 바라는 사람도 바로 이들이다. 나는 지금까지 좋은 기업을 넘어 위대한 기업으로 성장한 회사들을 분석한 책을 여러 권 썼는데, 이 책들을 읽은 독자라면 내가 방금 한 말을 듣고 깜짝 놀랄지 모르겠다. 그러나 그런 기업들의 현재 모습이나 규모에만 초점을 맞춰선 안 된다. 그랬다가는 그 기업들도 한때는 언제 망해도 이상하지 않은 스타트업에서 시작했고, 또 이들이 《성공하는 기업들의 8가지 습관Built to Last》(1994), 《좋은 기업을 넘어 위대한 기업으로Good to Great》(2001), 《위대한 기업의 선택 Great by Choice》(2011) 등과 같은 책을 철저하게 연구했다는 사실이 간과될 수 있기 때문이다.

나는 이런 회사들이 걸어온 길을 그들이 처음 창업했던 시점까지 거슬러 올라가서 조사하고 분석했다. 이 회사들 가운데 어떤 회사는 영속적인 위대한 기업이 됐고 어떤 회사는 그러지 못했다. 그 이유가 나에게는 가장 큰 호기심의 대상이었고, 지금도 그 호기심을 푸는 것이 가장 큰 과제다.

둘째, 이 책이 출간된 이후 오늘날의 기업 리더들에게 직접적인 도움이 될 새로운 자료를 많이 모았고 이를 정리할 필요가 있었다. 의사결정, 리더십, 전망, 전략, 행운 등과 관련된 새로운 자료와 통찰을 이 책에 녹여냈다. 부디 이 책을 오래된 명가名家를 대대적으로 리모델링한 집이라고 여겨주면 좋겠다. 새롭게 확보한 자료는 '짐 콜린스의 새로운 생각'이라는 이름을 붙여서 기존 내용에 삽입했다. 추가된 내용은 분량으로 따지면 이 책의 거의 절반쯤 된다. 그러나 《기업가정신을 넘어서》의 원래 내용은 최소한의 수정만 했을 뿐 빌과 내가 1992년에 썼던 그대로 살려두되 새롭게 추가된 내용과 구분되도록 배경을 음영으로 처리했다.

셋째, 이것이 가장 중요한 이유인데, 이렇게 확장판을 내는 것은 내 인생의 가장 위대한 멘토이자 공동저자인 빌 레지어의 유산을 기리고 확장하기 위해서다. 빌의 손이 나를 어루만져주지 않았더라면 지금의 나는 없다. 지금과 같은 삶을 누리지도 못했을 것이다. 2004년에 빌이 세상을 떠났을 때 나는 그에 대해서 그리고 그가 사람들에게 미친 영향에 대해서 글을 쓰고 싶었다. 그래서 확장판 서문에 이어서 곧바로 1장에서 빌의 이야기를 독자에게 들려줄 참이다. 현명하고 관대한 스승이자 수천 명의 젊은이의 삶을 바꾸어놓은 어른에게서 내가 무엇을 배웠는지 자세하게 들려주려 한다.

당신이 세상에 모범이 되고 상징이 되는 회사를 만들고 성장시키는 데 빌과 나의 글이 도움이 되면 좋겠다. 한 가지 바람을 더하자면, 내 삶을 바꿔놓았던 빌의 조언이 당신에게, 당신이 이끄는 사람들에게 전달되고 다시 또 다른 사람들에게로 계속 이어지길 바란다.

콜로라도 볼더에서
짐 콜린스

차례 CONTENTS

3장   **위대한 리더의 7가지 조건**

4장   비전, 리더의 시작과 끝

5장   행운을 불러오는 마인드

9장   전술적인 탁월함, 신은 디테일에 있다

1장

좋은 리더를 넘어
위대한 리더로

CHAPTER 1

인생을 연속되는 거래로 볼 수도 있고 관계를 쌓아가는
과정으로도 볼 수 있네. 거래는 성공을 안겨줄 수 있을지 모르지만,
인생을 위대하게 만들어주는 것은 관계뿐이라네.

— 빌 레지어

빌 레지어는 나에게 아버지나 다름없었다. 나를 낳아준 분은 내가 스물세 살 때 돌아가셨는데, 나에게 옳고 그름의 차이나 가치관, 인성人性에 대해서 그 어떤 가르침도 남기지 않았다. 나는 베트남전쟁이 끝난 뒤이자 워터게이트사건* 이후인 1970년대에 성인이 되었는데, 당시는 사회적인 대의나 방향성, 목적성에 대한 어떤 거대한 감각이 미국 사회에서 실종된 시대였다.

나는 대학에 다니면서, 타인에게 봉사하는 삶의 중요성을 두고 친구들과 대화를 나눈 적이 없었다. 또한, 핵심 가치관에 따라 직업을 선택해야 한다는 발상을 두고 토론을 해본 적도 거의 없었다. 20대 초반의 나는 인생에서 중요한 무언가를 놓치고 있다는 뼈아픈 느낌에 사로잡혀 있었다.

바로 그 시점에 빌을 만났다.

---

*   미국 대통령 선거를 앞둔 시점이던 1972년 6월에, 닉슨 대통령의 측근이 닉슨의 재선을 위하여 워싱턴의 워터게이트 빌딩에 있는 민주당 본부에 침입하여 도청 장치를 설치하려 했던 사건.

빌과의 만남

스물다섯 번째 생일을 맞기 직전이었다. 스탠퍼드대학교 경영대학원 2학년이던 나는 벼락에 맞는 것보다 확률이 낮은 기가 막힌 행운을 거머쥐었다. 내 인생을 송두리째 바꾸어놓을 귀인을 만난 것이다. 당시 경영대학원 학장이 50대에 창업해서 성공한 기업가로 입지를 굳히고 있던 빌에게 선택 과목을 강의해달라는 제안했다. 빌은 그 제안을 받아들여서 자신의 실용적인 지혜를 학생들에게 나눠주기로 했다. 갓 창업한 자기 회사를 성장시키는 일보다 젊은 기업가를 성장시키는 일에 에너지를 쏟기로 한 것이다. 그때 나는 빌의 강좌를 들을 생각이 별로 없었다. 그런데 선택 과목 강좌를 학생들에게 무작위로 배분하는 과정에서 어쩌다 보니 빌의 첫 번째 강좌를 듣게 됐다. 나는 친구들에게 '레지어 교수님'에 대해서 아는 게 있는지 물었지만 다들 고개를 저었다.

"글쎄, 강의를 들어보면 어떤 사람인지 알겠지 뭐."

돌이켜보면 정말 행운이었다. 강좌 배분 시스템이 나를 다른 강좌에 배정했거나 혹은 내가 그 강좌의 수강 신청을 포기했다면, 지금까지 내가 걸어온 인생 여정을 그대로 걷게 되었을 가능성은 거의 없었을 것이다. 그렇다면 이 책도 존재하지 않을 것이다. 《성공하는 기업들의 8가지 습관》, 《좋은 기업을 넘어 위대한 기업으로》, 《위대한 기업은 다 어디로 갔을까How the Mighty Fall》, 《위대한 기업의 선택》 등을 비롯해 내가 지금까지 연구하고 또 그 결실이 되었던 책들도 모두 존재하지 않을 것이다. 무엇보다 내가 소중하게 여기는 지금의 내 가치관도 지금과는 꽤 달랐을 것이다.

이유를 알 수 없지만, 빌은 나에게 관심을 보였다. 내가 강력한 에너지를 갖고 있지만 뚜렷한 목적의식은 없다는 것을 간파했던 게 아닐까 싶다. 그는 정기적으로 나와 내 아내 조앤을 집으로 초대했고, 우리 부부는 그와 그의 아내 도로시와 함께 저녁 식사를 했다. 식사 모임은 학교를 졸업한 뒤에도 계속 이어졌는데, 이 만남을 통해서 그는 내가 어떻게 하면 내가 가진 재능을 잘 활용해서 세상에 오로지 나만 할 수 있는 기여를 할 수 있을지를 열심히 찾도록 강하게 자극했다. 그는 친절하면서도 끈질기게 내 등을 떠밀었고 연구하고 집필하고 강의하는 삶에 전념하도록 영감을 불어넣었다.

내가 막 서른 살이 되던 1988년, 빌은 나를 위해서 정말 용기 있는 제안을 했다. 그 덕분에 내 인생은 영원히 바뀌었다. 그 제안은 스탠퍼드경영대학원 교수진에 갑작스럽게 결원이 생기는 사건에서부터 시작된다. 빌이 가르치던 '기업가정신과 중소기업' 강좌에서 파생된 강좌를 맡고 있던 인기 많은 교수가 갑자기 학교를 그만두게 됐다. 학장은 빌에게 해당 강좌를 맡아줄 '진짜' 대체자를 찾는 동안에 임시로 한 해 동안 '땜빵' 역할을 할 사람을 추천해 달라고 했다. 그러자 빌이 나를 추천했다. 학장은 고개를 갸웃했지만, 빌은 나를 적극적으로 밀었다.

"짐이 잘 해낼 것이라고 믿습니다. 제가 책임을 지고 지도하겠습니다. 짐은 내가 강의하는 것과 동일한 강좌를, 약간만 다를 뿐 기본적으로는 동일한 내용을 가르칠 겁니다."

학장에게는 다른 대안이 없었기 때문에 어쩔 수 없이 빌의 제안을 받아들였다. 학장으로서는 그저 내가 강좌를 엉망으로 만들어버리지 않도록 빌이 어떻게든 잘 챙겨주길 마음속으로 빌었을 것이다.

이런 상상을 해보자. 당신이 마이너리그에서 뛰는 새파랗게 젊은 투수다. 그런데 어느 날 메이저리그 경기에서 뛸 투수를 태운 버스가 고장이 나서 경기장에 올 수 없게 됐다. 경기는 이제 곧 시작이다. 팀에서는 대체 투수가 한 명도 없다. 마침 당신이 우연히 경기장에 있었다. 감독이 당신에게 다가오더니 이렇게 말한다.

"이봐 젊은 친구, 마이너리그 투수라면서? 당장 글러브 챙겨서 메이저리그 경기장의 마운드에 올라가야겠네."

이때 그 젊은 투수가 가졌을 심정이 내가 갑자기 사라져버린 그 스타 교수의 대타가 되어서 스탠퍼드경영대학원의 강단에 설 때의 심정이었다.

빌은 내 어깨에 엄청나게 무거운, 책임감이란 짐을 지웠다. 그가 나를 신뢰하고 또 믿는다는 사실 자체가 나에게는 버거운 짐이었다. 하지만 실망시키고 싶지 않았다. 나는 일생일대의 경기를 앞둔 초짜 투수의 모습으로 더그아웃에 있었고, 나를 발탁해서 메이저리그 경기에 내보내는 빌 레지어 감독은 나에게 이렇게 말했다.

"이건 기회라네. 완벽하게 던져주기만 한다면 계속해서 메이저리그에서 뛸 수 있어. 이 기회가 인생을 바꾸어놓을 수 있다는 말이지. 내 말 알아들었나? 자, 그럼 나가서 던져!"

그날 이후로 나는 스탠퍼드경영대학원이라는 메이저리그에서 일곱 시즌 동안 공을 던졌다.

빌의 위대함은 그가 사회적으로 성공을 거두었다는 사실에 있지 않다. 어떤 잣대를 들이대더라도 그는 성공한 사람이었다. 그는 세상을 떠났지만 그가 경영자로서 설립한 기업은 지금도 일자리와 부를 창출하고 있다. 또한 그는 교수 경력의 마지막 시간을 보냈던 스탠퍼드대학교 로스쿨에서 초대 '낸시 및 찰스 멍거 경영학 교수'로 학과장직을 맡았다. 빌이 로스쿨 학생들에게도 얼마나 깊은 영향을 미쳤던지, 학생들은 멍거

대학원 기숙사의 야외 마당을 레지어 뜰Lazier Courtyard이라고 이름을 붙여서 그를 기리고 있다. 빌은 또한 여러 사회적 기업에 자신의 시간과 돈을 아낌없이 베풀었다.

하지만 무엇보다도 언급하고 싶은 점은 빌이 위대한 멘토였다는 사실이다. 나뿐만이 아니라 수백 명의 청년에게 그는 멘토가 되어 주었다. 그래서 나는 본격적으로 위대한 리더의 조건을 알아보기 전에 빌에게서 배운 인생 교훈을 1장에서 소개하려고 한다. 이 교훈을 이 책의 맨 앞에 담는 것이 나로선 전혀 이상하지 않다. 왜냐하면 빌은 인생살이에 성공하지 않으면 진정한 성공이 아님을 자신의 전 생애를 통해 보여주었기 때문이다.

관대한 충동을 억제하지 말 것

어느 날, 우리 집으로 커다란 나무 상자 두 개가 배달됐다. 운송장을 보니 빌이 보낸 것이었다. 조앤과 나는 상자를 열어보고는 깜짝 놀랐다. 와인이 수십 병이나 들어 있지 않은가! 프랑스산도 있었고, 이탈리아산도 있었고, 캘리포니아산도 있었다. 나는 빌에게 전화를 해서 이렇게 귀한 선물을 주는 이유가 무엇이냐고 물었다. 그러자 이런 대답이 돌아왔다.

"우리 집 와인 저장고 재고 관리를 제대로 하지 못해서 와인이 넘쳐나지 뭔가. 저장고를 좀 비워야 하는데 아무래도 남아도는 와인을 자네에게 보내는 게 이 문제를 해결하는 가장 좋은 방법이 될 것 같았지. 도와줘서 고맙네."

빌은 자기가 베푸는 관대함을 다른 사람이 선선히 받아들이게 만드는 기술을 가지고 있었는데, 그것은 호의를 받는 사람을 호의를 베푸는 사람으로 만들어버리는 신기하기 짝이 없는 기술이었다. 빌의 와인 저장고는 무척 컸다. 그랬기에 우리 부부는 그 저장고에 공간이 부족하지 않다는 것 정도는 알고 있었다. 당시의 우리 형편으로는 그렇게 좋은 와인을 쟁여놓고 즐길 여유가 없었는데 이를 잘 알고 있던 빌이 자신의 와인을 나누어주었던 것이다. 덕분에 아내와 나는 우리의 작은 지하실에 있는 작은 선반에 와인 수십 병을 어떻게 넣어야 할지를 두고 행복한 고민을 했다.

빌을 보면, 널리 알려진 위대한 리더들 가운데서도 특히 HP Hewlett-Packard의 공동창업자인 윌리엄 휴렛 William R. Hewlett이 떠오른다.

휴렛은 기업이 직원을 책임져야 하며, 기업이 성공하도록 열심히 일한 사람은 회사가 창출한 부를 나누어 가질 자격이 있다고 믿었다. 휴렛은 시대를 훨씬 앞서 나간 인물이어서, 이런 발상이나 가치관이 미국 기업계에 자리를 잡기 한참 전인 1940년대에 이미 이를 실천으로 옮겼다. 예를 들어 HP는 모든 장기근속 직원이 회사의 수익과 주식을 상당한 수준으로 받을 수 있는 제도를 마련한 최초의 회사들 가운데 하나였다. 또한 휴렛은 막대한 재산을 사회에 기부하기로 약속한 최초의 IT 분야 거물들 가운데 한 명이었다.[1] 그는 아주 단순하지만 강력한 좌우명인 '관대한 충동을 억제하지 마라'를 끝까지 지켰다.[2]

빌과 나는 둘 다 휴렛에서 영감을 얻었는데, 특히 빌은 휴렛의 관대함 원칙을 철저하게 받아들였다. 빌은 아메리칸드림은 혼자만 잘되는 게 아니라, 사회에 도움이 되는 일을 하고 다른 사람들에게 자기가 가진 것을 대가 없이 내주는 것이라고 믿었다. 그렇게 내주는 것이 돈일 수도 있고,

시간일 수도 있고, 또는 봉사일 수도 있다. 또는 다음 세대를 가르치고 멘토링하는 것일 수도 있고, 자기가 옳다고 믿는 것을 위해서 때로 위험을 감수하는 것일 수도 있다. 빌은 이 **모든 것**을 넘쳐나게 행동으로 보여주었다. 빌의 관대함은 그의 에너지를 결코 고갈시키지 않았다. 오히려 그 반대였다. 그는 많은 사람들에게 너무도 많은 것을 주었고 그 감사함이 곧바로 그에게 더 큰 감사함으로 되돌아왔다. 그는 이것을 다시 주변에 나누었고 그러자 그의 에너지는 더욱 커졌다. 관대함이 에너지로 이어지고 이 에너지가 다시 관대함으로 이어지는 일련의 과정은 그의 인생에서 반복되었고, 그는 더 강력한 추진력을 얻었다.

별의 순간은 언제인가

빌은 유명 회계법인의 공인회계사로 사회 생활을 시작했다. 승승장구했고, 파트너로 지명될 위치까지 올랐다. 그 회계법인에서 파트너로 승진하게 될 시점이 가까워졌을 때 빌은 어떻게 반응했을까? 어쩐 일인지 그는 퇴사했다. 그때의 그 선택을 빌은 나에게 이렇게 설명했다.

"나는 회사를 세워서 기업가로 우뚝 서고야 말겠다는 꿈을 늘 가슴에 품고 있었다네. 그런데 회계법인에서 파트너가 되고 나면 편안하고 높은 자리에 묶여버려서 나중에 기업가로 도약하기 어렵겠다는 생각이 들었지."

그래서 빌은 파트너로 승진하기 직전에 편안하고 안전한 둥지를 박차고 나왔다. 그 자리에 있다가는 기업가가 되겠다는 꿈이 질식해버릴 것 같았기 때문이다.

당시는 지금과 모든 것이 달랐다. 그때는 모두가 높은 자리에서 누릴 수 있는 특권과 중상류층의 안정성을 갈망하던 시대였고, '기업가정신'이라는 것은 쓸데없이 위험을 무릅쓰는 괴짜들이나 선택하는 이상하고 특이한 지향으로 치부됐다. 그러니 결혼한 지 얼마되지 않았고 어린 자녀를 둔 전문직 종사자 중에 안정적인 경로를 버리고 불확실성과 위험을 좇는 사람은 거의 없었다. 그러나 불가능에 가까운 꿈을 실현하려면 백척간두百尺竿頭에서 모든 것을 걸고 한 걸음 앞으로 나아가야 하는 순간을 거쳐야 한다. 대부분의 사람은 이 결정적 순간에 모든 것을 걸지 않기 때문에 결국 담대한 꿈을 이루지 못한다고 빌은 믿었다.

분명히 말하지만, 빌은 무작위로 선택한 어떤 경로에 맹목적이고 무모하게 모든 것을 걸지 않았다. 그는 담대하고도 돌이킬 수 없는 도약을 시도할 대상과 시점을 신중하게 선택했다. 그래도 문제는 여전히 남는다. 그렇다, 성공할 확률이 낮은 꿈을 추구하는 데 모든 것을 거는 것은 위험하기 짝이 없다. **그러나 결정적인 순간에 모든 것을 걸지 않으면 꿈을 달성할 확률은, 그나마 낮은 수준으로나마 존재하던 그 확률은, 0이 되고 만다.**

빌에게 회계법인에 계속 머무르는 것은 인생을 별 탈 없이 편안하게 살아가겠다는 선택이었다. 이 선택에서는 모든 것이 갖추어져 있어서, 그 안에 머무르는 한 어느 정도 괜찮은 인생을 살 수 있다. 이렇게 살면 마지막에 예쁜 그림을 하나 가질 수 있다. 그러나 또 다른 길이 있는데, 빌이 바로 그 길을 선택을 했다. 인생을 예쁘고 작은 그림으로 확실하게 만드는 길을 포기하는 대신, 어떤 그림이 될지는 알 수 없지만 대작을 그릴 수 있는 커다란 빈 캔버스를 가지는 쪽을 택한 것이다.

나중에 나에게도 중요하고도 결정적인 순간이 찾아왔다. 대학교에서 강의하기 시작한 지 대략 5년쯤 지났을 때 나는 인생의 근본적인 갈림길 앞에 섰다. 우선, 잘 닦여 있는 길이 내 앞에 있었다. 강단의 전통적인 방식을 좇아서 박사 학위를 따고 이어서 교수 사회의 사다리를 타고 높은 자리로 올라가는 길이었다. 또 하나의 길은 위험한 길이었다. 강단 바깥의 현실 세계로 나아서 내가 하고 싶은 연구를 하고, 글을 쓰며 살아가는 데 내가 가진 모든 것을 걸 수도 있었다.

아닌 게 아니라 그때까지 여러 해 동안 몇몇 학생은 나에게 '기업가정신을 다루는 교수'라는 발상에 내재된 모순에 대해서 지적하곤 했다. 대학 교수에게 주어지는 종신 재직권이라는 안정성은 기업가정신이 중요하게 여기는 위험과 모호성과는 거리가 멀지 않느냐는 것이 그 질문의 핵심이었다. 나는 이렇게 생각했다.

"그 단어 배열의 순서를 바꾸어서, 기업가정신을 다루는 교수professor of entrepreneurship가 될 게 아니라 **기업가정신으로 무장한 전문가**entrepreneurial professor가 되는 건 어떨까?"

내가 처음 빌에게 "사업가 교수가 되어서 내가 나를 교수로 임명하고 또 종신직을 부여하고" 싶다는 포부를 밝히자 그는 가능할 것 같지 않은 이상한 발상이라고 말했다. 그는 내가 타고난 교사이자 연구자이며 저술가라고 보았다. 그래서 강단에서 좀 더 전통적이고 안정적인 자리를 구축하라고 조언했다. 그러나 나는 대학교에 적을 두지 않아도 교사, 연구자, 저술가가 될 수 있다고 말했다. 빌은 나의 그 근거 없는 대담함에 고개를 절레절레 저었다.

그래서 나는 빌에게 그가 모든 것을 걸었던 순간, 즉 파트너로 승진하기 직전에 회사를 그만두었던 그 순간을 상기시켰다.

"선생님, 생각해 보세요. 그때 선생님은 파트너가 되는 것을 포기하고 기업가로서의 여정을 선택하셨는데, 만일 그때 그 선택을 염려하던 사람들의 말을 따랐더라면, 지금 선생님의 인생은 어떻게 되어 있겠습니까?"

그때 빌이 보여주었던 희미한 미소를 지금도 기억한다. 지금 생각해보면 빌은 내가 모든 것을 걸 만큼 '사업가 교수'라는 발상을 확신하는지 알아보려고 짐짓 반대하면서 나를 시험했던 것 같다. 또한 내가 잘못되지나 않을까 걱정하는 마음이 앞섰기 때문에 내 생각에 반대했던 것 같다.

결과적으로, 조앤과 나는 '돌이킬 수 없는 도약'을 선택했다. 우리는 그 선택을 '델마와 루이스의 순간'이라고 부르는데, 이 순간은 영화 〈델마와 루이스〉에서 두 주인공인 델마와 루이스가 해방을 꿈꾸면서 무개차를 최고 속도로 몰아서 사막 협곡의 건너편 땅을 향해서 허공을 가르는 장면을 연상시킨다(그러나 우리는 델마와 루이스와 다르게 협곡 건너편에 무사히 내려앉고 싶었다). 그런데 우리의 기대와 달리 우리는 거의 실패에 가까운 지점까지 떨어졌고, 가진 돈이 바닥을 드러낼 즈음에는 협곡 아래 바닥으로 곤두박질쳐서 산산조각이 날 것만 같은 느낌에 사로잡혔다. 그러나 만일 우리가 스탠퍼드라는 안정적인 기반을 버리지 않았다면, 나의 인생은 분명 지금과 달랐을 것이다. 모든 것을 걸고 절체절명의 심정으로 전력투구하지는 않았을 것이다. 그리고 결국 성공 확률은 0이 되고 말았을 것이다. 당신도 마찬가지다. 만일 다른 선택의 여지를 열어둔다면 성공 확률은 0이 될 것이다.

신뢰의 선순환

스탠퍼드라는 안정적인 울타리를 벗어난 뒤, 나는 사람과 관련해서 나쁜 결정을 많이 했다. 잘못된 사람들에게 신뢰를 헛되이 낭비했다. 어느 날, 나는 빌에게 이런 질문을 했다.

"선생님도 뒤통수 맞은 적이 있습니까?"

"그럼, 그게 인생이지"

나는 이어서 이렇게 물었다.

"그런 경험을 하고 나면 자기방어적으로 바뀌지 않습니까? 저는 몇 번 뒤통수를 맞고 나니까 사람들을 믿지 못하겠습니다. 예전보다 훨씬 더 경계하게 됐습니다."

"짐, 그건 인생에 마주치게 되는 어쩔 수 없는 사건 중 하나일 뿐이야. 우리 앞에는 두 가지 길에 놓여 있다네. 어떤 사람이 '믿을 만하다'고 생각한다면, 그 판단이 잘못되었다는 명백한 증거가 나오기 전까지 그 믿음을 계속 붙잡고 가는 길이 있네. 반대의 길도 있어. 어떤 사람이 '믿을 수 없다'고 생각한다면, 그 판단이 잘못되었다는 명백한 증거가 나오기 전까지 그 믿음을 계속 붙잡고 가는 거지."

나는 빌이 전자의 길을 걷고 있다는 것을 알고 있었다. 그래서 이렇게 물었다.

"하지만 사람들이 **늘 신뢰할 수 있는 대상이 아니라는** 사실에 대해서는 어떻게 생각하십니까?"

"나는 사람들이 보여줄 수 있는 최상의 가능성을 믿는 쪽이네. 물론 때로 그들이 내게 실망을 안겨줄 수 있다는 사실도 받아들이지. 이게 내 선택이야."

그래서 내가 슬쩍 도발했다.

"그럼, 많이 당하셨겠네요?"

"그렇지, 많이 당했지. 아니 아주 많이 당했지. 그렇지만 생각보다 자주 일어나는 일이 있다네. 내가 어떤 사람을 믿으면 그 사람은 내가 믿는 그 수준까지 성장한다네. 만일 자네가 어떤 사람을 신뢰하면, 그 사람은 자네가 보여주는 신뢰에 부응해야 한다는 책임감을 갖게 될 거야. 자네가 어떤 사람을 신뢰하겠다는 선택을 하는 것만으로도 그 사람이 보다 더 믿음직한 사람으로 성장하는 데 도움이 될 수 있다는 말이지. 자네는 이런 가능성을 생각해 본 적이 없나?"

나는 물러서지 않았다.

"그렇지만 그런 순수한 신뢰를 이용하려는 사람들도 있지 않습니까. 그러면 결국 선생님만 상처를 받게 될 겁니다."

그러자 빌은 자신의 경험을 들려주었다. 그가 보여주었던 신뢰를 이용해서 "상당히 큰 금전적 손해를 안겨주었던" 사람의 이야기였다. 비록 감당하지 못할 만큼의 재앙 수준은 아니었지만(빌은 항상 "절대 커다란 재앙에 노출되지 마라. 현금이 부족한 상황에 맞닥뜨리지 않도록 늘 예의주시해라"라고 조언했다) 그가 받은 상처는 무척 깊었다. 배신한 사람이 오랫동안 알고 지내던 지인이었기 때문이다.

빌은 이 경험의 긍정적인 측면과 부정적인 측면을 모두 설명했다. 예컨대 누군가를 신뢰하고 그 사람이 그 신뢰를 받을 자격이 있다면, 이것은 엄청나게 긍정적인 효과를 불러온다. 신뢰를 받은 그 사람은 자신이 인정을 받고 있다는 사실만으로도 긍정적인 방향으로 동기를 부여받는다. 믿음이 틀렸을 경우에 발생할 부정적인 효과는 무엇일까? 쉽게 받아들일 수 없는 손실을 당하면, 누구나 고통과 실망감을 느끼게 된다.

그렇다면 다른 측면을 살펴보자. 불신이 가져다주는 이득은 무엇일까? 불신은 고통과 실망을 최소한으로 줄여 준다. 불신에 뒤따르는 손해는 무엇일까? 빌은 이 부분이 중요하다고 조언했는데, 만일 우리가 주변에 있는 사람들을 신뢰할 수 없다고 결론내린다면, 결국 그들은 의욕이 잃고 우리를 떠나가게 된다. 바로 이것이 빌이 말하는 신뢰 베팅Trust Wager 즉 신뢰에 내기를 걸라는 원칙의 핵심이다. 이는 다른 사람들과 무언가를 도모할 때 불신보다는 신뢰를 보내는 것이 잃는 것보다 얻는 것이 많다는 확고한 믿음을 기반으로 한 원칙이다.

나는 다시 물었다.

"그렇다면, 어떤 사람이 선생님이 보여준 신뢰를 철저하게 이용하고 배신했다는 사실을 알게 되면 그때는 어떻게 하실 겁니까?"

"우선 그게 오해가 아닌지부터 확인해야지. 그 사람이 의도적으로 그렇게 한 게 아니고 무능해서 그렇게 되었을 수도 있으니까."

"무능해서요?"

"그럼. 신뢰가 깨지는 데는 두 가지 경우가 있네. 하나는 그 사람이 선의를 가지고 있지만 무능하다는 사실을 알게 되어서 그 사람의 역량에 대한 믿음을 잃는 경우이고, 다른 하나는 그 사람의 인성에 대한 믿음을 잃는 거야. 무능한 사람이 유능해지도록 도울 수는 있지만, 누군가 의도적이고 반복적으로 내가 보낸 신뢰를 이용한다는 사실을 알게 된다면, 이 사람에 대한 신뢰는 돌이킬 수 없을 정도로 깨지겠지."

빌이 다른 사람에게 보내는 신뢰와 믿음은 마치 자석처럼 작동했다. 빌은 사람들을 믿었고, 사람들은 이런 빌을 실망시키고 싶지 않았기에 자기의 역량이나 인성을 한층 높은 수준으로 끌어올렸다. 실망감조차도 사람에 대한 그의 믿음을 꺾지 못했다. 그는 항상 사람을 믿는 쪽에 내기를 걸었다. 그리고 그들 중 일부가 그의 신뢰에 부응해 성장했다. 그렇게 성장한 사람들은 평생 빌에게 헌신하고 충실했다.

이익보다 관계를 추구하라

언젠가 빌은 나에게 이렇게 말했다.

"인생을 거래가 연속되는 과정으로 볼 수도 있고 관계를 쌓아가는 과정으로도 볼 수 있어. 거래는 성공을 안겨줄 수 있을지 몰라도 인생을 위대하게 만들어주는 것은 관계뿐이라네."

그래서 나는 이렇게 물었다.

"선생님은 자신이 위대한 인간관계를 맺고 있다는 사실을 어떻게 확인하세요?"

빌은 잠시 생각한 뒤에 이렇게 말했다.

"자, 관계를 맺고 있는 두 사람이 있다고 생각해 보게나. 자네가 이 두 사람에게 한 명씩 따로 이렇게 물어보는 거야, 그 관계에서 두 사람 가운데 누가 더 이득을 보는가? 라고 말이야. 이때 두 사람 모두 자기가 이득을 더 많이 얻는다고 한다면 그 관계가 바로 위대한 관계지."

그의 대답이 나에게는 어쩐지 당혹스럽고 의아했다.

"그건 좀 이기적인 관점 아닌가요?"

"그렇지 않아. 이 관점의 기본적인 발상이 뭐냐 하면, 두 사람이 모두 그 관계에 너무도 열심히 또 많이 기여하므로 둘 다 한층 더 풍요로워졌다고 느낀다는 거야. 자, 내가 자네에게 한 가지 물어보겠네. 자네와 나, 우리 두 사람의 관계에서 누가 더 이득을 본다고 생각하나?"

"그거야 당연히 저죠! 선생님이 저에게 얼마나 많은 것을 주시는데요!"

그러자 빌이 빙그레 웃으면서 말했다.

"그래, 바로 그게 내가 하고 싶은 말이야. 나는 내가 자네보다 이득을 더 많이 본다고 생각하거든."

빌의 접근법은 관계를 맺고 있는 두 사람이 서로에게서 무언가를 '얻어내고자 하는 목적'이 아니라 서로에게 무언가를 '주고자 하는 목적'으로 자기가 가진 것을 투자할 때 효과를 발휘한다. 그런 점에서 빌은 특히나 너그러운 멘토였다. 그는 생애의 마지막 4분의 1 기간에 수백 명이 넘는 청년들의 멘토가 되어 주었다. 나는 그가 어떤 사람을 멘토링하기로 선택했는지 그리고 어떤 사람을 계속해서 멘토링했는지 궁금했다. 그와 관계를 맺은 사람들은, 누군가로부터 멘토링을 받는다는 것이 단지 '관계를 맺는다는 것'이나 '연결된다는 것' 혹은 '멘토의 덕으로 닫혀 있던 문을 여는 것'이 아님을 이해했다. **누군가의 멘토가 되고 또 누군가의 멘티가 되는 것, 두 사람 사이에 존재하는 이 멘토십은 거래**transaction**가 아니라 관계**relationship**였다.**

빌은 우리 두 사람의 오랜 우정 덕분에 자기가 얼마나 많은 이득을 보았는지 모른다고 말했지만 내 생각은 달랐다. 그의 멘토링을 통해서 내가 얻은 것은 내가 보답할 수 있는 그 어떤 것보다 훨씬 컸다. 이 생각은 지금도 변함없다. 그의 멘토링을 받은 다른 이들도 나와 같은 심정이라고 한결같이 말한다.

그런데 빌은 멘토를 받은 모든 이들에게 암묵적인 요청을 하나 했다. 그는 자기가 멘토링한 사람들이 자기와 똑같은 일을 해서 선순환이 계속 이어지길 기대했다. 자기의 멘티가 다음 세대의 멘토가 되고, 그 멘티가 다시 그다음 세대의 멘토가 되기를 바랐던 것이다. 이렇게 되면 멘토십은 단순한 양방향 관계가 아니라 멘토와 멘티의 삶을 넘어서 훨씬 더 긴 시간으로 확장되는 관계망, 점점 더 커지는 관계망이 된다.

언제나 가치관이 우선이다

빌은 아웃도어 브랜드인 엘엘빈L.L.Bean 사례를 드는 것을 무척 좋아했다. 특히 이 회사의 창업자인 레온 빈Leon Bean을 자주 언급했는데 빌은 빈이 회사의 핵심 가치관을 토대로 해서 의사결정을 내렸던 과정이나 방법에 대해서 학생들과 토론하는 것을 좋아했다.

레온 빈은 돈을 조금이라도 더 많이 버는 것을 목표로 삼는 통상적인 MBA 사고방식을 좇지 않았다. 대신 그는 고객을 친구처럼 돌보고 자랑스러워할 수 있는 기업 문화를 가꾸는 일에 매진했다. 빌의 관점에서 보자면, 어떤 기업가가 과연 성공을 거두었는지 따지는 판단 기준은 '무엇을 하느냐'가 아니라 그 사람이 '어떤 사람이냐'였다. 위대한 그림이나 위대한 음악이 화가와 작곡가의 내면적인 가치관을 드러내는 것처럼 훌륭한 기업도 그 기업을 일군 리더의 가치관을 반영한다고 보았다.

빌은 엘엘빈의 사례를 들면서 수업에 참여한 학생들에게 돈으로 규정할 수 없는 인생의 명확한 철학을 개발하라는 과제를 냈다. 빌이 학생들에게 가장 자주 들려주었던 인용들 (이 인용들은 뒤에 이어질 본문에서 보게 될 것이다) 가운데 하나는 레온 빈이 했던 다음 발언이다.

나는 이미 하루에 세 끼를 먹고 있으니, 한 끼를 더 먹고 싶어도 먹을 수 없다.

빌에게 돈은 인생에서 중요한 기준이 결코 아니었다. 만약 그가 생애의 마지막 20년을 사업가로서의 성공을 극대화하는 데 집중했다면 아마도 훨씬 더 많은 부를 쌓았을 것이다. 하지만 그는 다른 선택을 했다. 학생들을 가르치기로 한 것이다. 그는 모범적인 언행을 통해서 나에게 근본적인 교훈 하나를 남겼다. 그것은 오로지 돈으로만 판단하면 반드시 실패할 수밖에 없다는 교훈이다.

인생에서 진실로 중요한 것은 의미 있는 인간관계를 얼마나 잘 맺어나가고 또 핵심 가치관에 따라서 얼마나 잘 살아가는가이다. 이것은 가치관이 목표보다 우선하고, 전략보다 우선하고, 전술보다 우선하고, 제품보다 우선하고, 시장 선택보다 우선하고, 자금 조달보다 우선하고, 사업 계획보다 우선한다는 것, 그러니까 모든 의사결정보다 우선한다는 뜻이다.

미국의 출발점이 미국의 독립선언서이듯이(독립선언서는 "우리는 다음과 같은 진리들이 자명하다고 생각한다"라는 문구로 시작한다), 기업의 시작은 사업계획이 아니라 핵심 가치관을 드러내는 것에서 시작해야 한다. 가치관이 무엇보다 우선이며, 나머지 모든 것들은 가치관에 종속되어 그 뒤를 따라야 한다. 사업에서도 그렇고 경력에서도 그렇고 또 인생에서도 그렇다. 나는 빌에게서 그렇게 배웠다.

빌은 핵심 가치관은 '만만한 것'이 결코 아니며 가치관에 따라서 산다는 것은 매우 힘든 도전이라고 강조했다. 빌이 나에게 심어줬던 핵심 가치관 가운데 하나는 **약속**commitments에 담긴 신성한 본질이다. 그가 했던 조언은 이랬다.

무엇을 약속할 것인지 매우 조심스럽게 판단해라. 자유로운 상태에서 약속했던 것을 저버린다는 것은 명예롭지 못한 행동이다.

2005년에 있었던 일이다. 10월 25일에 플로리다의 포트로더데일 근처에서 어떤 회의가 열리기로 예정되어 있었고, 나는 그 회의에서 마무리 기조 발표를 하기로 약속했다. 나는 행사일 하루 전인 10월 24일에 비행기를 타고 행사장에 도착할 계획을 세웠다. 그런데 그날 허리케인 윌마가 플로리다 남부를 강타했다. 600만 명이 전기가 끊기는 피해를 입었고, 공항은 폐쇄됐다. 공항 격납고의 거대한 문짝이 거센 바람에 떨어져 나갔을 정도였다. 이런 대단한 소동이 벌어졌기에 나는 행사 관계자가 기조 발표 약속을 지키지 않아도 된다는 말을 해줄 것이라고 기대했다. 하지만 그렇지 않았다. 그 회의는 허리케인이 닥치기 전에 이미 시작됐고, 허리케인은 행사 주최자의 경력을 끝장낼 수도 있었다. 그랬기에 그는 내가 어떻게든 행사장으로 오길 바랐다. 플로리다 남부에 꼼짝없이 갇혀 있던 회의 참석자들에게 내가 강연이든 발표든 간에 뭐든 해주기를 간절히 바랐다.

어떻게 해야 하지? 나는 팀원들과 함께 그 약속을 취소해야 할지 어떨지를 두고 의논했는데, 그때 빌에게서 영감을 받았던 아주 단순한 질문을 팀원들에게 던졌다.

"내가 했던 약속을 지키는 게 불가능할까요? 이 질문은 그게 **진짜로 불가능할지** 묻는 겁니다."

아닌 게 아니라 약속을 지킬 수 있을 가능성은 희박했다. 항공기 운항이 아직 재개되지 않았다. 그래서 올랜도까지 비행기를 타고 간 다음, 도로에 쓰러져 있을 전신주, 가로수, 도로 표지판을 아슬아슬하게 피해가면서 너덧 시간 야간 운전을 해야 했다. 운이 좋게도 내가 지나가야 할 모든 도로에서 통행금지 조치가 내려져 있지 않는다면 아침 이른 시간에 회의장에 도착할 수 있을지도 몰랐다. 그래도 나는 그렇게 하기로 결정했다. 자정쯤에 비행기로 올랜도에 들어갔고, 밤새 황량한 고속도로를 달렸다. 전기는 끊어져 있었고, 물과 음식을 사려는 긴 줄이 슈퍼마켓 앞에 늘어서 있었다. 그러나 그 모든 어려움 속에서도 무사히 정시에 회의장에 도착했고 비상 발전기의 도움을 받아서 마무리 기조 발표를 성공리에 마쳤다.

빌은 핵심 가치관에 따라서 살아간다는 것은 불편하고 때로는 비용이 많이 들며 늘 힘든 일이라는 말했다. 아닌 게 아니라 실제로 그렇게 살기란 참으로 어렵다. 나는 지금까지 핵심 가치관을 따라서 살아가려고 했지만, 항상 성공하지는 못했다. 그러나 나는 빌의 가르침과 모범을 본받아 내 가치관에 맞춰서 일관되게 행동하고 있다. 그는 나에게, 바다를 항해하는 배가 밤하늘의 별자리를 바라보며 항로를 끊임없이 바로잡듯이 그렇게 스스로를 끊임없이 바로잡아야 한다고 가르쳤다. 때로는 잘못된 방향으로 갈 수 있지만 가치관을 기준으로 삼아서 돌아보고 교정해서 원래의 방향으로 나아가라. 당신도 앞으로 이렇게 살아가길 바란다. 그렇다면 어떤 인생을 살든 잘 사는 인생이 될 것이다.

마지막 조언, 와플에 버터를 듬뿍 바를 것

1991년, 나는 장차 《기업가정신을 넘어서》라는 이름으로 묶어서 세상에 나올 원고를 붙잡고 씨름하고 있었다. 그때 나는 빌에게 마치 절망의

터널을 통과하는 것 같다고 불평했다. 이 불평 속에는 '절망'이라는 단어가 현실에서 실현되기를 바라는 마음도 조금은 담겨 있었다. 《기업가정신을 넘어서》는 나에게 대중서로는 첫 번째 시도였는데, 그 작업을 하면서 내가 그런 일에 전혀 맞지 않는다고 느꼈다. 날마다 전날 썼던 원고를 읽으면서 좌절감에 사로잡혔고, 이 느낌은 날이 갈수록 점점 강해졌다. 이런 생각까지 했다.

"곧바로 쓰레기통에 처박혀도 아무런 불만이 없을 가치 없는 원고를 쓰는 일에 어제도 여섯 시간씩이나 허비했구나."

나는 빌이 나에게 용기를 주길 기대했다. 42.195킬로미터의 마라톤 경주에서 결승선을 통과하기 위해서는 마지막 1킬로미터를 이를 악물고 버텨야 하는 고통을 거뜬히 이겨낼 자제력과 규율이 필요하다는 그런 말을 기대했다. 당시는 내가 말을 정확하게 하는 데 필요한 본질적인 고통과 관련된 진실을 조금씩 깨닫던 때였다. 그 진실은 글쓰기는 달리기와 같다는 것이다. 최선을 다해서 달리는 일은 늘 힘들다. 아무리 달려도 달리기는 결코 쉬워지지 않는다. 다만 조금씩 더 나아질 뿐이다.

그런데 빌은 규율에 관한 도움말이 아니라 재미에 관한 도움말을 주었다.

"자네가 글쓰기를 정말 좋아하지 않는다면, 글쓰기를 정말 잘할 수 있을 만큼 오랫동안 그 일에 매달려 있지 못할 거야."

그리고는 잠깐 숨을 끊었다가 다음과 같이 덧붙였다.

"인생은 너무 짧아. 그러니까 지금 하는 일을 즐겨야 해. **만일 우리가 이 작업을 재미있는 무엇가로 만들지 못한다면, 이 일을 당장 때려치워야지!**"

《기업가정신을 넘어서》의 원고를 출판사에 넘긴 다음 날, 빌은 심장마

비로 병원에 입원해서 수술을 받았다. 그리고 몇 달 뒤에 우리 둘은 팔로 알토에 있는 음식점인 페닌슐라크리머리에서 만났다. 우리가 즐겨 함께 했던 '토요일 아침의 와플 페스티벌'을 즐기기 위해서였다. 와플이 나오자 빌은 곧바로 와플 위에 버터 한 조각을 올려놓았다.

"선생님! 왜 그러세요? 의사가 버터 드시지 말라고 했잖아요, 심장을 생각하셔야죠!"

그러나 빌은 아랑곳하지 않고 버터가 올려진 와플에 따뜻한 시럽까지 부은 다음, 버터와 시럽이 한데 뒤섞여서 당지방 덩어리 속으로 녹아드는 모습을 지켜보았다. 그리고는 이렇게 말했다.

"장담하는데, 내가 수술실에 누웠을 때, 의사들은 아마 내 얼굴에서 미소를 보았을 거야. 그때가 내 인생의 마지막 순간이라고 생각했거든. 진짜 그런 줄 알았지. 도로시와 나는 멋지게 잘 달려왔어, 멋진 인생을 살았지. 그걸 그 순간 깨달았지 뭔가. 무슨 말이냐 하면 행복을 진정으로 **느꼈던** 거야, 수술실로 들어가면서 말이야. 내가 위대한 인생을 살았다는 것을 깨닫는 순간이었어."

"그 이야기를 왜 하세요? 그게 와플에 버터를 얹는 것과 무슨 관계가 있다고요?"

"나는 이미 위대한 인생을 살았다네. 그러니까 지금부터는 모든 게 다 보너스야. 나는 와플에 버터를 발라서 먹을 자격이 있어."

빌은 위대한 인생과 오래 사는 인생을 혼동한 게 결코 아니었다. 빌이 그렇게까지 말하는데 나로서도 어쩔 도리가 없었다. 아닌 게 아니라 나도 내 수명을 내 스스로 결정할 수 없지 않은가. 사람은 누구나 짧은 생을 산다. 언제 어느 순간에서든 질병이나 사고로 쓰러질 수 있다. 40년, 50년, 60년, 100년, 심지어 110년이라고 하더라도 그 모든 것은 장구한 시간의 흐름 속에서 보자면 찰나일 뿐이다.

그리고 그 시간은 **점점 더 빠르게 흘러간다**. 어느 날 빌과 함께 자동차를 타고 학교로 가던 길에 나이가 들수록 시간이 점점 더 빠르게 흘러가는 것 같다고 말했다.

"그게 무슨 말이야?"

"한 주에 한 번씩 청소차가 와서 쓰레기를 수거하는데 그날이 점점 더 빠르게 다가오는 것 같아서요. 예나 지금이나 한 주가 7일인 건 똑같은데, 10년 전보다는 그 7일이 확실히 더 짧아진 것 같거든요."

그러자 빌이 껄껄 소리 내어 웃었다.

"하하하. 자네도 내 나이가 될 때까지 기다려 봐. 그러면 크리스마스를 한 주에 한 번씩 보내게 될 테니까 말이야!"

인생은 짧다. 설령 백 년을 산다고 해도 마찬가지다. 그러니 우리가 물어야 할 질문은 "어떻게 하면 수명을 최대한 연장할 수 있느냐"가 아니다. "어떻게 하면 가치가 있는 인생, 언제 끝나도 괜찮다는 생각이 드는 인생을 살 수 있느냐"이다.

여기에서 내가 하고자 하는 말의 요점은 와플에 바르는 버터 이야기가 아니다. 버터나 와플을 좋아하지 않는 사람에게 할 이야기는 특히 더 아니다. 내가 말하고자 하는 것은 내가 좀 더 기꺼이 껴안을 수 있으면 좋겠다고 생각하는 교훈이다. 즐겁게 지내고 즐기는 것, 자기가 좋아하는 일을 사랑하는 것, 앞으로 수십 년이나 남은 인생이 당장 내일이라도 끝장날 수 있다는 역설적인 가정을 인정하며 살아가는 것, 이런 것들이 가지는 가치이다.

2004년 12월 23일, 빌은 낮잠을 자고 일어나 방을 가로질러 걸어가다가 울혈성 심부전으로 쓰러져서 세상을 떠났다. 도로시에게 듣기로는,

빌의 얼굴은 미소를 띠고 있었다고 한다. 마치 자기가 살았던 인생에 만족하는 표정 같았다고 한다. 나는 빌이 세상을 떠난지 두어 시간쯤 뒤에 그 소식을 전화로 들었다. 나는 전화를 끊고 조앤에게 "선생님이 돌아가셨대"라고 말했다. 아버지의 죽음 앞에서 나는 한 번도 온전하게 가져보지 못했던 사람을 생각하면서 울었지만, 빌이 죽었을 때는 내가 영원히 잃어버린 사람을 그리워하며 울었다.

스탠퍼드대학교 교정의 추모 교회Memorial Church에서 열린 빌의 추모식에는 천 명이 넘는 사람들이 참석했다. 그 자리에 모인 사람들 가운데 대다수는 그의 가르침과 모범에 따라 살아온 이들이었다. 나는 거기에 앉아서 그 모든 사람 한 명 한 명을 빌의 영향을 받아서 시공간을 이동하는 벡터로 상상해 보았다. 빌은 그들이 가졌던 가치관과 그들이 했던 선택에 영향을 미쳤다. 인생을 참 잘 살았다고 일러주는 지표가 다른 사람들의 인생을 변화시킨 것이라면 즉 한 사람 덕분에 다른 사람들의 인생이 달라지고 더 좋아졌다면, 빌보다 더 나은 인생을 산 사람은 많지 않을 것이다.

2장

결국,
사람이다

CHAPTER 2

우리 회사 최고의 인재 스무 명을 누가 빼간다면,
마이크로소프트는 별 볼 일 없는 회사가 될 것이다.

— 빌 게이츠[1]

2007년 10월의 어느 날, 스티브 잡스Steve Jobs가 나에게 전화를 걸어왔다. 잡스는 자기가 세상을 떠난 뒤에도 애플Apple이 계속해서 탁월한 성과를 내면서 애플만의 독특한 선한 영향력을 사회에 미칠 수 있으면 좋겠다고 말했다. 잡스는 애플을 영속적인 위대한 기업으로 만들고자 하는 목표의 일환으로 애플대학교를 설립하고 싶어했고, 잡스와 나는 이 아이디어를 놓고 의논했다. 한때 위대하다고 불렸던 기업들이 창립자보다 나이를 더 많이 먹은 뒤에는 세상에 있어도 그만이고 없어도 그만인 기업으로 전락했다. 잡스는 애플이 이 길을 걷지 않고 세월이 흐를수록 더욱 위대한 기업으로 거듭나길 바랐다.

잡스와 대화를 나누면서 나는 평소에 궁금하던 것을 물어보았다. 위기에 빠진 애플을 구하기 위해서 그가 애플에 복귀했던 1997년의 그 어렵던 시기를 어떻게 평가하는지를 물었다.* 1997년 당시만 해도 애플이 독립적인 회사로 살아남을 수 있으리라고 생각한 사람은 거의 없었다. 그러니 애플이 위대한 기업이 되리라고 생각한 사람은 더더욱 없었다. 그때는 아이팟도 없었고 아이폰도 없었고 아이패드도 없었고 아이튠즈도 없었다. 설령 세상을 바꾸어놓을 이런 제품들의 아이디어가 희미하

---

*   스티브 잡스는 경영 실패로 1985년에 자신이 설립했던 애플에서 이사회 결정으로 쫓겨났다가 1997년에 복귀했다.

게나마 존재했다 하더라도, 시장에서 팔리는 제품이 나오기까지는 앞으로 여러 해를 기다려야 했다. 실제로 애플이 아이폰을 출시한 시점은 잡스가 복귀하고 10년 가까이 지난 뒤였다.[2] 1997년 무렵을 기준으로 보자면, 마이크로소프트Microsoft는 개인용 컴퓨터 운영체제 표준화 전쟁에서 전반적으로 승리를 거두고 있었다. 역사상 가장 위대한 스타트업으로 불리던 애플은 무릎을 꿇기 직전이었다.[3] 이런 사실을 염두에 두고 나는 잡스에게 이렇게 물었다.

"그 암울한 상황에서 벗어나기 위해서 가장 먼저 구축한 게 무엇입니까? 어디에서 희망을 찾았습니까?"

나는 제품 비전product vision에 관해서는 우리 시대에 최고의 인물과 통화를 하고 있었고, 따라서 그 질문에 대한 답변으로 잡스가 당시에 마음에 두고 있던 매킨토시나 혹은 그 밖의 '미친 듯이 위대한' 제품에 녹아있는 잠재적인 가능성, 객체지향 운영체제에 대해서 가졌던 혁신적인 아이디어를 설명할 것이라고 예상했다.* 그러나 웬걸, 내 예상은 완전히 빗나갔다.

잡스는 **사람**을 들었다. 잡스가 처음 한 일은 전환점으로 삼을 계기를 함께 만들 인재들을 찾는 것이었다. 그 인재들이란 애플의 초창기에 세상을 바꾸어놓겠다고 했던 바로 그 비전을 여전히 뜨거운 가슴에 품고 있는 사람들이었고, 최고의 제품을 만들겠다는 잡스의 열정과 단호함에 뜻을 함께하는 사람들이었으며, 자신의 창의성을 증폭할 수 있는 마음의 자전거bicycles for the mind를 만드는 일에 여전히 열광하는 사람들이었다.**

---

* '객체지향' 프로그램은 컴퓨터 프로그래밍의 패러다임 중 하나로, 컴퓨터 프로그램을 명령어의 목록으로 보는 시각에서 벗어나 여러 개의 독립된 단위, 즉 '객체'들의 집합으로 파악하는데, 이때 각각의 객체는 서로 메시지를 주고받으며 데이터를 처리할 수 있다.

잡스는, 그들이야말로 여기저기 뿔뿔이 흩어져 있는 (영화 〈스타워즈〉에 등장하는) 제다이 기사들과 같은 사람들 즉 악의 제국 감시망을 피해서 몸을 숨기고 있지만 적절한 때가 되면 언제든 다시 일어날 준비가 되어 있는 사람들이라고 여겼다. 애플의 가치관은 그들 속에 살아 있었다고 했다. 숨어서 죽은 듯이 엎드려 있지만 엄연하게 살아 있는 정신말이다. 그리고 자기는 그 열정을 가진 사람들을 찾아내는 것에서부터 애플 재건 작업을 시작했다고 말했다.

우리는 잡스가 이룩한 눈부신 혁신을 아이팟, 아이폰과 연관시킨다. 그러나 그는 위대한 제품을 세상에 내놓는 영속적인 위대한 기업을 만드는 유일한 길은 올바른 사람들이 올바른 기업 문화 안에서 일하는 것이라고 믿었다. 창업기에 '수많은 조력자를 거느린 천재' 리더십 유형으로 애플을 이끌었던 잡스가 이제는 진정한 리더가 되어, 애플을 자기가 없어도 비전을 가지고서 미래를 향해 뚜벅뚜벅 나아가는 회사로 만드는 작업에 몰두한 것이다. 잡스가 복귀한 뒤에 애플은 시가총액 1조 달러를 돌파한 최초의 기업이 됐다. 잡스가 애플에서 물러난 인생의 마지막 해에 이 기업의 시가총액은 얼마나 더 늘어났을까? 무려 6천억 달러가 넘는다.[4]

《기업가정신을 넘어서》 확장판 작업을 하면서 나는 스스로에게 이렇게 되물었다:

"빌과 내가 그때 그 책을 쓰면서 미처 깨닫지 못해서 빠뜨렸지만, 지금 볼 때 완전히 새로운 장을 추가해서 다루어야 할 정도로 중요한 가치가 있는 항목은 무엇일까?"

** 스티브 잡스는 "컴퓨터는 마음의 자전거와 같다.(Computers are like the bicycles for the mind.)"라고 말했다.

사람과 관련된 의사결정을 다루는 장을 그때 넣었어야 했다. 그것도 첫 번째 장으로 배치했어야 했다.

위대한 기업의 요건이 무엇인지 25년 넘게 곰곰이 되짚어보면서 나는 '사람 먼저first who**'라는 원칙이 다른 어떤 것보다 중요하며 또한 절대로 놓쳐서는 안 되는 유일한 원칙임을 깨달았다.**

그 어떤 것보다 중요한 원칙이 바로 올바른(적합한) 인재를 채용하는 것이다. 우리 연구팀과 나는 《좋은 기업을 넘어 위대한 기업으로》에서 이 원칙 즉, 올바른 사람을 버스에 태우는 것이 먼저이고 이 버스를 몰고 어디로 가야 할지 정하는 것은 그다음의 문제라는 원칙, 다시 말하면 사람이 **먼저이고** 그다음이 사업이라는 원칙First Who, Then What을 확인했다. 이번 장에서 이 원칙을 다루겠지만, 《좋은 기업을 넘어 위대한 기업으로》에서 썼던 내용을 반복하지는 않을 것이다. 오히려 그 발상을 한층 더 넓게 확장해서, 《좋은 기업을 넘어 위대한 기업으로》를 출간한 뒤에 깨달은 몇 가지 교훈을, 특히 이 책의 독자가 관심을 가질 내용에 초점을 맞추어서 공유하려고 한다.

함께 산을 오를 사람은 누구인가

올바른 사업 아이디어보다는 올바른 사람이 더 중요하다. 아무리 성공 가능성이 높은 사업 아이디어라도 실패할 가능성은 항상 존재한다. 회사에 특정 아이디어나 사업 전략에만 적합한 직원이 있다면, 그래서 그 아이디어가 실패하거나 다음 단계로 넘어가야 한다면, 그 직원을 어떻게 하겠는가? 또는 첫 번째 아이디어가 성공했지만 이것보다 더 크고 더 나은 아이디어나 사업으로 전환해야 한다면 (예를 들어서 애플이 개인용 컴퓨터 사업에서 벗어나서 아이팟 및 아이폰 사업으로 전환하는 경우) 그들을 어떻게 하겠는가? 만일 특정한 전략에만 맞는 사람을 고용했다면 그 사업이 실패할 확률은 처음부터 높았을 것이다.

아무리 뛰어난 비전을 가진 기업가라고 하더라도, 설령 그 사람이 차세대 스티브 잡스가 될 아이디어를 갖고 있더라도, 그 사람이 위대한 기업을 만드는 데 반드시 필요한 단 하나의 기술을 꼽으라면, 나는 사람과 관련된 의사결정을 탁월하게 하는 것이고 말하겠다. 올바른 인재가 없이는 위대한 기업을 만들 수 없다. 여기에 대해서는 더 보탤 말도, 뺄 말도 없다.

픽사Pixar의 공동창업자이자 잡스의 절친한 동료였던 에드 캣멀Ed Catmull은 올바른 인재만 있다면 설령 좋지 않은 사업 아이디어라도 좋은 결과를 얻을 수 있다고 믿었다. 캣멀은 저서 《창의성을 지휘하라Creativity, Inc.》에서 "우리가 지금 훌륭하다고 생각하는 모든 영화도 한때는 형편없었다"라고 썼다. 아닌 게 아니라 픽사 팀은 애초의 스토리 콘셉트를 완전히 폐기한 경우가 적지 않다. 영화 〈몬스터 주식회사Monsters, Inc.〉만 해도 그랬다. 이 영화의 애초 이야기는 자기를 따라다니는 괴물들을 다루는 남자가 주인공이었다. 이 이야기에 등장하는 괴물 하나하나는 해결되지 않은 공포를 대변하는 존재였는데, 전체 스토리가 영 신통치 않았다. 그래서 감독을 비롯한 제작진은 신통한 결과가 나올 때까지 스토리 구성 작업을 몇 번이고 다시 했고, 결국 성공했다. 캣멀은 자신이 던져야 할 첫 번째 질문은 '모든 것을 걸어야 할 위대한 스토리는 무엇일까?'가 아니라 '모든 것을 걸어야 할 **위대한 사람은 누구일까?**'라고 했다. 그는 이 질문을 중심으로 픽사를 세웠다. 잘못된 사람들과 작업하는 멋진 아이디어는 형편없는 영화로 이어지지만, 위대한 사람은 아무리 잘못된 이야기라도 결국에는 그 이야기를 바꾸어서 멋진 영화를 만들 수 있다는 것이 그의 지론이다. 픽사에서 제작한 거의 모든 영화가 처음에는 스토리 구성 과정에서 위기를 겪었지만, '사람이 먼저' 전략 덕분에 열네 편의 애니메이션이 연속해서 대성공을 거둘 수 있었다.[5]

역사는 놀라움을 다루는 학문 분야이다.[6]

역사학자 에드워드 오도넬Edward T. O'Donnell이 했던 이 말은 우리가 살아가는 세상의 본질이 무엇인지 드러낸다. 인간은 놀라움이 끊임없이 이어지는 살아 있는 역사이다. 엄청난 놀라움을 경험했다고 생각하는 바로 그 순간에 또 하나의 엄청난 놀라움이 다가온다. 21세기의 처음 20년이 우리에게 가르쳐준 교훈이 있다면, 그것은 바로 불확실성은 만성적이고 불안정성은 영구적이며 혼란은 일상적이며 앞으로 어떤 일들이 일어날지 그 누구도 예측할 수도, 통제할 수도 없다는 것이다. 뉴노멀new normal*은 없다. '통상적이지 않은' 일들이 연속적으로 일어나기 때문에 모든 예측은 빗나갈 뿐이다. 앞으로 일어나는 일들은, 그 일이 일어난 후에야 비로소 그런 일이 가능했음을 깨닫게 될 것이다. 이것이 바로 '사람이 먼저'라는 원칙이 두 배로 중요한 이유다.

자, 이런 상상을 해보자. 당신은 높고 험한 산을 올라가고 있다. 그런데 이 산은 과거에 그 누구도 올라간 적이 없어서 이 산에 대해서 아는 바가 전혀 없다. 당신이 할 수 있는 최상의 대비책은 산을 오르는 동안에

* 시대의 변화에 따라 형성된 새로운 경제적 표준이나 새롭게 보편화된 사회·문화적 상황.

일어날 수 있는 어떤 상황에서도 적절하게 도움을 줄 동반자와 함께하는 것이다. 미래에 대한 전망을 아무리 잘하는 사람이라도 어떤 아이디어가 미래에 잘 통할지 언제나 정확하게 예측할 수는 없다. 미래에 어떤 고난이 닥칠지 확실하게 예측할 수 있는 사람은 어디에도 존재하지 않는다.

가장 중요한 단 하나의 경영 지표

주간·월간·분기별 경영진 회의를 할 때 가장 중요하게 확인해야 할 지표는 무엇인가? 매출액? 수익성? 그것도 아니면 현금흐름인가? 또는 제품이나 서비스와 관련된 것인가? 이런 것들이 아니라면 다른 지표가 있는가? 대답이 무엇이든 간에, 가장 중요한 단 하나의 지표가 있다. 이 지표는 경영진이 철저하게 집착해야 하며, 기업의 위대함을 판별하는 기준이 된다. 그러나 역설적이게도 대부분의 기업에서는 이 지표를 최우선으로 논의하지 않는다. 최우선은커녕, 이 지표를 살피기만 해도 다행이다. 하지만 진정으로 영속적인 위대한 기업이 되려면 반드시 이 지표를 최우선으로 추적해야 한다.

자, 그렇다면 그 지표는 무엇일까? 바로 **버스의 주요 좌석이 올바른 (적합한) 인재로 채워진 비율**이다.

잠시 생각해보자. 당신의 회사에서는 올바른 사람들이 핵심 보직을 차지한 비율이 얼마인가? 만일 이 비율이 90퍼센트 미만이라면, 무엇이 가장 중요한 지표인지 당신은 지금까지 몰랐던 셈이다. 진정으로 위대한 기업을 만들려면 핵심 보직 가운데 90퍼센트 이상을 올바른 사람 즉 적합한 인재로 채워야 한다. 이 비율을 100퍼센트로 만들지 못할 이유는 없다. 그러나 어떤 시점에서든 간에 핵심 보직 가운데 몇 곳은 공석으로 남아 있을 가능성이 매우 높다. 또 최근에 어떤 사람을 핵심 자리 가운데 한 곳에 임명했는데 그 사람이 직무를 얼마나 잘 수행할지 당신이 아직 모를 수도 있다. 또 핵심 보직의 숫자가 빠르게 늘어날 정도로 사업의 규모가 커지는데 그 자리를 맡아줄 적절한 인재가 부족할 수도 있다.

여기서 핵심적으로 중요한 보직이란 어떤 자리일까? 다음 세 가지 조건 가운데 하나라도 충족한다면, 핵심 보직이다.

1. 그 자리를 맡은 사람은 **인사와 관련된 의사결정 권한을 가진다.**
2. 그 자리를 맡은 사람이 자기 역할을 제대로 하지 못하면, **회사가 심각한 위험이나 잠재적인 재앙에 노출될 수 있다.**
3. 그 자리를 맡은 사람이 역할을 제대로 하면, **회사가 성공하는 데 상당히 큰 힘이 된다.**

물론 핵심 보직에 맞지 않는 사람이라고 해서 기업이라는 버스에서 함부로 내리게 할 수는 없다. 윤리적인 차원에서도 그렇고, 조직의 역학 측면에서도 그렇다. 그러나 제약 조건이 무엇이든 간에 (그리고 그런 제약이 발생하는 이유가 무엇이든 간에) 핵심 자리들을 올바른 사람들로 채우는 임무는 매우 중요하다.

믿을 것인가, 바꿀 것인가

다음과 같은 상황을 상상해 보자. 회사의 핵심적인 자리를 차지하고 있는 사람이 직무를 무난하게는 수행하지만 훌륭하게 수행하지 못한다. 그런데 당신은 이 사람을 개인적으로 무척 신뢰한다. 그래서 이 사람에게 더 많은 시간과 에너지를 투자했다. 그러나 그는 여전히 그 자리가 요구하는 A급 성과를 내지 못하고 있다. 당신은 그 사람에게 더 많은 투자를 해서 개인 역량을 **개발**하겠는가, 아니면 다른 사람으로 **교체**하겠는가? (참고: 그 사람을 교체한다고 해서 반드시 그를 버스에서 내리게 하라는 뜻은 아니다. 다른 좌석으로 옮길 수도 있다.)

두 가지 선택지 가운데 어느 것이 정답이라고 꼬집어서 말할 수는 없다. 우리가 연구한 위대한 리더들을 살펴보면, 개발 쪽을 선택한 사람들과 교체 쪽을 선택한 사람들이 대략 반반이었다. 예를 들어, 다음에 열거하는 사람들은 역사상 최고의 기업 리더 열 명인데, 다섯 명은 개발 쪽으로 기울었고 다섯 명은 교체 쪽으로 기울었다.

개발을 선택	교체를 선택
앤 멀케이(제록스)	캐서린 그레이엄(《워싱턴포스트》)
빌 휴렛(HP)	앤디 그로브(인텔)
허브 켈러허(사우스웨스트항공)	켄 아이버슨(누코)
J. W. 메리어트(메리어트)	피터 루이스(프로그레시브보험)
윌리엄 맥나이트(3M)	조지 래스먼(암젠)

개발 쪽으로 기울었다 하더라도 양보할 수 없는 한계선은 있다. 한계선을 넘어서는 경우에는 아무리 개인적으로 신뢰하는 사람이라도 교체해야 한다. 나는 지금까지 경영진 지위에 있는 수많은 사람에게 다음과 같은 질문을 던지고 돌아오는 답을 분석했다.

다음 두 가지 범주의 실수 가운데서 당신이 상대적으로 더 많이 저지르는 실수는 무엇입니까?

(1) 어떤 사람을 중요한 자리에서 물러나게 하는 인사 결정을 하기까지 너무 오래 기다렸다.

(2) 인내심을 가지고 기다렸어야 했는데 너무 빨리 인사를 결정했다.

돌아온 응답 가운데 압도적으로 많은 답은 (1)이었다. 공평하게 말하면, (2)의 실수를 저질렀다는 것을 깨닫는 것보다 (1)의 실수를 저질렀다는 것을 아는 것이 더 쉽다. 특히 (2)의 실수로 인재가 회사를 떠나는 경우에는 더 그렇다.

모든 기업은 핵심 보직을 맡을 인재를 개발하는 것과 인재를 교체하는 것 사이에서 어떤 선택을 해야 할지 어려워한다. 그 어떤 리더도 이런 판단을 매번 올바르게 하긴 쉽지 않다. 어떤 때는 보직자의 역량을 개발하는 데 너무 오랜 시간을 투자하고, 또 어떤 때는 너무 빨리 교체한다. 이 판단을 정확하게 내리는데 도움이 되는 알고리즘은 존재하지 않으며 완벽한 적중률을 보장하는 방정식도 없다. 최고의 경영진은 일반적으로 자기 직원을 깊이 생각하고 아끼는데, 그 때문에 너무 오래 기다리는 실수를 할 때가 있다. 하지만 이들은 시간이 지남에 따라서 판단력을 개선한다.

바로 이 지점에서 결정적으로 중요한 질문이 제기된다.

핵심 보직을 맡은 사람에 대해서 '개발'이 아니라 '교체'로 전환해야 할 한계 시점이 언제인지 어떻게 알 수 있을까?

이 문제와 관련해서 내가 깨달은 가장 좋은 해결책이 있다. 몇 가지 신중한 질문을 한 다음에 그 질문들의 답이 안내하는 대로 따라가는 것이다. 나는 오랜 세월 이 문제를 놓고 고민한 끝에 일곱 개의 핵심 질문을 뽑아냈다. 이 질문들은 '개발이냐, 교체냐' 하는 어려운 문제에 직면했을 때, 판단력을 건설적으로 자극해줄 것이다. 오해를 막기 위해서 미리 말해두지만, 이 일곱 개의 질문은 결합된 처방전이 아니다. 단 하나의 질문을 통해서도 교체 결정을 할 수도 있고, 여섯 가지 사항을 고려해서 담당자의 역량을 개발하기로 결정할 수도 있다. 일곱 개의 핵심 질문은 다음과 같다.

1. 그 사람을 그 자리에 계속 둔다면 다른 사람을 잃게 될까?

최고의 인재는 최고의 인재와 일하고 싶어 한다. 최고의 인재가 중요한 자리에 있는 사람이 그저 그런 성과를 당연하게 받아들인다는 사실을 알게 되면, 자기도 자기 하고 싶은 대로 행동할 수 있다. 더 나쁘게는 회사의 핵심 가치관에 어긋나는 행동을 하는 직원을 고성과자라는 이유만으로 용인한다면, 핵심 가치관을 신봉하는 직원들은 열정을 잃고 냉소적으로 바뀌고, 심하게는 회사를 떠난다. 회사가 설정한 핵심 가치관을 무시하거나 성과를 내지 못하는 사람을 중요한 자리에 계속 놓아두는 것이야말로 기업 문화를 파괴하는 가장 확실한 방법이다.

2. 그 사람은 가치관, 의지 혹은 기술과 관련된 문제를 가지고 있는가?

핵심 보직에 있는 사람이 기업의 가치관과 반대되는 행동을 지속적으로 또는 노골적으로 한다면, 위대한 리더는 그 사람을 교체한다. 만일 어떤 사람이 비록 당장은 성과가 낮더라도 기업의 핵심 가치관을 열정적으로 수용하고 또 자기 직무를 수행하는 데 필요한 것이면 무엇이든 하겠다는 불굴의 의지를 가지고 있다면, 교체하기보다는 인내하고 지켜봐야 한다.

정말 어려운 결정은 의지와 관련된 문제에서 비롯된다. 그 사람이 해당 직무를 온전히 수행하기 위해서 자기 역량을 개발하겠다는 의지가 부족한가, 혹은 그런 의지를 잃어버렸는가? 그 사람의 의지에 불을 붙일 수 있는가? 위대한 리더는 직원들의 성장 가능성을 결코 과소평가하지 않지만, 성장은 겸손함과 지치지 않는 개선 의지에 달려 있다는 사실은 잘 알고 있다. (가치관-의지-기술 프레임워크는 인사관리 컨설팅 회사인 휴잇어쏘시에이트Hewitt associates의 데일 기퍼드Dale Gifford에게서 배운 것임을 밝혀둔다. 기퍼드는 지금은 고인이 됐다.)

3. 그 사람은 언제 창문 바깥을 바라보고 또 언제 거울을 바라보는가?

핵심적인 자리에 있는 올바른 사람은 창문 바깥이나 거울을 바라보는 것도 다르다. 일이 잘 돌아갈 때, 올바른 사람이라면 창문 바깥을 가리키면서 공을 외부로 돌린다. 성공에 기여한 직원들이 돋보이도록 그들에게 빛을 비추고 자기의 공은 최소한으로만 주장한다.

반대로 일이 잘못됐을 때는, 거울을 가리키며 "내 책임이다"라고 말한다. 거울을 바라보는 사람은 늘 "내가 무엇을 보다 더 잘할 수 있었을까? 내가 무엇을 놓쳤을까?"라고 묻는데, 이런 사람은 반드시 성장한다. 책임을 남에게 돌리기 위해서 늘 창문 바깥을 바라보는 사람은 제대로 성장하지 못한다.

4. 그 사람이 직무를 일로 바라보는가, 아니면 책임으로 바라보는가?

핵심적인 자리에 있는 올바른 사람은 자기에게 주어진 것이 일이 아니라 책임임을 잘 안다. 또한 과제와 진정한 책임 사이에 어떤 차이가 있는지 잘 안다. 뛰어난 의사는 간단한 시술을 할 때도 직무가 아니라 환자의 건강을 책임진다는 자세로 임한다. 훌륭한 감독은 자기 휘하의 선수들을 단순히 훈련시키는 것이 아니라 선수들을 한층 더 나은 수준으로 성장시키는 책임을 기꺼이 진다. 위대한 교사는 단순히 오전 8시부터 오후 3시까지 교실을 지키는 것이 아니라 학급의 모든 아이의 학습을 책임진다. 핵심적인 자리에 있는 올바른 사람은 자신의 업무보다 한층 더 넓은 책임을 지는데, 그런 책임을 이행하지 못했을 때는 "주어진 업무를 모두 다 처리했으니까, 나쁜 결과가 나와도 내 책임은 아니야"라는 말을 내세우며 꽁무니를 빼지 않는다.

5. 그 사람에 대한 신뢰가 지난 1년 동안 높아졌는가, 낮아졌는가?

회사의 성장과 성과에 대한 투자자들의 신뢰에 따라서 회사의 주가가 오르내리는 것처럼, 개인에 대한 신뢰도 그 사람의 성장이나 성과에 따라서 오르내린다. 이때 중요한 변수는 시간에 따른 신뢰의 궤적이다. 그 직원이 "알았습니다"라고 말할 때 모든 걱정이 사라지고 마음이 놓이는가, 아니면 어딘가 찜찜한 구석이 남아서 무언가 후속 조치를 해야겠다는 마음이 강하게 드는가?

6. 그 사람을 올바른 좌석에 앉혔는가?

때로 올바른 사람을 버스에 태우고도 그 사람을 잘못된 자리에 앉힐 수 있다. 그 직원의 능력이나 기질과는 맞지 않는 보직에 앉힐 수 있다는 말이다. 어쩌면 (이런 일은 급성장 기업에서 흔히 일어나는데) 맡겨진 업무가 그 자리에 앉는 사람의 역량을 능가할 정도로 커졌을 수도 있다.

7. 만일 그 사람이 그만둔다고 한다면 어떤 기분인가?

그만두겠다는 말에 은근히 안도감이 든다면, 그 사람이 버스에서 내렸어야 할 사람이라고 이미 결론을 내린 것이다. 그게 아니라 진심으로 당혹스럽다면, 버스에 여전히 필요한 사람이라고 믿고 있을 가능성이 높다.

더는 용인할 수 없는 한계 지점에 도달하여 핵심 자리에 있는 사람을 교체하기로 결정해야 한다면, 무자비하지 않되 엄격해야 한다. 엄격함이란 스스로에게 정직해야 하며 핵심적인 자리에 있는 누군가를 제거해야 하는 필요성을 정면으로 받아들인다는 뜻이다. 그런데 의사결정을 엄격하게 한다고 해서 변화를 유도하는 방식이 무자비해서는 안된다.

무자비하지 않으면서 엄격하려면 용기와 연민을 잘 조화해야 한다. 용기는 그럴듯한 이유 뒤에 숨거나 어려운 일을 다른 사람에게 떠넘기지 않으며 자기 판단을 직접적이고 솔직하게 드러내는 것에서 비롯된다. 연민은 그 사람을 향한 언행에서 드러난다. 해임 소식을 당사자에게 직접 전달할 용기가 없는 사람이라면 리더의 자격이 없다.

성장시키고 싶다면, 먼저 성장하라

앤 바커Anne Bakar는 자신이 정신건강 관련 서비스 회사인 텔레케어 Telecare CEO가 될 것이라고는 전혀 생각하지 않았다. 적어도 스물아홉 살까지는 그랬다. 그러나 그녀의 아버지가 의료 사고로 갑작스럽게 사망하자 아버지가 공동으로 설립했던 자그마한 회사를 어떻게 할 것인지를 두고 결정해야 했다. 내가 그녀를 처음 만난 때는《기업가정신을 넘어서》원고를 마무리하던 무렵이었다. 그때 그녀는 이렇게 말했다.

"저는 아버지를 무척 사랑했습니다. 그래서 아버지가 설립한 회사를 위대하고 오래 지속되는 회사로 만들고 싶습니다. 그 방법을 찾고 있습니다."

나와 빌은 바커에게《기업가정신을 넘어서》원고를 보여주었고, 그녀는 버클리에 있는 클레어몬트호텔에 스물네 명의 직원을 소집해, 우리 원고를 바탕으로 텔레케어를 위대한 기업으로 성장시킬 초석을 세웠다. 바커와 그녀의 팀은《기업가정신을 넘어서》의 제2장 '비전Vision'에서 (이 내용은 확장판의 제4장에 해당한다) 다룬 비전 프레임워크vision framework을 활용해서 핵심 가치관을 포착했다. 그리고 '**정신적 어려움을 겪고 있는 사람들이 자신의 잠재력을 최대한 실현하도록 돕는다**'는 회사의 영속적인 목적을 설정했다.

이 목적은 경영 경험이 없는 CEO와 스물 네 명의 직원이 전부인 작은 회사가 추구하기에는 너무 거대한 야망으로 보였다. 그러나 바커는 정신적 어려움을 겪는 사람들이 적절한 도움만 받는다면 상당한 수준으로 회복할 수 있다는 선친의 믿음에 영감을 받았던 터라서 텔레케어가 설정한 목적을 뜨거운 마음으로 끌어안고 있었다. 그녀는 또한 이전에 근무했던 몽고메리증권에서 전략적 통찰을 익힌 터였다. 또한 그녀는 거대한 규모의 도전에 응할 용기도 갖고 있었다.

그러나 텔레케어가 위대한 기업으로 거듭나려면 회사의 성장 및 규모에 맞춰서 바커 자신의 역량도 높여야 했다. 그녀 스스로 위대한 리더로 성장할 필요가 있었다. 앤 바커 1.0 버전은 젊고 열정이 넘치며 똑똑하고 전략적이어서 텔레케어를 올바른 방향으로 이끌기에 충분한 리더십 본능을 갖고 있었다. 하지만 이것만으로는 충분하지 않았다. 앤 바커 2.0

버전으로 성장해야 했고, 그다음에는 또 앤 바커 3.0 버전으로 나아가야 했다. 그래서…

그녀는 적절한 인재를 고용하고 이들을 응집력이 강한 팀으로 녹여내는 방법을 **학습했다.**

문화가 전략을 지지하는 것이 아니라 문화가 곧 전략임을 **학습했다.**

경험뿐만 아니라 가치와 기질을 고려하여 사람을 뽑는 방법을 **학습했다.**

권한을 언제 어떻게 위임해야 하는지 또 언제 권한을 위임하지 않아야 하는지 **학습했다.**

기업 활동의 최전선에서 기업 문화를 활기차게 유지하는 책임을 부서 단위 책임자들에게 지우는 방법을 **학습했다.**

장기적인 성공을 위해 단기적인 이익이 줄어드는 것을 감수하는 결정을 내리는 방법을 **학습했다.**

일이 나쁘게 돌아가는 상황에서도 침착함을 잃지 않고, 실무자의 자율성, 재량권을 빼앗으려는 충동을 억제하는 방법을 **학습했다.**

지적으로나 정서적으로 가르침을 받을 수 있는 멘토를 회사 안과 밖에서 확보함으로써 실존적인 위협에 맞서는 방법을 **학습했다.**

그녀는 이러한 노력과 관련해서는 나중에 다음과 같이 회상했다.

"우리 회사가 조직과 관련된 이런저런 위기에 맞닥뜨렸을 때 나는 회사 안이 아니라 바깥으로 눈을 돌렸습니다. 회사 바깥에 있는 전문가들로부터 최선의 조언을 최대한 많이 구하려고 정신없이 뛰어다녔습니다. 불확실성이나 혼란에 맞닥뜨리면 움츠러드는 것이 인간의 본성이지만 의식적으로 이와 반대 방향으로 행동하려고 했던 것이 내가 학습하고 성장하는 데 절대적으로 도움이 되었던 것 같습니다."

앤 바커의 성장은 그 뒤로도 멈추지 않았다. 이 원고를 쓰고 있는 시점에서도 그녀는 앤 바커 3.0 버전을 완성하려고 노력하고 있다. 그게 완성되면 4.0 버전으로 나아갈 것이다. 그녀의 가장 큰 강점은 텔레케어가 필요로 하는 리더로 성장하겠다는 단호한 의지와 결단이다.

2015년, 텔레케어는 창립 50주년을 맞았고 바커의 리더십 아래에서 미국 8개 주, 수만 명의 고객에게 85개 프로그램을 제공하는 회사로 성장했다.* 그 과정에서 우리사주의 가치 증가 비율은 S&P 500의 일반적인 수준을 압도했다.** 2017년에 바커는 '샌프란시스코 CEO 명예의 전당'에 이름을 올렸다.[7] 그녀보다 먼저 여기에 이름을 올린 기업가의 면면을 보면 시스코Cisco, 세일즈포스Salesforce, 인텔Intel 애플, HP, 찰스슈왑 Charles Schwab 등과 같은 쟁쟁한 기업의 창업자나 CEO들이다.

처음부터 위대한 리더는 없다. 물론, 극히 드물게도 뛰어난 리더십을 본능처럼 휘두르는 사람들이 있다. 이들의 행보는 대중의 관심을 모을 때가 많은데, 그 이유는 이들이 마치 멀리 다른 나라에서 온 이상한 존재처럼 보이기 때문이다. 이런 리더는 우리 같은 사람들이 참고로 삼기에는 적합하지 않다.

위대한 리더는 자신의 역량을 스스로 키운다. 그들은 훌륭한 리더가 '되고 싶어서' 그렇게 된 게 아니라, 자기가 이끄는 사람들에게 합당한 지도자가 되려고 노력하기 때문에 그렇게 된다. 당신과 함께 일하는 사람들의 성과가 나아지기를 바라는가? 그렇다면 먼저 당신의 성과를 개선해야 한다. 다른 사람의 역량을 키우려면 자기의 역량부터 올려야

---

*   2024년 현재 텔레케어는 약 3만 2,000명에게 130개 이상의 프로그램을 제공하고 있다.

**   우리사주제도는 직원들이 회사 주식을 소유하게 하는 제도다.

한다.

1936년, 드와이트 아이젠하워Dwight D. Eisenhower는 무엇을 하고 있었을까? 그는 소령 신분으로 필리핀에서 더글러스 맥아더Douglas MacArthur 장군의 보좌관으로 근무하고 있었다. 당시 그는 경쟁자들에 비해서 특별히 눈에 띄는 인물이 아니었다. 그러나 8년 뒤에 그는 연합군 최고사령관 자리에 오른다. 사실 사관학교 시절에 그가 보여주었던 가능성은 그저 그런 수준이었다. 그때만 하더라도 그 누구도 "보라, 장차 위대한 장군이 될 아이젠하워 생도가 걸어가고 있다. 언젠가는 웨스트하우스에 그의 이름을 딴 아이젠하워 홀이라는 음악당이 세워질 것이다"라고 말하지 않았다. 아이젠하워는 오늘날 우리가 알고 있는 아이젠하워로 시작한 것이 아니라, 열심히 노력해서 **아이젠하워가 됐다.** 물론, 육군 참모총장이던 조지 마셜George C. Marshall 장군의 조력이 있었기에 그런 일이 가능했다.*8

마셜 장군은 아이젠하워의 재능을 알아보고는 그를 빠르게 진급시켜 중요한 직책을 맡겼다. 당신도 아이젠하워처럼 성장할 수 있다. 회사를 창업하고 조직을 이끌 때 "내 안에 숨어 있는 아이젠하워는 어떤 사람인가?"물어보라.

20대의 스티브 잡스였더라면 2000년대 초반에 애플의 부활을 이끌지 못했을 것이다. 젊은 시절의 잡스는 악명이 높았다. 변덕스러웠고 아무 데서나 분노를 폭발하는 저질 인성을 자주 드러냈다. 자신의 독특한 비전을 알아보지 못하는 사람은 결코 용납하지 않는 미성숙한 천재일 뿐이었다. 하지만 우리가 알다시피 그는 미숙한 기업가에서 머물지 않고 성

---

*   조지 마셜은 제2차 세계대전 때 육군참모총장이었고, 나중에 국무장관과 국방장관을 역임했다.

장했다. 만약 젊은 리더라면, 잡스의 성장 과정을 담은 책《스티브 잡스 되기Becoming Steve Jobs》를 읽어보길 권한다.**

20대의 스티브 잡스가 했던 행동과 50대에 그가 보여주었던 효율적인 리더십을 혼동하면 안 된다. '천 명의 조력자를 거느린' 성미 고약한 천재와 자기보다 더 오래 세상에 남을 영속적인 위대한 기업을 만들려고 노력한 추진력 있고 사려 깊은 리더를 혼동하면 안 된다. 스티브 잡스 1.0 버전과 스티브 잡스 2.0 버전을 혼동하지 말라는 말이다. 스티브 잡스의 인생이 전하는 메시지를 제대로 이해하려면 그의 인생을 성공 스토리가 아니라 성장 스토리로 바라보아야 한다.[9]

경영과 관련해서 가장 잘못된 믿음 가운데 하나는, 창업자나 중소기업 CEO는 필연적으로 기업을 경영하는 데서 한계를 맞을 수밖에 없고, 따라서 기업을 성장시키려면 그 사람 대신에 '진짜' CEO가 들어와야 한다는 것이다. 스티브 잡스 1.0은 이 신화를 곧이곧대로 받아들였고, 그 바람에 애플을 거의 죽일 뻔했다. 하지만 애플을 구하는 데는 스티브 잡스 2.0이 필요했다. 다음은 기업을 위대하게 확장하는 데 필요한 리더로 성장한 창업자 또는 공동창업자의 목록이다.

웬디 콥(티치포어메리카)

고든 무어와 로버트 노이스(인텔)

조지 래스먼(암젠)

빌 게이츠(마이크로소프트)

제프 베조스(아마존)

** 현재 이 책의 한국어판은 절판된 상태다.

월트 디즈니(디즈니)

빌 휴렛과 데이비드 패커드(HP)

로버트 W. 존슨(존슨앤드존슨)

J.W. 메리어트(메리어트)

허브 켈러허(사우스웨스트항공)

샘 월튼(월마트)

에드 캣멀(픽사)

프레드 스미스(페더럴익스프레스)

필 나이트(나이키)

사실 이보다 훨씬 더 긴 목록도 얼마든지 작성할 수 있다. 만일 당신
이 창업가라면, 그 누구도 당신 앞에서 창업자는 회사를 크게 성장시킬
수 없다는 그릇된 믿음을 떠벌이도록 놔두지 마라. 우리 연구에 따르면,
영속적인 위대한 기업을 만든 창업가의 평균 재직 기간은 3년이 아니라
30년에 더 가깝다.[10]

텔레케어의 앤 바커처럼 가족 간의 승계를 통해 리더십을 물려받는
리더에게도 동일한 논리가 적용된다. 순전히 통계적인 차원에서만 보면
2세대 또는 3세대 경영자의 수는 그리 많지 않다. 그러나 창업자의 자녀
나 손자가 성공한 사례는 얼마든지 찾을 수 있다. 피터 루이스Peter B. Lewis
가 아버지로부터 프로그레시브보험Progressive Insurance을 물려받았을 때 그
의 나이는 고작 서른두 살이었다. 그러나 그는 소규모의 지역 기업이던
회사를 미국 최고의 자동차보험업체로 성장시켰다.[11] 존 윌러드 메리어
트 주니어John Willard Marriott Jr.는 아버지가 운영하던 소규모 식당 체인, 핫
쇼프Hot Shoppe에서 고등학생 때부터 일을 시작해 회사를 전 세계적으로

유명한 호텔 및 리조트 체인으로 성장시켰다.[12]

캐서린 그레이엄Katharine Graham은 남편의 자살로 갑작스럽게 〈워싱턴포스트The Washington Post〉의 운영을 떠맡았지만 20세기의 가장 위대한 CEO들 가운데 한 명으로 성장했다. 나는 "역사상 가장 위대한 10명의 CEO"라는 기사를 〈포춘Fortune〉에 쓴 적이 있는데, 그때 다음과 같은 설명과 함께 그레이엄을 그 10명 가운데 한 명으로 꼽았다.

남편의 죽음은 그레이엄에게 커다란 충격과 비통함을 안겨주었다. 그러나 그녀는 또 다른 짐을 짊어져야 했다. 그녀의 아버지가 그녀의 남편에게 〈워싱턴포스트〉를 넘겨줄 때 만해도 그 회사가 손자들에게 이어질 것이라고 생각했다. 그런데 갑작스런 남편의 죽음으로 모든 것이 달라졌다. 그녀는 회사를 맡아서 관리하겠다고 이사회에 알렸다.

그러나 이 관리steward라는 표현은 그레이엄이 생각한 역할과는 맞지 않는 용어였다. 당시에 〈워싱턴포스트〉는 변변찮은 지역 신문이었는데, 그레이엄은 사람들이 이 신문을 〈뉴욕타임스〉처럼 바라보게 만들겠다는 목표를 세웠다. 결정적인 의사 결정의 순간은 1971년에 있었다. 당시에 그녀는 베트남전쟁에 대한 정부의 기만적인 행태를 폭로한 국방부 유출 문건을 용기 있게 보도할 것인가 말 것인가를 결정해야 했다.* 〈뉴욕타임스〉는 이미 그 문건의 내용을 발췌해서 보도했고, 그 일로 법원으로부터 국가기밀 누설 혐의로 보도 정지 명령을 받았다. 이런

---

*   이른바 '펜타곤 페이퍼(Pentagon Papers)'라는 이 문서에는 미국이 베트남 전쟁을 시작했던 구실로 삼았던 통킹만사건이 조작된 사건이었다는 내용이 담겨있다.

상황에서 〈워싱턴포스트〉가 이를 보도할 경우 스파이방지법*에 따라 기소될 수도 있었다. 만일 그렇게 된다면 당시 목전에 두고 있던 주식 공개나 수익성 높은 TV 방송권 획득이 무산될 수도 있었다. 그러나 그레이엄은 회고록《자서전 : 워싱턴포스트와 나의 80년》에서 밝힌 대로 "회사가 통째로 받을 수도 있는 위험을 감수"하기로 했다. 회사가 살아남기 위해서 회사의 영혼을 팔아먹는 행위는 살아남지 못하는 것보다 더 나쁜 선택일 될 것이라고 생각했기 때문이다. 그래서 〈워싱턴포스트〉는 그 문건을 신문에 실었다.

나중에 대법원은 그레이엄의 결정에 대해서 무죄 판결을 내렸지만, 어쩌다가 보니 〈워싱턴포스트〉의 CEO가 되었으며 또 평생 불안에 시달렸던 그녀로서는 (자서전에는 "나는 끔찍하게 무서웠다", "나는 사시나무 떨듯 떨었다"와 같은 표현이 자주 등장한다) 그 결정은 놀라운 것이었다. 그녀의 불안은 〈워싱턴포스트〉의 두 기자 밥 우드워드와 칼 번스타인이 장차 워터게이트 사건으로 일컬어질 사건을 끈질기게 조사하면서 점점 커져서 극한으로 치달았다. 지금 우리는 이 이야기의 최종 결과를 당연하게 여기지만, 당시에는 오로지 〈워싱턴포스트〉만 외롭게 워터게이트 사건을 추적했다. 하지만 이 사건을 기사로 싣는 선택을 함으로써 그레이엄은 〈워싱턴포스트〉를 위대한 신문의 반열에 올려놓았고, 그 신문사를 위대한 기업으로 만들었다. 아닌 게 아니라 이 신문사의 주식 공개는 결과적으로 지난 25년 동안 가장 성과가 좋은 50개의 주식공개 가운데 하나로 꼽혔으며, 또 이 신문사는 투자의 귀재라는 워런 버핏의

* 미국에 해를 입힐 목적으로 국방 정보를 저장하거나 복제하는 것을 금지하는 미국의 법률.

투자를 받았다. 그레이엄은 워터게이트 사건에 대해 "선택의 폭이 넓다고 느껴본 적이 한 번도 없었다"라면서, 당연히 해야 할 선택을 했을 뿐이라고 말했다. 그러나 그녀는 그 선택을 했다. 용기란 두려움이 없는 상태가 아니라 두려움을 느끼면서도 행동으로 옮기는 능력이다. 이 정의에 따르면 캐서린 그레이엄이야말로 역사상 가장 위대한 10명의 CEO 가운데서도 가장 용감한 사람이라고 할 수 있다.[13]

'부자 삼 대 못 간다'는 말이 통계적으로는 사실일지 몰라도 절대 법칙은 아니다. 빌과 나는 스탠퍼드에서 강의하면서 아웃도어 브랜드인 엘엘빈의 사례를 즐겨 인용했다. 엘엘빈에서는 창업자의 손자인 레온 고먼 Leon Gorman이 회사의 경영권을 이어받았는데, 우리는 이 사례를 두고 레온이 경영권을 승계한 것이 올바른 선택인지 학생들에게 물었다. 경영권을 이을 당시 고먼은 30대 초반이었고 교양학부 학위를 가지고 있었으며 해군에 복무했고 MBA 교육은 받지 않았다. 우리가 던진 질문에 상당수 학생은 레온 고먼 대신에 스탠퍼드나 하버드에서 MBA 학위를 받고서 브랜드 구축이나 회사 성장 분야에서 상당한 경험을 가진 '진짜'경영자를 데려왔어야 했다고 했다. 과연 그럴까?

고먼은 회고록 《엘엘빈: 미국의 상징적인 기업 만들기 L.L.Bean: The Making of an American Icon》에서 자기는 엘엘빈의 수장이 되기 전에 늘 작은 검은색 노트를 들고 다니면서 조직의 운영을 개선할 방안을 메모로 남겼는데, 나중에 보니 이렇게 해서 축적된 아이디어가 400개가 넘더라고 썼다. 엘엘빈은 고먼의 지휘 아래에서 수익이 40배 이상 늘었는데, 이 수치도 인플레이션을 따져서 보정한 것이다.[14] 부자 삼 대 못 간다는 격언은 최소한 고먼에게는 통하지 않는다.

당신이 회사에서 어떤 위치나 직급에서든 간에 리더십을 발휘해야 하는 자리에 있다면, 나는 당신에게 이렇게 질문하겠다.

당신은, 당신의 부서나 회사 혹은 사회적인 대의가 필요로 하는 리더로 성장하는 데 필요한 일들을 기꺼이 수행하겠는가?

당신 회사의 매출이 두 배, 다섯 배, 열 배로 늘어날 때 당신의 리더십을 거기에 맞춰서 두 배, 다섯 배, 열 배로 확장하겠는가?

당신의 리더십을 버전 1.0에서 2.0으로, 또 2.0에서 3.0으로 성숙시키겠는가?

당신은 그저 그런 좋은 지도자가 되는 데 만족하겠는가, 아니면 계속 성장해서 앤 바커, 드와이트 아이젠하워, 스티브 잡스, 캐서린 그레이엄, 레온 고먼 등과 같은 위대한 리더가 되겠는가?

리더십은 권리가 아니라 책임이다. 우연히 얻어걸리는 것이 아니라 정확한 의사결정으로 획득하는 것이다. 유전자로 결정되는 것이 아니라 의식적인 행동으로 습득하는 것이다. 요컨대, 위대한 리더가 되는 법을 배우느냐 마느냐는 결국 선택의 문제이다.

행운을 불러오는 사람

사람들은 흔히 예상치 못한 결과가 일어날 때 '운'을 떠올린다. 예를 들어, 복권에 당첨되었다든가, 갑작스러운 기상 악화로 중요한 회의에 참석하지 못하게 되었다든가, 희귀병에 걸렸다든가 할 때가 그렇다. 그러나 나는 운 그 자체보다 한층 더 강력한 두 번째의 행운인 '행운을 가져다주는 사람'에 초점을 맞추고 싶다.

당신의 인생에서 '행운을 가져다주는 사람'이 누구인지 생각해보라. 그 사람은 우연히 만났지만 인생을 바꾸어놓는 멘토일 수도 있고, 좋은 친구나 이상적인 인생 동반자, 훌륭한 상사나 팀원일 수도 있다. 버스에서 누군가를 우연히 만났는데, 그가 인생에서 만난 가장 멋진 사람이 될 수도 있다.

나는 자주 가던 볼더의 어느 햄버거 가게에서 우리 연구팀 최고의 인재를 만났다. 조앤과 나는 그 식당에서 몇 번 연속으로 친절하고도 효율적인 서빙을 한 사람에게서 받았는데, 어느 날 저녁, 나는 그에게 이렇게 물었다.

"여기 볼더 출신인가요?"

"아뇨, 뉴저지에서 왔습니다."

"그래요? 근데 어떻게 여기까지 왔나요?"

"여기에 있는 콜로라도대학교에 다니거든요."

"휴학 중인가요? 우리가 올 때마다 여기서 일하고 있어서요"

"아뇨, 돈이 필요해요. 학비와 생활비를 벌어야 하거든요."

"일은 얼마나 하는데요?"

"일주일에 40~50시간 정도."

"학교에 다니면서요?"

"네."

"전공과목이 뭐에요?"

"경제학과 금융학을 공부하고 있습니다."

"그럼… 성적은?"

"올 에이죠."

우연히 만난 이 놀라운 청년에 대해서 조앤과 나는 집으로 돌아오는 내내 이야기를 나누었다. 우리는 너무도 크게 감명을 받아서 며칠 뒤에는 그 청년을 채용을 해야겠다는 결론에 도달했고 식당을 다시 방문했다. 그 청년은 식당으로 들어서는 우리를 보고는 언제나처럼 반갑게 맞이했다.

"두 분은 햄버거를 정말 좋아하시나 보네요."

"오늘은 햄버거를 먹으러 온 게 아닙니다. 당신이 방학 때 우리 회사가 운영하는 연구조사팀에 지원해달라고 부탁하려고 왔어요."

이렇게 해서 테렌스라는 이름을 가진 청년은 대학교를 졸업할 때까지 우리 팀에서 나와 긴밀하게 작업을 했다. 그는 우리에게 큰 힘이 되었으며, 대학을 졸업한 뒤에도《좋은 기업을 넘어 위대한 기업으로》《위대한 기업은 다 어디로 갔을까》그리고《위대한 기업의 선택》세 권의 책을 만드는 데 크게 기여했다. 테렌스가 우리 팀에서 함께했기에 그 책들이 훨씬 더 좋아질 수 있었다.

'사람이 먼저' 원칙을 실천한다는 것은 어떤 장소에서든 훌륭한 인재를 발굴한다는 생각을 늘 하고 또 그런 상황을 맞는다면 바로 행동에 옮겨야 한다는 뜻이다. 행운을 가져다주는 사람을 언제 만나게 될지는 알 수 없지만, 그런 사람을 얻는 것은 얼마든지 가능하다. 만일 당신이 모든 일에서 '사람이 먼저'라는 렌즈를 들이대기만 한다면, 즉 '무엇을'이라는 문제를 '누구를'이라는 문제로 바꾸기만 한다면, 행운을 가져다주는 사람이 주변에 있을 때 그 사람을 알아볼 가능성이 한층 더 높아진다.

지금까지 나는 인생을 살면서 엄청나게 운이 좋았다. 내 행운의 가장 큰 원천은 행운을 가져다주는 사람을 좇는 것이었다. 나는 대학생 시절, 조앤을 우연히 만났지만 첫 데이트를 하고 4일 만에 약혼을 하는 행운아가 됐다. 또 빌 레지어가 처음 강의하던 기업가정신 과목을 우연히 듣게 되면서 평생의 스승을 얻는 행운을 누렸다. 또 스탠퍼드대학교에서 제리 포라스Jerry I. Porras가 나에게 《성공하는 기업들의 8가지 습관》을 함께 써 보자고 제안했고, 그 덕분에 장차 경영 고전으로 불리는 책을 만드는 프로젝트에 함께하는 행운을 누렸다. 60세까지의 내 인생을 돌아보면, '어떤 일'보다는 '어떤 사람'에 의해서 인생이 결정됐다. 내가 걸어온 여정을 형성하고 또 바꾸어놓은 멘토, 스승, 친구, 동료, 동반자가 내 인생을 좌우하고 결정했다. 그리고 지금 나는, 나의 인생 여정을 가로질러 걸어가는 테렌스와 같은 청년을 만나면서 내가 이런 청년들에게 행운을 가져다주는 사람이 되면 좋겠다는 바람을 갖게 됐다.

우리는 '어떤 일 즉. 특정한 사건what'을 중요하게 여기는 문화 속에서 살아왔다. 선거에 나서는 정치인들에게 교육, 외교 정책, 예산 등에 대해서 **무엇**을 할 것인지 묻는다. 야망을 가진 기업가들에게 그들이 가진 위대한 발상이 **무엇**인지 묻는다. 청년들에게 **무슨** 직업을 선택할 것인지 묻는다. 멘토들에게는 **무슨** 일을 해야 할지 묻는다. 긴급한 문제를 해결하려면 **무엇**을 할지 묻는다. 이런 질문이 나쁘다는 뜻은 아니다.

그러나 이런 질문은 **누구**라는 접근법에 비하면 부차적이다. 외교 담당 책임자로 올바른(적합한) 사람을 세우면 좋은 외교 정책이 나올 것이다. 올바른 사람을 잘 가려서 창업 준비팀에 넣으면, 한층 더 나은 아이디어를 받아보게 될 것이고 창업이 성공할 가능성은 그만큼 더 높아진다. 올바른 사람을 멘토로 모시면 직업 선택을 올바르게 할 가능성은 그만큼 더 높아진다. 함께 일할 올바른 사람을 찾으면 일을 한결 잘 끝낼 가능성은 그만큼 높아진다. 어떤 문제가 있을 때 이를 해결할 올바른 사람이 누구인지 알아낼 수 있다면 직접 그 문제를 해결하려고 할 때보다 더 나은 해법을 찾을 가능성은 그만큼 더 높아진다.

성취 그 자체는 지속적인 만족을 주지 못하지만, 올바른 사람들과 협력하며 추구하는 성취는 그 과정 자체에서도 엄청난 만족을 얻을 수 있다. 만일 당신이 좋아하는 일에서 탁월한 성과를 낼 만큼 운이 좋다면, 당신은 운이 매우 좋은 사람이다. 그러나 만일 당신이 사랑하는 사람들과 함께 의미 있는 일을 한다면, 당신은 복권에 당첨된 것만큼이나 운이 진짜 좋은 사람이다.

단위부서 리더십

미국육군사관학교에서 1951년 졸업생 리더십 연구위원장The Class of 1951 Chair for the Study of Leadership 자격으로 2년 동안 재직하면서 얻었던 커다란 깨달음들 가운데 하나는 **단위부서 리더십**unit leadership의 중요성이다.

위대한 조직은 단위부서unit 중심으로 구성되고 움직인다. 이 단위부서에서 리더십이 발휘되고 위대한 일이 이뤄진다. 조직의 꼭대기에 있는 리더십이라고 해봐야 개별적인 단위부서 차원에서 발휘되는 탁월한 리더십이 없다면 아무런 의미가 없다. 진정으로 위대한 기업을 만들고 싶다면, 대담한 목표를 추구하기 위해서 단위별 결속력을 형성하는 단위부서 리더 군단을 육성해야 한다. 기업 문화를 확장하고 싶다면, 그리고 영속적인 위대한 기업을 만들고 싶다면, 올바른 단위부서 리더들을 배출하는 파이프라인을 구축하는 데 투자해야 한다.

올바른 단위부서 리더는 자신의 경력 관리에 집착하기보다는 자신이 맡은 부서에 대한 책임을 최우선 과제로 삼아서 이 부서를 위대하게 만드는 일에 집중한다. 간혹 청년들이 나를 찾아와서 앞으로의 경력에 대하여 조언을 구할 때가 있는데, 이럴 때 나는 "경력을 위해 할 수 있는 가장 좋은 일은 경력 관리를 우선하지 않는 것입니다"라고 말해준다. 그리고 파산 직전의 제록스Xerox를 극적으로 회생시킨 앤 멀케이Anne Mulcahy와 흑인으로서 미국중부사령부CENTCOM의 사령관을 역임했던 로이드 오스틴 3세Lloyd Austin III 이야기를 들려준다.

앤 멀케이는 제록스의 CEO가 목표가 아니었다. 당연히 그와 관련한 경력 관리도 하지 않았다. 멀케이가 CEO가 되기 전인 2000년대 초, 제록스는 파산의 위기를 맞았다. 주가는 92퍼센트나 떨어지고 회사채는 휴지 취급을 받았다. 이런 상황에서 이사회는 과연 누구를 파산 직전의 배를 지휘할 선장으로 임명해야 할지 난감했다. 외부 인사를 선임해 조직의 변화를 꾀해봤지만, 효과가 없었다.[15]

결국, 이사회는 미국 경영계에서는 좀처럼 보기 드문 시도를 했다. 회사를 완전히 바꾸어놓을 인물을 외부에서 찾지 않고 내부에서 발탁하기로 한 것이다. 내부 구성원들은 과연 누구를 따를까? 누구를 믿을까? 누구를 위해서 두 배로 열심히 일할까? 리더로서 높은 성취를 이루면서 이미 결과를 입증한 사람에는 누가 있을까? 모든 경력 단계에서 위대함을 입증한 사람은 누구일까? 마침내 한 사람으로 의견이 모였다. 바로 앤 멀케이였다.

이사회는 제록스를 되살리라는 무거운 짐을 멀케이의 등에 지웠고, 그녀는 역사상 회생 가능성이 가장 낮은 기업이라는 평가를 받던 제록스를 되살렸다.[16] 멀케이는 제록스의 수익구조를 탄탄하게 바꾸었고 대차대조표의 건전성을 회복시켰다. 이렇게 해서 제록스는 예전의 모습을 되찾았다. 멀케이의 리더십은 기업사에서 특별한 사례로 남았다.

역사상 가장 위대한 CEO들(특히 굳이 CEO가 되려고 하지 않았다가 CEO 가 되었던 사람들)은 어떻게 CEO가 되었을까? 그들은 멀케이가 그랬던 것 처럼 자기가 밟아가던 모든 경력 단계에서 맡은 바 책임을 다하면서, 자 기가 운전하는 미니버스를 (기업 전체를 버스에 비유하자면 기업 내의 단위부 서는 미니버스라고 할 수 있다) 탁월한 성과로 이끌려고 노력했다. 그리고 이런 결과가 쌓이고 쌓이면서 한층 더 큰 조직의 책임을 차례로 맡으면 서 성장했다. 크든 작든 간에 눈앞에 있는 현안에 주의를 기울이며 자기 가 운전하는 미니버스를 위대한 결과로 이끄는데 집중했다.

멀케이는 회사의 핵심적인 가치들을 실천하고, 휘하의 직원들을 보살 폈다. 그녀가 직원들을 믿었기에 직원들도 그녀를 믿었다. 직원들은 그 녀의 리더십을 기꺼이 따랐는데, 그녀가 자신이 아니라 조직을 위해서 일한다는 것을 알았기 때문이다. 제록스의 이사회가 회사를 파산 상태에 서 구출할 적임자로 멀케이를 선택했을 때, 그녀는 미니버스를 운전하던 예전의 그 리더십 그대로 대형버스를 운전했다.

한편, 로이드 오스틴 3세는 육군사관학교 출신으로 4성 장군 자리까 지 오른 인물이다. 오스틴은 육군 참모차장에 이어서 미국 중부사령관을 역임했는데, 그 기간에 시리아와 이라크, 아프가니스탄부터 이집트, 파키 스탄에 이르는 중동 지역에서 미군 활동을 책임졌다.[17] 그는 육군사관학 교를 졸업하고 여러 해가 지났을 때 자기가 충분히 빠르게 진급할 수 있 을지 걱정했다. 당시를 회상하면서 그는 이렇게 말했다.

"어느 날 아침, 문득 이런 생각이 들었습니다. 내 경력이 어떻게 될까 하는 걱정은 그만 해야겠다고요. 그 생각을 하는 대신에 부하들을 보살 피는 일을 해야겠다고 마음먹었습니다. 그런데 이렇게 하고 나니까 모든 게 바뀌더군요. 그 마음 때문에 나는 실패를 하려고 해도 실패할 수가 없었습니다!"

오스틴은 소규모 만찬 모임을 자주 열었다. 그 자리에 참석하는 사람들은 기업계와 정치계, 군 관계자들까지 매우 다양했다. 한번은 각계의 고위 인사들이 모여 식사를 하던 중에 오스틴은 이렇게 말했다.

"잠깐 대화를 멈춰 주세요. 중요한 일을 하나 해야겠습니다."

곧 주방에서 세 사람이 나왔다. 우리가 먹을 음식을 준비한 사람들이었고, 오스틴은 그 모임에 참석한 사람들에게 이들을 한 명씩 소개했다. 이들이 어떤 일을 하는지 설명하고, 각각의 개인적인 배경이나 일화를 요약해서 알려주었다. 그리고는 모임 참석자들이 그들에게 고마움을 표시할 기회를 간략하게나마 따로 마련했다. 이처럼 오스틴은 부하들을 돋보이게 할 기회가 있을 때는 이를 흘려보내는 법이 없었다.

나는 그가 목소리를 높이는 것을 본 적이 없다. 그는 겸손함과 맹렬한 결의가 녹아든 군 지휘자로서의 존재감을 언제나 차분하고 조용한 목소리로 드러냈다. 오스틴은 봉사의 정신으로 조직을 이끌었는데, 그 봉사는 국가를 위한 봉사였고 사명을 완수하기 위한 봉사였으며 부하들을 위한 봉사였다.

앤 멀케이와 오스틴 장군은 리더가 되고자 하는 사람이라면 가능한 한 빨리 닮고 배워야 할 교과서 같은 인물이다. 그들은 자신의 경력보다 자신이 이끄는 이들을 더 신경 썼다. 당신이 맡은 모든 책임, 당신이 운전하는 모든 미니버스, 그리고 당신이 이끄는 모든 단위부서는 설령 아무리 작고 사소하더라도, 결국 위대함으로 나아가는 통로가 된다. 여기에 집중할 할 때 책임을 맡을 기회가 너무 적어서 굶어 죽기보다는 책임을 맡을 기회가 너무 많아서 소화불량으로 죽을 확률이 더 높아진다.

호르헤 파울로의 딜레마

영광스럽게도 나는 영감이 넘치는 기업가이자 창업가인 브라질 출신의 호르헤 파울로 레만Jorge Paulo Lemann(1939년생)이 걸어온 길을 옆에서 함께할 수 있었다.*

레만과 그의 두 동업자인 마르셀 텔레스Marcel Herrmann Telles, 카를로스 시쿠피라Carlos Alberto Sicupira는 작은 증권사를 라틴 아메리카에서 가장 성공한 투자은행으로 일구었다. 그들은 영리했으며 돈 관리에 능숙했다. 무엇보다 능력주의와 만족을 모르는 광신적인 사람들로 가득 찬 조직과 이를 뒷받침하는 기업 문화를 구축하는 데 특별한 천재성을 발휘했다. 자신들이 세운 조직 문화의 이점을 확신하게되자 그들은 다른 기업을 통째로 인수해 자신들의 조직 문화를 이식하는 방안을 신중하게 고민했다.

"우리가 우리 조직 문화의 힘과 가능성을 믿는다면, 여기에다 큰돈을 걸지 못할 이유가 어디에 있겠는가?" 이런 생각을 바탕으로 소매유통업체 로하스 아메리카나스Lojas Americanas와 맥주 회사 브라마Brahma를 인수했다. 그리고 올바른 문화적 DNA를 가진 직원들을 확보해 인수한 회사에 투입하면 커다란 성공을 거둘 수 있다는 그들의 논리가 틀리지 않았음을 입증했다. 레만과 두 동업자는 이른바 인재 기계People Machine를 구축하는 데 중점을 두고서, 공격적이고 야망을 가진 청년 리더들로 구성된 거대한 인재 풀pool을 구축했다. 그리고 이들을 채용하고 훈련시켰다.[18] 그들이 채택했던 궁극적인 전략은 열정적으로 모든 것을 쏟아부을

---

* 호르헤 파울로 레만은 브라질의 투자 은행가이자 기업가로, 브라질의 골드만삭스로 불리는 3G캐피탈의 공동 창립자다.

청년을 찾아내고, 이들을 강렬한 실력주의 환경에 노출해서 대담한 목표에 도전하게 만들고, 그렇게 해서 얻은 성과를 공정하게 배분하는 것이다. 이것을 그들은 꿈-인재-문화Dream-People-Culture로 요약했다.

그들에게 사업 아이템은 중요하지 않았다. 대신 거대한 기회를 발견했을 때 여기에 배치할 수 있는 올바른 문화적 DNA를 가진 인재를 충분히 확보하는 것을 중요하게 여겼다. 그들이 보기에 거대한 기회들은 계속해서 찾아왔고 또 점점 더 커져갔다.

레만과 두 동업자는 브라마를 벨기에 맥주 회사 인터브루Interbrew와 합병해서 인베브InBev를 만들었다. 2000년대 초반부터 매년 인베브의 이사회는 볼더에 있는 나의 경영연구소를 찾고 있다. 이 자리에서 '영속적인 위대한 기업을 만들기 위해서 해야하는 다음 과제는 무엇인가?'라는 해답을 찾기 위해, 이틀 일정의 소크라테스 식의 문답 대화 시간을 가진다. 그러던 어느 해, 인베브는 버드와이저를 생산하는 앤하우저부시Anheuser-Busch를 인수하는 것을 놓고 진지하게 논쟁을 벌였다. 휴식 시간에 레만은 나에게 이렇게 말했다.

"내가 보기에는 이번 인수합병의 규모에 대해서 교수님이 긴장을 제법 많이 하는 것 같은데, 그렇죠?"

"예, 맞습니다. 회장님이 늘 큰돈을 베팅해서 성공을 거두신다는 것을 알고 있습니다만, 이번에는 커도 너무 큰 건이니까요. 이번 결정은 오만함에 따른 것이 아니라 철저한 규율을 근거로 하는 것이어야 합니다."

"무슨 뜻인지 잘 압니다만, 교수님은 내가 가진 기본적인 문제의식을 이해하지 못하는군요."

레만은 잠시 멈췄다가 말을 이었다.

"나에게는 훌륭한 젊은 리더들이 너무도 많습니다. 이 사람들에게 정말 커다란 일거리를 줘야 합니다. 가속도를 유지할 때 발휘되는 힘을 절대로 과소평가해서는 안 됩니다."

바로 그 순간에 나는 레만, 텔레스, 시쿠피라가 어떻게 해서 그렇게 강력한 가속도 기계를 만들었는지 온전하게 이해하게 됐다. 그들은 스타트업 시절부터 훌륭한 인재를 찾고 채용하고 또 개발하는 일에 집착했다. 그러나 그들은 특정한 기술을 갖춘 사람들을 고용하겠다는 생각은 애초에 하지 않았다. 다시 말해 특정한 목표나 특정한 시장 기회를 추구하겠다는 목적을 가지고 사람을 채용하지 않았다.

대신 열정이 넘치는 사람들을 그들이 설계한 기계에 채우기만 하면 선순환의 가속도에 불이 붙을 것이라고 확신했다. 그래서 사람보다 일을 우선하는 전통적인 관념을 뒤집어서 일보다 사람을 우선시했다. 훌륭한 인재부터 확보한 다음에 그들에게 그들이 할 일을 맡기면 된다고 보았던 것이다. 충분히 큰 사업을 선택하면 훌륭한 인재가 그만큼 더 많이 필요해진다. 그러면 또 훨씬 더 큰 사업들이 나타나게 되고, 이 사업들은 또 그만큼 훌륭한 인재를 훨씬 더 많이 필요로 하게 된다. 따라서 이들은 열심히 한층 더 큰 사업거리를 찾아나섰다. 이런 선순환은 결코 멈추지 않고 속도도 느려지지 않는다. 이 가속도의 마법은 절대로 깨어지지 않는다.

혹시 당신의 조직은 호르헤 파울로의 딜레마를 가지고 있는가? 훌륭하고 젊고 재능이 넘치는 리더들, 야망이 크고 유능하며 강력한 추진력을 가진 리더들이 주변에 있는가? 만일 당신 회사가 이런 '문제'를 안고 있다면, 필연적으로 커다란 꿈을 향해 나아갈 수밖에 없다. 만일 그렇게 하지 않으면 어떻게 될까? 최고의 인재들은 다른 곳으로 떠나갈 것이다.

금전적 보상의 한계

나는 여러 연구를 통해 경영진에게 주어지는 금전적 보상과 위대한 기업으로 성장하는 과정 사이에는 그 어떤 인과관계도 존재하지 않는다는 것을 확인했다.[19] 단도직입적으로 말해, 금전적인 인센티브만으로는 기업을 위대하게 만들 수 없다.

이유는 단순하다. **돈으로는 잘못된 사람을 올바른 사람으로 바꿀 수 없기 때문이다.** 금전적 인센티브를 제공해야만 높은 성과를 낼 수 있는 사람이 있다고 하자. 이런 사람에게는 위대한 일을 수행하는 데 필요한 강렬한 내면의 추진력 즉 생산적 신경증productive paranoia이 부족하다.

나는 운이 좋게도 지금까지 세계 최고의 성과를 이룬 여러 기업과 기관을 연구하거나 이들과 협업했다. 이들 조직은 기업 뿐만 아니라 군 조직, 유치원에서부터 고등학교에 이르는 교육기관, 프로스포츠팀, 모범적인 보건의료 조직 그리고 사회단체까지 다양했다. 이들과 협업하면서 나는 금전적인 인센티브가 없었음에도 불구하고 인상적인 리더십을 발휘해 성과를 거둔 리더들을 수없이 발견했다.

2장의 초안을 쓰면서 연구팀과 나는 유치원에서부터 고등학교에 이르는 교육기관을 대상으로 하는 연구 작업을 수행했는데, 이때 우리는 매우 열악한 상황에서도 학업 성취도를 높인 단위 조직의 탁월한 리더들(예를 들어 학교의 교장들)로부터 중요한 사실을 배웠다. 이번 연구의 전제는 해당 조직 단위에 올바른 리더가 존재한다면, 탁월한 가르침을 장려하는 데 필요한 문화를 만들 수 있다는 것이다. 아닌 게 아니라 학교 리더들 가운데 **단 한 명도** 금전적인 인센티브를 성과 달성의 핵심 도구로 사용하지 않았다.

금전적인 인센티브에 기대지 않고도 성과를 낸 조직은 교육 기관뿐만이 아니다. 클리블랜드클리닉Cleveland Clinic은 환자에게 최선을 다한다는 단 하나의 목표를 추구하는 의료기관이다. 이 클리닉은 뛰어난 의사들과 협력하길 원하는 뛰어난 의사들을 유치함으로써 세계에서 가장 존경받는 병원으로 자리매김했다. 클리블랜드클리닉은 '올바른 인재 확보'에 대한 집착을 조직의 추진력을 강화하는 선순환 고리로 삼았다.

클리블랜드클리닉의 선순환은 다음과 같이 진행된다. 선순환의 고리는 환자에게 좋은 결과를 가져다주는 협력적인 문화 속에서 올바른 인재를 확보하는 것에서 시작한다. 그러면 이것이 전 세계에서 환자를 유치하는 데 도움을 주고, 병원의 평판을 높여서 더 좋은 연구와 시설에 투자할 수 있는 자원을 끌어모으는데 도움을 준다. 이 때문에 다시 최고의 의료 전문가들이 이 병원으로 모여든다. 그런데 클리블랜드클리닉은 진료 환자의 숫자나 시술 횟수에 따른 성과급 인센티브 제도가 없다. 단순한 급여 구조만으로도 이 모든 것을 이뤄냈다.[20]

나는 클리블랜드클리닉 CEO의 초대로 이 병원의 독특한 문화가 어떻게 작동하는지 직접 살펴볼 기회를 얻었다. 병원에서 이루어지던 심장 절개수술에 옵서버로 참여한 적이 있는데, 수술이 이루어지는 풍경은 일종의 정교한 안무와도 같았다. 집도의가 아무런 말 없이 심지어 눈길조차 돌리지 않고 손만 내밀어도, 그를 보조하는 의사는 그 순간에 필요한 도구를 정확하게 그 손에 올려놓았다. 메스를 잡은 의사의 손은 단 한 번의 매끄러운 동작으로 환자의 흉강을 갈랐다. 인공심폐기는 폐를 팽창시켜야 하는 적절한 순간에 완벽하게 작동했다. 수술실에 있는 모든 스텝들이 자기의 역할을 전체 과정 속에서 조화롭게 수행했다. 마치 정교하게 연출된 발레 공연을 보는 느낌이었다. 구상은 아름다웠고 동작은 절묘했다.

이 수술실에서 필요로 하는 전문성을 높이는 데 금전적인 인센티브가 할 수 있는 것은 아무것도 없었다. 수술 현장을 지켜보고 또 병원 이곳저곳을 돌아보고 난 후, 나는 이 병원의 의료진들에게 많고 많은 병원 가운데 하필 오하이오의 클리블랜드에 있는 이 곳을 선택한 이유가 무엇인지 물었다. 대답은 한결같았다. "최고의 사람들과 함께 최고의 작업을 하고 싶었습니다."

엘리트 부대를 생각해보자. 국가적으로 중요하며 매우 위험한 비밀 작전을 수행하는 특수부대를 지휘하는 데 필요한 책임, 훈련, 기술, 판단의 수준이 얼마나 높아야 할지 생각해보라. 그러나 이들 부대의 지휘관들은 월급을 특별히 더 많이 받지도 않고, 일반 기업에서처럼 이윤분배*나 스톡옵션의 혜택을 누리지도 못한다.[21] 네이비실 소속 대원이었던 마커스 러트렐Marcus Luttrell의 《고독한 생존자Lone Survivor》**를 보면, 대원들 사이에서는 '이렇게나 힘들고 위험한 비밀 임무를 수행하고 나면 연말에는 보너스가 두둑하게 나올 거야'같은 기대를 찾아볼 수 없다. 네이비실의 문화에는 인센티브 자체가 비금전적이다. 네이비실 대원들을 움직이는 강력한 인센티브는 돈이 아니라 서로를 존중하는 마음이다. 네이비실 소대장을 역임했으며 네이비실 커뮤니티 회원들 사이에서 높은 평가를 받는 책《라마디의 보안관The Sherriff of Ramadi》을 쓴 딕 코치Dick Couch는 상호 존중의 마음을 다음과 같이 설명했다.

---

*   기업에 고용된 종업원들이 미리 정해진 방법에 따라 회사가 거둔 이윤을 나누어 받는 제도.

**   이 책은 2005년 아프가니스탄 전쟁 중 네이비씰 팀이 수행했다가 실패했던 레드윙작전을 다룬다.

팀에서는 조직의 명성이 가장 중요하다. 네이비실의 명성은 훈련장에서부터 시작해서 작전을 전개하는 현장까지 줄곧 이어진다. 네이비실은 소규모 공동체이고, 모두가 서로를 잘 안다. 한 다리만 건너면 서로를 알 수 있다.[22]

네이비실 대원은 자기의 목숨을 걸지언정 동료를 포기하지 않는데, 이것은 금전적인 목적 때문이 아니라 서로에 대한 신성한 약속을 지키기 위해서다. 어떤 상황에서도 동료가 자기를 버리고 떠나지 않을 것이라는 믿음을 100퍼센트 확신하는 조직 문화를 상상해보라. 90퍼센트도 아니고 95퍼센트도 아니고 99퍼센트도 아니고 100퍼센트 확신하는 그런 믿음 말이다. 네이비실 팀에게 동료를 버리고 돌아오면 100만 달러를 주겠다고 해보라. 이런 제안은 씨도 먹히지 않을 것이다.

미군에서 장성 계급을 단 장군들의 연봉은 잘나가는 대기업의 CEO들이 받는 연봉에 비하면 5분의 1이나 10분의 1 혹은 심지어 20분의 1밖에 되지 않는다.[23] 기업의 이사회 구성원들이 "진정한 리더를 영입하려면 수천만 달러를 지불해야 한다"라고 말 할 때마다 나는 수천 명 대원의 생명을 책임지고 있으며 엄청난 전략적 위험을 관리하는 가운데서도 국가적인 임무를 수행하는 군장성들을 떠올린다.

금전적인 인센티브가 결정적으로 중요하다면 세계 최고의 지도자들 가운데 일부가 군에서 복무하는 지휘관이라는 사실을 어떻게 설명할 수 있을까? 또 일선 학교의 교장들, 클리블랜드클리닉 같은 병원의 책임자들, 또 수천 명의 이상주의 청년의 순수한 열정과 바람을 믿고 사회 운동에 참여하는 운동가들을 어떻게 설명할 수 있을까?

금전적인 인센티브의 효과가 변변찮다고 말하는 게 아니다. 사실 경제학적인 측면에서 보자면 증거는 분명하다. 사람들은 인센티브에 **분명히** 반응한다(비록 최고의 사람들에게 동기를 부여하는 주요 원천이 돈이 아니긴 하지만 말이다). 인센티브의 영향을 무시하는 것은 인간 본성을 무시하는 것이다. 그러나 바로 이 지점에서 내가 말하고자 하는 결론이 도출된다. **잘못된** 인센티브는 단순히 좋은 게 아니라는 데서 그치지 않고 명백하게 위험할 수 있다.

조직을 확고한 가치관을 바탕으로 운영되는 위대한 곳으로 만들고 싶다면, 핵심 가치관과 양립할 수 없는 행동을 강화하거나, 혹은 더 나쁘게는 잘못된 사람들의 행동을 강화하고 올바른 사람들을 조직 바깥으로 밀어내는 행동을 강화하는 인센티브를 도입해서는 안 된다. 아닌 게 아니라, **잘못된** 인센티브는 직원들이 잘못된 일을 하도록 부추기고 회사를 위기로 몰아넣을 수도 있다.

웰스파고Wells Fargo에 무슨 일이 일어났는지 생각해보라. 딕 쿨리Dick Cooley와 칼 레이차트Carl Reichardt는 1980년대와 1990년대에 웰스파고를 좋은 기업에서 위대한 기업으로 전환시켰다. 버커셔해서웨이Berkshire Hathaway는 레이차트가 웰스파고를 맡아서 운영하는 것을 보고는 이 회사에 투자했다. 1991년에 버크셔해서웨이의 수장 워런 버핏Warren Buffett은 "웰스파고가 최고의 경영자를 영입했다고 생각한다"라고 평가하며 웰스파고에 투자한 자본의 가치가 점점 불어나는 것을 흐뭇하게 지켜보았다. 나중에는 이 회사의 주식을 더 많이 매입했다.[24]

그러나 2017년이 되면 웰스파고의 평판은 심각하게 손상됐고, 일부 사람들은 이 회사가 좋은 기업에서 위대한 기업으로 회사를 발전시키고자 했던 애초의 원칙을 포기한 게 아닐까 의심했다. 쿨리와 레이차트가 구현했던 리더십 정신 및 수십 년 동안 고객 신뢰를 구축해 왔던 전통과 다르게, (웰스파고 CEO가 했던 말에 따르면) 웰스파고는 "특정 소매은행 고객이 요청하지도 않았고 심지어 어떤 경우에는 그 고객이 전혀 알지 못하는 상태에서 그들의 계좌를 개설해 신뢰를 깨버렸다."[25] 이런 스캔들이 있은 뒤에 CEO가 되었던 티모시 슬론Timothy J. Sloan은 주주에게 보내는 편지에서 다음과 같이 썼다. "고객의 승인 없이 개설되었지만 우리가 임의로 삭제할 수 없는 약 13만 개의 계좌에 대해서 우리는 320만 달러가 넘는 금액을 보상금과 수수료로 지불하기로 결정했습니다."[26]

13만 개의 가짜 계좌리니! 쿨리-레이차트 시대에 진정으로 위대한 조직으로 성장했던 이 회사가 도대체 어떻게 이런 부도덕한 일을 저지른 것일까? 이 질문에 대한 대답 가운데 하나로, 직원들이 회사의 핵심 가치관에 어긋나는 행동을 하도록 압력을 가하는 인센티브 제도와 공격적인 영업 문화를 들 수 있다.

웰스파고 이사회의 사외이사 보고서는 여러 가지 요인을 언급하면서도 가장 근본적인 원인을 "커뮤니티 뱅크Community Bank의 영업 문화 및 성과 관리 시스템의 왜곡"이라고 지적했는데, "이런 왜곡이 공격적인 영업 관리와 맞물려서 고객이 원치 않거나 고객에게 불필요한 제품을 고객에게 제공하고 또 어떤 경우에는 고객의 의사를 묻지 않고 계좌를 개설하도록 직원들을 압박했다"고 평가했다. 웰스파고는 이 문제를 해결하기 위해서 주요 경영진을 교체하고 인센티브 보상 제도를 개혁해야 했다.[27]

아무리 큰 회사라도 인센티브가 잘못 설정되거나 주요 직책에 잘못된 사람이 앉아서 회사의 핵심 가치관에 어긋나는 행동을 하고 기업 문화의 수준을 떨어뜨린다면, 기업은 나락으로 떨어지는 위험을 피할 수 없다. 이 잘못된 사람들 가운데 몇몇은 충분히 강력한 권한을 행사해서 회사의 핵심 가치관에 어긋나는 행동을 용인하는 인센티브를 설정한다. 이런 조치는 잘못된 사람들의 행동을 강화하는 한편 올바른 사람들을 회사 밖으로 밀어낸다. 그러면 잘못된 사람들이 점점 더 기업 문화를 지배하게 되고 올바른 사람들은 점점 더 소외된다. 올바른 사람들이 회사를 떠나면 잘못된 사람들이 차지하는 비율은 그만큼 늘어나고, 마침내 이 비율은 임계치에 육박한다. 이 시점에 가서야 비로소 회사를 성장시켰던 사람들은 자기가 그동안 열심히 일구었던 기업 문화가 파괴되어버렸다는 끔찍한 진실을 직면하게 된다.

오해하지 마시라. 금전적인 보상 제도를 마련하지 말라는 뜻이 아니다. 실제로 우리 연구의 대상이 되었던 위대한 기업들 대부분은 전통적인 급여 수준을 훌쩍 뛰어넘는 보상 장치를 갖고 있었다. 그러나 이 장치는 회사가 표방하는 가치관과 일치하고 보상의 기본적인 기능을 수행하는 데 도움이 되는 **경우에 한해서만** 작동했다.

기본적인 기능이란 무엇일까? 보상 제도의 기본적인 목적은 (이 제도가 아무리 구조화되어 있다고 하더라도) 올바른 **사람들** 즉 기업의 핵심 가치관을 수용하고 스스로 동기를 부여하며 규율을 지키는 사람들을 직원으로 채용하고 또 이 사람이 조직을 떠나지 않도록 붙잡아두는 것이지 잘못된 사람에게 '동기를 부여하는 것'이 아니다. 다시 말해, 모든 것이 '사람이 먼저'라는 원칙으로 회귀한다. 이 원칙은 올바른 사람은 버스에 태우고 잘못된 사람은 버스에서 내리게 하며 또 올바른 사람을 핵심적인 자리에 앉히는 것이다.

올바른 사람들은 해당 분야에서 좋은 대우를 받아야 한다. 그리고 보상 제도는 공정해야 한다. 회사를 위대하게 만드는 기여한 사람들에게 회사가 거둔 금전적인 성공을 더 많이 나누어줘야 할지 궁금한 사람이라면 빌 휴렛이 했던 "관대한 충동을 억제하지 마라"는 말을 되새기길 권한다.

"전우를 실망시키지 않는다"

윌리엄 맨체스터William Manchester는 20세기의 뛰어난 전기학자이자 역사가이다. 존 F. 케네디John F. Kennedy와 더글러스 맥아더, 윈스턴 처칠 Winston Churchill 등의 전기를 쓴 것으로도 유명하다. 처칠을 다룬《마지막 사자The Last Lion》가 특히 유명한데, 이 책의 서문은 내가 지금까지 읽은 최고의 글이다. 그의 책 중 내가 가장 좋아하는 책은 회고록《굿바이 다 크니스Goodbye, Darkness》다.

맨체스터는 제2차 세계대전 당시 해병대원으로 태평양 전선에서 싸 웠다. 1945년 6월 2일, 그는 적과 교전 중에 '100만 달러짜리 부상' 즉 퍼 플하트 훈장을 받고 제대를 하기에는 충분히 위중하지만 곧바로 회복해 서 정상적인 생활을 하기에는 충분히 가벼운 부상을 입었다. 그런데 병 실에 누워서 고향으로 돌아갈 날을 기다리던 그는 그러나 명령을 어기 고 무단이탈해 오키나와의 적진 후방에 배치되어 있던 소속 부대로 복귀 했다. 그리고 불과 며칠 뒤에 그의 부대는 적의 박격포 공격을 받았고 맨 체스터는 또다시 부상을 입었다. 그의 부상이 얼마나 위중했던지 모두가 처음에는 그가 죽은 줄 알았다고 한다. 그러나 다행히 눈 밝은 위생병이 그가 숨을 쉰다는 것을 발견하고 병원으로 후송했다. 이번에야 말로 진 짜 전선을 떠나 고향으로 돌아와야 했다.

그로부터 수십 년이 지난 후에도 맨체스터는 그때의 그 전투가 재현 되는 악몽에 시달렸다. 청년 병장이던 그가 언덕 꼭대기에서 선 중년의 자신과 맞닥뜨리는 악몽, 그러니까 중년의 자기가 젊은 시절의 전쟁터에 서 싸우는 악몽을 꿨다. 이 악몽들을 무의식 저 너머로 돌려보낼 수 없었 던 그는 세 가지 이야기 즉 태평양 전쟁, 그 전쟁에 참가했던 젊은 해병대원으로서의 이야기 그리고 중년이 되어서 그 전투의 현장이던 태평양의 여러 섬을 방문하는 이야기를 하나로 엮어내기로 결심했다. 그 책이 바로《굿바이 다크니스》다. 이 책의 이야기는 열흘 동안 사상자가 7,000명 넘게 발생했던 오키나와의 슈가로프 고지에 집중됐다.

그러나 이 책을 쓰게 된 한층 더 속 깊은 동기는 따로 있었다. 그는 '적에 맞서서 용감하게 싸웠다는 명예를 얻고 고향으로 돌아와 안전한 인생을 살아갈 수 있었음에도 불구하고 굳이 죽음을 무릅쓰면서까지 야전병원을 무단이탈해서 전투 중인 부대로 돌아간 이유'를 파헤치고 싶었다. 과거를 되돌아보고 현장을 답사하면서 그는 한가지 해답을 내놓았다. 이 해답은 그가 동료 해병대원들을 향한 사랑의 행동이라고 부르는 것으로 귀결된다.

"전우들은 단 한 번도 나를 실망시키지 않았고, 나 역시 그들을 실망시킬 수 없었다. 나는 전우들과 함께 있어야 했다. 내가 그들을 구할 수도 있었다는 사실을 알면서도, 그들이 내버려두고 나만 살 수는 없었다."[28]

여기에서 내가 강조하고 싶은 점은 조직에서의 삶이 전쟁터와 같다는 것이 아니다. 회사를 만든다는 것이 (예를 들어서 컴퓨터를 만들거나, 생명공학 의약품을 만들거나, 소매점을 열거나, 항공사를 운영하거나, 사회적인 대의를 추구하는 사회적 기업을 시작하는 것 등이) 슈가로프 고지를 뺏기 위한 죽고 죽이는 전투와 같은 차원이라고 주장하는 것은 일종의 신성모독이다. 내가 말하고자 하는 요점은, 사람들이 자기의 행동 여부에 따라서 동료들의 모든 것이 좌우된다는 사실을 깨닫고, 동료들을 실망시키지 않겠다는 마음가짐을 다지는 문화가 얼마나 강력한 힘을 발휘하는지 알아야 한다는 것이다. 이러한 문화는 개인의 책임감을 높이고, 팀 전체의 성과를 극대화하는 데 큰 도움이 된다.

언젠가 한 번은 해병대 사령관으로부터 장성 백여 명을 상대로 강연을 해달라는 부탁을 받은 적이 있다. 강연 직전 점심을 함께 먹으면서 나는 그 사령관에게 이런 질문을 던졌다.

"훈련소에서는 왜 그렇게 잔혹하고 난폭하게 부대원들을 몰아붙이는 겁니까?"

그러자 사령관은 흔히들 신병훈련소에서 강인한 신체를 가진 신병을 찾아내는 것이 목적이라고 말하지만, 이는 오해라고 말하며, 신병훈련소의 목적은 극도의 압박에 처했을 때 동료를 돕기보다는 자기 자신만 챙기는 사람을 솎아내는 것이라고 말했다.

1971년 페덱스FedEx를 창업하고 반세기 동안 이끈 프레드 스미스Fred Smith는 1960년대 초반 예일대학교 경제학과 학생 시절에 '신뢰할 수 있는 익일 배송 서비스'라는 발상을 떠올리고 이를 논문으로 발표했다. 그러나 담당 교수는 그 아이디어가 실현 불가능하다고 판단해서 C 학점을 줬다. 스미스는 대학교를 졸업하던 1966년에 해병대에 자원입대해 베트남의 전투부대에 배치되어 있었는데(그는 은성무공 훈장과 두 개의 퍼플하트 훈장을 받았다), 베트남의 전쟁터에서 익일 배송이라는 아이디어를 실행 가능한 사업으로 발전시킬 핵심적인 통찰을 얻었다. 맨체스터처럼 그도 사람들은 거창한 발상이나 인센티브, 직장 상사나 위계질서 때문이 아니라 혹은 다른 사람으로부터의 인정을 위해서가 아니라 오로지 **서로를 위하겠다는 목적 하나만으로,** 논리적으로는 도무지 설명할 수 없는 불합리한 일을 기꺼이 한다는 것을 깨달았다.

스미스는 베트남전쟁을 경험하면서 자기가 가졌던 믿음을 한층 더 강화했다. 그는 어떤 일을 하든지 다른 사람을 존중하는 것에서 시작해야 한다고 믿었다. 또한 사람들이 자신이 하는 행동의 결과가 타인의 복지와 성공에 직접적인 영향을 미친다는 사실을 깨닫게 하고, 그들이 서로 신뢰하고 어려운 상황을 함께 극복하도록 앞장서는 것이 중요하다고 생각했다.

계획과 일정이 완벽하게 조정된 트럭과 비행기가 준비되어 있더라도 작은 착오로 화물이 제 시간에 도착하지 못해 모든 게 무너질 수 있다면 '반드시 그리고 하룻밤 사이에 확실히absolutely, positively overnight'라는 페덱스의 약속이 위험해질 수 있다.* 이런 경우에는 금융자본이니 시스템이니 비행기니 트럭이니 하는 것들보다 더 중요한 것이 있다.[29] 바로 사람과 사람 사이의 신뢰 곧 믿음이다.

이제 페덱스는 일종의 동사가 되어서 우리의 일상에 자리를 잡았다 (예를 들면 "그거 나에게 페덱스해줄래?"와 같은 식이다). 그러나 초창기 페덱스는 파산 직전까지 몰린 적이 있다.[30] 한번은 운영비가 바닥나자 스미스는 지푸라기라도 잡는 심정으로 라스베이거스의 도박장으로 달려갔다. 다행히 거기에서 도박으로 2만 7,000달러를 땄고 그 돈으로 비행기에 연료를 넣었다. 물론 이 이야기는 출처가 불분명하지만 오늘날의 거대 기업이 한때는 작은 스타트업으로서 얼마나 힘겹게 버텼는지 보여주는 일화다. 페덱스가 초기의 어려움에서 끝내 살아남을 수 있었던 진정한 힘은 라스베이거스의 도박 테이블이 아니었다.

그 힘의 원천이자 비결은 스미스가 신뢰, 존중, 사랑의 문화 즉 사람들이 서로 의존하는 문화를 구축한 데 있었다. 이 이야기는 랑가나스 나약

---

*　페덱스가 내세웠던 광고 카피는 "When it absolutely, positively has to be there overnight.(반드시 그리고 하룻밤에 사이에 확실히 배송되어야 할 때.)"이다.

P. Ranganath Nayak과 존 케터링햄John M. Ketteringham의 《돌파! Breakthroughs!》에 매우 잘 설명되어 있다![31] 이 책은 관습을 타파하는 혁신가들의 사례를 담은 최고의 사례집인데, 이 책에서는 상호 헌신이라는 페덱스의 문화가 진정한 돌파 전략이라고 설명한다.

빌 레지어가 스탠퍼드대학교 경영대학원 학장과 함께 나에게 교수직의 기회를 열어준 일이 계기가 되어서, 위대한 기업을 만드는 요건이 무엇인지 연구하는 나의 30년 여정이 시작된 때를 되돌아보면, 그때 나는 내가 실패하면 빌이 실망할 게 분명했기에 정말 최선을 다했다. 그렇다. 대담한 목표들과 고귀한 목적은 사람들이 기울이는 노력에 많은 영감을 준다. 그러나 결국 우리는, 다른 사람들이 우리에게 의지할 때 즉 그들을 실망시킬 수 없을 때, 최선을 다한다.

우리는 성공은 넘쳐나지만 의미가 부족한 시대에 살고 있다. 아무런 의미도 없이 쉬지 않고 일하는 인생은 잔인하고 암울하다. 우리 대부분은 일상적인 업무에서 맨체스터가 해병대원이던 시절에 전우들과 나누었던 전우애는 결코 경험하지 못할 것이다. 하지만 서로를 신뢰하고 서로에게 의존하는 문화를 만듦으로써 그런 경지에 가깝게 다가갈 수는 있다. 이는 구성원들에게 헤아릴 수 없는 가치를 제공한다. 이것이야말로 리더가 할 수 있는 진정 위대한 일이다.

위대한 리더의
7가지 조건

CHAPTER 3

리더가 발휘하는 영향력의 핵심은 진정성이다.

감동을 주려면 자신부터 감동해야 한다.

감동의 눈물을 흘리게 하려면 자신부터 감동의 눈물을 흘려야 한다.

설득하려면 자신부터 믿어야 한다.

— 윈스턴 처칠[1]

우리 두 저자는 그 증상을 'M 증후군'이라고 부른다. M은 우리가 관찰했던 CEO들 가운데서도 특히 무능한 어떤 사람을 가리키는 지칭이다. M은 어떤 상황이나 집단 안에 존재하지만 딱 꼬집어서 뭐라고 설명하기 어려운 문제를 뜻하는 'malaise[막연하지만 심각한 불안감]'의 첫 글자이기도 하다.

M은 IQ가 150이 넘었다. MBA 출신으로 경영학 박사 학위를 갖고 있었고 주당 80시간 씩 일하는 것은 기본이었다. 20년 동안 현장을 누빈 탄탄한 경험을 통해 해당 업계에서 내로라하는 사람들과 어깨를 나란히 했다. 게다가 그가 속한 업계는 연간 30퍼센트 넘게 커지고 있었다.

그러나 M의 회사는 초기에만 반짝 성공을 했을 뿐, 그 뒤로는 몰락의 악순환 속으로 빠져들었다. 왜 이렇게 되었을까?

M의 리더십이 너무도 강압적이고 비효율적이었기 때문이다. 그의 리더십은 조직 전체를 차갑고 축축한 안개처럼 뒤덮었다. 그 결과, 직원들은 늘 주눅 들어 있었고 자신감을 잃었다. 에너지와 영감은 점차 소진됐다. M의 리더십이 매일 그리고 매주 회사를 천천히 죽이고 있었다.

과연 M은 무슨 잘못을 저질렀을까?

- M은 "다른 사람을 존중하라"라고 설교했지만 (그는 HP가 이런 철학을 가지고 있다는 글을 읽었기 때문에 이런 설교를 자주 했다) 정작 자신은

직원들을 결코 신뢰하지 않았다. 팀워크라는 말을 입에 달고 다녔지만, 팀플레이를 맹목적인 복종으로만 해석했다.

- M은 끔찍할 정도로 우유부단했다. 중요한 결정을 내려야 할 때마다 그 문제를 수도 없이 반복해서 분석하면서도 의사결정은 뒤로 미뤘다. 결국 회사는 중요한 기회를 놓쳤고 작은 문제들은 심각한 위기로 커져버렸다.

- M은 우선순위를 설정해두지 않았다. 그는 사람들에게 10~20개나 되는 실천 항목을 한꺼번에 끊임없이 들이대면서 "**모두 다** 우리에게는 최우선 사항이다"라고 말했다.

- M은 두꺼운 문으로 닫혀 있는 집무실에 틀어박혀 일했다. 집무실에서 나와 복도를 걷는다든가 직원들이 일하는 모습을 살핀다든가 하는 경우는 손에 꼽을 정도로 적었다.

- M은 사람들을 끊임없이 비판했을 뿐 긍정적인 피드백을 거의 하지 않았다. 어떤 직원이든 간에 딱 한 번만 실수를 해도 그 실수를 두고 영원히 괴롭혔다. M은 실수한 직원이 그 실수를 통해 교훈을 얻었음을 증명할 기회를 주지 않았다.

- M은 회사의 비전을 놓고 직원들과 효과적으로 소통하지 않았다. 그래서 직원들은 회사에 비전이 없다고 느꼈다. 회사가 어디로 가야 할지도 모른 채 우왕좌왕하다가 거센 폭풍에 좌초되는 배와 같다고 느꼈다.

- M은 말을 할 때나 글을 쓸 때 복잡하고 따분하기만 한 온갖 전문용어를 남발했다. 그래서 직원들에게 건설적인 영감을 주기는커녕 지루하고 혼란스럽게 만들었다.

- 회사는 초기에 성공을 거두었지만 정체된 상태를 벗어나지 못하고

있었다(그 시점에 이 회사의 매출액 규모는 약 1,500만 달러였고, 직원의 숫자는 75명이었다). 그러나 M은 새롭거나 대담하거나 도전적인 사업을 추진하길 꺼렸다. 그래서 야망을 가진 직원들은 조직을 떠났다.

M의 경우에서 볼 수 있듯이, 위대한 기업으로 나아가지 못하도록 가로막는 가장 기본적인 장애물은 비효율적인 리더십이다. 첨단기술이나 심사숙고 끝에 마련한 전략 또는 최고의 전술적 실행력이 있다 하더라도 잘못된 리더십이 이런 것들을 모두 물거품으로 만들 수 있다. 이런 일은 회사의 규모와 상관없이 일어날 수 있지만, 특히 중소 규모의 회사에서 자주 목격된다. 이 정도 규모의 회사에서는 CEO 한 사람이 일상적인 기업 활동에 날마다 엄청난 영향을 미칠 수 있다. 또한 CEO 혼자서 위대한 기업으로 나아가는 여정을 설계해야 하기 때문에 그만큼 CEO의 리더십이 중요하다. 요컨대, 파괴적인 리더십으로는 위대한 기업을 일굴 수 없다.

CEO의 리더십이 회사 전체의 분위기를 결정한다. CEO가 만들어내는 분위기가 전체 직원의 행동 패턴에 영향을 미친다는 점에서 이를 일종의 승수 효과multiplier effect라고 부를 수 있다. 이 효과는 긍정적일 수도 있고 부정적일 수도 있다. 리더십이 긍정적인 방향으로 작용한다면, 이는 회사를 위대한 기업으로 만드는 강력한 요소로 작용한다. 그러나 효과가 없거나 부정적이라면, 리더십은 물을 먹은 담요처럼 회사를 무겁게 짓누르게 된다.

리더십에 정답은 없다

모든 사람이 동일한 리더십 유형을 가져야 할까? 그렇지 않다. 당신의 리더십 유형은 당신만의 고유한 특성을 따라야 한다.

효과적인 리더십 유형은 매우 다양하다. 어떤 리더는 조용하고 수줍어하며 내성적인 반면, 어떤 리더는 외향적이며 사교적이다. 과잉행동적이고 충동적인 리더가 있는가 하면, 철저하게 계획적인 리더도 있다. 나이가 많고 현명하며 경험이 많은 리더도 있지만, 젊고 야단스럽고 모험심이 강한 리더도 있다. 연설하기를 좋아하는 리더가 있다면, 앞에 나서기를 끔찍하게 싫어하는 리더도 있다. 카리스마가 넘치는 리더도 있지만, 전혀 그렇지 않은 리더도 있다(리더십과 카리스마를 혼동하면 안 된다. 카리스마는 리더십과 다르다. 그렇기에 효과적인 리더십을 발휘하면서도 카리스마를 전혀 가지고 있지 않은 지도자도 있다).

역사적으로 유명한 정치 지도자들을 살펴보면 리더십 유형이 얼마나 다양한지 알 수 있다. 간디Mahatma Gandhi는 말투가 나긋나긋하고 부드러웠고, 링컨Abraham Lincoln은 진지하고 사려 깊었으며, 처칠은 사납고 꺾이지 않는 불독을 닮았다. 마가렛 대처Margaret Thatcher는 '철의 여인'이라는 별명에 어울리게 단호하고도 끈기가 있었으며, 마틴 루서 킹Martin Luther King 목사는 자신의 내면을 열정적으로 드러내며 사람들을 감동시켰다. 이 지도자들의 리더십은 제각기 달랐지만, 모두 효과적으로 사람들을 이끌었다.

자기에게 맞는 자기만의 리더십 유형을 찾아서 길러야 한다. 자기가 아닌 다른 사람이 되려고 하거나 자기에게 맞지 않는 리더십 유형을 취하려고 해서는 안 된다. 윈스턴 처칠이 간디를 모방해서 천을 두르고 앉아서 들릴락말락하는 목소리로 말하는 모습을 상상이나 할 수 있겠는가? 반대로 간디가 굵은 시가를 씹으면서 "우리의 정책은 전쟁을 수행하는 것입니다. 바다에서, 육지에서, 하늘에서, 신이 우리에게 준 모든 힘과 수단을 동원해서 전쟁을 수행하는 것입니다"라고 으르렁거리는 모습을 상상이나 할 수 있겠는가? 처칠이나 간디의 이런 뒤바뀐 이미지는 터무니없다. 하지만 이런 이미지들보다 더 우스꽝스러운 것은 다른 사람의 리더십 유형을 흉내내려고 애쓰는 것이다.

효과적인 리더십 유형은 당신의 내면에서 탄생한다. 그것은 온전히 당신의 것이어야 한다. 당신만의 리더십을 가꾸어야 한다. 당신 말고는 그 누구도 당신과 똑같은 리더십 유형을 가질 수 없다.

효과적인 리더십 : 기능과 유형의 결합

리더십은 **기능**과 **유형**이라는 두 부분으로 구성된다.

지도자라면 당연히 짊어져야 하는 첫 번째 책임인 리더십의 기능은 조직에 대해서 모두가 공감할 명확한 비전을 촉진하고, 이 비전을 달성하기 위해서 적극적이고도 헌신적으로 노력하는 것이다. 이는 리더십의 보편적인 요구 사항이며, 리더십 유형이 어떤 것이든 간에 당연히 수행해야 하는 기능이다(4장에서는 비전의 개념 및 설정 방법을 설명한다).

그런데 리더십 유형은 지도자마다 다를 수 있다. 리더십의 기능을 수행하는 데 동원할 수 있는 리더십 유형도 그만큼 다양하다. 여기에는 고통스러운 역설이 하나 존재한다. 한편으로 당신의 리더십 유형이 당신만의 독특한 것이어야 하고 효과가 있어야 하는데, 다른 한편으로는 위대한 기

리더십 기능	리더십 유형	
모든 직원이 공감하고 명확하고 설득력 있는 비전을 촉진한다	효과적인 리더십의 7가지 조건* (모든 유형에서 공통적이다)	개인의 성격 특성 (개인마다 다르다)

（중앙에 **+** 기호）

* 진정성, 단호함, 집중력, 대인관계, 인사관리의 강한-부드러운 기술, 의사소통, 진취성

업으로 나아가는 길에 장애물로 작용하는 리더십, 예컨대 앞에서 보았던 M과 같은 지리멸렬한 리더십이 분명히 존재한다. 이 역설을 어떻게 해결할 수 있을까? 이 역설은, 리더마다 고유의 리더십 유형이 있으며, 특정 리더십 유형이 다른 리더십 유형보다 더 뛰어나다는 것을 의미할까?

이 역설을 해결하기 위해서 우리 두 저자는 가장 효과적인 경영 리더들에게서 몇 가지 공통적인 요소를 추출했다. 각각의 리더마다 자기만의 고유한 리더십 유형을 가지고 있지만, 효과적인 리더십 유형들에는 공통적인 몇 가지 조건이 분명히 존재했다. [도표 3-1]을 참조하라.

비유를 들어서 설명하면 이 역설에 대한 해결책을 명확하게 밝히는 데 도움이 될 것 같다. 탁월한 작가들을 놓고 생각해보자. 그들 각각은 자기만의 독특한 문체를 갖고 있다.* 윌리엄 포크너William Faulkner의 문체는 어니스트 헤밍웨이Ernest Hemingway의 문체와 전혀 다르고, 작가 바바라

*   저자가 설명하는 '유형'의 영어 표현은 'style'인데, 이것은 '스타일'이나 '문체'로 번역된다.

터치맨Barbara Tuchman의 문체는 윌리엄 맨체스터의 문체와 다르다.

문체는 작가마다 다르지만, 위대한 작가의 문체에는 몇 가지 공통적인 요소가 존재한다. 예를 들어서 작품의 서두에서 독자의 관심을 잡아끈다든가, 생생한 세부 묘사로 독자의 상상력을 사로잡는다든가, 어휘나 표현을 맛깔나게 구사한다든가, 시작과 끝이 인상적이라든가 하는 점이 그렇다.

짐 콜린스의 새로운 생각

리더십의 본질

리더십이라는 주제를 놓고 지금까지 연구하고 조사하면서 경험한 가장 인상 깊었던 일은 2012년과 2013년에 있었다. 그때 나는 영광스럽게도 미국육군사관학교에서 '1951년 졸업생 리더십 연구위원장'이라는 직책을 맡게 되었다. 이 위원회는 세계 최고의 리더십 개발 기관들 가운데 하나로 꼽히며 지금도 수많은 지도자를 배출하고 있다. 당시에 나는 여러 차례 미국육군사관학교를 방문하여 그곳의 생도들, 교수진과 소통하며 리더십의 본질이 무엇인지, 어떻게 하면 올바른 리더를 육성할 수 있을지, 어떻게 하면 좋은 리더가 위대한 리더로 성장할 수 있을지 집중적으로 고민했다.

내가 설정했던 목표들 가운데 하나는 터무니없을 정도로 간단한 질문 하나를 통해 한층 더 깊은 깨달음을 끌어내는 것이었다. 그 질문은 바로 '리더십이란 무엇인가'였다. 우리는 리더십을 놓고 늘 이렇다 저렇다 말들을 하지만, 과연 리더십이란 정확하게 무엇일까?

우선, 분명히 해둘 점이 있다. 리더십 개성leadership personality이라는 것은 따로 없다. 우리는 지금 개성을 경건하게 떠받드는 이른바 셀럽의 시대age of celebrity에 살면서 개인의 특성과 리더십을 혼동하는데, 이는 매우 위험한 발상이다.

최근 수십 년 동안에 미국에서 가장 영향력 있는 리더들 가운데 한 명으로 꼽히는 인물인 웬디 콥Wendy Kopp을 놓고 생각해보자. 콥은 비영리 교육 단체인 티치포아메리카Teach For America, TFA*의 창설자이며, 나의 영웅이기도 하다. 언젠가 육군사관학교에서 세미나를 할 때 나는 콥을 특별 강연자로 초청했다. 그 세미나에 참가한 생도들의 숫자는 그다지 많지 않았다. 그러나 참석한 생도들은 콥이 관심을 받는 것을 매우 불편해한다는 것을 금방 눈치챌 수 있었다. 세미나 장소는 최대 수용인원이 30명밖에 되지 않는 좁은 공간이었지만, 그녀의 목소리는 생도들에게 잘 들리지 않을 정도로 작았다. 인근 공사장의 기계 소음 때문에도 생도들은 그녀의 말을 듣기 위해 귀를 바짝 기울여야 했다.

그날 콥은 대학교 4학년 때까지도 하고 싶은 일이 무엇인지 몰라서 불안했다는 이야기로 강의를 시작했다. 그녀는 존재론적인 고민으로 방황하면서도 졸업 논문은 어떻게든 완성해야 했다. 그녀는 논문 주제를 교육 문제로 잡았다. 이 분야라면 아직 초보적이긴 하지만 열정을 가지고 있었다. 그 열정은 두 가지 기본적인 목표를 발전시키고 싶다는 것이었다.

첫 번째 목표는 모든 어린이가 출신, 지역에 관계없이 제대로 된 교육을 받게 하는 것이었다. 두 번째 목표는 우수한 대학교를 졸업한 청년들

---

*   미국의 교육 불평등을 해소하겠다는 목적 아래 교사를 양성하고 지원하는 사업을 하는 비영리 교육 단체이다.

이 미국에서 가장 낙후된 지역인 미시시피강 삼각주와 뉴욕의 할렘과 브롱크스에서 적어도 2년 동안은 자발적으로 교사로 활동하도록 영감을 불어넣는 것이었다. 논문을 쓰면서 그녀는 마침내 인생을 바쳐서 무엇을 해야 할지 깨달았고, 그래서 티치포아메리카를 설립했다. 그 결심을 한 해가 1989년이었다.

티치포아메리카는 지금까지 120만 명이 넘는 학생들을 도왔으며, 7만 명이 넘는 활동가를 교육 현장에 투입했다[2]. 2009년 〈아이엔씨Inc.〉가 창간 30주년 기념호에 실을 기사를 쓰려고 나와 인터뷰를 했을 때, 이 잡지사의 편집자와 나는 역사상 가장 위대한 기업가를 선정하는 문제를 두고 대화를 나누었다. 그 자리에서 나는 최근 10년을 대표하는 기업가로 어떤 망설임도 없이 콥을 꼽았다.[3]

웬디 콥의 리더십 기술에는 올바른 사람들을 다른 올바른 사람들과 연결하고 이 사람들을 모두 어린이 교육을 위한 고귀한 사명 아래 결속시키는 능력이 포함되어 있다. 티치포아메리카 초기에 콥은 유능한 사람들을 사업에 끌어들이고 이들이 현장 교사 및 교육 지도자로 성공하도록 지원하는 데 주력했다. 티치포아메리카 그리고 지금은 이것과 비슷한 전 세계의 여러 나라 단체들의 연락기구인 티치포올Teach For All에서 활동하면서 그녀는 한층 더 총체적인 리더십을 발휘했다. 그녀는 교육 제도의 모든 층위에 있는 관계자들(학생, 학부모, 교사, 교장, 지역 행정가, 정책 담당자, 사업가, 보건 분야 종사자 등)이 공동의 목적을 위해 함께 노력하도록 이끌었다. 콥은 어린이와 연결된 모든 생태계를 활용하여 조직 안팎에 있는 수천 명을 하나로 묶어서, 언젠가는 **모든 곳에 있는 모든 어린이**가 좋은 교육을 받을 기회를 누리게 될 것이라는 꿈을 좇게 했다.

미국육군사관학교의 세미나실에서 웬디 콥은 근본적인 진리 하나를 드러내면서 그 자리에 있던 생도들에게 리더십에 대한 심오한 교훈 하나를 전달했다. 그것은 바로, 사람들이 위대한 일을 하도록 영감을 불어넣는 데는 굳이 강력하고 카리스마 넘치는 개성이 필요하지 않다는 교훈이었다. 공식적인 권한이나 권위도 중요하지 않다. 콥은 제도적으로 인정된 권위도, 위계적인 차원의 권력을 가지고 있지 않았다. 높은 직위나 의결권 주식, 정부가 보증한 권한, 풍족한 자금도 없었다. 그럼에도 그녀가 높이 들었던 대의명분 아래 모인 활동가들 저마다 가진 재능을 활용해서 (다른 일을 했다면 돈을 더 많이 벌 수 있음에도 불구하고) 콥이 제시한 길을 따랐다. 제임스 맥그리거 번스James MacGregor Burns가 고전이 된《리더십Leadership》에서 가르쳤듯이, 무자비한 권력과 리더십을 혼동해선 안 된다.[4]

진정한 리더십은 사람들이 자발적으로 리더를 따를 때 성립한다. 그러나 상당수 리더가 자기가 실제로는 단순히 권력을 행사하고 있을 뿐임에도 불구하고 스스로 리더십을 발휘한다고 믿는다. 안타깝게도 그들은 자기에게 그런 권력이 사라졌을 때 비로소 아무도 자기를 진정으로 따르지 않는다는 끔찍한 사실을 깨닫는다. 만약 당신이 직위, 지위, 돈, 성과급, 명성 또는 그 밖의 여러 원초적인 권력에 의존하고 있다면, 당신은 리더십을 포기한 것이다. 미군 역사상 아프리카계 미국인 최초로 4성 장군이 된 콜린 파웰Colin Powell은 "내 기억이 정확하다면, 나는 35년 동안 군에 복무하면서 단 한 번도 누군가에게 '이건 명령이다'라고 말한 적이 없다"라고 말했다. 이렇게 하는 것보다도 "가장 섬세한 표현으로 지시하는 것"이 한층 더 효과적임을 파웰은 알고 있었다.[5]

그렇다면, 리더십이 개성, 권력, 지위, 직책이 아니라면 정확하게 무엇일까? 아이젠하워 장군의 말과 생각으로부터 직접 영향을 받은 나는[6] 내가 연구하고 관찰한 바에 따라서 다음과 같이 리더십을 정의한다.

리더십은 당연히 수행되어야 할 일을 사람들이 자발적으로 나서서 하게 만드는 기술이다.

이 정의에 녹아 있는 세 가지 지점에 주목하라. 첫째, '당연히 수행되어야 할 일'이 무엇인지를 리더라면 '당연히' 알아야 한다. 이것이 리더의 책임이다. 이를 파악하는 것은 자기가 가진 통찰과 본능을 따라서 할 수도 있고, 적합한 사람들과 대화하고 토론하는 과정을 통해서 할 수도 있다. 어떤 과정을 거치든 당연히 수행되어야 할 일이 무엇인지 명확하게 규정해야 한다.

둘째, 당연히 수행되어야 할 일을 사람들이 하도록 만드는 것이 아니라, 사람들이 그 일을 **하고 싶어 하도록** 만들어야 한다.

셋째, 리더십은 과학science이 아니라 **기술**art이다. 나는 아이젠하워에게서 직접 유래한 '기술'이라는 단어를 좋아한다. 왜냐하면 이 단어는 빌과 내가《기업가정신을 넘어서》에서 리더십을 다루는 장의 초고를 쓰면서 모색했던 발상을 포착하기 때문이다. 그때의 그 발상은 리더가 되고자 하는 사람은 모름지기 자기만의 리더십 유형을 찾아내고 육성해야 한다는 것이었다. 다시 말해, 리더십 유형이란, 리더가 당연히 수행해야 할 일을 함께 열정적으로 추진할 수 있도록 적합한 사람들을 효과적으로 이끄는 그 리더만의 독특한 기술을 말한다. 이 기술은 리더가 자신의 고유한 스타일을 활용하여 팀원들이 목표를 달성하도록 동기부여하고 방향을 제시하는 방식을 포함한다.

어쩌면 당신도 콥과 마찬가지로, 아주 적은 단어들로 표현할 수 있는 선명하고도 매력적인 비전을 설정하는 재능을 가지고 있을지도 모른다.

어쩌면 당신도 콥과 마찬가지로, 사람들로 하여금 불가능한 꿈을 실현할 수 있다고 믿게 만드는 재능이 있을지 모른다. 사람들에게 불가능하다고 손가락질 받는 것(**모든 곳에 있는 모든 어린이!**)이야말로 유일한 목표라는 생각을 심어줄 수 있는 능력 말이다.

어쩌면 당신도 콥과 마찬가지로, 올바른 사람들로 구성된 다양한 모임을 모아서, 모두가 협력하는 분위기를 만들어내고 또 진실이 널리 공유되는 분위기를 조성하며 최고의 아이디어들이 마침내 결실을 맺을 공간을 만들어내는 재능을 가지고 있을지도 모른다.

어쩌면 당신도 콥과 마찬가지로, 고매한 이상을 현실적인 제도로 전환하겠다는 열정을 가진 똑똑하고 실천력인 역량을 가진 사람들을 찾아내는 재능을 가지고 있을지도 모른다.

어쩌면 당신은 이런 것들과는 전혀 다른 재능을 가지고 있을지 수도 있다. 예컨대 어쩌면 당신은 앤 멀케이처럼 감동적인 연설로 청중을 사로잡는 재능을 가지고 있을지도 모른다.

어쩌면 당신은 사우스웨스트항공Southwest Airlines의 허브 켈러허Herb D. Kelleher처럼 늘 일을 즐겁게 하고 또 직원들이 존중받고 사랑받는다고 느끼게 만드는 재능을 가지고 있을지도 모른다.

어쩌면 당신은 캐서린 그레이엄처럼 헌법에 명시된 권리를 침해하는 일에는 결코 굴복하지 않는 단호함과 결단력을 가지고 있어서 주변 사람들에게 자신감을 심어주는 재능을 타고났을지도 모른다.

어떤 리더십 유형이어도 상관없다. 중요한 것은 나의 리더십 유형을 파악한 다음에, 웬디 콥이 그랬던 것처럼 이를 수십 년 세월 동안 집요하게 매달려 개선하는 것이다. 위대한 화가, 작곡가, 배우, 건축가가 그랬던 것처럼 말이다.

빌과 내가 《기업가정신을 넘어서》 초판에 넣었던 단순한 프레임워크(즉 리더십의 기능과 리더십의 유형을 분리했던 발상)를 돌이켜보면, 우리가 리더십의 본질을 규정하는 데 얼마나 가깝게 다가갔는지 그저 놀라울 따름이다. 그 뒤로 리더십 개성을 숭배하는 접근법을 회의적으로 바라보는 나의 관점은 더욱 단단해졌다. 그 뒤로 나는 어떤 요건들이 기업을 위대하게 만드는지 추적하는 연구를 했고, 그 과정에서 역사상 가장 위대한 경영계 리더들 가운데 일부는 카리스마가 전혀 없다는 설득력 있는 증거를 발견했다. 더 나아가, 우리 두 사람이 했던 여러 연구에 따르면, 기업이 몰락하는 최악의 사례들 중 일부는 해당 기업의 지도자가 강력한 카리스마를 휘두르는 과정에서 일어났다(여기에 대해서는 《위대한 기업은 다 어디로 갔을까》를 참조하라).

시키는 대로 따르는 사람들을 재앙으로 이끄는 권력자가 되기보다는 올바른 사람들이 잔혹한 현실을 직면하도록 이끄는 카리스마 없는 리더가 되는 편이 훨씬 낫다. 물론 카리스마를 가진 리더 역시 영속적인 위대한 기업을 만들 수 있다. 그러나 절대로 잊지 말아야 할 점이 있다. 만일 당신의 회사가 당신의 개인적인 카리스마 없이는 위대한 기업이 될 수 없다면, 그 회사는 어떻게 해도 위대한 기업이 될 수 없다.

위대한 리더의 7가지 조건

3장에서는 위대한 리더에게서 공통적으로 발견할 수 있는 일곱 가지 조건을 자세하게 살펴볼 것이다. 일곱 가지 조건은 다음과 같다.

1. 진정성
2. 단호함
3. 집중력
4. 대인관계
5. 인사관리의 강한-부드러운 기술
6. 의사소통
7. 진취성

진정성 : 있는 그대로 실천하라

리더십이 효과를 발휘하려면 **진정성**을 바탕으로 비전을 실천해야 한다. 회사의 가치관과 야망은 그 회사의 **리더가 뱉는 말**이 아니라 **리더의 행동**으로 형성되고 주입된다.

건강한 회사에서는 밖으로 드러나는 말과 마음속 깊이 간직하는 신념이 일치한다. 회사의 가치관은 회사를 이끄는 사람들 **사이에서** 나오고, 일상적인 활동을 통해서 조직에 녹아든다. 회사에서 가치관이 형성되고 녹아드는 과정은 제빵사가 빵을 만들 때 밀가루 반죽을 치대는 것과 같다. 가치관을 빵 반죽을 만들듯이 끊임없이 가다듬어서 조직의 정수로 빚어내야 한다.

당연한 말이지만, 위대란 리더는 회사가 내건 가치관이 가지는 실질적인 편익을 잘 알고 있다. 그런데 그런 **편익이 없을 때조차도** 위대한 리더는 가치관을 변함없이 고수한다. 바로 이런 진정성 때문에 그들은 기업을 성공적이고 효율적으로 운영할 수 있다.

신념을 있는 그대로 드러낸다

효과적인 리더십을 발휘하는 리더들은 하나같이 가치관, 신념, 바람을 직원들에게 강력하게 전달한다. 또한 가치관과 관련된 열정을 두려움 없이 드러낸다. 두려움에 사로잡히기는커녕 때로는 격정에 휩싸이기까지 한다.

자전거 헬멧 제조업체인 지로스포츠Giro Sport Design의 창업자 짐 젠테스Jim Gentes는 자기 회사 제품이 사람의 목숨을 구한다는 이야기나 사이클 선수가 원하던 목표를 달성하고 꿈을 이루도록 돕는다는 이야기를 할 때마다 스스로 감동하는 것으로 유명하다.

나이키Nike의 창업자 필 나이트Phil Knight는 수줍음이 많아서 감정을 겉으로 드러내는 치어리더 유형이 아니다. 그러나 그는 1990년에 직원들과 만난 자리에서 그들에 대한 자부심을 이야기할 때는 전혀 그렇지 않았다. 그날 나이트는 직원들에게 가지고 있던 뜨거운 감정을 눈물까지 흘리며 격하게 쏟아냈다. 우리 시대에 가장 성공한 기업들 가운데 하나로 꼽히는 나이키를 창업했으며 오로지 성과, 경쟁, 승리만을 바라보며 달려왔던 그였지만, 직원들을 향한 자부심과 고마움을 표현할 때는 속마음을 감추지 않았다.

최고의 롤모델이 된다

진정성 있는 말만으로는 부족하다. 진정성을 **행동으로 실천해야 한다.** 모든 결정과 행동은 리더가 가진 철학과 일치해야 하며, 그 자체로 핵심 가치관을 드러내야 한다. 조직 구성원들은 리더의 행동에 크게 영향받는다. 기업에서 리더는 부모나 교사와 같은 존재이므로, 직원들은 리더가 보이는 모범을 따를 가능성이 높다.

당신이 리더의 위치에 있다면, 당신의 행동이 미치는 영향을 절대 과소평가하지 마라. 당신의 말투, 의사결정 방식, 행동거지 그리고 그 밖에도 당신이 드러내는 일거수일투족이 조직 구성원들에게 그대로 스며든다. 존 F. 케네디가 대통령으로 취임한 지 몇 주 지나지 않았을 때 벌써 백악관 직원들은 케네디의 언어 습관을 따라했다. 말뿐 아니라 손으로 허공을 마구 찔러대는 행동까지 모방했다.[7]

바로 이것이 권위를 가진 인물에 대해서 사람들이 반응하는 방식이다. 직원들이 당신을 모방하는 것은 당연하고 자연스러운 일이다. 설령 당신이 속한 조직 문화가 상하 관계를 철저하게 따지지 않는다고 하더라도, 리더인 당신은 권위 있는 인물로 받아들여질 것이고 백악관 직원들이 케네디에게 반응한 것처럼 직원들은 당신에게 그렇게 반응할 것이다. 그러므로, **당신은 당신이 만들고자 하는 문화의 롤모델이 되어야 한다.**

월마트Walmart의 창업자 샘 월튼Sam Walton은 롤모델이 되는 것이 얼마나 중요한지 잘 알고 있었다. 전기작가 밴스 트림블Vance Trimble이 쓴《샘 월튼》에 따르면, 월튼은 월마트의 문화는 검소함을 기반으로 해야 한다고 믿었다. 즉 월마트가 극단적인 긴축과 효율성을 갖추기만 하면 그 누구도 넘보지 못할 경쟁력을 갖출 수 있다고 보았다.[8]

월튼은 이런 철학의 롤모델로서 모범을 보였다. 출장지에서 소형차를 빌려서 타고 다녔고 비행기도 늘 이코노미석을 이용했다. 이사회 회의를 할 때는 식사 메뉴로 차가운 샌드위치와 감자칩만 주문했기에, 회의에 참석하는 이사들은 콜라를 각자 따로 준비해야 했다. 커피는 여느 직원들과 마찬가지로 복도에 놓여 있는 자판기에서 뽑아서 마셨다. 영국의 고위 인사들을 접대하러 갈 때도 평소에 타고 다니던 낡은 픽업트럭을 몰고 나갔다(그렇게 접대를 받았던 사람들은 얼마나 짜증이 났을까?).

월튼의 이런 모습을 두고 그의 고향 마을 은행 직원 버턴 스테이시는 "그는 자기 회사 직원들이 누릴 수 있는 것보다 더 나은 것을 누리려고 하지 않습니다. 더 좋은 호텔에 숙박하려 하지 않고 더 좋은 식당에서 식사하려 하지 않고, 더 좋은 차를 가지려고 하지도 않습니다"라고 말했다. 월마트에서 이사직을 역임했던 잭 스티븐도 "샘 월튼은 숨을 쉬는 것조차도 효율성을 추구합니다"라고 말했다. 월튼은 100퍼센트 순수함 그 자체이다. 말 그대로 인공적이거나 인위적인 것이 그에게는 하나도 없었다.

샘 월튼의 월마트와 대조되는 사례가 있다. 예외적일 정도로 자본 투자를 많이 받았지만 시장에 막 진입했던 1980년대 중반에 몰락한 IT벤처 포춘시스템즈Fortune Systems를 보자. 이 회사의 어떤 고위직 임원은 다음과 같이 공언했다.

"우리는 한 팀입니다. 우리는 동일한 목표를 달성하기 위해 노력하며, 본질적으로 모두 평등합니다. 우리는 각자의 지위를 상징하는 기호가 아니라 자기 앞에 놓여 있는 과제에 집중하는 것이 중요하다고 믿습니다."

그러나 고위 경영진이 보여준 행동은 정반대였다. 으리으리한 임원실을 따로 마련해서 썼으며, CEO는 전용 주차구역을 배정받았다. 우리 저자는 이런 언행불일치를 바라보면서 그 회사의 운명을 쉽게 점칠 수 있었다. 이 회사가 아무리 잘 된다고 해도 평범한 기업에 그치고 말 것이라고… 그러나 이 회사는 그 수준에도 미치지 못하고 사라졌다.

월튼이 그랬던 것처럼, 당신이 명시하는 기업 철학은 궁극적으로 당신이 **직감적으로** 가지고 있는 가치관 및 신념을 진정으로 반영해야 한다. 그 가치관은 당신의 일부(즉 당신이 가진 핵심적인 정신의 일부)여야 한다. 이는 어떤 상황에서도 당신이 언표로 명시했던 철학과 일치하는 방식으로 본능적으로(즉 따로 생각할 필요도 없이) 반응하는 것을 의미한다. 마찬가지로, 당신 회사의 사람들이 그런 가치관에 어긋나는 행동을 취할 때, 그런 행동이 잘못되었음을 직감적으로 알아차릴 수 있어야 한다.

회사가 내리는 중요한 전략적 결정에 진정성 원칙을 적용하는 것도 중요하다. 리더가 일상의 행동을 통해서 가치관 및 신념의 모범적인 롤모델이 되어야 하는 것과 마찬가지로, 회사도 회사가 내리는 중요한 결정들을 통해서 롤모델이 되어야 한다.

케이스 스터디 : 이본 쉬나드

파타고니아Patagonia의 창업자인 이본 쉬나드Yvon Chouinard는 파타고니아가 자연환경을 보존하는 기업이 되어야 한다고 믿었다. 실제로 파타고니아는 매년 세전 이익의 10퍼센트를 환경운동에 기부하고, 친환경적인 방법으로 제품을 생산하는 거래처로부터 직물을 공급받는 정책을 고수하고 있다. 비록 이런 접근법이 제조단가를 훨씬 높이더라도 기꺼이 그 손해를 감수한다.

더욱 인상적인 것은 쉬나드가 파타고니아를 이러한 신념에 맞춰서 오랜 세월 경영해왔다는 점이다. 환경 의식이 보편적으로 자리잡지 않았던 1970년대 초부터 쉬나드는 암벽 등반가들의 등반 방식을 완전히 바꾸는 일에 매진했다. 그는 암벽 등반가들이 암벽에 오르면서 암벽을 훼손하는 피톤*을 사용하는 것을 보고는, 어떻게 하면 암벽을 훼손하지 않고도 안전하게 등반할 수 있을지 고민했다. 마침내 그는 초크 또는 너트라고 불리는 장비를 개발해서 이 문제를 해결했다.

당시에 많은 사람이 쉬나드의 제품이 시장에서 외면받을 것이라고 전망했다. 피톤은 금속 소재의 스파이크로 암벽을 영구적으로 손상시키는 장비인데, 암벽 등반가들 가운데서는 피톤 대신 다른 장비를 사용하겠다는 사람은 당시에는 거의 없었다. 그러나 쉬나드는 꺾이지 않는 마음으로 앞으로 나갔다. 자신의 장비를 암벽 등반에 도입하는 데 힘을 쏟았으며 등반 동호회 사람들의 문화를 바꾸기 위해서 열정적으로 노력했다.

마침내 이런 노력이 결실을 맺어서 1975년이 되면 피톤을 사용하는 사람이 거의 사라졌다. 그 덕분에 암벽을 미래 세대를 위해서 보존할 수 있었다. 쉬나드가 주도했던 이 변화가 헌신적이고 충성스러운 직원들을 회사로 불러 모았다. 그들은 다른 회사들은 '친환경'을 말로만 떠들지만 쉬나드는 진심임을 알았다. 바로 이런 진정성에 그들은 고무됐다.

말을 했으면 그 말대로 살아라

자기가 했던 말을 행동으로 뒷받침하지 않는 경영자에게 공감할 직원은 없다. 물론 세상에 완벽한 사람은 없다. 그 누구도 자기의 이상을 온전하게 실천하지 못한다. 하지만 개중에는 자기가 가진 이상의 25퍼센트도 실천하지 않는 사람들이 있다. 이들이 하는 말은 그야말로 겉만 번드르르할 뿐, 속은 텅 비었다. 진정성이라고는 찾아볼 수 없는 그들의 행

---

*   암벽 등반용 쇠못.

태에는 구역질이 난다. 그들은 리더가 될 자격이 없으며 결코 위대한 기업을 일구지 못한다. 말을 했으면 그 말대로 살아라. 말에서 멈추지 말고 실천하라.

당신의 대의는 무엇인가

육군사관학교에서 만난 생도들은 스탠퍼드대학교 MBA 과정에서 가르쳤던 학생들보다 상대적으로 훨씬 더 행복해 보였다. 이 사실이 나에게는 무척 놀라웠다. 그들이 더 행복해 보이는 이유는 무엇일까? 내가 관찰하기로 개인의 이익보다 더 큰 대의에 헌신한다는 봉사service(복무)의 윤리가 사관학교 생활 중에 스며들었기 때문이다. 생도들은 봉사(복무)를 하다가 죽을 수도 있다는 것을 잘 알고 있었지만 기꺼이 그 죽음을 선택할 준비가 되어 있었다.

앤 멀케이, 고든 무어, 웬디 콥 그리고 조지 마셜 같은 리더들의 공통점은 무엇일까? 이들은 모두 더 큰 대의를 위해 봉사하는 정신으로 조직을 이끈 사람들이다. 멀케이에게 그 대의는 제록스를 구하는 것과 직원들이 장차 누릴 더 나은 미래를 창조하는 것이었다. 무어에게 그 대의는, 끊임없이 확장되는 전자공학의 힘을 빌어서, 문명이 작동하는 방식에 혁명을 가져다줄 촉매제 역할을 할 기업으로 인텔을 성장시키는 것이었다. 콥에게 그 대의는 전 세계의 모든 어린이가 제대로 된 교육을 받을 수 있도록 하는 것이었다. 마셜 장군에게 그 대의는 국가에 봉사하는 것 그리고 다른 나라를 침범하는 독재 정권들을 물리치는 것이었다. 이들은 자신의 야망과 자아를 자기가 설정한 대의에 복속시켰다.

제2차 세계대전의 승리를 이끈 마샬 장군을 놓고 생각해보자. 미군 최고위급 장성들 가운데 한 명이었던 마샬은 1944년 6월 6일 디데이의 작전을 지휘하는 권한을 가질 기회가 얼마든지 있었다. 그러나 마샬은 그 자리를 탐하지 않았다. 군사 역사가이자 마샬의 전기를 쓴 마크 스톨러Mark Stoler 가 '회의론자가 안내하는 미국사The Skeptic's Guide to American History' 강의에서 밝히듯이, 마샬은 국가와 전쟁 수행을 위해서 최선인 것은 무엇이든 하겠다는 의사를 루스벨트 대통령에게 밝혔다. 그러자 루스벨트는 마샬이 자신의 옆에 없으면 밤에 잠을 잘 수 없다고 말하며 워싱턴에 남아 있을 것을 요청했다. 그래서 아이젠하워 장군이 전투 현장을 지휘하는 영광을 대신 맡았고 마샬은 후방에 남아 작전 설계자 역할에 만족해야 했다.* 마샬이 역사상 가장 위대한 장군들 가운데 한 명으로 꼽히는 이유는 보다 더 큰 목표를 지향하는 그의 맹렬한 결단력과 그 목표를 위해서라면 개인적인 영광은 얼마든지 포기하는 의지 때문이다.[9]

나는 연구팀과 함께 《좋은 기업을 넘어 위대한 기업으로》를 집필하기 위해서 조사를 하던 중에 (이 책은 빌과 내가 《기업가정신을 넘어서》를 출간한 지 10년 뒤에 세상에 나왔다) 좋은 리더를 넘어서 위대한 리더가 되는 필수적인 리더십 요소를 발견했다. 그것이 바로 단계5의 리더십이다.

단계5의 리더십은 다섯 단계로 구성된다. 레벨-1(개인 기술), 레벨-2(팀워크 기술), 레벨-3(관리 기술), 레벨-4(리더십 기술)가 그것이다. 그리고 단계5의 리더십을 체화한 리더는 레벨-1부터 레벨-4까지의 모든 기술을 자신보다 더 높고 큰 대의를 위해 적용한다. 단계5의 리더는 역

---

* 　마샬은 1880년생이고, 아이젠하워는 1890년생이다.

설적이게도 겸손과 불굴의 의지가 혼합된 사람이다. 단계5의 리더는 믿을 수 없을 정도로 야망이 크다. 그들은 광신적이고, 집착하고, 편집적이고, 인정사정 보지 않고, 직원들이 지쳐서 나가떨어질 때까지 몰아붙인다. 그러나 그들이 가진 야망은 어디까지나 사회적인 대의, 기업의 목적이나 업무를 위한 것이지 개인의 성공을 위한 것이 아니다.

앤 멀케이, 고든 무어, 웬디 콥, 그리고 조지 마셜은 단계5 리더십의 전형이다. 앤 바커와 로이드 오스틴 3세 장군, 프레드 스미스, 캐서린 그레이엄 등 이 책에서 소개하는 다른 리더들도 마찬가지다. 만년의 스티브 잡스도 이 범주에 들어간다. 만년에 잡스는 스티브 잡스 1.0 버전에서 스티브 잡스 2.0 버전으로 성장했으며, 창의적인 천재성을 발휘해서 애플을 자신이 죽은 뒤에도 영속적인 위대한 기업으로 만드는 데 성공했다.

나에게 자신이 단계5의 리더가 될 수 있는지, 또 어떻게 하면 그렇게 될 수 있는지 묻는 사람들이 많다. 그러면 나는 이렇게 대답한다. 얼마든지 될 수 있다. 방법도 어렵지 않다. '나는 어떤 대의에 복무하는가?'라는 매우 단순하지만 어려운 질문을 놓지 않으면 된다. 여기서 대의란 나 자신이나 내 주변의 사람들이 고통을 당할 게 뻔한 상황에서도 기꺼이 스스로를 희생할 수 있는 그 무엇인가를 말한다.

스스로에게 물어보라. 어떤 대의가 인생에 의미를 부여하는가? 그 대의는 거대하고 눈에 잘 띄는 것일 수도 있고, 극히 개인적이며 눈에 덜 띄는 것일 수도 있다. 여기서 중요한 것은 '자기 자신을 위해서가 아니라 대의를 위해서 리더십을 발휘할 의지가 있느냐'이다.

단호함 : 자신을 믿어라

조지 마샬은 리더가 가져야 할 가장 큰 덕목은 의사결정 능력이라고 말했다.[10] 얼마나 많은 경영자가 우유부단함 때문에 고통을 받는지 알고 나면 마샬의 말이 옳다는 것을 알게 될 것이다.

위대한 리더는 우유부단함으로 고통받지 않는다. 완벽한 정보가 없는 상황에서도 (완벽한 정보는 애초부터 존재하지도 않는다) 결정을 내리는 능력이 리더가 꼭 가져야 하는 조건이다.

분석의 함정

분석은 "아마도 이러저러하다"라고 말할 수 있는 근거를 제공하지만, 인생은 그런 식으로 돌아가지 않는다. 특히 성장기에 있는 기업에서는 더욱 그렇다.

분석을 현명하게 사용하는 것은 얼마든지 좋다. 단, 생각이 너무 많아서 결정을 내릴 수 없는 지경이 되는 분석 마비analysis paralysis 현상의 제물이 돼선 안 된다. 모든 위험을 제거하거나 순전히 객관적인 데이터에만 의존하여 결정을 내릴 수 있을 만큼 충분한 사실이나 데이터가 보장되는 경우는 거의 없다. 게다가 모든 경영분석은 전제조건이 되는 이런저런 가정의 영향을 받는다. 동일한 사실을 바라보는 두 사람이 전혀 다른 결론을 내리는 경우가 흔한 것도, 이 두 사람이 동일한 사실을 바라보면서도 전혀 다른 가정을 전제로 하기 때문이다.

다음과 같은 실험을 해 볼 수 있다. 한 무리의 직원에게 신제품으로 출시할 후보 제품의 성공 가능성을 평가한 다음에 이 제품을 시장에 내놓을 것인지 결정하라고 지시한다. 이때 직원들에게는 온갖 객관적인 정보들이 제공되며 이들은 모두 똑같은 경영 훈련을 받은 인재들이다.

과연 결과는 어떨까? 그들 가운데 절반은 신상품으로 채택하자고 하고 나머지 절반은 신상품으로 채택하면 안 된다고 말할 가능성이 높다. 왜 그럴까? 그들은 각자 분석을 수행하기 위해서 이런저런 가정을 세우는데, 그 가정들이 그들이 내리는 결론을 유도하기 때문이다.

이런 일은 비즈니스 현장에서도 비슷하게 일어난다. 원하기만 한다면 분석은 무한하게 할 수 있다. 그러나 이런 분석이 완벽한 결론을 보장하는 경우는 드물다. 하지만 어떻게든 결정을 내려야 하는 것이 리더의 책무다.

그렇다고 해서 분석을 무시하고 충동적이고 맹목적으로 결정을 해치워야 한다는 뜻은 결코 아니다. 객관적인 사실들과 분석들 그리고 그 모든 가능성을 따져보아야 한다. 그러나 분석을 통해서 할 일은 모든 결정을 깨부술 것이 아니라 **단 하나의 결정을 내리는 것이다.** 바로 이것이 리더가 해야 할 목표다.

결정을 내리기 위해서는 객관적인 사실을 충분히 수집해 합당한 분석을 내릴 시점을 감지해야 한다. 바로 그 시점에서 어떤 선택이든 의사결정을 내려야 한다. 이렇게 해야 하는 이유를, 스탠퍼드대학교 창립 총장이었던 데이비드 스타 조던David Starr Jordan은 다음과 같은 말로써 완벽하게 표현했다.

관련된 모든 증거가 확보되었다 싶을 때 나는 망설이지 않고 '예-아니오'의 결정을 내립니다. 그리고 거기에 따른 위험을 기꺼이 감수합니다.[11]

직감을 믿는다

조던의 '예-아니오' 접근법도 문제가 있긴 하다. 불완전한 정보를 근거로 해서 **어떻게** 최종적인 선택을 정확하게 할 수 있을까? 이에 대한 대답 중 하나가 바로 직감을 따르는 것이다.

직관을 따르라는 말이 불편할 수 있다. 직관은 비과학적, 비합리적으로 보이며, 훈련되지 않은 사람들로서는 직관을 동원하는 것이 어쩐지 어색하게 느껴진다. 그러나 효과적인 의사결정자는 냉철한 분석과 직관을 **하나로 묶어서** 사용한다.

재료 과학 회사인 레이켐코퍼레이션Raychem Corporation을 창업해서 성장시킨 폴 쿡Paul Cook이 이런 의사결정자의 좋은 본보기다. 그는 어느 대담 자리에서 이렇게 말했다.

정말 이상한 일인데, 제가 직감을 충실히 따르기만 했더라면 결코 저지르지 않았을 커다란 실수를 두세 번이나 저질렀지 뭡니까. 앞으로는 이런 일이 다시는 일어나지 않도록 할 것입니다. 이제 저는 직관을 충실히 신뢰하는 법을 배웠습니다. 정말입니다. 직관을 신뢰할 때와 신뢰하지 않을 때는 그 결과가 엄청나게 다릅니다.[12]

쿡만 그런 게 아니다. 폴 갤빈Paul Galvin(모토로라 창업자), 윌리엄 맥나이트William McKnight(3M 창업자), 샘 월튼(월마트 창업자), 크리스틴 맥디비트Kristine McDivitt(파타고니아에서 17년 동안 CEO로 재직) 등 많은 기업의 리더들이 의사결정을 할 때 직관을 따랐다.

직관은 누구나 갖고 있다. 다만 이것을 인식하고 사용하는 것이 쉽지 않을 뿐이다. 어떻게 하면 직관을 효과적으로 활용할 수 있을까? 이와 관련해서 몇 가지 방법을 제안한다.

- **핵심으로 곧장 들어간다.** 온갖 데이터, 분석, 가능성에 압도되어서 아무런 결정도 내리지 못하는 긴장성 우유부단함에 빠지지 않으려면 문제의 핵심을 직시해야 한다.
- **장단점이 길고 복잡하게 나열된 목록을 치워버리고 단 하나의 핵심 질문에 집중한다.** 어떤 문제에 직면했을 때 "본질은 무엇일까? 세부 사항들은 젖혀두고 정말 중요한 것은 무엇일까?"라고 물어라. 문제에 담겨 있는 온갖 속성과 복잡한 요소들에 매몰되지 마라. 주어진 상황을 몇 가지의 본질적인 요소로 분해하라.
- **의사결정 내용을 핵심으로 압축해서 "직감은 '예'와 '아니오' 가운데 어느 쪽을 가리키는가?"라는 단순한 질문을 던진다.**

이들 방법을 통해 직관이 가르키는 방향을 세밀하게 인식하는 감각을 키울 수 있다. 이 감각을 익히면 마치 특수한 능력을 가진 것처럼 어떤 것이 옳은지 **그냥 알 수 있다.** 이 감각을 개발하는 효과적인 방법 하나를 소개하면, 내가 내려야 하는 의사결정에 대해서 내면이 어떻게 반응하는지 면밀히 관찰하는 것이다.

예를 들어보자. 당신 앞에 선택지 몇 가지가 놓여 있고 모든 선택지에는 장단점이 줄줄이 달려 있다. 그런데 당신은 어떤 것을 선택해야 할지 결정을 내리지 못하고 있다. 이때 무작위로 하나의 선택지를 정한 다음, 당신의 내면이 어떻게 반응하는지 관찰해 보라. 마음이 편안하다면 올바른 결정을 내린 것이고 초조하고 불안하다면 (그래서 속이 더부룩하고 불편하다면) 잘못된 결정을 내린 것이다. 결정을 내린 후 이를 누구에게도 말하지 말고 24시간 동안 그 결정에 따라서 살아보는 것도 방법이다. 이렇게 하면 결정을 공식화하기 전에 그 결정이 어떤 느낌인지 관찰할 수 있다.

직감을 따를 때는 두려움이 미치는 영향을 경계해야 한다. 두려움을 느끼면 스스로를 의심하게 된다. 이렇게 되면 직관이 아니라 두려움이 주도하는 결정을 내릴 수 있다. 두려움이 주도하는 결정은 관련된 리스크 때문에 올바른 선택이라고 생각하면서도 외면하게 되는 결정을 말한다. 이러한 결정은 두려움을 잠시 진정시키는 잘못된 안도감을 제공하기 때문에 직관적인 결정과 종종 혼동될 수 있다. 하지만 이러한 잘못된 안도감은 오래 가지 않으며, 결국 마음의 불편함을 야기한다.

만약 "나는 이것이 옳은 일이라고 생각하지만, 그 결과 이러저러한 일이 일어날지 몰라서 두렵다"라는 생각이 든다면, 직감에 어긋나는 결정을 내릴 위험이 있다. 직관을 효과적으로 사용하려면 어떤 위험이 닥치든 간에 옳다고 생각하는 바를 실천하겠다는 용기가 필요하다.

이와 관련된 유명한 사례가 있다. 해리 투르먼Harry Truman은 1951년 '직감'에 따라서 반대를 무릅쓰고 한국전쟁을 이끌고 있던 맥아더 장군을 해임한다. 이는 트루먼의 정치적 위상과 한반도에서 급속하게 확대되는 군사적 갈등이 걸려 있는 엄청나게 위험한 도박이었다.* 그러나 트루먼은 그 모든 리스크에도 기어이 맥아더를 해임했다. 몇 년 뒤에 트루먼은 이 선택을 다음과 같이 회상했다.

---

* 당시에 트루먼은 협상을 통해서 전쟁을 끝낼 기회를 모색했는데 맥아더는 중국과의 전면전을 주장했다.

내가 맥아더 장군과 관련된 의사결정을 하면서 배웠던 유일한 것이 있습니다. 무언가를 해야 한다는 사실을 직감적으로 깨달았다면, 이를 빨리 처리하면 할수록 모두에게 그만큼 더 좋다는 것입니다.[13]

때로는 나쁜 결정이 아무런 결정을 내리지 않는 것보다 낫다

아무리 똑똑한 사람이라도 올바른 의사결정을 내릴 확률이 100퍼센트일 수는 없다. 아무리 위대한 리더라도 의사결정 가운데 상당수는 최선이 아니라 차선의 선택이다. 사람 사는 게 다 그렇지 않은가! 결정을 내려야 할 때, 완벽하게 확신이 들 때까지 기다린다면 우유부단함의 수렁에 빠질 가능성은 매우 높아진다.

어떤 결정도 내리지도 않고 아무것도 하지 않으면 지금 당장 닥치는 위험은 피할 수 있다. 그러면 **마음은** 편안하다. 그러나 끊임없이 움직이며 변화를 꾀해야 하는 비즈니스 세계에서 이렇게 했다가는 머지않아 재난을 맞게 된다. 긴급한 상황이라면 **어떤 결정이든 결정을 내리고 그 결정을 밀고 나가야 한다.**

우유부단함은 잘못된 결정을 내리는 것보다 더 나쁘다. 문제를 회피하지 말고 문제에 올라타야 한다. 어떻게 해볼 도리가 없는 막다른 길로 내몰릴 때까지 기다릴 게 아니라 공세적 태세를 취해야 한다. 나쁜 결정도 괜찮다. 그 결정 때문에 당신이 고꾸라질 수도 있겠지만, 그래도 결국 당신은 문제를 바로잡을 수 있을 것이다.

안타깝게도 상당수 사람들이 잘못된 선택을 할지 모른다는 두려움 때문에 이 조언을 따르지 않는다. 그들은 결정에 따른 조롱, 비난, 비판, 비웃음을 두려워한다. 실수했을 때의 상황을 떠올리는 **심리적** 결과는 실제 나타날 수 있는 결과보다 더 나쁘게 보일 수 있다. 이로 인해 사람들은 실수를 할지도 모른다는 두려움 때문에 결정을 내리는 것을 꺼린다.

앞으로도 실수를 할 것이라는 (그것도 많이 할 것이라는) 사실을, 그리고 그 실수를 통해서 교훈을 얻을 것이라는 사실을 받아들이고 그렇게 살아가는 법을 배워야 한다. 실수는 강력한 힘의 원천이다. 실수를 하는 것은 근육을 키우는 것과 같다. 운동선수는 어떻게 해서 점점 더 강해지는가? 실패 지점까지 자신을 밀어붙이기 때문이다. 어떤 사람이 턱걸이를 세 번 하고 네 번째에서는 실패했다. 이 사람의 신체가 그 상황에 적응하고 강해지면, 다음에는 네 번까지는 성공하고 다섯 번째에서 실패할 것이다. 그리고 그다음에는 다섯 번까지는 성공하고 여섯 번째에서 실패… 이런 식으로 계속 성장할 것이다.

의사 결정을 내리고, 실패를 하고, 거기서 교훈을 얻고, 다시 도전하는 모든 과정은 '근육을 키우는 것'과 같다. 만일 당신이 실수를 한 번도 하지 않는다면 턱걸이를 세 개밖에 하지 못하는 수준에 영원히 갇히게 될 것이다.

실수를 주기적으로 한다는 사실을 자랑스럽게 여겨야 한다. 이것은 실수를 두려워해서 평생 가치 있는 일이라고는 아무것도 **실행**하지 않는 소심한 사람이 아님을 보여주는 증거다. 모토로라의 창립자이자 설계자인 폴 갤빈은 이렇게 말했다.

실수를 두려워하지 마라. 지혜는 실수에서 탄생한다.[14]

단호하되 유연하게

단호하다는 것은 융통성이 없거나 고집불통이라는 뜻이 아니다. 결정을 내렸으면 거기에 따른 일련의 행동을 단호하게 밟아나가야 한다. 그러나 정보나 상황이 바뀌면 거기에 맞춰서 행동을 유연하게 조정하고 적응해야 한다. 만일 결정을 바꿀 필요가 있다고 생각되면 그렇게 하라. 이렇게 하는 편이 잘못된 결정을 끝까지 고집하거나 아무런 결정을 내리지 않는 것보다 훨씬 낫다. 이는 장기적으로 보면 일관성을 유지하는 것보다 옳은 선택이다.

의사결정 과정에 다른 사람들을 얼마나 많이 참여시켜야 할까?《탁월한 경영Managing for Excellence》에서 데이비드 브래드퍼드David Bradford와 앨런 코헨Allan Cohen은 의사결정의 모든 유형을 나열하면 하나의 스펙트럼이 형성된다고 말한다.[15] 이 스펙트럼의 한쪽 끝에는 **위임적 의사결정**이 있는데, 이는 리더가 의사결정 권한을 다른 사람들에게 넘기고 "당신들이 그 결정을 내려라"라고 말하는 유형이다.

그 옆에는 **순수한 합의 의사결정**이 위치한다. 이는 리더가 집단 합의 통해 의사결정을 내리는 유형이다. 이 유형에서는 리더가 자기가 제안한 해결책을 강요하지 않으며 전체 집단이 '전반적으로 동의하는 내용'을 모아 결정을 내린다. 이때 리더가 발휘해야 하는 기술은 질문하고, 관찰하고, 관련 자료를 제공하고, 결정이 내려지도록 격려하는 것이다. 또한 리더는 의사결정 과정이 적절한 시점에 마무리될 수 있도록 이끌어야 한다. 집단 합의가 숙성되지도 않은 시점에서 성급하게 중단되거나 비생산적으로 지연되도록 내버려두어서는 안 된다.

한가지 명심해야 할 것이 있다. '합의'는 의견이 하나로 모아진다는 뜻이 결코 아니다! 그런데 너무도 많은 경영자가 이 합의를 100퍼센트 만장일치로 잘못 해석해왔다. 합의가 이뤄졌다는 것은 그 과정에 참여한 모든 사람이 해당 결정에 반드시 동의해야 한다는 뜻이 아니다. 전반적인 동의만 있으면 된다. 전반적인 동의라는 것은 찬성률이 51퍼센트 이상을 의미한다. 그러나 전반적인 동의는 고정된 수치가 아니라 느낌으로 감지되는 것이다. 그리고 일단 어떤 합의든 이루어지면, 그 결정에 반대하던 사람들도 여기에 따라야 한다. 끝까지 동의할 수 없다면 조직을 떠나야 한다.

다음으로는 **참여적 의사결정**이 있다. 이는 리더가 구성원들에게 아이디어, 제안, 대안, 해결책 등을 묻는 유형이다. 그러나 순수한 합의 의사결정과 달리, 최종적으로는 집단이 아닌 리더가 의사결정을 내린다(참여적 의사결정 유형에 대한 탁월한 사례 연구는 쿠바 미사일 위기 사건을 자세하게 묘사한 로버트 F. 케네디의 저서 《13일Thirteen Days》에서 찾아볼 수 있다). 참여적 의사결정의 장점은 다양한 관점과 활발한 토론을 하면서도 신속한 결정이 가능하다는 것이다. 이 의사결정에서는 리더가 구성원들과 문제를 집중적으로 논의한 뒤에 "이것이 우리가 나아갈 길이다"라고 신속하고도 단호하게 결정할 수 있다.

참여적 의사결정의 완전히 반대편에 있는 유형이 **독재적 의사결정**이다. 이 의사결정에서는 리더가 직원들로부터 정보만 취합할 뿐, 어떤 제안이나 해결책도 요구하지 않는다. 의사결정 과정에 구성원들을 참여시키거나 대안을 모색하는 집단 토론도 없다. 이 유형에서 의사결정은 온전히 리더의 몫이다.

기업이 장기적으로 건전성을 유지하면서도 성공하려면 어떤 유형이 가장 효과적일까? 우리 저자들로서는 딱 부러지게 하나를 지목할 수는 없지만, 우리가 관찰한 몇 가지 사항은 일러줄 수는 있다.

우리가 관찰한 바에 따르면, 위대한 리더는 참여적 의사결정 방식을 폭넓게 활용한다. 최선의 결정은 직원들이 어느 정도 의사결정에 참여할 때 도출된다. 모든 문제에 대해서 완벽한 해결책을 제시할만큼 똑똑하거나 경험이 많은 개인은 **세상에 존재하지 않는다.** 이와 관련해서 밉스컴퓨터MIPS Computer의 CEO이자 매우 효과적인 리더십을 발휘했던 밥 밀러Bob Miller는 다음과 같이 말했다.

> 유능한 사람들이 모인 집단이 아이디어나 제안을 제시하도록 환경을 조성해야 최선의 결정을 끌어낼 수 있습니다. 유능한 인재들을 주변에 두고 그 사람들이 의사결정 과정에 참여하도록 하면, 올바른 결정이 내려질 가능성은 그만큼 더 높아집니다.[16]

의사결정 과정에 얼마나 많은 사람을 얼마나 오랜 시간 참여시킬 것인가 하는 문제는 의사결정의 중요성에 따라 달라진다. 사소한 사항을 결정하는 데까지 직원들을 참여시키면, 회의로 시간을 다 보낼 수 있다. 그러나 중요한 사안일수록 보다 많은 사람을 결정 과정에 참여시키는 것이 현명하다.

회사의 구성원들은 위에서 내려오는 일방적인 명령보다 직접 참여해서 내린 결정을 더 헌신적으로 따른다. 참여나 합의라는 집단 의사결정 과정은 결정하는데 상대적으로 더 오래 걸릴 수 있지만 이렇게 채택된 결정은 더 빠르고 더 철저하게 실행된다.

정말 중요한 것은, 의사결정의 내용이 아니라 그 결과로 나타나는 행동이다. 처음부터 직원들을 의사결정 과정에 참여시키는 것이, 결정이 내려진 후에 직원들을 설득하는 것보다 실행 면에서 더 효율적이다. 이는 직원들이 결정 과정에 참여함으로써 책임감을 느끼고, 그 결정에 대한 이해와 수용도가 높아지기 때문이다.

혹시 집단 의사결정 과정이 구성원들 사이에 불화를 불러일으키거나 되돌릴 수 없는 의견 차이를 빚어내지 않을까 걱정이 되는가? 맞다, 그런 일이 일어날 수 있다. 하지만 이것도 길게보면 바람직하다.

의사결정 과정에서 발생하는 의견 차이는 좋은 것이다. 특히 중요한 결정을 내릴 때는 여러 건설적인 주장들과 관점이 다른 의견들을 확보해야 한다. 의견 차이는 문제의 본질을 명확하게 드러내고, 한층 더 신중한 해결책을 이끌어내는데 도움이 된다. 아닌 게 아니라, 의견 차이가 없다면 문제를 온전히 이해하지 못할 수도 있다.

로버트 케네디는 쿠바 미사일 위기를 사례로 언급하면서 최선의 결정을 내리는 데서 의견 차이가 얼마나 소중한지를 다음과 같이 설명했다.

우리가 대화하고, 토론하고, 논쟁하고, 반대하고, 그리고 더 많은 토론하는 것은 우리가 궁극적인 어떤 경로를 선택하는 데서는 반드시 필요한 절차입니다. (…) 이런저런 의견들, 심지어 객관적인 사실 그 자체도 의견 차이와 논쟁을 통해서 가장 잘 판단할 수 있습니다. 모든 사람이 동일한 관점을 가진다면 중요한 요소를 누락할 수도 있습니다.[17]

위대한 리더들은 의사결정을 광범위하게 위임한다. 위대한 기업, 즉 모든 직급에서 효과적인 리더가 배치된 기업을 만들기 위해서는 각 단위의 구성원들이 스스로 문제를 해결하도록 해야 한다. 물론, 리더가 반드시 참여해야 하는 중요한 결정 사항들이 많겠지만, 참여하지 않아도 되는 것들도 많다. 우리 저자들이 관찰한 혁신적인 기업들은 의사결정을 최대한 조직 하부에 위임하는 경향이 있었다. 이렇게 하면 모든 직급의 직원들이 책임감을 갖고 빠르게 움직이며, 자신의 창의성과 지성을 자율적으로 발휘할 수 있다.

오해하지 말아야 할 점이 있다. 결정을 위임한다는 것이 배가 암초에 걸려 좌초되는 상황에서 손을 놓고 멀리서 초연하게 바라본다는 것은 결코 아니다. 직원들이 자신의 업무 영역에서 결정을 내릴 수 있도록 권한을 부여하고 자신의 역량을 시험하고, 의사결정 능력을 키울 기회를 제공하라는 것이다.

두 가지를 명심하자. 모든 상황에서 통하는 만병통치약 같은 의사결정 유형은 없다. 따라서 다양한 의사결정 유형을 두루 능숙하게 구사하는 기술을 확보해야 한다.

집단 의사결정과 관련된 대략적인 지침을 제시하면 다음과 같다.

1. **의사결정을 하부에 위임하는 것이 타당하다고 판단될 때마다, 그렇게 한다.** 직원들에게 의사결정 근육을 키울 기회를 제공하라. 다만 위임의 범위를 명확하게 하고, 결정을 결과를 책임지게 하라.
2. **광범위한 노력이 필요한 중요한 의사결정이라면 집단 의사결정을 활용한다.** 이때 자신만의 관점을 가지고 합의 과정에 참여하되, 타인의 의견에 귀기울어야 한다. 최종 의사결정을 리더가 내릴 것인지 아니면 집단의 합의로 내릴 것인지를 미리 명확하게 밝혀야 한다.
3. **논의 과정에서 의견 차이를 의도적으로 유도한다.**
4. 참여를 끌어낼 여유가 없는 촉박한 상황(예컨대 배가 암초에 좌초하는 상황), 사소한 의사결정, 조직의 가치관을 강화할 목적으로 상징적인 메시지를 보내고자 하는 경우, 그리고 언제나 온전하게 리더가 내려야 한다고 굳게 믿는 사소한 사항들에 대해서는 선택적으로 독

재적인 방식을 적용한다.

5. **숨기는 것이 없어야 한다.** 결론을 이미 내려놓았으면서도 직원들의 동의를 유도할 목적으로 참여나 합의 방식을 활용하면 끔찍한 결과가 빚어질 수 있다. 이런 식의 속임수를 쓰면, 직원들은 회사가 자기들을 조종한다고 느낄 수 있다. 속임수는 냉소주의를 낳고, 직원들의 진정한 헌신을 기대할 수 없게 만든다. 독재적인 의사결정을 해야 한다면 솔직하게 말하는 편이 좋다.

책임을 받아들이고 신용을 공유한다

잘못된 결정에 따른 결과는 리더가 책임을 지되, 잘한 결정의 공로는 조직원들과 나눠야 한다. 만약 이와 반대로 행동한다면, 즉 잘한 결정의 공로를 독차지하고 잘못된 결정에 대한 비난을 직원들에게 돌린다면, 그 누구도 리더를 존경하지 않을 것이다.

일이 잘못되었을 때 "**내 책임이다**"라고 말하는 데는 용기가 필요하다. 하지만 반드시 이렇게 말해야 한다. 적어도 직원들로부터 지속적인 존경을 받고, 직원들이 헌신하는 모습을 보고 싶다면 꼭 그렇게 해야 한다. 일부 임원들은 "내가 낸 아이디어는 좋았지만, 실무자들이 이를 실행하는 과정에서 실패했다"라는 말로 나쁜 결정을 변명한다. 그게 사실일 수도 있다. 그러나 설령 그것이 진실이더라도 리더가 책임을 져야 한다는 진실은 바뀌지 않는다.

반대로, 일이 잘되었을 때는 영광과 공로를 조직원들에게 돌려야 한다. 리더는 굳이 스포트라이트를 받을 필요가 없으며, 직원들이 세운 공을 자신의 것으로 만들 필요도 없다. 그렇게 하지 않더라도 리더의 공로는 언젠가 명백하게 드러난다. 그냥 흘러가도록 두면 된다. 2,500년 전

노자는 "진정한 지도자는 사람들이 위대한 일을 하도록 동기를 부여하고, 그 일이 목표에 도달했을 때, '우리가 이 일을 해냈다'라고 자랑스럽게 말할 수 있게 한다"고 말했다. 이렇게 함으로써 리더는 팀원들의 자부심과 동기를 높이고, 조직의 전반적인 성과를 향상시킬 수 있다.

올바른 의사결정, 올바른 타임라인

인텔은 작은 기업에서 위대한 기업으로 성장하는 과정에서 건설적 대립constructive confrontation이라는 의사결정 메커니즘을 중요하게 사용했다. 이 메커니즘에 따르면 인텔 직원이라면 누구나 다른 직원들과 문제를 놓고 논쟁할 수 있어야 하며 타인의 의견에 반대하는 부담을 기꺼이 져야 한다. 여기서 직급은 중요하지 않다.[18] 설령 자신의 의견이 CEO의 견해와 정면으로 충돌하더라도, 이를 공개적으로 표현하는 것이 인텔의 문화에서는 당연하다.

이런 인텔의 문화는, 단계5의 리더들이 추구하는 의사결정 패턴의 전형적인 예이다. 단계5의 리더들은 최상의 의사결정을 내리기 위해 대화, 논쟁, 의견 차이 등을 적극적으로 장려한다. 또한 증거, 논리, 사실이 개인의 인성이나 권한, 정치보다 우선하는 분위기를 조성한다. 단계5의 수준의 팀에 속하는 사람은 논쟁에 참여할 기회를 가질 뿐만 아니라 그렇게 해야 하는 **책임**도 동시에 진다.

따라서 어떤 사람이 회의에서 자신의 주장을 펼치지 못한다면,

회의실에 함께 있는 사람들 가운데서 권한과 영향력이 가장 높은 사

람이 내놓는 의견에 이의를 제기하지 못한다면,

논쟁에서 확실한 논리와 증거를 제시하지 못한다면,

현안이 아니라 사람을 공격한다면, 이 사람은 책임을 다하지 못한 것이다.

토론, 주장, 대화에는 시간이 필요하다. 그러므로 단순한 지시를 내리는 것과 비교해, 결정 과정이 상대적으로 느릴 수 있다. 하지만 이렇게 할 때 올바른 행동 방침이 채택될 가능성이 높아진다. 물론, 토론하고 논쟁하는 데 모든 시간을 소비할 필요는 없으며, 모든 결정이 토론을 거쳐야 할 만한 가치가 있는 것은 아니다.

그러나 가장 중요한 결정, 특히 막대한 자금이 걸려 있거나 일이 잘못되면 엄청난 손해를 볼 수 있는 결정을 내릴 때는, 업무 당사자들이 '행복한 합의'라는 모호한 안개 속에서 안주하게 돼서는 안 된다. 이때의 목표는 치열한 논쟁이 벌어지더라도 **올바른 결정을 내리고 그 결정을 훌륭하게 실행하는 것**이어야 한다.

피터 드러커Peter Drucker는 의사결정의 첫 번째 규칙으로 의견이 일치하지 않을 때는 결정을 내리지 말 것을 제안했다. 드러커는 저서《자기경영노트The Effective Executive》에서 제너럴모터스General Motors의 CEO였던 알프레드 슬론Alfred Sloan이 중요한 결정을 내릴 때 어떻게 했는지 소개했다.[19]

"지금 여기 있는 사람들이 모두 이 결정에 완벽하게 동의한다는 말이죠?"

슬론이 팀원들에게 이렇게 물었고, 모두 그렇다면서 고개를 끄덕였다. 그러자 그는 이렇게 말했다.

"그렇다면, 이 문제에 대한 논의는 다음 회의 때까지 미룹시다. 그때까지 각자 반론을 준비하세요. 이를 통해 이 결정의 의미를 조금이라도 더 잘 이해하게 되겠죠."

위대한 리더는 명확한 결정을 내리지만 언제나 신속한 결정을 내리지는 않는다. 금융사학자이자 전기작가인 론 처노Ron Chernow의 걸작 전기 《워싱턴Washington: A Life》에는 군사 및 정치 분야에서 리더십의 금자탑을 세운 인물로 꼽히는 조지 워싱턴George Washington이 어떻게 결정을 내리고, 이를 실천했는지가 매우 예리하고도 상세하게 담겨있다.[20] 워싱턴은 결정을 내리기까지는 무척 심사숙고하지만, 한 번 내린 결정에 대해서는 단호했으며, 나중에라도 변명을 늘어놓지 않았다. 그의 오른팔, 알렉산더 해밀턴Alexander Hamilton은 워싱턴을 두고 "협의를 많이 했고 항상 깊이 숙고했다. 결심은 천천히 그렇지만 확고하게 했다"라고 말했다. 토머스 제퍼슨Thomas Jefferson도 조지 워싱턴에 대해서 다음과 같이 썼다.

"워싱턴의 성격에서 가장 강한 특징은 신중함이 아닐까 싶다. 모든 상황과 조건을 두루 그리고 충분하게 따져본 다음에야 행동에 나섰다. 의심스러운 점이 하나라도 보이면 처음부터 다시 검토했다. 그러나 일단 결정을 하고 나면, 어떤 장애물이 가로막아도 개의치 않고 돌파했다."

워싱턴은 열린 대화 문화를 조성했고, 저 유명한 '침묵의 자기 수양'을 실천했다.* 그러면서도 논쟁을 장려했고 모두의 의견을 경청한 끝에 행동에 나섰다.

좋은 결정을 내리는 중요한 또 하나의 요소가 있는데, 바로 타임라인

---

* 워싱턴은 자제력을 중시했다. 말을 아끼고 신중하게 행동하며, 감정을 통제하는 데 힘쓴 것으로 유명하다. 이를 스스로 침묵의 자기 수양, 침묵의 덕목이라고 불렀다.

을 아는 것이다. 어떤 때는 올바른 결정을 내리는 데 걸리는 시간이 몇 달이 될 수도 있고, 또 어떤 때는 그보다 훨씬 짧을 수도 있다.

1962년 쿠바 미사일 위기 당시, 케네디 대통령은 전면적인 핵전쟁의 가능성을 내포한 결정을 내려야 했다. 그는 며칠 또는 몇 시간 안에 이 결정을 내려야 했지만, 극심한 압박 속에서도 명확성과 깊은 이해를 추구했다. 이는 그의 핵심 보좌진들 사이에서 벌어지는 논쟁과 토론을 통해 연마되었고, 그가 던지는 날카로운 질문들로 다듬어졌다. 이러한 과정을 통해 케네디는 급박한 상황에서도 신중하고 심사숙고된 결정을 내릴 수 있었다. [21]

어니스트 메이Ernest R. May와 필립 젤리코프Philip D. Zelikow는 쿠바 미사일 위기 때 케네디 대통령과 그의 팀이 숙의한 내용을《케네디 테이프The Kennedy Tapes》에 공개했다. 나는 그때 이루어졌던 토론과 의사결정의 패턴을 이해하고 싶어서 위기의 13일 동안에 케네디 대통령이 했던 진술 대비 질문의 비율을 계산해 보았다. 그 결과 진술 대비 질문의 비율은 위기 첫날에 가장 높았고, 날이 갈수록 줄어들었다. 초기에 이 비율이 높았다는 사실은, 그가 신속하게 지시를 내리기보다는 참모들 사이에 대화와 토론을 자극해서 최선의 해답을 찾고자 했음을 보여준다.

케네디는 회고록인《13일》에서 보좌관들이 자신의 눈치를 보거나 자신에게 지나치게 영향을 받지 않도록 몇몇 회의에는 일부러 참석하지 않았다고 썼다. 전 세계의 운명이 위태로운 상황에서 가장 중요한 과제는 위기를 완화할 가장 현명한 실천적 경로를 찾아내는 것인데, 이를 위해 케네디가 선택한 방법은 가장 나은 주장이 토론에서 이기도록 필요한 조치를 취하며 공간을 제공하는 것이었다. 위기의 13일을 거치면서 케네디는 무엇이 최선의 방책인지 점차 명확하게 인식하는데, 이 단계에 도달하고 나서야 구체적인 행동을 취할 준비를 했고 그의 팀은 (그때까지 있었던 의견 차이가 무엇이었든 상관없이) 케네디의 결정 아래 똘똘 뭉쳤다. 대화와 토론과 의견 차이의 반복되는 패턴은 케네디 대통령이 전 세계를 핵전쟁의 위기에서 구해내는 일련의 반복적인 결정들을 내리는 데 도움을 주었다.[22]

물론, 더는 토론할 여유가 없는 상황에 놓일 수 있다. 2001년 9월 11일 아침, 미연방항공국FAA 국장이던 벤 슬라이니Ben Sliney가 그랬다. 슬라이니에게 허용된 시간은 **불과 몇 분**밖에 되지 않았다. 9월 11일 오전 8시 30분에 그는 보스턴에서 출발한 여객기가 납치되었다는 짧은 보고를 받는다. 8시 30분 직후에는 슬라이니가 주재하던 회의장에 납치된 비행기의 승무원이 칼에 찔렸다는 소식이 전해진다. 이이서 오전 8시 46분, 여객기 한 대가 세계무역센터 북쪽 건물을 들이받았다는 보도가 나왔다. 지휘센터에서 슬라이니의 팀은 그 보도를 처음에는 소형 비행기가 건물에 충돌했다는 뜻으로 이해했다. 그러나 텔레비전으로 방영된 사건 현장은 전혀 그렇지 않았다. 그제야 그들은 '작은 비행기의 충돌'이 아님을 깨달았다.[23] 9시 3분, 또 한 대의 여객기가 세계무역센터 남쪽 건물을 들이받았다. 바로 그 순간에 슬라이니는 규모를 알 수 없는 테러 집단이 미국을 공격하고 있다는 사실을 깨달았다. 이제는 지체없이 결정을 내려야 할 시간이었다.

슬라이니는 당시를 회상하면서 이렇게 말했다.

"당시에 나는 항공 관제실에 있었고, 내 주변에는 A형 행동 양식*을 가진 사람이 약 40명 있었습니다. 이 사람들은 어떤 결정이든 빨리 내리

---

* 심리적인 분류 항목의 하나로, 긴장하고 성급하며 경쟁적인 것이 특징이다.

라면서 마구 다그쳐 댔지요. 우리는 계속해서 여러 차례 짧은 회의를 했고, 정보를 나누었고, 관제실은 긴박하게 돌아갔습니다. (…) 다들 어떻게든 힘이 되고자 했어요. (…) 그날 내 주변에는 사람들이 엄청나게 많이 있었고, 따로 청하지 않았음에도 기꺼이 돕겠다는 사람들로 넘쳐났습니다."[24]

그는 백악관으로부터 의견을 구했지만 아무런 응답도 받지 못했다. 그런 상황에서 중대한 결정을 내려야 했다. 9시 25분, 그는 전국의 모든 비행기의 이륙을 금지하는 결정을 내렸다.

9시 37분에 또다른 여객기 한 대가 국방부 건물에 충돌했다. 이때 슬라이니는 무엇을 해야 할지 분명히 깨달았다. 곧바로 미국 영공 전체를 폐쇄했다. 이는 미국 항공 역사에서 유례가 없는 조치였다. 여객기가 무역센터 남쪽 건물에 충돌한 지 39분이 지난 뒤인 9시 42분, 미연방항공국은 현재 운항 중인 모든 항공편을 가장 가까운 공항에 착륙시키라는 슬라이니의 지시를 전파했다. 그러자 모두가 이 결정에 하나로 똘똘 뭉쳐서 이를 수행했다. 이렇게 해서 4,556편의 항공기가 전국의 크고 작은 공항에 일제히 착륙했다.[25]

《위대한 기업의 선택》에서 모튼 한센Morten Hansen과 나는 매우 격동적인 환경에서 위대한 기업을 일궈낸 리더들의 의사결정 속도를 체계적으로 분석했다. 우리는 최선의 결정들이라도 어떤 것은 빠르게 이루어졌고, 어떤 것은 상대적으로 느리게 이루어졌다는 사실을 발견했다. 이를 통해 우리는 리더가 결정을 내려야 할 때 우선 어떤 질문을 던져야 하는지를 깨달았다: '우리가 맞닥뜨린 위험이 변하기까지 우리에게 남은 시간은 얼마인가?'[26] 최종 결정을 내리기까지 시간이 걸려도 위험이 크게 올라가지 않는 경우가 있는가 하면, 의사결정이 지체될수록 위험의 수준이 가파르게 상승하는 경우도 있다.

따라서 진정으로 중요한 것은, '언제나 빠르게' 혹은 '언제나 느리게' 라는 고정관념에 사로잡히지 않고 자신이 어떤 상황에 놓여 있는지 아는 것이다. 리더는 '빠르게'도 잘해야 하고 '느리게'도 잘해야 한다. 아무리 올바른 의사결정이라도 잘못된 타이밍에 이루어진다면, 나쁜 결정이 된다.

다음은 올바른 의사결정에 도움이 되는 조언들이다.

1. **결정을 내리기까지 얼마나 시간이 남았는지 판단한다.** 몇 분, 몇 시간, 며칠, 몇 달, 혹은 몇 년인가. 타임라인이 중요하다.
2. **객관적인 사실과 증거를 바탕으로 대화와 토론을 자극한다.**
3. **무엇을 해야 하는지 그리고/또는 최종 결정을 하기까지 남은 시간이 얼마나 되는지 명확하게 확인하고, 분명한 결정을 내린다.** 이때 모두가 동의하고 합의할 필요는 없다.
4. **최종 결정을 중심으로 똘똘 뭉치고, 철저한 규율 아래에서 실천한다.**

우리 연구에 따르면, 위대한 리더들은 결정이 내려진 후, 리더와 직원들이 보여주는 헌신과 열정이 결정 그 자체만큼 중요하다는 것을 잘 알고 있었다. 단계5의 리더십 문화에서는 직원들이 회사의 성공을 개인의 이익보다 우선시한다. 따라서 결정이 내려지면 모두가 한 마음으로 단결한다. "그건 사장님이 내린 결정인데, 내가 생각하기에는 좋은 결정이 아닌 것 같아"라고 말하며 결정을 훼손하는 행동은 절대 용납되지 않는다.

하나로 똘똘 뭉쳐서 헌신하지 않는다면 어떤 결정이든 제대로 실행할 수 없다. 기업이 진정으로 위대한 수준에 올라서려면 여러 의견 차이에도 불구하고, 일련의 좋은 결정을 도출하고 이를 탁월하게 실행해야 한다. 이 모든 과정이 제대로 이뤄지려면 올바른 직원이 회사에 있어야 한다.

성공을 꿈꾸는 리더에게는,

— 회사가 성공하도록 열정적으로 헌신하며 논쟁하고 토론할 수 있는 직원들, 다시 말해서 개인이 아닌 회사와 회사의 대의에 힘을 보태기 위해서 자신의 의견을 주장하는 직원이 필요하다.

— 자기의 주장이 채택되지 않더라도 회사가 잘되는 것을 바라는 직원이 필요하다.

— 대화와 토론 자리에 단순한 의견만이 아니라 구체적인 사실과 증거를 내놓는 직원이 필요하다.

— 의견 차가 있더라도 결정이 내려지면, 그 결정이 성공할 수 있도록 헌신하는 직원이 필요하다.

— 만일 최종 결정을 도저히 받아들일 수 없다면 회사를 떠나는 책임까지 기꺼이 받아들이는 직원이 필요하다.

한마디로 요약해보면 이렇다. 회사를 진정으로 영속적인 위대한 기업으로 바꿔놓고 싶은가? 그렇다면 당신은 단계5의 문화에서 단계5의 팀으로 회사를 운영할 단계5의 리더가 돼야 한다. 그리고 장차 단계5의 리더가 될 자질이 있는 사람들을 주변에 두어야 한다.

집중력 : 한 번에 한 발씩

> 가장 중요한 일을 가장 먼저 하라. 두 번째로 중요한 일은 하지 마라. 그렇지 않으면 아무 일도 이루지 못한다.
>
> — 피터 드러커[27]

위대한 리더는 우선순위 목록을 최소한으로 유지하며, 여기에 집중한다. 리더가 모든 일을 챙길 수는 없다. 회사도 마찬가지다. 모든 것을 다 하려고 해서는 위대한 기업으로 성장할 수 없다.

한 번에 한 발씩

우선순위 목록을 가급적 짧게 선정하고, 계속 짧게 유지하도록 노력하라. 목록의 항목은 세 개를 넘지 않아야 한다. 우선순위가 네 개 이상이라면 우선순위가 존재하지 않는 것이다. 시카고에 본사를 둔 스포츠이벤트 회사, 시카고마라톤Chicago Marathon의 디렉터 밥 브라이트Bob Bright는 변변찮은 지역 스포츠 이벤트 회사를 세계적인 규모로 성장시켰다. 성공 비결이 무엇인지 묻자 그는 이렇게 대답했다.

"소총을 자동으로 설정하지 않았습니다."

우리는 그에게 보다 자세히 설명해 달라고 부탁했다. 그러자 브라이트는 베트남전쟁 때 해병대원으로 8년 동안 복무하면서 전투 현장에서 겪은 경험을 들려주었다. 한번은 적을 아군의 함정으로 유인하는 미끼역할을 맡아서 부대원들을 이끌고 적진 깊숙이 들어갔는데, 바로 그 전투에서 인생에서 가장 소중한 교훈을 얻었다고 했다.

압도적으로 많은 수의 적군에게 포위되어 있을 때 취할 수 있는 최상의 방책은 무엇일까요? 대원 한 명 한 명에게 이렇게 말하는 것입니다.

"(전방의 특정 구역을 가리키며) 제군은 여기에서 저기까지 구역을 맡아라. (옆에 있는 다른 대원에게도) 제군은 여기에서 여기까지 구역을 맡아라. 절대로 소총을 자동으로 설정해서 난사하지 마라. 한 번에 한 발씩 조준해서 쏘아라. 절대로 당황해선 안 된다."

회사 경영도 마찬가지입니다. 한 번에 한 발씩, 집중해야 합니다. 이렇게 하지 않았다가는 나중에 크게 어려움을 겪을 테니까 말입니다.[28]

회사 경영과 전투 현장에서 부대를 지휘하는 것은 분명 다르지만, 기본 원리는 비슷하다. 집중력을 유지하면서 한 번에 하나씩 문제를 해결하고, 절대로 당황하지 않아야 한다. 이는 과제 목록에 단 하나만 올려놓아야 한다는 뜻일까? 맞다고 할 수도 있고, 아니라고 할 수도 있다. 현실적으로 목록에 단 한 가지 과제만 올려두고 회사를 운영하는 것은 불가능하다. 그렇지만 가장 중요한 일에 시간과 노력을 집중 투입해 가장 먼저 완수해야 한다.

일이 아니라 시간을 관리해라

인간에게 가장 유한한 자원은 무엇일까? 시간이다. 다른 모든 자원은 어떻게든 조달하거나 만들어서 쓸 수 있지만, 시간은 추가로 조달할 수도 없고 만들 수도 없다. 누구에게나 주어진 하루는 스물네 시간뿐이다.

앳치티엔터테인먼트Atchity Entertainment International의 사장 케네스 앳치티Kenneth Atchity는 시간을 관리하는 일과 업무를 관리하는 일은 완전히 다르다는 사실을 간파했다. 업무는 무한하지만 시간은 유한하다. 업무는 시간이 주어지기만 하면 얼마든지 확장된다. 그러므로 생산성을 높이려면 업무가 아니라 시간을 관리해야 한다. 즉, 핵심적인 질문은 '나는 무엇을 할 것인가?'가 아니라 '나에게 주어진 시간을 어떻게 보낼 것인가?'이다.

터무니없이 들리겠지만 조금만 생각해보면 완벽하게 맞는 말이다. 해야 할 일의 양은 무한정 늘어날 수 있다. 앳치티는《어떤 작가의 시간A Writer's Time》에서 이렇게 썼다.

> 일을 제대로 하면, 그 결과로 더 많이 일이 생겨난다. 그래서 '일을 끝낸다'는 발상이 너무도 성가시고 위험해서 이 때문에 신경쇠약에 걸릴 수도 있다. 일을 끝내는 것이 오히려 정신을 압박하는 부정적인 결과를 낳는 게 되는데, 이는 모순이다.[29]

그런데 여기에서 한 가지 물어보자. 당신은 모든 일을 다 처리하기에는 시간이 부족하다고 느낀 적이 얼마나 자주 있는가? 아마도 많을 것이다. 우리 저자들도 여기에 공감한다. 우리 두 사람 가운데 그 누구도 모든 일을 다 끝낼 만큼 시간을 충분히 가졌던 적은 없었고, 앞으로도 그럴 것이다. 앞으로도 우리는 일을 다 끝내지 못한 채, 잠자리에 들 것이다. 아무리 생산적으로 산다고 하더라도 생의 마지막에 뒤를 돌아보면 남은 일이 있을 것이 분명하다.

그러나 한편 우리에게는 잘 활용할 수 있지만 미처 활용하지 못하고 낭비하는 시간이 무척 많다. 시간을 현명하게만 관리하면, 일상에서 사용되지 않은 채 버려져 있는 시간의 우물을 발견할 수 있다. 시간의 우물을 발견하려면 어떻게 해야 할까?

시간이 실제로 어떤 것에 소비되는지 조사해야 한다. 주기적으로 시간을 추적해서 시간이 어디에서 소비되는지 분석하라. 최우선 순위로 꼽는 일에 쓰고 있는가? 혹시 중요하지도 않은 활동에 산만하게 낭비되고 있진 않은가? 리더라면, 조직의 비전을 강화하거나 전략을 추구하는 데 시간을 써야 한다. 만약 그렇지 않다면, 충분히 집중하고 있는 게 아니다.

집중을 하는 가장 확실한 방법은 일을 줄이는 것이다. 메리어트코퍼레이션Marriott Corporation의 창업자인 존 윌러드 메리어트는 작은 식당을 대기업으로 성장시켰는데, 이 과정에서 그가 적용했던 유용한 철학이 있다. 이 철학은 다음과 같은 그의 발언에 압축되어 있다.

열심히 일하십시오. 일하는 데 쓰는 일 분 일 초를 소중하게 여기십시오. 그리고 일하는 시간을 줄이십시오. 일하는 시간을 쓸데없이 낭비하는 사람들이 되지 마십시오.[30]

역사상 가장 바쁘게 일한 사람들 가운데 한 명으로 꼽히는 윈스턴 처칠은 시간을 쪼개서 그림을 그리고 벽돌을 쌓고 동물을 키우고 사교 활동까지 했다. 그런 다음에야 자기가 오롯이 집중할 수 있는 시간(보통 밤 열한 시부터 였다)에 가장 중요하게 여긴 일에 모든 것을 쏟았다.[31]

어려운 선택 — 다시 생각하는 단호함

우선순위를 설정하려면 무엇이 정말 중요한지 결정해야 한다. 이는 매우 어려운 선택이다. 우리가 일에 집중하지 못하는 이유 중 하나는 결정을 내리지 못하기 때문이다. 우선순위를 정하는 것만큼 중요한 것이 포기해야 할 것을 결정하는 것이다. 망설이지 말고 과감히 버려야 한다.

우리가 연구 대상으로 삼았던 어떤 CEO는 경영진을 미친 듯이 몰아붙이는 것으로 유명했다. 그는 왜 그랬을까? 근본적인 이유는 본인이 직접 우선순위를 정할 수 없었기 때문이다. 그는 모든 일이 다 완수되길 바랐다. 하지만 기대와 달리 거의 아무것도 완수되지 않았다. 그는 경영진에게 스무 가지가 넘는 우선순위 업무를 제시하곤 했는데, 이는 애초에 불가능한 희망사항이다. 그 회사의 어떤 관리자는 다음과 같이 불평했다. 물론 이 불평은 일리가 있는 불평이다.

우리는 스무 가지나 되는 최우선 과제에 모두 집중해야 했습니다. 그런데 이건 도저히 불가능한 일입니다. 그래서 사장에게 가서 "그 일들 가운데서 어떤 일이 가장 중요할까요? 왜냐하면 저는 그 일을 모두 할 수는 없거든요"라고 물으면, 그는 멍하게 얼어붙고 맙니다. 그로서는 도저히 선택할 수 없는 어려운 일이기 때문입니다.

이 CEO의 가장 큰 문제는 우선 목록에서 중요하지 않은 항목을 **빼지** 못한다는 것이다. 버리는 것도 결정인데, 그는 그런 결정을 하지 못했다. 그에게 필요한 것은 목록이 아니라 결단이다. 얼마 지나지 않아서 이 회사의 상태는 심각하게 나빠졌다.

대인관계 : 의자에서 엉덩이부터 떼라

위대한 리더는 인간적인 접촉을 말로만 하지 않고 항상 부지런하게 실천한다. 다른 사람들과의 관계가 끊어지거나 소원해지는 모습은 절대로 보이지 않는다.

관계를 맺고, 쌓고, 확장한다

위대한 기업은 고객, 공급업체, 투자자, 직원, 지역 사회 등 모든 이해 당사자와 관계를 맺는데 집중한다. 모든 거래에서 반드시 초점을 맞춰야 하는 것은 장기적이고 건설적인 관계를 구축하고 강화하는 것이다(여기에서 주의할 점이 있다. 여기서 말하는 관계는 노무관리나 고객관리라는 이름으로 이뤄지는 가식적이고 형식적인 관리가 아니다. 대부분의 회사에서 노무관리는 직원들과 진정한 관계를 맺는 것보다는 직원들을 달래는 것을 목표로 삼는다. 그러나 우리가 이 책에서 말하는 관계는 이와는 성격이 전혀 다르다).

위대한 기업의 직원은 '일한 대가로 돈을 받는다'라는 통상적인 계약을 뛰어넘는 관계를 회사와 맺는다. 위대한 기업에서는 퇴직한 직원도 회사와의 관계를 계속 이어간다고 느낀다. 퇴직한 직원이 이전에 일했던 회사를 이야기를 하면서 '우리' 혹은 '우리 회사'라는 표현을 쓰는 경우를 당신도 본 적이 있을 것이다.

위대한 기업의 고객도 '구매하는 제품에 대한 대가를 지불한다'라는 통상적인 거래 관계보다 한층 더 긴밀한 관계를 회사와 맺는다. 달리 말해 위대한 기업의 고객은 회사와 개인적인 차원에서 관계를 맺고 있다고 **믿는다.** 《새터데이이브닝포스트Saturday Evening Post》의 기사에 따르면, 레온 빈의 이야기는 새겨 들을만하다.

"엘엘빈의 고객 한 사람 한 사람은 자신이 엘엘빈과 개인적인 친분을 가지고 있다는 믿음을 가지고 있는 것 같다."[32]

조앤 에른스트Joanne Ernst는 나이키와 7년 계약을 맺은 육상 선수다. 이 기간에 나이키 경영진은 에른스트와 장기적인 관계를 구축하는 데 정성을 쏟았다. 크리스마스가 되면 필 나이트 회장이 직접 손으로 쓴 카드를 그녀에게 보냈다. 관계에 대한 이런 인간적인 차원의 투자가 그녀의 나이키를 향한 강한 충성심과 헌신을 이끌어냈다. 이런 관계가 쌓이고 쌓여서 에른스트는 회사의 대변인 역할을 훌륭하게 수행하려고 애를 썼으며, 때로는 계약상의 의무를 뛰어넘어서까지 '당연히 해야 하는 일'을 했다. 그녀는 이를 다음과 같이 설명했다.

나이키와의 관계는 단순한 사업상의 거래가 아니었습니다. 나는 지금도 나이키의 정신과 함께 하고 있습니다. 경쟁 정신과 스포츠의 마법 말입니다. 이게 다가 아닙니다. 만약 내가 나쁜 행동을 한다면, 나는 내 친구들이 나에게 거는 기대를 저버린 것이고 이 때문에 저는 죄책감을 갖게 될 겁니다. 바로 이런 느낌을 나이키에도 가지고 있습니다. 선수 생활을 그만두고 또 나이키와의 공식적인 계약 관계가 끝난 뒤에도 나는 여전히 나이키 가족의 일원이라고 느낍니다. 앞으로도 늘 그렇게 생각할 겁니다.

모든 만남과 소통을 장기적이고 긍정적인 관계를 맺거나 더욱 발전시킬 기회로 삼아야 한다. 그리고 이는 개인적인 접촉을 통해서만 가능하다. 진부한 공식 문건과 행사로는 긴밀한 관계를 맺을 수 없다. 개인적인 방식으로 소통해야 한다.

직무실 바깥으로 나가서 사람들과 이야기를 나누고, 사무실 주변을 걸어다녀라. 식당에서는 직위의 높낮이를 따지지 말고 함께 식사하라. 가능한 한 많은 직원의 이름을 외워라(파타고니아의 크리스틴 맥디비트는 직원 이름을 모두 알고 있다). 그리고 그들의 이름을 부르면서 인사하라. 리더가 자기 사무실 바깥에서 직원들과 비공식적이고 개인적인 차원에서 소통하지 않는 것은 어떤 이유로도 정당화될 수 없다.

조앤패브릭스Joan Fabrics Corporation를 아버지로부터 물려받은 뒤, 회사에 새로운 활력을 불어넣은 래리 앤신Larry Ansin은 다음과 같이 말했다.

회사가 어떻게 돌아가는지 직무실에서 나와서 직접 확인해야 합니다. 직원과 대화를 나누고 귀기울어야 합니다. 직원들의 시선에 당신이 띄도록 하세요. 회사의 이런저런 공식적인 문건이나 발언으로 당신 주변에 벽을 세우지 마세요.

비공식적인 소통을 활용한다

개인적인 접촉을 넓히는 방법 중에서 효과적인 방법을 하나 소개한다. 메모지를 활용하는 것이다. 필요한 내용을 메모지에 간단하게 적어서 상대방에게 건네라. 이 방식이 얼마나 큰 변화를 가져다주는지 알고 나면 깜짝 놀랄 것이다. 메모를 쓰는데 시간도 거의 들지 않는다. 기껏해야 1분인데, 60초는 메모의 긍정적인 효과에 비하면 매우 짧은 시간이다. 이런 간단한 소통을 통해서 직원들은 회사가 자기와 자기가 하는 일에 관심을 갖고 있다는 사실을 알게 된다. 빌은 이 특별한 방법이 자기가 스탠퍼드대학교 당국과 맺고 있던 관계를 얼마나 크게 바꾸어놓았는지 이야기한 적이 있다.

그 무렵에 나는 특히나 힘들게 강의를 하고 있었는데, 학기의 막바지가 됐을 때는 정말이지 완전히 녹초가 됐다. 심리적으로도 우울했다. 내가 진행하는 몇 가지 프로젝트가 뜻대로 진행되지 않은 탓도 컸다.

그러던 어느 날, 연구실에서 한숨을 쉬면서 책상에 놓인 우편물 더미를 뒤적이고 있다. 그런데 우편물 하나가 눈에 띄었다. 학장이 직접 손으로 써서 보낸 짧은 메모였다. 놀랍고도 반가웠다. 내가 강의에 얼마나 많은 노력을 기울이는지 잘 알고 있으며, 그래서 고맙다는 내용이었다. 학장이 그 메모를 쓰는 데는 채 30초도 걸리지 않았을 것이다. 하지만 그 한 장의 메모가 스탠퍼드대학교에 대한 나의 감정을 얼마나 단단하게 붙잡았는지 그리고 내 사기를 얼마나 높여주었는지 아무도 모를 것이다.

문을 열어 둔다

딱딱하고 형식적인 방법은 가급적 피해야 한다. 직원이 쉽게 다가올 수 있도록 다양한 조치를 마련하고 특히 '지위 장벽'은 최소한으로만 유지해야 한다. 예를 들어 전용 주차공간이나 화려한 사무실, 차별을 조장하는 듯한 느낌의 이런저런 임원 전용 특권 등은 최대한 없애야 한다.

사장의 직무실 주변으로 해자가 둘러쳐져 있고 거기에 악어가 비서의 탈을 쓰고 지키고 있다고 직원들이 느낀다면, 개인적인 접촉은 불가능하다. 직위의 높낮이와 상관없이 모든 이들이 경영진과 직접 접촉할 수 있다고 느끼게 만들어야 한다.

그런데 이런 원칙은 회사의 규모가 점점 더 커지더라도 지켜질 수 있을까? 회사의 성장이 어떤 한계점을 넘으면 직접적이고 개인적인 접촉이 의미가 있을까?

이 질문에 대한 대답은 '그래도 의미가 있다'이다. IBM 사례를 보더라도 그렇다. 토머스 왓슨 주니어Thomas Watson Jr.는 아버지로부터 IBM을 물려받은 뒤에도 (이때 IBM의 시가총액은 이미 10억 달러를 훨씬 넘은 뒤였다) 저

유명한 '열린 문 정책open door policy'을 고수했다. 그는 저서《아버지와 아들 그리고 회사Father, Son & Company》에서 다음과 같이 썼다.

> 열린 문 정책은 아버지가 추구했던 방식인데, 처음 시작은 1920년대 초까지 거슬러 올라간다. 회사에 대해서 불만이 있는 직원은 상사에게 이의를 제기할 수 있다. 그렇게 해도 불만이 해소되지 않으면, 곧바로 사장의 직무실로 찾아와서 그 불만을 이야기할 수 있게 한 것이 이 제도의 핵심이다. (…) 단 한 사람이 단 한 번만 불만을 이야기해도 우리는 이를 그냥 넘기지 않았다.[33]

회사가 성장함에 따라 왓슨의 '열린 문' 사무실은 해마다 200~300건의 불만 사항을 처리해야 했다. 그래서 왓슨은 IBM의 가장 유망한 젊은 관리자들 중 한 명에게 이 불만 사항을 해결하는 역할을 맡겼다. IBM이 직원 수 10만 명이 넘는 수준으로 성장한 뒤에도 왓슨은 직원 불만 사항을 직접 듣고 있다.

IBM처럼 크게 성장한 회사에서도 이렇게 하는데, "우리 회사는 그런 일이 가능하기에는 회사의 규모가 너무 커졌다"라는 말은 형편없는 변명일 뿐이다.

안팎에서 무슨 일이 일어나는지 직접 듣는다

기업의 규모가 커지면 리더는 일선 현장에서 손을 떼야 한다는 통념이 있다. 이는 틀린 생각이다. 물론 일부 권한은 위임할 필요가 있고, 시시콜콜한 것까지 직접 결정하려는 충동은 억제해야 한다. 큰 규모의 회사를 이끄는 리더일수록 고위급 회의에 더 많은 시간을 할애하는 게 맞다.

그러나 규모와 상관없이 리더라면 누구나 조직의 리듬과 활동을 직접 확인할 시간을 어떻게든 확보해야 한다. 유일한 방법은 자기 눈으로 보고 귀로 듣는 것 외에는 없다. 어떤 문제가 있는지, 어떤 일들이 진행되고 있는지, 직원들은 어떻게 느끼는지 등을 직접 확인해야 한다.

샘 월튼은 회사가 돌아가는 상황을 직접 파악할 방법을 끊임없이 모색했다.[34] 그 일환으로 아무런 예고도 없이 매장을 방문하곤 했다. 어떤 때는 하루에 매장 열 곳을 돌았다. 새벽 2시 30분에 일어나 도넛 한 상자를 사들고 물류 창고로 찾아간 적도 있다. 그날 월튼은 새벽에 일하는 직원들과 도넛을 나눠먹으면서 업무를 효율적으로 수행할 방안을 놓고 이야기를 나누었다. 또 언젠가는 월마트의 배송 트럭을 타고 160킬로미터를 이동하면서 회사의 물류 체계를 직접 점검하기도 했다.

월튼의 행동은 위대한 리더들에게는 별난 일이 아니다. 물론 CEO가 발품을 팔아가면서 직접 회사 안팎의 사정을 파악하려면 많은 시간이 필요하다. 회사가 성장하고 있을 때는 더욱 더 그렇다. 하지만 그렇다고 해서 아주 불가능하지는 않다. 위대한 리더는 **일부러 시간을 내서** 그렇게 한다. 그들은 연구·생산·판매 등 모든 현장 직원들의 의견을 임원들의 의견만큼이나 중요하게 다룬다.

세부 사항을 통해 회사의 가치관을 강화한다

위대한 기업을 일군 리더들에게는 누가 보더라도 명백한 역설을 발견할 수 있다. 이들은 한편으로는 고차원적인 비전과 전략에 집중하면서도 다른 한편으로는 사소하기 짝이 없어 보이는 세부적 사항들을 물고 늘어진다. 얼핏 모순된 행동같지만, 세부 사항들이 전혀 사소하지 않음을 이해하고 나면 이 역설을 온전히 이해할 수 있다. 세부 사항은 매우 중요하다. 위대한 리더는 비전과 세부 사항 모두에 집착한다. 이들은 세부 사항을 제대로 처리하는 것에 편집광적으로 매달린다.

왜 그럴까? 회사가 세부 사항을 처리하는 방식은 그 회사의 핵심 가치관을 드러낸다. 따라서 리더가 특정한 세부 사항을 직접 챙긴다면(모든 세부사항을 챙기라는 뜻이 아니다), 이는 조직원들에게 보내는 매우 강력한 메시지가 될 수 있다.

케이스 스터디 : 데비 필즈

미세스필즈쿠키스Mrs. Fields Cookies의 창업자 데비 필즈Debbie Fields는 어느 날, 아무런 예고도 없이 매장 한 곳을 들렀다가 "고객을 기다리며 진열된 매우 불행해 보이는 쿠키 한 묶음"을 발견했다.

> 그 쿠키는 너무 납작했고 너무 많이 구워진 상태였습니다. 우리 회사의 완벽한 쿠키는 두께가 0.5인치, 직경은 3인치입니다. 그런데 그 쿠키는 두께가 0.25인치밖에 되지 않았고 직경은 3.5인치가 넘어 보였어요. 색깔도 완벽한 쿠키에 비해서 갈색을 더 많이 띠고 있었습니다.[35]

이 쿠키들은 각 방향으로 겨우 0.25인치(6.35밀리미터) 클 뿐이었다. 겨우 0.25인치! 그러나 세부 사항의 중요성을 알고 있었던 필즈는 그 상황을 다르게 생각했다. 그녀는 그 자리에서 점장을 해고할 수 있었지만 그렇게 하지 않았다. 가장 바람직한 쿠키의 크기와 색깔을 강조하는 메모를 담당자에게 보낼 수 있었지만 그렇게도 하지 않았다. 대신 훨씬 더 강력하고 상징적인 행동을 했다.

내 옆에 서 있던 직원에게 이렇게 물었습니다. "이 쿠키에 대해서 어떻게 생각하는지 솔직하게 얘기해주실래요?" 그러자 이런 대답이 돌아왔습니다.

"아, 충분히 괜찮네요."

나는 일단 고개를 끄덕였습니다. 하지만 정답이 무엇인지 알고 있었죠. 그래서 다 합치면 600달러 정도 되는 쿠키를 한 접시씩 쓰레기통에 쏟아버렸습니다. 그리고는 이렇게 말했습니다.

"전혀, 충분히, 괜찮지 않아요."

세부사항을 리더가 직접 챙기는 것은 (가치관이라는) 빵을 만들기 위해 밀가루 반죽을 치대는 것과 같다. 데비 필즈가 600달러나 되는 쿠키를 쓰레기통으로 처박은 것처럼, 얼핏 평범해 보이는 세부 사항을 리더가 챙긴다면 이는 직원들 사이에서 하나의 명확한 신호가 될 수 있다. 이를 통해 회사의 철학을 직원들의 마음속에 생생하게 심을 수 있다.

우리 두 저자는 HP와 긴밀한 관계를 맺고 있는데, HP 관계자들로부터 이른바 '빌과 데이브의 이야기'를 수도 없이 들었다.* 그 이야기들은 회사의 초창기 시절, 휴렛과 패커드David Packard가 어떤 철학을 가지고 회사를 운영했는지 생생하게 보여준다.

그 가운데 어느 하나인, 이제는 전설이 된 이야기에 따르면, 빌 휴렛은 회사의 어느 부서 사무실을 어슬렁거리며 돌아다니다가 아주 사소한 점 하나를 포착했다. 창고문이 자물쇠를 채운 사슬로 잠겨 있었던 것이다. 이유를 물어보니 직원들이 창고에 들어가서 물건을 훔쳐갈지 모른다

---

* HP는 윌리엄(빌) 휴렛과 데이비드(데이브) 패커드가 1939년에 공동으로 설립했다.

는 생각에 잠금 장치를 했다는 것이다. 화가 난 휴렛은 그 자리에서 절단기로 쇠사슬을 끊은 다음에 그 잔해들을 창고 관리자의 책상에 올려두었다. 그리고 다음과 같은 메모를 남겼다.

"자물쇠는 우리가 일하는 방식이 아닙니다. 우리는 직원을 믿습니다. 빌 휴렛."

이 이야기가 실제로 있었던 일이냐는 우리의 질문에 휴렛은 "그랬을 수 있다"라고만 대답했다. 이어서 회사 초기에는 이와 비슷한 일들이 너무 많아서 일일이 다 기억할 수 없을 정도였다고 했다.

개인적 접촉 대 미세 관리

개인적인 접촉과 사소한 것까지 꼼꼼하게 챙기는 미세 관리micro management(시시콜콜 관리)를 혼동해선 안 된다. 미세 관리는 끔찍할 정도로 파괴적인 행동이다. 미세 관리에 집착하는 CEO에 대한 다음의 직원 평가를 보라.

우리 사장은 온갖 세부적인 사항까지 모두 통제하고 지시하려 한다. 이럴 때 직원들은 자기가 유능하며 회사로부터 신뢰받는다는 느낌이 들기는커녕 '감시당한다'라는 느낌에 사로잡힌다. 사장은 모든 일을 간섭하고 나서는데, 그 바람에 미칠 지경이다. 이런 식으로 사기를 꺾어놓기 때문에, 유능한 동료들 몇몇은 이미 다른 곳으로 이직했다. 나무가 아니라 숲을 보라는 옛말이 있지만, 사장은 소나무 아래에서 바늘 같은 소나무 이파리 하나하나의 방향과 크기까지 제어하려고 한다.

이런 유형의 리더는 강압적으로 직원을 내리누른다. 이들의 행태와 개인적인 접촉은 무엇이 다를까? 혹시 우리 저자들이 지금 일관성을 잃어버린 것처럼 보이는가? 앞에서 우리 저자들은 '현재 회사 안팎에서 무슨 일이 일어나고 있는지 직접 챙길 것' '세부 사항을 통해 회사의 가치관을 강화할 것'을 권고했다. 그런데 이제 와서 미세 관리를 하지 말라고 권고한다. 상반되어 보이는 두 차원의 권고 사항이 공존할 수 있을까?

이 둘의 차이는 간단하다. 미세 관리를 하는 리더는 직원을 믿지 못하기 때문에 세부 사항과 결정을 통제하려고 한다. 궁극적으로, 오로지 자기만이 올바른 선택을 할 수 있다고 믿는다. 반면에 개인적인 접촉을 잘하는 리더는 기본적으로 직원이 올바른 선택을 할 것이라고 믿으며 그들의 능력을 존중한다.

미세 관리자는 직원의 능력을 존중하지 않고 조직을 질식시킨다. 이런 리더 아래에 있는 사람이라면, 스무 살 성인이 된 청년이 부모로부터 취침 시간을 지키라고 다그침을 당할 때와 똑같은 심정일 것이다.

또한 미세 관리는 직원의 발전을 가로막는다. 억압적인 태도로 일관하는 미세 관리자는 멘토나 롤모델보다는 독재자에 가깝다. 결국 이런 조직의 리더는 "그 사람이 우리 대신 모든 것을 결정하는데 굳이 내가 스스로 생각하는 법을 배워야 하는 이유가 있을까?"라고 묻는 성장 둔화 난쟁이들에게 둘러싸이게 된다.

그렇다, 리더는 세부 사항을 올바르게 파악하는 데 열중해야 한다. 특정한 세부 사항과 관련된 상징적인 행동을 통해서 집단의 가치관을 강화해야 한다. 하지만 **모든** 세부 사항을 통제하려 해서는 안 된다.

상징적인 행동을 하는 의도는 직원들에게 길잡이가 되고자 함이다. 즉 안내하고 보여주고 모범이 되기 위함이다. 직원들이 회사의 핵심적인 철학에 맞춰서 **의지에 따라 스스로** 행동하도록 하기 위함이다.

위대한 리더는 직원들이 숨 막히게 하지 않고도 조직의 모든 것을 속속들이 파악하며 긴밀하게 개입한다. 특히 개인적인 접촉을 통해 미세관리와 정반대의 효과를 낸다. 직원들의 사기를 꺾는 게 아니라 그 반대로, 처음에 가능하리라고 예측했던 것보다 더 많은 일을 하도록 직원들을 독려한다.

권한 이양과 무관심은 다르다

나는 호르헤 파울로 레만의 사무실을 처음 방문했을 때를 결코 잊을 수 없다. 1990년대에는 개인 사무실의 크기가 해당 임원이 회사에서 차지하는 비중을 대변했다. 그랬기에 상파울루로 그를 만나러 가면서 나는 그의 사무실이 얼마나 호화로울지 궁금했다. 하지만 내가 안내받은 곳은 예상과 전혀 달랐다. 일단 방이 크긴 했다. 그러나 방 안에는 여러 책상이 뒤죽박죽으로 놓여 있었고, 그곳에서 일어나는 모든 움직임은 불협화음 그 자체였다. 거기에 있는 사람들은 모두 각자 격렬한 몸짓을 하며 자기 일에 열중하고 있어서 사무실로 들어선 나에게 그 누구도 관심을 보이지 않았다. 그리고 그 소동의 한가운데 호르헤 파울로가 앉아 있었는데, 그의 책상은 무척이나 소박했다.

그 혼란 속에서도 그의 표정은 매우 차분했는데, 그의 이런 태도는 사방에서 거센 파도가 밀려드는 바다를 평온한 눈으로 바라보는 선승禪僧을 연상시켰다. 알고 보니 그 공간은 레만이 하루의 대부분을 보내는 곳이었다. 그는 그곳에서 보고 듣고 대화하고, 누구든 자기에게 다가올 수 있게 했다.

내가 지금까지 알고 또 연구했던 모든 위대한 기업 문화 창조자들과 마찬가지로 레만도 권한 이양과 무관심을 혼동하지 않았다. 그는 최고의 직원들이 각자의 역량을 잘 발휘하도록 방해하지 않음으로써 그들을 이끌 수 있다는 강렬한 믿음을 가지고 있었다. 그러나 미세 관리를 하지 않았을 뿐, 오만한 무관심과는 확실하게 선을 그었다.

오만한 무관심은 잘나가던 기업이 몰락 직전에 보이는 공통적인 모습이다. 이런 회사의 임원들은 자기들이 임원처럼 행동해야 한다고 믿는다. 그들은,

— 질문을 하는 대신에 지시를 내린다.
— 회사 안팎에서 무슨 일이 일어나는지 직접 알아보는 대신에 보고서를 올리라고 지시한다.
— 문제 상황에 가장 가까운 사람들에게서 브리핑을 받는 대신에 중간관리자가 가공한 정보를 믿는다.
— "내가 반드시 파악해야 하는 세부 사항은 무엇인가?"라고 묻는 대신에 "나는 큰 그림에 초점을 맞출 뿐 세부 사항에는 신경을 쓰지 않는다"라고 오만하게 말한다.
— 현장 직원의 의견을 바탕으로 메모를 정리하는 대신에 자기 기준으로 메모를 정리하고 직원들에게 전달한다.

윈스턴 처칠은 일선 현장의 세부 사항을 가능한 한 직접 파악하려고 노력했다. 심지어 일반적인 명령 체계에서 완전회 독립된 부서를 별도로 만들어서, 받아들이기 거북한 불편한 진실이라도 있는 그대로 전달하도록 했다.[36] 제2차 세계대전 동안에 조지 국왕과 처칠 사이에는 의견 차이가 별로 없었다. 그러나 디데이 전야에 그런 일이 발생했다. 그때 처칠은

디데이 상륙 작전이 진행되는 동안, 적을 향해 함포 사격을 하는 바로 그 전함을 타고서 전투 현장을 지켜봐야 하며, 그렇게 하는 것이 자신의 의무라고 주장했다. 그러나 국왕은 총리가 불구덩이가 된 해협에서 죽어가는 모습을 상상하고는 겁에 질려서 처칠에게 제발 전투 현장에는 가지 말라고 호소했다. 두 사람 사이에는 서로의 의견과 의지를 알리는 긴급 공문이 여러 차례 오갔고, 결국 처칠은 국왕의 뜻을 따르겠다고 했다.

"폐하의 바람과 명령을 따르겠습니다."

그러나 디데이 며칠 뒤에 처칠은 영국해협을 건너 프랑스의 전투 현장을 눈으로 직접 보기로 했다. 그는 어느날 밤, 아군의 폭격으로 파괴된 어느 대저택을 직접 찾아갔는데, 이 일을 두고 나중에 "그 대저택 주변에는 포격의 흔적들이 많았다"라고 썼다. 또 전직과 가까운 진지에서 몽고메리 장군과 식사를 하면서 이렇게 물었다. "독일군 기갑부대가 습격해서 우리의 오찬을 방해할 수도 있는데, 이런 일을 방지하려면 어떻게 해야 합니까?" 몽고메리는 그런 일이 일어나리라고는 생각하지 않는다고 대답했다. 다행스럽게도 실제로 그런 일은 일어나지 않았다.[37]

전략적으로 꼭 필요한 일에는 리더가 직접 관심을 기울여야 한다. 개념적으로 정의해보면, 리더가 직접 관여할 가치가 없는 일은 전략적으로 꼭 필요하지 않으며, 그 반대도 참이다. 즉, 리더는 전략적으로 중요한 과제에 직접 참여하여 그 중요성을 반영하고, 그 외의 덜 중요한 일은 다른 사람들에게 위임하는 것이 효율적이다. 이렇게 하면 조직의 목표를 달성하는 데 필요한 자원을 최적화할 수 있으며, 리더가 자신의 역할을 효과적으로 수행하는 데도 도움이 된다.

1987년 7월, 생명공학 기업 암젠Amgen의 창업자 조지 래스먼George Rathmann은 암젠이 겨우 스타트업 딱지를 떼었을 무렵 회사를 위협하는 충격적인 소식을 듣는다. 바로 경쟁업체인 제네틱스인스티튜트Genetics Institute가 신장에서 분비되어 적혈구 생성을 자극하는 호르몬인 에리스로포이에틴EPO 생산에 대한 암젠의 독점 기술을 우회하는 특허를 취득했다는 소식이었다. 이 특허는 사람의 소변으로 EPO를 생산하는 천연 EPO 기술이었지만, 상업적으로 성공할 가능성은 낮았다. 환자 한 명이 1년 동안 사용할 EPO를 만들려면 사람의 소변이 600만 갤런(약 2,270만 리터) 가깝게 필요하기 때문이다.[38] 반면 암젠이 가진 유전자 조작 기술은 EPO를 상업적으로 생산할 수 있는 유일한 기술이었는데, 래스먼이 보기에 제네틱스인스티튜트가 받은 특허는 암젠의 특허 기술을 일부 침해한 것이었다. 이 상황을 당시 〈네이처Nature〉는 다음과 같이 요약했다.

"[암젠의] 유전자 조작 세포는 대량의 EPO를 만드는 데 필수 요소이므로, 이 상황은 논쟁의 여지가 있을 수밖에 없다. 즉 제네틱스인스티튜트는 최종 목적지에 대한 권리를 가지고 있으며, 암젠은 그 목적지에 도달하는 유일한 방법에 대한 권리를 가지고 있다."[39]

생명공학 업계에서는 복잡한 법적 분쟁이 벌어지면, 상당수 CEO가 장차 발생할 이익을 분쟁 당사자들과 나누는 방식으로 관련 논의를 변호사에게 위임해서 합의안을 도출한다. 그러나 래스먼은 그렇게 하지 않았다. 스스로 현장 지휘 사령관이라는 책임을 짊어지고 조정 작업을 직접 지휘했다. 래스먼은 조정을 택하는 대신에 싸움을 주도하며 법적 분쟁을 견뎌냈고 수년이 걸린 법정 소송 끝에 최종 승소를 했다. 이 승리로 암젠은 위대한 생명공학 회사 가운데 하나가 되기 위한 여정을 이어갈 수 있었다.[40]

이 사건으로 래스먼은 암젠 리더십의 상징이 되었고, 그의 뒤를 이어서 2000년부터 2012년까지 CEO로 암젠을 이끌었던 케빈 셰어러Kevin

Sharer는 회사가 한층 더 커진 상황에서도 레스먼의 리더십을 따랐다. 세어러는 레스먼의 리더십을 서로 다른 고도高度 사이를 오갈 수 있는 능력이라고 설명했다. 그는 이런 맥락에서 자기의 평소 일정을 다음과 같이 소개했다. 평소와 다름없던 어느 날이었고, 그는 경영진과 함께 1억 달러 규모의 투자 결정을 놓고 고민하면서 아침 시간을 보냈다. 이 투자는 암젠의 여러 해외 사업에 중대한 영향을 미칠 결정이었다. 그리고 조금 뒤에는 경영 평가와 승계 문제를 놓고 고민했다. 그런데 곧 새로 단장하는 이사회실에 마련할 탁자 모형을 앞에 두고 그 탁자가 집단 역학에 어떤 영향을 줄지 집중적으로 생각했다. 이처럼 그는 30,000피트 상공과 3,000피트 상공 그리고 30피트 상공을 부지런히 오갔다.[41]

그렇다면, 조직이 어디까지 성장해야 세부 사항을 올바르게 파악하려면 어쩔 수 없이 해야 하는 번거로운 걱정과 수고를 멈추고 그런 것들을 그냥 내버려 둘 수 있을까? 어느 시점에 일선 현장에서 후방으로 물러나야 할까? 창업자는 언제 회사의 비전과 전략에만 집중하고 전술과 실천은 중간관리자에게 맡겨야 할까?

이 질문들은 모두 애초부터 잘못됐다.

리더가 해야 하는 선택은 직접 관여를 하느냐, 아무런 간섭도 하지 않고 내버려두느냐의 문제가 아니다. 우리의 연구에서 회사를 역사상 가장 위대한 기업으로 이끈 창업자 대부분은 이 두 가지 유형의 리더십을 동시에 발휘했다. 그들은 회사가 아무리 커져도 직원들과 긴밀하게 연결되어 있었고, 일선 현장의 사정을 훤하게 꿰뚫었으며, 전략적 과제를 수행하는 데 직접 참여했다.

만약 리더가 전술적 세부사항에 대한 호기심을 잃어버린다면, 그리고 직원에 대한 관심이 식어버린다면, 그리고 경영진이 누리는 안락함이라는 보호막 안에 자신을 가두어버린다면, 어느 날 문득, 회사가 돌이킬 수 없는 쇠퇴와 자멸의 악순에 빠져 있음을 깨달게 될 날이 올 것이다.

물론 우리의 연구 대상이었던 위대한 리더들은 현장 관여 리더십이 직원들의 영혼을 깔아뭉개는 미세 관리로 전락하지 않도록 항상 주의했다. 그리고 '천 명의 조력자를 거느리는 천재' 리더십이라는 병리 현상에 빠지지 않도록 조심했다.

아닌 게 아니라, 좋은 기업이었지만 위대한 기업으로 성장하지 못한 기업의 CEO들 중에는 '천 명의 조력자를 거느리는 천재'형 리더들이 많았다. 뛰어난 개인 즉 천재형 리더는 회사의 주요 보직을 자기가 가진 위대한 발상을 구현할 조력자로 채우려는 경향이 있다. 안타깝게도 이렇게 되면 그 천재가 온전하게 관여한다는 (그리고 그 뒤로도 계속 천재성을 발휘한다는) 조건 아래에서만 조직이 유효하게 작동한다.

장기적으로 보면 이 모델은 영속적인 위대함을 보장하지 못한다. 결국, 회사의 모든 사람이 혼자서만 고귀하게 우뚝 솟은 천재에게 의존한다면, 그 천재 창업자가 물러나는 순간 조직은 무기력하게 표류하다가 평범함의 나락에 떨어지게 된다.

인사관리의 강한-부드러운 기술 : 리더의 양면성

위대한 리더는 강함과 부드러움의 역설을 활용한다. 직원들에게 믿을 수 없을 정도로 높은 성과 기준을 제시하며 '강하게' 밀어붙이지만, 한편으로는 직원들이 자신과 자신의 과업에 긍정적인 생각을 가지도록 '부드럽게' 일으켜 세우는 전략을 구사한다.

긍정적인 관심의 힘

효과적인 리더십에서 가장 저평가되는 기술을 딱 하나만 선택한다면, 피드백 특히 긍정적인 피드백이 아닐까 싶다.

사람은 자기를 긍정적으로 생각할 때 한층 더 나은 성과를 낸다. 이것은 인간의 본성이다. 심리학자들이 어떤 유형의 피드백을 받느냐에 따라서 성과가 달라지는지 추적했는데,[42] 긍정적인 피드백은 성과를 높이고 부정적인 피드백은 성과를 낮추는 경향이 있었다.[43]

그러나 일반적으로 조직 구성원들은 리더로부터 긍정적인 것이든 부정적인 것이든 간에 거의 피드백을 받지 못하는 경우가 너무도 많다. 피드백이 없다는 것은 직원들에게 '나는 너에게 신경을 쓰지 않는다'라는 메시지를 보내는 것과 같다. 누구나 자신이 방치된다고 느끼면 최선의 노력을 기울이지 않는다.

스포츠계에서도 마찬가지다. 선수들이 능력을 최대한 발휘하도록 자극을 주는 기술을 터득한 감독들은 자신이 선수들을 지켜보고 있다는 관심을 드러내는 것이 얼마나 중요한 지 잘 알고 있다. LA 다저스의 전설적인 감독 토미 라소다Tommy Lasorda는 이렇게 말했다.

행복한 사람일수록 더 좋은 성과를 냅니다. 나는 내가 선수들의 성과를 얼마나 기뻐하는지 표현하려고 노력합니다. 그래서 자주 선수들을 안아주고 등을 두드려줍니다. 별것 아닌 행동 같지만 이런 게 중요하다고 믿습니다. 사람들은 이렇게 말하죠. "세상에나! 1년에 150만 달러씩이나 버는 선수에게 감독이 따로 동기를 부여해야 합니까?" 그렇

습니다. 대통령에서부터 술집 직원까지 누구나 동기를 부여받으면 그만큼 일을 더 잘하게 됩니다.[44]

UCLA에서 12년 동안 NCAA 챔피언십 우승을 열 번이나 이끌었던 존 우든John Wooden 감독은 선수들을 한 단계 성장시킬 방법을 늘 찾아야 하고 그들이 조금이라도 더 나아지도록 지속적으로 도전하게 만들어야 한다고 믿었다. 그는 "선수들에게는 비판하는 사람이 아니라 모범을 보여주는 사람이 필요하다"라는 단순한 철학을 강조했다. 그는 자신의 동기 부여 방법 가운데 하나를 다음과 같이 설명했다.

"나는 선수들이 기분이 좋은 상태로 훈련을 하도록 늘 신경을 씁니다. 이런저런 지적을 할 때면 칭찬도 함께 해서 균형을 맞추려고 노력합니다."[45]

또 다른 훌륭한 감독으로 빌 월시Bill Walsh가 있다. 프로미식 축구팀인 샌프란시스코 포티나이너스 감독으로 세 차례나 슈퍼볼 트로피를 들어올린 그 역시 개인적인 차원의 격려가 얼마나 중요한지 강조했다. 월시는 경기 직전에 모든 선수와 한 명씩 악수하면서 격려하는 것으로 유명하다. 그는 코치들에게도 자기처럼 선수들에게 자신감을 불어넣으라고 지시했다.[46]

이 감독들은 리더십의 좋은 모델이다. 그들은 믿을 수 없을 정도로 높은 기준에 맞춰서 살았으며, 선수들에 대해서도 냉정하고, 객관적인 평가를 내렸다. 하지만 한편으로 긍정적인 피드백을 통해 선수들의 능력을 강화했다. 이 양면성은 리더가 꼭 갖춰야 할 덕목이다. 물론 여기에는 전제가 있다. 존 우든이 그토록 놀라운 성공을 거둘 수 있었던 이유는 선수 개개인에게 진심으로 관심을 가졌기 때문이다. 예컨대 우든은 "돈을 더 많이 주겠다는 프로팀의 제안을 거절하고 대학교 감독으로 남은 가장 큰 이유는 내 선수들을 사랑하기 때문이다"라고 했다.[47]

부정적이거나 비판적인 피드백을 효과적으로 하는 방법은 없을까? 긍정적인 피드백만으로는 조직을 운영할 수는 없다. 비판적인 피드백 그리고 솔직한 피드백을 해야 할 때가 있다. 예컨대 어떤 직원의 성과가 기대했던 수준에 훨씬 못 미친다면 솔직하고, 비판적인 평가를 해야 한다. 이와 관련해서 빌 월시는 이렇게 썼다.

> 멋을 부리고 우아하면서도 여유가 넘치고 사근사근한 감독은 선수들의 능력을 80퍼센트까지 끌어낼 수 있다. 그렇다면 나머지 20퍼센트는 어떻게 해야 할까? 감독이 과감한 결정을 내리고, 수준이 높은 성과를 요구하고, 선수들의 기대에 맞춰주고, 세부 사항에 관심을 기울여야 한다. 그리고 필요할 때마다 선수들의 '팔을 잡고 악수를 해야' 비로소 나머지 20퍼센트 능력을 끌어낼 수 있다.[48]

지금까지 우리 저자들은 **형편없는** 리더들이 비판적인 피드백은 너무 많이 하고 긍정적인 피드백은 너무 적게 하는 장면을 너무도 많이 보아왔다. 또 너무도 많은 회사에서 직원들에게 일을 제대로 했을 때는 피드백을 하지 않고 일을 잘못했을 때만 피드백을 하는 모습을 보아왔다.

위대한 리더는 사람들을 능력을 잘 발휘할 수 있는 자리 즉 긍정적인 강화positive reinforcement가 이뤄질 수 있는 자리에 배치하려고 노력한다.*

---

* 긍정적 강화는 어떤 행동이 일어난 뒤에 그 사람에게 긍정적인 결과물을 제공해서 그 행동을 강화하는 것이고, 부정적 강화는 그 행동이 일어난 뒤에 그 사람에게 발생한 불쾌한 상황을 제거해서 그 행동을 강화하는 것이다.

그들은 직원들을 일으켜 세울 방법을 늘 찾는다.

실제로, 어떤 직원이 나쁜 성과를 냈다면 "우리가 이 사람을 올바른 자리에 제대로 배치했는가?"라고 물어야 한다. 특정 직무에서는 성과를 내지 못하는 직원이 다른 직무에서는 탁월한 성과를 내는 경우가 적지 않기 때문이다. 아무리 우수한 엔지니어나 영업사원이라고 해도 관리직에서는 기대 이하의 성과를 낼 수 있다.

마지막으로, 일이 잘못 돌아간다고 해서 반드시 가장 위험한 시기는 아니다. 자기가 속한 부서나 진행하는 프로젝트에 문제가 있음을 인지하고 있는 직원에게는 가혹한 비판을 피하는 것이 좋다. 가혹한 비판은 역효과를 낼 수 있다. 엄중한 상황에 놓인 사람들에게 비판보다 격려와 지원이 필요하다.

케이스 스터디 : 러셀 레이놀즈

리더십 자문과 리서치로 유명한 러셀레이놀즈어소시에이츠Russell Reynolds Associates의 창업자 러셀 레이놀즈가 실적이 저조한 부서를 대하는 방식은 매우 흥미롭다. 어느 날, 레이놀즈는 실적이 저조한 부서를 직접 방문하기로 했다. 직원들은 실적 문제로 호되게 비판받고, 해고될지도 모른다는 생각에 걱정이 이만저만 아니었다. 그들이 이렇게 불안했던 것은 그 부서의 책임자가 "내가 자신 있게 말하지만, 만일 여러분들이 과제를 제대로 수행하지 못하면 러셀은 여러분들을 모두 해고하고 다른 사람들을 찾을 것"이라고 말했기 때문이다.

레이놀즈가 방문하기로 한 시간에 맞춰 직원 모두가 중앙회의실에 모였다. 다들 최악의 상황을 예상했다. 그런데 레이놀즈는 회의

실에 들어오자마자 몇 사람에게 안부를 묻고 가벼운 대화를 나눴다. 그렇게 대략 30분쯤 지난 뒤에 부서장이 당면 현안을 진지하게 논의하려고 하자 레이놀즈는 뜻밖의 반응을 보였다. 대화를 한층 더 가볍고 긍정적인 방향으로 되돌렸던 것이다. 그러자 부서장이 정색하고서 레이놀즈에게 물었다.

"현안으로 들어가서, 우리 부서가 안고 있는 문제를 얘기하셔야 하는 것 아닙니까?"

그러자 레이놀즈는 그렇지 않다고 대답했다.

"나는 여러분들이 최선을 다하고 있다는 것을 잘 압니다. 앞으로도 계속 그렇게 하다 보면 돌파구가 생기고 좋은 결과가 나올 겁니다. 여러분은 모두 잘하고 있고, 그래서 나는 여러분을 전적으로 믿습니다. 앞으로도 지금처럼 그렇게 해주길 바랍니다."

정말 훌륭한 대응이었다. 그는 그 시점에서는 직원들을 비판하기 보다는 격려하는 쪽을 택했다. 그러자 부서 직원들은 "아, 이 사람은 우리를 믿는구나. 그러니 우리는 이 사람을 실망시킬 수는 없다"라고 마음 먹었다. 레이놀즈가 그들을 믿기로 한 것은 올바른 선택이었다. 결국 그 부서는 그 뒤에 매우 뛰어난 성과를 냈다.

교사로서의 리더

비판적 피드백에 대한 가장 건설적인 접근법은 교사로서의 리더라는 개념에서 비롯된다. 조직 구성원들에게 잘못된 점을 지적하거나 부정적인 지침을 제시해야 한다면, 자신을 비판자보다는 안내자, 멘토, 교사라고 생각해 보라. 비판적 피드백이 빛을 발하려면 그 피드백을 받는 상대가 이를 자신의 발전에 도움이 되는 교육 경험으로 받아들여야 한다.

케이스 스터디 : 어빙 그로스벡

컨티넨탈케이블비전Continental Cablevision의 공동창업자이자 회장인 어빙 그로스벡H. Irv Grousbeck은 사람을 강하면서도 부드럽게 대하는 효과적인 기술을 가지고 있다. 우리 저자들에게 그는 자기의 철학과 리더십 유형을 다음과 같이 설명했다.

나는 지금까지 늘 교사 역할을 하는 관리자라는 모델을 채택해 왔습니다. 누군가 실수를 하면, 어떻게 하면 그 실수를 이용해서 그의 역량을 개선할 수 있을까하는 점에 초점을 맞춥니다.

첫째, 이 부분이 제일 중요한데요, 실수한 직원을 꾸짖지 않습니다. 대신, 그렇게 된 과정을 **함께 정밀하게 살핍니다.** 이건 아이를 돌보는 것과 비슷한데, 예컨대 아이가 옷을 단정하게 차려입지 못한다면, 꾸짖을 게 아니라 옷장 정리가 제대로 되지 않은 문제부터 해결해야 합니다.

회사 경영도 마찬가지입니다. 늘 직원들의 속사정을 물어봅니다. 어쩌다가 일이 그렇게까지 진행되고 말았는지 정확하게 파악할 수 있도록 설명해달라고 요청합니다. 그런 다음에는 다른 선택지들로는 어떤 것들을 고려했는지 묻고, 또 그 밖의 다른 선택지들을 제시하면서 그렇게 했을 때는 어땠을지 묻습니다. 직원들에게 어떤 제안을 할 때는 늘 이렇게 질문 형식으로 합니다.

이 모든 과정은 교육과 발전을 위한 것입니다. 나는 우리 관계가 적대적이지 않고 협력적이라는 점, 그에게는 아무런 문제가 없다는 점, 그리고 그 직원과 나 사이에도 아무런 문제가 없다는 점을 분명히 합니다. 그리고 누구나 실수한다는 점을 상기시키고,

필요하다면 내가 저질렀던 실수를 언급하면서 그가 바로잡아야 할 문제의 요점이 무엇인지 설명합니다.

또한 그 직원이 그 사건을 어떻게 하면 더 잘 처리할 수 있었을지 깨우쳐서 다음에는 더 잘하면 좋겠다는 점을 분명히 밝힙니다. 이렇게 할 때 직원의 역량이 개발되고, 궁극적으로는 회사가 이득을 얻습니다.

그로스벡은 교정에 초점을 맞춘 피드백을 제공하는 부드러운 리더십 유형을 구사했다. 하지만 그는 자기 자신과 다른 사람 모두에게 높은 성취 기준을 엄격하게 제시하고, 거기에 단호하게 몰두했다. 그리고 그는 강한-부드러운 기술을 통해 설정한 목표를 대부분 달성해 왔다.

단, 기대치는 높아야 한다

직원을 격려하고 또 직원이 실수를 통해서 교훈을 얻도록 돕는 것이 중요하다는 우리의 제안을, 형편없이 무능하거나 무책임한 성과를 아무렇지도 않게 받아들이라는 뜻으로 해석해서는 안 된다. 높은 성취 기준이 전제되어야 긍정적인 강화가 이뤄진다.

훌륭한 교사라면 학생들이 대체로 어려운 과제에 도전하기를 **바라며**, 기대치가 높을 때 거기에 걸맞은 결과를 보여준다는 사실을 알고 있다.

좋은 교사와 마찬가지로 좋은 리더는 출신 계층, 배경에 상관없이 누구나 높은 성과를 낼 수 있으며, 마음속으로는 다들 그렇게 하고 싶어 한다고 가정한다. 위대한 리더는 높은 성과를 **요구하지** 않는다(요구한다는 표현에는, 직원들이 기본적으로 게을러서 최선의 노력을 하지 않는 경향이 있다는 암시가 내포되어 있다. 그렇지만 만약 이런 태도를 가진 이들이 있다면 썩은 이빨을 뽑듯이 이런 태도를 버리도록 해야 한다). 다만 위대한 리더는 직원들에게 테스트하고 성장하고 또 최선을 다할 기회를 제공한다.

높은 기준을 달성해야만 하는 자리에 올바른 직원들을 앉혀라. 그리고 그 일을 잘 해낼 수 있다는 믿음을 전달하라. 부동산 개발업자였던 트램멜 크로Trammell Crow는 회사를 세우고 키워나갈 때 '사람에게 투자하고 또 그 사람을 전적으로 믿는' 접근법을 채택했다.* 로버트 소벨Robert Sobel 이 쓴 크로의 전기 《트램멜 크로》에서 어떤 젊은 부동산 개발업자는 크로에 대해 다음과 같이 말했다.

> 그가 계약업체와 대출자들이 참석한 회의에 나를 데리고 가서 소개했던 일을 기억한다. 그는 내가 마치 대단한 사람이나 된 것처럼 추켜세웠다. 내가 전혀 그런 인물이 아니었는데도 말이다. 하지만 그 덕분에 나는 내가 가진 능력에 대해서 자신감을 가지게 됐다. 젊고 경험이 부족한 나 같은 사람에게 그렇게나 엄청난 수준의 책임감을 안겨주다니 믿을 수 없었다.[49]

밀고 당기기, 음과 양, 강함과 부드러움, 높은 기준과 긍정적 강화 등의 양면적 조합은 개인의 역량을 최대로 발휘하도록 자극한다. 각 개인의 능력 차이에 상관없이, 그들이 자신의 역량을 최대한 발휘하도록 도울 때 조직 전체가 자극을 받아 엄청나게 높은 기준을 훌쩍 넘어설 수 있다.

---

* 트램멜 크로는 1980~90년대 텍사스를 중심으로 활동한 부동산 개발업자로 크로 패밀리의 창립자다.

의사소통 : 모든 방식으로 소통하라

의사소통의 중요성을 강조하는 것 자체가 진부하다. 우리 저자들도 잘 안다. 아니, 사실은 그렇게 들리기를 바란다. 그러나 안타깝게도 아직도 많은 리더들이 의사소통에 애를 먹고 있다. 냉정하게 말하자면, 의사소통 능력이 부족한 것이 아니라 의사소통 자체를 하지 않는다.

위대한 기업은 의사소통을 기반으로 번성한다. 위대한 지도자는 위로, 아래로, 옆으로, 집단에게, 개인에게, 회사 전체에, 문서로, 말로, 공식적으로, 비공식적으로, 온갖 방식으로 지속적인 의사소통을 촉진한다. 의사소통이 조직 전체에서 지속적으로 이루어지도록 노력해야 한다.

비전과 전략을 바탕으로 소통한다

다음 장에서는 회사의 비전과 전략을 선명하게 개발하는 것이 얼마나 중요한지 살펴볼 것이다. 그러나 비전과 전략을 개발하는 것만으로는 충분하지 않다. 이를 직원들에게 올바르게 전달해야 한다.

효과적인 의사소통이 이루어져야 한다고 해서 리더가 반드시 뛰어난 연설가나 유창한 문장을 구사하는 작가가 될 필요는 없다. 회사가 나아가는 방향을 직원들에게 어떻게 전달해야 할지 고민하지 말고 **그냥 있는 그대로 말하라. 그리고 자주 말하라.** 말로는 부족하다. 글을 쓰고, 그림을 그려라. 알리고 또 알려라. 회사의 비전이 직원들의 시야에서 사라지지 않게 하라. 직원들 앞에서 회사의 비전을 끊임없이 언급하라.

짐 버크Jim Burke는 존슨앤존슨Johnson&Johnson의 CEO 시절에 회사의 핵심 가치관 및 신념을 담은 '존슨앤존슨 신조J&J Credo'를 알리는 일에 업무 시간의 40퍼센트를 (4퍼센트가 아니라 40퍼센트다!) 썼다.

우리 저자들은 퍼스널캐드시스템즈Personal CAD Systems의 CEO였던 더그 스톤Doug Stone이 회사 여기저기를 돌아다니는 모습을 본 적이 있는데, 그때 그는 회사 건물의 모든 사무실과 회의실에 있던 플립 차트에 회사의 전략을 그림으로 그렸다. 그는 거의 모든 회의 때마다 회사의 전략을 드러내는 다양한 다이어그램들을 그렸으며, 또 이것들을 신문 스크랩에, 사람들이 들고 다니는 메모장에, 플립 차트에, 화이트보드에, 게시판에, 심지어 식당의 냅킨에까지 그렸다. 왜 이렇게까지 하는지 묻자 그는 이렇게 말했다.

나는 일부러 그 그림들을 여기저기에 남겨둡니다. 우리 회사가 어디를 향해서 가고 있는지를 전체 구성원들에게 이해시키기란 정말 쉽지 않습니다. 그러므로 이런 메시지를 계속해서 인지시켜야 합니다. 내가 그 그림들을 여기저기 두는 것도 우리 직원들이 늘 눈으로 바라보고 또 회의 때마다 참고할 수 있도록 하기 위해서입니다. 이것이 직원들의 잠재의식 속에 그 메시지를 심는 작업의 일환이라고 생각합니다.[50]

비유와 이미지를 사용한다

생생한 이미지를 사용하면 회사가 하고자 하는 것이 무엇인지 보다 효율적으로 전달할 수 있다. 구체적인 사례를 동원해서 회사가 비전을 향해서 구체적으로 어떻게 나아가고 있는지 설명하라. 회사의 가치관과 정신을 드러내는 이야기를 들려줘라.

시각 자료를 활용한 비유와 우화는 강력한 의사소통 방식이다. 제2차 세계대전 초기이던 1940년, 루스벨트 대통령은 독일군에 포위된 영국에 무기를 비롯한 물자를 공급하는 사업인 이른바 무기 대여Lend-Lease의 개

넘과 필요성을 시민들에게 알려야 했다. 이때 루스벨트는 이 사업과 관련된 온갖 복잡한 예산을 상세히 설명할 수도 있었다. 하지만 그렇게 해서는 대중의 상상력을 자극하지 못할 게 분명했다. 그래서 그는 다음과 같은 비유를 동원했다.

이웃집에 불이 났는데, 정원에 물을 뿌리는 용도의 호스가 우리 집에 있다고 합시다. 이웃집이 이 호스를 가져다가 자기 집의 소화전과 연결할 수 있다면, 이웃집이 불을 끄는 것을 도울 수 있을 겁니다. 자, 이런 상황에서 어떻게 할까요? 이웃집이 그 호스를 달라고 할 때 "이봐요, 그 호스의 가격이 15달러니까 돈부터 먼저 내놓고 가져가시오"라고 말할 사람은 없을 겁니다. 내가 원하는 것은 15달러가 아닙니다. 불이 모두 꺼진 뒤에 내가 빌려준 호스를 돌려받길 원할 뿐입니다.[51]

우리 저자들이 가장 즐겨 소개하는 기업 사례가 있다. 애플의 비전을 전달하고자 했던 스티브 잡스의 이야기다. 매킨토시라는 개인용 컴퓨터가 만들어지기 전인 1980년에 잡스는 스탠퍼드대학교 강연에서 이렇게 말했다.

애플은 사람 한 명당 한 대의 컴퓨터는 사람 열 명당 한 대의 컴퓨터와 근본적으로 다르다는 원칙을 갖고 있습니다. 여객 열차를 도입하는 비용으로 어떤 사람이 폭스바겐 1,000대를 산다고 해서, 그 한 사람이 그만큼 더 안락하게 여행할 수 있는 것은 아닙니다. 더 빠르게 여행할 수도 없을 겁니다. 그렇지만, 자동차 1,000대를 1,000명이 한 대씩 나눠가진다면, 각각의 사람은 언제든 자기가 가고 싶은 곳에 갈 수 있을 것입니다. 이것이 애플이 나아가고자 하는 방향입니다. 자전거를 탄 사람은 가장 효율적인 동물이라고 하는 콘도르보다 두 배나 더 효율적입니다. 인간은 타고난 역량을 증폭하는 이런저런 도구를 만들어 왔습니다. 이것이 바로 컴퓨터가 나아가고자 하는 방향입니다. 컴퓨터는 자전거와 같은 것입니다.[52]

문자에 갇히지 마라. 그림을 그려라. 이야기를 만들어서 퍼트려라. 추상적인 비유를 구사하라. 생생하게 표현하라. 비유가 논리적으로 올바른지 어떤지 걱정하지 마라. 중요한 것은 의사소통일 잘 되는 것이지, 논리적으로 맞는 것이 아니다.

공식적인 소통에 개인적인 접촉을 추가한다
혹시 책을 읽으면서 그 책의 저자와 개인적인 대화를 나눈다고 느껴본 적이 있는가? 아니면, 강연장에서 수많은 청중 가운데 한 명으로 앉아 있는데도 강연자와 나 사이에 특별한 친밀감을 느껴본 적이 있는가? 바로 이것이 위대한 리더가 소통을 통해 얻으려는 효과다. 이런 효과를 얻는 데는 두 가지 방법이 있다.

- **'나'를 드러낸다.** 직접 경험했거나 관찰한 사실에서 얻은 이야기를 사람들에게 전하는 것을 두려워하지 마라. 자신이나 개인적인 경험, 독특한 세계관과 관련된 이야기를 공유할 때 강한 친밀감이 형성된다. 이러한 이야기는 진정성과 깊이를 더해주며, 사람들 사이의 연결을 더욱 공고히 한다.
- **직접적이고 개인적이며 가식 없는 말투나 문체를 구사한다.** '인간'

166

과 같은 탈개인화된 단어를 사용하기보다는 '우리', '여러분', '나'와 같은 단어를 사용하라. '친구'나 '동료'처럼 따뜻한 단어를 사용하는 것도 좋다. 소통하고자 하는 상대방이 바로 앞에 앉아 있는 것처럼 말하고 글을 써라. 문장의 길이는 짧아야 하며 활기를 잃지 않아야 한다. 선명한 언어와 명확한 단어를 사용하라.

"우리 회사가 노사 관계 문제를 처리하는 여러 가지 방법에 대해서는 누구라도 어느 정도는 불만을 가질 수 있습니다"라고 말하지 말고 "나는 여러분이 제대로 된 처우를 받지 못해서 화가 나 있는 것을 잘 압니다"라고 말하라.

"우리는 맥아음료 제품의 가치 사슬과 품질 벡터를 극대화하는 것을 정책으로 삼고 있습니다"라고 말하지 말고, "우리는 최고의 맥주를 만듭니다"라고 말하라.

"지금 당장의 문제는 소송 때문에 빚어지는 경제적 포식에 따른 재정 자원의 감소입니다"라고 말하지 말고, "지금 우리는 소송 비용 때문에 죽을 지경입니다"라고 말하라.

숨기지 말고 있는 그대로 말한다

나쁜 소식을 그럴듯한 말로 포장해선 안 된다. 나쁜 소식을 전해야 하는 책임을 회피하는 것은 더더욱 잘못된 반응이다. 에두르지 않고 솔직하게 말하는 게 훨씬 낫다. 다음 공문을 보자.

받는 사람: 인사부장
보낸 사람: CEO
안건 : 직원 구조조정

경영 상태가 악화되어서 회사로서는 비용을 절감해야 합니다. 그래서 우리는 직원 구조조정을 해야 합니다. 첨부하는 문건은 향후 60일 이내에 해고할 직원 명단입니다. 여기에 대해서 이 직원들의 소속 부서장들과 논의하십시오.

이 조치는 해고가 아니라 성과가 낮은 직원을 정리하는 것일 뿐이라고 직원들에게 강조하십시오.

우리 회사가 설립된 이래 처음으로 직원 구조조정을 하는 것이니만큼 최대한 조심스럽게 처리해 주시기 바랍니다. 조치에 따른 파장을 최소화해주시길 기대합니다.

자, 이 공문이 어디가 어떻게 잘못되었는지 생각해보자. 여기에는 적어도 네 가지 문제가 있다.

1. 만일 어떤 것이 오리처럼 보이고 오리처럼 꽥꽥거리며 오리처럼 뒤뚱뒤뚱 걷는다면, 그것은 오리다. 어떤 표현으로 포장하든 간에 직원 구조조정은 직원을 해고하는 것이 맞다. 누가 보더라도 이게 해고임을 안다.
2. CEO가 나쁜 소식을 전하는 책임을 인사부장에게 돌리면서 자기는 직원들 눈에 띄지 않게 숨고 있다.
3. 해고 과정이 직접적이고 공개적으로 이뤄지지 않기 때문에 직원들은 관련된 정보를 소문을 통해서 듣게 된다. 이럴 때 두려움은 증폭되고 불안감은 한층 더 커진다. "몇 명이나 해고될까? 나도 거기에 포함될까? 이런 상황이 언제까지 계속될까? 다른 직장을 알아봐야 하는 거 아닐까?" 직원들은 분개할 수도 있다. "높으신 양반들은 나

를 바보로 아나 보지? 왜 사장이 직접 나서서 말을 하지 않지? 우리를 존중이나 하는 걸까?"

4. 아무리 감춰봐야 결과가 눈에 뻔히 보인다. 이렇게 되면 유능한 인재들은 자발적으로 짐을 싸서 회사를 떠날 것이고, 남은 사람들도 생산적인 일을 하기 보다는 개인적인 상황을 걱정하는 데 시간을 보낼 가능성이 크다.

사람은 누구나 자기를 엉뚱한 방향으로 유도하는 것을 끔찍하게 싫어한다. 누가 자기를 바보로 여기는 것도 끔찍하게 싫어한다. 리더가 있는 그대로 솔직하고 터놓고 대하지 않는다면, 리더를 향한 구성원들의 존경심은 빠르게 사그라든다.

그렇다면 이런 상황에서 어떻게 했어야 할까? 위대한 리더는 고통스러운 결정을 직접 전달한다. 그 상황에서 보일 수 있는 모습은 다음과 같다.

사업의 동반자이자 친구인 여러분에게 말씀드립니다.

좋든 일이든 나쁜 일이든 서로 소통하며 회사에 영향을 미치는 모든 문제를 여러분들과 터놓고 이야기해야 한다고 저는 늘 믿었고 또 지금도 믿습니다. 이런 믿음에 따라서 저는 지금 우리 회사 창사 이래 가장 어려운 결정을 말씀드립니다.

아시다시피, 우리 회사의 사정이 무척 나빠졌습니다. 그래서 우리는 거의 모든 분야에서 비용을 줄이고 있습니다. 고통스럽게도 직원 10퍼센트를 정리해고하기로 결정했습니다.

이런 조치가 얼마나 큰 충격일지 잘 압니다. 창사 이래 이런 적이 한 번도 없었으니까요. 이런 상황이 우리 회사에서 벌어지지 않기를 바라는 마음은 간절했지만, 우리 회사가 위기를 딛고 일어나 살아남으려면 이 고통스러운 조치를 어쩔 수 없이 받아들여야 한다는 결론을 내렸습니다.

정리해고를 일괄적으로 단 한 차례 실시하기로 결정했다는 점을 알아주셨으면 합니다. 제가 분명히 약속드립니다만, 이런 조치는 이번이 처음이자 마지막입니다. 오랜 시간 질질 끌면서 불확실성 속에서 고통스러워하기보다는 단 한 차례 쓰디쓴 약을 먹는 게 낫다고 생각했습니다. 이해해주시기 바랍니다.

해고 소식은 어떻게 포장하든 간에 고통스러울 수밖에 없다. 해고되는 당사자들로서는 더 그렇다. 그러나 직접적인 접근법일수록 혼란을 줄이고 이해받을 가능성이 높다. 오리를 오리라고 부르는 것은 좋은 의사소통일 뿐만 아니라 상대를 존중한다는 신호다. 직원들은 앞에 나서서 직접적이고 정직한 의사소통이라는 부담을 기꺼이 짊어지는 리더를 좋아한다는 사실을 늘 명심해야 한다.

다른 사람의 의사소통을 자극한다

의사소통이 위에서 아래로만 이루어져서는 안 된다. 모든 직급에서 모든 방향으로 이루어져야 한다. 리더는 자신의 리더십 유형이 다른 사람의 의사소통을 방해할 수 있음을 명심해야 한다. 의사소통은 전적으로 리더의 태도에 달려있다. 의사소통을 조직 전체에서 활발하게 촉진하는 몇 가지 방안을 소개하면 다음과 같다.

- 직원들에게 질문을 많이 하고 또 그 질문에 대답할 시간을 충분히 준다.
- 회의에 참석할 때는 다른 모든 직원이 반드시 알아야 한다고 생각하는 사항을 각자 최소한 한 가지씩 정리해서 참석하라고 알린다 (회의는 정기적으로 예정되어 있어야 한다).
- 회의에 참석할 때는 각자 질문거리를 하나 이상 가지고서 참석하게 한다. 머릿속에 떠오르는 질문이 있으면 망설이지 말고 물어볼 수 있는 분위기를 조성해라. 그리고 어떤 질문을 받든 "아주 좋은 질문입니다"라는 말부터 하라. 직원들이 그 어떤 질문을 해도 소용없다는 생각으로 입을 다물게 만드는 것이야말로 의사소통을 가로막는 가장 확실한 방법이다.
- 공식적인 자리에서든 비공식인 자리에서든 직원들에게 "마음에 담고 있는 말을 꺼내보라"고 청한다.
- 전체의 의견에 동의하지 않는 직원이 있을 때는, 그 사람에게 자기 의견을 충분히 밝힐 기회를 준다.
- 즉흥적인 것을 두려워하지 마라. 어떤 문제라도 함께 모여서 논의할 수 있는 분위기를 만들어라.
- 강압적이고 딱딱한 형식주의를 버린다. 직원들을 편안하게 만들어라. 넥타이도 풀고 와이셔츠 단추도 하나쯤은 풀어라. 소매도 걷어붙이고 신발도 벗어라.
- 직원들 사이에서 편이 갈리거나 긴장이 형성되더라도 '중개자' 역할을 하지 않는다. 의견이 다른 사람들을 한 방에 몰아넣고 자기들끼리 그 문제를 해결하게 하라. 당신을 해결사로 활용하게 만들지 마라. 직원을 가족에 비유하자면 아이들과 같아서, 자기들 사이

에 문제가 생기면 자기들이 직접 해결하려 하기 보다는 엄마나 아빠에게 달려가서 불평한다. 회사에서는 이런 일이 일어나서는 안 된다.

- 생각뿐만 아니라 감정도 표현하도록 격려하고 유도한다. 감정이 억제된 환경에서는 진정한 의사소통이 이루어지기 어렵다. 업무를 수행하는 데 감정이 없을 수 없다. 일은 사람이 하는 것이고 사람은 감정의 동물이다.
- 한두 사람이 토론을 좌우하게 만들지 않는다. 팀원 개개인에게 의견을 물어서 말수가 적은 직원도 논의에 적극적으로 참여시켜라.
- 중요한 사안을 제기한 직원에게는 고마움을 표현한다. 설령 그게 당신에게는 불편하더라도 감사를 표해야 한다.

의사소통의 중요성을 되풀이하는 것이 진부해 보일 수 있다. 그러나 이 문제는 그만큼 중요하다. 회사를 망치고 싶다면, 의사소통을 엉망으로 하면 된다. 의사소통에는 아무리 많은 투자를 해도 지나치지 않다.

진취성 : 조직의 활력을 높이는 법

위대한 리더는 늘 성장하며 자신의 성장을 회사에 이식한다. 에너지 수준을 높게 유지하며, 결코 만족하는 법이 없다.

열심히 일한다
너무도 당연한 말이다. 따로 더 강조할 필요조차 없다.

그런데 열심히 일하는 것과 일중독에 빠지는 것은 사뭇 다르다. 열심히 일하는 것은 무언가를 이루기 위한 행동이지만, 일중독에 빠지는 것은 두려움에서 비롯된 일종의 강박이다. 일중독은 건강을 망치고 일상을 파괴한다. 열심히 일하는 것은 활력이 넘치며 죽는 날까지 계속할 수 있지만, 일중독에 빠지면 탈진되어서 결국 아무것도 할 수 없게 된다.

우리 저자들은 한 주에 40~50시간만 일하면서도 매우 높은 성과를 내는 리더들을 몇몇 알고 있다. 이들이 일할 때 보이는 업무 강도와 집중력은 믿을 수 없을 정도로 높다. 반대로, 우리는 한 주에 90시간씩 일하지만 업무의 효율이라곤 찾아볼 수 없는 일중독 리더들도 알고 있는데, 이들에게 배운 교훈은 딱 한가지다. 무언가를 많이 한다고 해서 반드시 더 좋은 것은 아니다.

날마다 더 나아지도록 노력한다

늘 더 나아질 수 있다. 더 높은 기준을 목표로 하라. 새로운 기술을 배우고 개발하라. 한층 더 높은 기준을 지속적으로 추구하겠다는 의지를 놓지 마라. 날마다 더 나아지도록 노력하라.

내가 가진 약점과 단점에 주의를 기울이고, 약점이 무엇인지 그리고 집중적으로 노력해야 할 부분이 무엇인지 주변에 피드백을 구하라. 당신과 함께 일하는 사람들 또는 당신의 지휘를 받는 사람들에게 리더십을 평가받아라. 외부 인사들에게도 리더십을 평가해달라고 부탁하라. 자신의 결점을 지적 받는 것을 좋아할 사람은 없다. 그런 지적은 언제나 아프다. 인간은 결점을 드러낼 게 뻔한 피드백은 회피하려고 든다. 그렇지만 좋은 약이 입에 쓰듯이 건설적인 피드백은 반드시 필요하다. 위대한 리더가 되려면 지속적인 자기 개선에 힘써야 한다.

활력을 늘 높게 유지한다

리더가 맥이 풀려 있으면 조직도 맥이 풀린다. 일을 대하는 활력이 사라지는 순간, 리더의 역량도 줄어든다. 위대한 기업을 일군 리더들은 대부분 재직 기간 내내 활력을 유지했다. 이들은 '일을 손에서 놓는' 법이 없다. 실제로 그들 가운데 일부는 끝까지 현업에서 은퇴하지 않았으며 무기력하고 비생산적인 은퇴자로 산다는 것은 상상도 하지 못했다.

육체적, 정서적 그리고 정신적으로 자신을 잘 돌봐야 한다. 잠을 잘 자고 적당하게 운동하라. 건강이 가장 중요한 자산이다. 취미를 가지고 책을 읽고 흥미로운 사람들과 대화를 나누고 새로운 발상을 받아들이고 거기에 따르라. 주기적으로 혼자만의 시간을 보내면서 재충전하라. 새로운 도전 과제를 설정하라. 활기가 넘치고 자극을 느낄 수 있으며 인간적으로 성장하고 또 생생한 생명력을 유지하는 데 필요한 것이면 무엇이든 해보라.

또한 지금 하는 일을 좋아해야 한다. 우리 저자들이 지금까지 만나본 위대한 리더들 가운데서 자기가 하는 일을 즐기지 않는 사람은 단 한 명도 없었다. 자기가 좋아하지 않는 일을 하면 결국에는 에너지가 고갈되어 활력을 잃게 된다.

활력을 높은 수준으로 유지하는 가장 좋은 방법 가운데 하나는 끊임없이 **변화**를 모색하는 것이다. 새로운 것을 시도하라. 새로운 프로젝트에 참여하라. 의도적으로 작업 방식을 바꾸어라. 실험하라. 일이 늘 참신하게 느껴지도록 필요한 것이면 무엇이든 하라.

변화에는 에너지가 필요하다고 말하면서도 변화를 피하는 사람들이 있다. 현상태를 유지하는 것이 변화를 꾀하는 것보다는 쉬운 법이니 충분히 그럴 수 있다. 그러나 바로 이 지점에 놀라운 비밀이 숨어 있다. 변화에는 에너지가 필요하지만, 그렇게 소모되는 것보다 더 많은 에너지가 변화를 통해 생성된다.

집이나 사무실을 옮겼을 때 흥분되고 활력이 넘치는 경험을 한 적이 있는가? '이사'라는 과정이 번거롭기 때문에 싫을 수 있다. 그러나 바뀐 환경이 가져다주는 새로움은 활력을 안겨준다. 일에서도 마찬가지다.

낙관적인 태도와 끈기

심리학 연구에 따르면 가장 생산적이고 행복한 사람은 기본적으로 미래를 낙관한다. 물론, 자기 앞에 닥칠 난관이나 좌절, 고통, 그리고 실패 가능성을 무시해서는 안 된다. 그러나 회사가 현재보다 더 나아질 능력을 가지고 있음을 굳이 의심할 이유는 없다. 조직의 미래를 믿어야 한다. 리더가 그렇게 하지 않으면 누가 그렇게 하겠는가?

그러나 낙관주의만으로는 충분하지 않다. 끈기가 함께해야 한다. 밉스컴퓨터가 파산으로 치닫던 1987년, 이 회사의 CEO가 되어서 회사를 구한 밥 밀러를 처음 만났을 때 우리 저자들은 그의 차분한 성정에 깜짝 놀랐다. 그를 처음 본 사람이라면 그가 무척이나 조심스럽고 부드러운 사람이라고 생각할 것이다. 이런 사람이 과연 어떻게 파산의 위기에 몰린 회사를 구해낼 수 있었을까?

하지만 이야기를 나눈 지 몇 분만에 우리는 그 이유를 알 수 있었다. 그와 이야기를 나누면서 우리는 밉스컴퓨터가 자신만의 영역을 확실하게 구축할 잠재력을 가지고 있다는 그의 강력한 확신을 느낄 수 있었다. 이 확신은 결코 그 꿈을 포기하지 않겠다는 단호한 의지와 결합되어 있었다. 밀러는 자신의 경영관을 주어진 임무를 굽히지 않고 수행하는 것으로 묘사했는데, 그는 어떤 장애물이 나타나더라도 끈기를 가지고 앞으로 나아갈 것이라고 했다.

계속 나아간다

모토로라Motorola 창업자인 폴 갤빈은 "우리가 계속 움직여서 앞으로 나아가기만 하면 모든 것이 다 잘 될 것이다"라고 끊임없이 독려했다.[53] 3M을 일으켜세운 윌리엄 맥나이트는 자사의 성공한 제품들 가운데 다수가 처음에는 실수하고 넘어진 경험을 딛고 일어났다는 점을 강조하면서, "넘어진 것도 움직이며 앞으로 나아가려 했기 때문에 그랬던 것이다"라고 강조했다.[54]

갤빈이나 맥나이트처럼 위대한 기업을 일군 리더는 회사란 모름지기 '진취적으로 계속 나아가야' 한다고 믿었다. 왓슨, 레온 고면과 그의 할아버지 레온 빈, 샘 월튼, 빌 휴렛, 모리타 아키오(소니의 공동창업자), 윌리엄 프록터, 월트 디즈니, 헨리 포드 등도 그랬다. 위대한 기업의 특징들 가운데 하나는 끊임없이 변화하고 개선하며 진취적인 노력을 한다는 것이다. 위대한 기업은 결코 제자리에 머무르지 않는다. 현재 상태가 충분하다고 믿지 않는다. 위대한 리더도 마찬가지다.

위대함은 종착점이 아니라 미래로 이어지는 일종의 경로이며 지속적인 발전과 개선이라는 길고도 힘들며 고통스러운 여정이다. 위대한 기업은 어느 한 단계에 도달하고 나면 또 다른 새로운 도전, 새로운 위험, 새로운 모험, 새로운 기준을 찾아나선다. 위대한 기업은 자기가 거둔 성공을 축하하고, 음미하고, 즐긴다. 하지만 이것은 잠깐 멈춰서는 것일 뿐, 결코 끝나지 않을 모험으로 이어진다.

계속 앞으로 나아가라. 만약 한 가지에 실패하면 다른 것을 시도하라. 고쳐라. 노력하라. 실천하라. 조정하라. 움직여라. 행동하라. 헨리 포드가 말했듯이, "계속해서 하고 또 해야 한다."[55]

기를 북돋워라

앞에서도 언급했듯이 리더십의 본질은 모든 구성원이 공유하고 실행할 선명한 비전을 세우는 데 있다. 그러나 여기에는 추가 요소가 하나 있다. 그것은 바로 직원들의 기를 북돋는 것이다.

사람에게는 정신적인 측면이 있다. 어떤 사람들에게는 이것이 확고한 냉소주의 아래 숨어 있지만, 어떤 사람들에게는 표면 가까이에 자리 잡고 있다. 어떤 경우든 이러한 정신적인 면을 자극해 바깥으로 드러나게 할 필요가 있다. 정신적이라고 해서 반드시 종교적인 것을 말하지는 않는다. 우리가 주목하는 지점은 사람들이 가지고 있는 숭고한 측면이다. 예를 들면 이런 것들이다.

약자가 승리할 때 울컥하게 만드는 어떤 것, 착한 사람이 이기면 좋겠다고 바라는 어떤 것, 우리가 사는 세상이 다음 세대에는 더 나은 곳이 되기를 바라는 어떤 것, 점원이 거스름돈을 잘못 계산해서 너무 많이 줄 때 계산에 맞지 않는 돈을 돌려주게 만드는 어떤 것, 전투 현장에서 전우가 쓰러지지 않도록 자기 몸을 던지게 만드는 어떤 것, 부정과 불의에 분노하게 만드는 어떤 것, 자기가 했던 말을 지키겠다는 그 이유 하나만으로 야근을 마다하지 않게 만드는 어떤 것, 어린아이가 강에 빠져 허우적거릴 때 본능적으로 강으로 뛰어들게 만드는 어떤 것, 우리를 영웅으로 만들어주는 어떤 것. 물론 이것은 우리 인간이 가지고 있는 정신적인 측면의 일부분일 뿐이다.

반대의 측면도 있다. 이것은 소설가 조셉 콘래드Joseph Conrad가 《어둠의 심연Heart of Darkness》에서 다루었던 면이다. 예를 들면 이런 것들이다. 약속을 어기는 것, 뒤처진 전우나 동료를 내팽개치는 것, 잘못 계산된 거스름돈을 돌려주지 않는 것, 불우한 사람을 한 번 더 밟는 것, 좋은 것보다는 편한 것을 추구하는 것, 자기의 언행 불일치와 약점에 눈을 감는 것.

인간은 두 측면을 모두 가지고 있다. 위대한 리더는 사람들이 숭고한 쪽을 선택하도록 자극한다. 위대한 리더는 우리 모두가 가진 바람직한 측면에 주목하고 이것이 드러나도록 유도한다. 요컨대 위대한 리더는 사람을 긍정적으로 변화시킨다.

자, 여기에서 다시 교사로서의 리더의 비유로 돌아가서, 당신의 인생을 바꾸어놓은 선생님을 떠올려보라. 그 교사는 아마도 당신이 그 이전에 당신 내면에서 바라보았던 것보다 훨씬 더 많은 것을 바라보게 해주었을 것이다. 그 교사는 당신의 내면에 있는 어떤 것을 건드려서 당신을 새롭게 인식하게 만들었으며 자기 자신에게 새로운 기대를 하게 만들었을 것이다. 그래서 당신의 이상이 새로운 차원으로 확립되게 만들었을 것이다.

위대한 리더는 훌륭한 교사처럼 직원들을 이상화하고, 그들이 그 이상의 수준에 도달할 수 있다는 확고한 신념을 가지고 있다. 직원들의 정신을 붙잡고, 앞으로 이끌며, 일깨운다. 자신이 직원을 바라보는 바로 그 방식으로 직원들이 자기 자신을 이상화하도록 한다. 위대한 리더는 다음과 같은 메시지를 전달한다.

우리는 크고 위험한 목표를 끝내 달성할 것이다. 우리는 이 일을 해내리라고 믿는다. 왜냐하면 **내가 여러분을 믿기 때문이다.**

비전,
리더의 시작과 끝

CHAPTER 4

가장 기본적인 질문은
당신이 어떤 비전을 추구하느냐 하는 것이다.

— 에이브러햄 매슬로우[1]

리더의 가장 기본적인 책무는 모든 직원이 공유하는 비전이 선명하게 드러나도록 촉진하고, 모든 직원과 조직이 이 비전을 적극적이고도 헌신 적으로 추구하게 만드는 것이다.

이는 모든 리더십에서 요구되는 가장 보편적인 책무이다. 따라서 어떤 유형의 리더라도 당연히 그렇게 해야 한다.

비전이 왜 그렇게 중요할까? 비전이란 정확히 무엇일까? 비전은 어떻게 설정해야 할까?

이런 질문에 대한 답을 4장에서 다룬다. 기업의 리더는 '모든 직원이 공유하는 비전을 촉진할 것'을 최우선 과제로 삼아야 한다. 이번 장에서는 '콜린스-포라스 비전 프레임워크Collins-Porras Vision Framework'를 활용해 비전을 둘러싸고 있는 모호함을 제거하고, 비전의 마법과 불꽃을 보존하는 방법을 알아본다.

기업이 비전을 설정하면 어떤 점이 좋은지 설명하기 전에 먼저 우리 저자들이 4장 및 이 책 전체에 걸쳐서 우리가 사용하고자 하는 전반적인 구조를 간략하게 소개하겠다.

[도표 4-1]은 전반적인 구조의 흐름을 보여준다. 맨 먼저 비전에서 시작해서 전략으로 넘어가고 다시 전술로 이동한다. 이 도표에서 알 수 있듯이 비전은 핵심 가치관과 신념, 목적, 사명이라는 세 개 부분으로 구성된다.

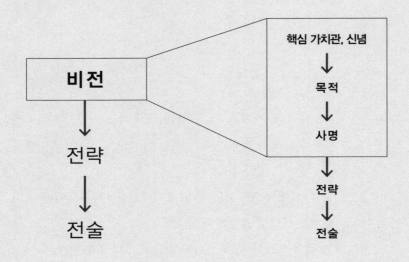

이들 각 부분은 4장에서 다양한 사례와 함께 설명한다. 우선, 비전 설정이라는 까다로운 과제를 굳이 맨 먼저 해야만 하는 이유부터 살펴보자.

비전이란 길잡이별

> 오랜 세월에 걸쳐 지속되는 위대한 기업을 놓고 생각해보라. 그러면 이 기업이 가지고 있는 탄력성이라는 것은, 우리가 신념이라고 부르는 힘과 이 신념이 직원들에게 미치는 매력에서 기인함을 알 수 있다. 기업이 가지고 있는 기본적인 철학, 정신, 추진력은 기업의 자원이나 구조, 혁신, 타이밍보다 성과에 훨씬 더 큰 영향을 준다.
>
> — 토마스 J. 왓슨 주니어[2]

지속적으로 이어질 비전을 설정하고 이를 조직에 녹여내는 과업은 무척이나 까다롭다. 어떤 기업가는 우리 저자들에게 "당신들은 지나치게 높은 기준을 두고 회사의 비전을 세우라고 한다"라는 말로써 어려움을 호소했다. 맞다, 부인하지 않겠다. 우리는 지금 어려운 일을 하라고 주문한다. 비전을 세우는 일은 **정말 어렵다.**

그러나 비전은 기업이 위대함이라는 수준에 도달하는데 가장 필수적인 요소다. 앞에서 소개했던 인용문에서 왓슨은 그냥 '기업'이 아니라 '위대한 기업'이라고 말하지 않았던가.

돈을 벌겠다는 목적이라면 비전이 꼭 필요하지는 않다. 비전을 설정하지 않고도 얼마든지 수익성이 보장되는 사업을 일굴 수 있다. 많은 돈을 벌었지만 매력적인 비전을 가지고 있지 않는 회사는 셀 수 없이 많다. 그러나 돈을 많이 버는 것에 그치지 않고 그 이상의 목표를 달성하고 싶다면, 즉 영속적인 위대한 기업을 만들고 싶다면 반드시 비전이 있어야 한다.

다음의 여러 위대한 기업이 밟아왔던 역사적인 진화 과정을 살펴보라. IBM, 엘엘빈, HP, 머크, 허먼밀러, 3M, 맥킨지앤컴퍼니, 소니, 맥도날드, 나이키, 월마트, 디즈니, 메리어트, 프록터앤갬블, 존슨앤존슨, 모토로라, 페덱스, 러셀레이놀즈, GE, 펩시콜라, 파이오니아하이브레드. 이런 회사들은 **규모가 작을 때조차도** 이미 리더들이 설득력 있는 비전을 조직 전반에 심는데 성공한 기업이다.

페덱스와 같은 몇몇 경우에는 회사를 세울 때 이미 창업자가 비전을 갖고 있었다. 또 어떤 경우에는 특정한 요구 사항(일자리를 창출하는 것 혹은 특정한 제품을 시장에 내놓는 것)을 목적으로 창업했다가 여러 해가 지난 뒤에야 선명한 비전을 마련한 경우도 있다. 예를 들어서 3M은 애초에 미네소타의 작은 호수에서 에메랄드와 비슷한 단단한 물질인 강옥鋼玉을 채굴할 목적으로 설립됐다. 윌리엄 맥나이트가 3M의 포괄적이고도 선명한 비전을 세우고 또 이 비전이 전 세계에 미칠 잠재적인 영향을 정리한 것은 초기의 벤처 사업이 실패로 끝난 뒤에 이 회사가 힘겹게 생존을 모색하던 시기였다.[3]

그러나 한 가지 분명한 점은, 그 모든 위대한 기업의 리더는 창업 초기이든, 그로부터 여러 해가 지난 뒤이든 간에 조직 전체가 공유하는 비전을 촉진하고 선명하게 정리했다.

비전이 위대한 기업을 만든다

IBM

1956년부터 1971년까지 IBM의 CEO였던 토머스 왓슨 주니어는, IBM이 1914년에 파산 직전의 작은 회사에서부터 시작해서 성장의 아슬아슬한 여러 단계를 거쳐 역사상 가장 널리 존경받고 지속적으로 성공한 기업으로 꼽히기까지 이 회사가 가장 중요하게 여겼던 것은 바로 비전이라고 말했다.

왓슨에게는 이런 인식이 워낙 강했기에 그는 이 주제 하나로 책 한 권을 썼다. 《거인의 신A Business And Its Beliefs》이라는 책이다. 이 책에서 그는 다음과 같이 말한다.

어떤 기업이든 생존하고 또 성공하려면 모든 정책과 행동의 기반이 되는 일련의 건전한 신념을 갖고 있어야 한다. 기업이 성공하는 단 하나의 요소를 꼽으라고 한다면 그런 신념을 충실하게 고수하는 것이다. 마지막으로 기업은 이런 신념을 제외한 나머지는 무엇이든 바꾸고 혁신할 준비가 되어 있어야 한다.[4]

왓슨의 아버지이자 IBM의 주요 설계자인 톰 왓슨 시니어Tom Watson Sr.는 IBM이라는 회사에서 비전이 얼마나 중요한지 자주 강조했는데, 1936년에 아들에게 보낸 편지에서 리더가 개발해야 할 첫 번째 자산이 비전이라고 썼다.[5]

여기서 잠깐… 사명, 비전, 목적, 가치관, 목표, 신념, 문화, 철학 등의 용어들을 여러 저자나 기업가가 마구 섞어서 사용하고, 어떤 때는 느슨할 정도로 포괄적으로 사용한다. 어떤 사람들은 이를 사명이라고 부르기도 한다. 또 어떤 사람들은 우리처럼 비전이라는 단어를 사용한다. 그러나 일단 지금은 용어 사용에 주의를 빼앗기지 말고 비전이 사명이나 가치관과 어떻게 다른지 파악하는데 시간을 투자하라. 참고로, 우리 저자들은 이 장의 뒷부분에서 제시하는 콜린스-포라스 비전 프레임워크를 통해 이런 것들을 선명하게 정리하려고 한다.

존슨앤존슨

로버트 존슨 주니어Robert W. Johnson, Jr.는 아버지로부터 존슨앤존슨의 CEO 자리를 물려받은 뒤에 회사의 신념을 선명하게 정리하고 이를 문서로 만드는 일에 엄청난 노력과 시간을 쏟았다. 나중에 존슨앤존슨 신조로 일컬어지는 이 문서는 회사의 모든 미래 계획 및 의사결정의 토대가 됐다.[6]

맥킨지

세계에서 가장 성공한 경영 컨설팅 회사인 맥킨지McKinsey & Company의 뼈대를 세운 마빈 바워Marvin Bower는 회사 초창기부터 직원들이 공유하던 비전을 구체화하고 이를 조직에 녹여내는 데 심혈을 기울였다.

1937년에 맥킨지는 지역 사무소가 두 곳 뿐인 작은 회사였는데,* 그때 이미 바워는 회사의 비전을 체계화하고 명확하게 설명하는 데 엄청난 시간을 투자했다. 1953년 정기총회 자리에서 그는 회사의 주요 성격 특성 다이어그램Firm's Principal Personality Characteristics을 공개했는데, 이것은 그 뒤에 이른바 맥킨지 접근법McKinsey Approach의 청사진이 된다. 또 바워는 맥킨지를 주제로 하는 책을 썼는데, 이 책은 맥킨지의 비전을 강조하고 있다. '우리의 철학, 우리의 접근법, 우리는 비전이라는 맥락에서 생각해야 한다', '우리는 믿는다', '우리의 원칙들' 등과 같은 표현이 이 책의 목차뿐만 아니라 본문 전체에서 자주 등장한다.[7]

HP

회사가 설립된 지 15년밖에 되지 않았고 또 아직은 규모가 작던 1950년대 중반에 빌 휴렛과 데이브 패커드는 경영진을 모두 데리고 캘리포니아 소노마에 있는 와인 산지로 갔다. 그 자리에서 회사의 원칙과 항구적인 목표를 문서로 정리했다. 이른바 '소노마 컨퍼런스'로 일컬어지는 이 모임에서 HP의 모든 것에 토대가 되는 행동수칙이 정해졌다.

그런데 당신은 어쩌면 고개를 갸웃하면서 이런 생각을 할지 모른다.

---

* 2024년 기준, 전 세계에 지역 사무소가 128개가 넘는다.

"하지만 우리 회사는 규모가 작은데. 비전이라는 거창한 이야기가 과연 우리 회사에도 적용될 수 있을까? 우리는 HP도 아니고 IBM도 아니고 존슨앤존슨이나 맥킨지도 아니잖아. 우리는 이런 기업이 되려고 노력하는 작은 회사일 뿐이다."

좋은 지적이다. 그러나 위에서 위대한 기업으로 소개했던 회사들도 처음에는 하루하루 버티는 것조차 힘겨웠던 작은 기업이었다. 그러나 이들은 **회사 규모가 아직 작을 때부터** 비전을 확립하고 이를 구성원들과 공유했다. 회사의 규모가 컸던 덕분에 회사의 비전을 설정하는 사치를 부렸던 게 아니라는 말이다. 그들이 위대한 기업이 될 수 있었던 것은 비전 덕분이다. 비전이 위대한 기업을 만드는 것이지 위대한 기업이 비전을 만드는 것이 아니다.

단, 주의할 점이 하나 있다. 우리 저자들이 말하고자 하는 내용은 회사의 규모를 크게 성장시키고 싶은 마음을 가질 때만 비로소 이런 비전이 필요하다는 뜻이 아니다. 어떤 기업가는 자신의 기업이 영원히 소규모로 남기를 바랄 수도 있다. 우리는 이 점을 충분히 이해한다. 그러나 그렇다고 해서 비전이 필요 없다는 것은 아니다.

회사가 건전성을 유지하기만 하면 언제든 규모를 키울 수 있다. 리더가 회사를 계속 소규모로 유지하고 싶다면, 원하는 회사의 모습("나는 우리 회사를 소규모로 유지하고 싶다")을 명확하게 비전으로 규정하면 된다. 이것이 회사가 앞으로도 소규모로 남을 수 있게 만드는 유일한 방법이다.

우리 저자들은 명확한 비전이 부족해서 심각한 위기를 맞았던 소규모 회사를 대상으로 연구조사 및 컨설팅 작업을 한 적이 있다. 그때 한 회사의 사장에게서 들은 이야기를 소개한다.

엄청난 시장 잠재력을 가진 신제품을 개발하는 힘든 단계를 거의 끝내가던 중이었습니다. 직원은 총 열 명이었는데, 이 신제품이 출시되면 회사의 규모는 적어도 서너 배는 커질 수 있었습니다. 말로만 들으면 정말 신나는 얘기가 아니겠습니까?

하지만 그게 아니었습니다. 그건 내 인생에서 최악의 경험이었습니다! 제품이 완성되는 시점이 코앞으로 다가왔고, 그래서 우리는 곧 물밀 듯이 들이닥칠 주문에 대비하기 위해서 미친 듯이 뛰어다녔습니다. 그런데 그 무렵에 나는 뭔가 잘못되었다는 느낌을 계속해서 받았어요. 내가 원하던 건 그림이 아니었거든요.

하지만 우리는 회사의 성격을 영원히 바꾸어놓을 제품 출시를 향해서 계속 전진했습니다. 정신이 온전한 사람이라면 성장, 이익, 성공, 존경 등을 누릴 엄청난 기회가 눈앞에 있는데 어떻게 이걸 외면하겠습니까? 그런데 이상하게도 느낌이 점점 좋지 않았습니다. 그러다가 결국 완전히 지쳐서 나가떨어지고 말았습니다.

그때 문득 이런 생각이 들었습니다. 우리가 하고 있는 일이 내가 나 자신과 가족 그리고 회사에 바라는 것과 완전히 동떨어진 것은 아닐까? 그런데 문제는, 내가 바라는 회사가 어떤 모습인지 명확하게 정리한 적이 한 번도 없었고, 또 동료들과 이를 주제로 대화나 토론을 한 적도 없었다는 겁니다. 우리는 그저 우리에게 닥치는 기회를 타고 따라가다 보니까 거기까지 갔던 것입니다. 통상적으로 보자면, 회사를 성장시켜서 하룻밤 사이에 크게 성공하는 것이야말로 우리가 걸어가야 하는 경로였습니다. 하지만 그것은 회사에 대해서 생각하던 **우리의 비전**이 아니었습니다. 우리가 인생에서 바라던 것도 그게 아니었고요. 스트레스 수준이 마침내 견딜 수 없을 정도로 높아졌을 때 우리는 신제품 출시를 포기했습니다. 그렇게 하고 나니 모두가 훨씬 더 행복해졌습니다.

만일 우리가 회사의 비전을 워라밸의 균형을 보장하는 수익성 높은 행복한 소규모 회사로 남는 것으로 분명하게 설정했더라면, 우리는 문제의 그 신제품을 개발하겠다는 결정을 내리지도 않았을 것이고, 따라서 그 끔찍한 혼란의 도가니에 빠지지도 않았을 겁니다.

비전을 가질 때 좋은 점

비전을 세우면 다음 네 가지의 장점을 얻을 수 있다.

1. 직원들이 예외적일 정도로 특별한 노력을 기울이게 되는 토대가 형성된다.
2. 기업에게 전략적·전술적 의사결정의 맥락을 제공한다.
3. 회사 전체에 결속력, 팀워크, 공동체 의식이 형성된다.
4. 회사가 소수의 핵심적인 개인에 의존하는 모습에서 탈피해 보다 많은 사람이 참여하는 조직으로 진화한다.

특별한 노력을 기울이게 되는 토대

사람은 가치관, 이상, 꿈, 짜릿한 도전 등에 반응한다. 이것이 우리의 본성이다. 그래서 사람들은 자기가 속한 조직이나 동료 집단이나 사회가 설정하고 있는 이상을 공유하거나, 또는 그것이 가치 있다고 생각하면 거기에 부응해서 살아가려고 노력한다. 그러므로 일련의 소중한 가치나 건전한 신념, 설득력 있는 사명을 토대로 회사를 일구어나가는 경영자는 직원들이 예외적일 정도로 특별한 노력을 기울이게 만드는 토대를 가진 셈이다.

사람들 대부분은 자기가 받는 월급의 가치보다 더 많은 일을 이루고 싶어 한다. 또한 의미 있는 일을 하고자 한다. 모든 사람이 다 그렇지는 않겠지만, 좋은 회사가 위대한 회사로 성장하는 데 기여할 가능성이 높은 사람들은 확실히 그렇다. 의미 있는 일을 추구하길 원하는 인간의 기본적인 본성을 자극하면 '어떻게 하면 직원들에게 적극적인 동기를 부여할 것인가?'라는 전통적인 인사관리 문제는 대부분 저절로 해결된다. 사람들은 자기가 신봉하는 일을 할 때는 누가 뭐라고 하지 않아도 자발적으로 나선다.

동기부여는 한 개인이 한층 더 넓은 포괄적인 목적 안에서 자발적으로 일할 수 있는 수준에 따라서 좌우된다. 이는 일상적인 업무에도 적용된다. 우리 저자들이 지로스포츠를 방문했을 때, 조립 라인에 있던 직원이 게시판을 자랑스럽게 보여주었다. 거기에는 고객들이 보내준 감사 편지들이 빼곡하게 붙어 있었다. 이 회사의 헬맷 덕분에 심각한 사고를 당하고도 치명적인 뇌 손상을 피했다는 내용들이었다. 어떤 편지는 "정말 다행이었습니다. 헬맷이 내 머리를 구하고 대신 부서졌습니다. 당신들이 있어줘서 정말 고맙습니다"라고 씌어 있었다. 게시판을 가리키던 직원은 이렇게 말했다.

"이게 바로 우리가 하는 일입니다. 우리는 헬맷만 만드는 게 아니라 사람들의 삶을 더 좋게 만들고 있습니다."

목표가 선명하고, 구성원들이 이 목표를 공유할 때 매우 강력한 힘이 발휘된다. 기업뿐만 아니라 국가 차원에서도 마찬가지다. 목표는 국가 전체 동기부여의 중추가 될 수도 있다. 1967년에 작가 바바라 터치맨은

이스라엘과 관련된 글에서 다음과 같이 썼다.

> 그 모든 문제를 안고 있음에도 불구하고 이스라엘은 한 가지 중요한 강점을 가지고 있다. 목적의식이 뚜렷하다는 점이다. 이스라엘 사람들은 부유하지 않다. 텔레비전도 없고 식수도 충분하지 않고 삶이 평온하지 않다. 그러나 그들은 풍요로움이 질식시키는 동기를 확실하게 가지고 있다.[8]

바로 이 동기를 만들어내는 것이 지도자가 해야 하는 책무다. 비전을 제시함으로써 즉 터치맨이 집단을 하나로 묶는 '신나는 작업'이라고 했던 것을 만듦으로써 그렇게 할 수 있다.

제2차 세계대전 때 영국인들이 히틀러를 물리치기 위해서 어떤 노력을 기울였는지 살펴보라. NASA가 사람을 달에 보낼 수 없다는 통념에 맞서서 어떤 노력을 기울였고, 마침내 1960년대 말에 그 목적을 어떻게 달성했는지 생각해보라. 애플의 엔지니어들이 세상을 바꾸어놓을 제품을 만들기 위해서 한 주에 80시간씩 일하면서 어떤 노력을 기울였는지 생각해보라.

전략적·전술적 의사결정의 맥락

비전은 모든 직급의 직원들이 의사결정을 내릴 때 기준이 되는 맥락을 제공한다. **이는 아무리 강조해도 부족하다.**

구성원들이 비전을 공유하는 것은, 깊고 외딴 산에서도 목적지를 기억하고, 지도와 나침반을 이용해 길을 헤쳐나가는 것과 같다. 한 무리의 사람들을 깊은 산으로 데리고 가서 나침반과 지도를 주고 특정 지점을 찾아오라고 하면, 그들은 어려움을 겪더라도 목적지에 도달할 수 있다. 마찬가지로, 조직 내 모든 구성원이 비전을 명확히 이해하고 공유하면, 어떤 어려움 속에서도 목표를 향해 확실히 나아갈 수 있다.

반면, 구성원들이 공유하는 목표가 없다면, 의사결정의 기준이 되는 맥락도 없기 마련이다. 따라서 어디로 가야 할지 목표 지점을 알지 못한 채 협곡에서 헤매고, 아무 지점에서나 방향을 꺾게 된다. 이런 기업은 과로 상태의 소방서와 비슷하다. 이런 소방서에서는 소방대원들이 일관된 개념 아래에서 의사결정을 하기보다는 위기나 기회의 순간, 임시방편으로 대응하게 된다.

케이스 스터디 : 밉스컴퓨터

밉스컴퓨터는 컴퓨터 기술의 획기적인 발전을 활용하겠다는 목적을 내걸고 1980년대 중반에 설립됐다. 이 회사는 단기간에 1,000만 달러가 넘는 벤처캐피털 자금을 모았으며 최첨단 기술을 확보하고 있었다. 당시에는 강력한 성능을 가진 컴퓨터에 대한 시장 수요가 꾸준하게 늘어나고 있었다. 그러나 이 회사는 창립 4년 만에 파산의 벼랑 끝까지 몰렸다. 왜 그랬을까?

밉스컴퓨터의 구성원들은 자신들이 무엇을 하려고 하는지 명확하게 알지 못했다. 무엇이 되고 싶은지도 분명하지 않았다. 영업 부서는 돈이 되는 일이라면 맹목적으로 달려들었다. 그러니 이 회사는 다음과 같은 질문은 처음부터 아예 하지도 않았다.

"우리의 목표를 달성하려면, 여러 수익 기회 가운데서도 어디에 집중하는 것이 가장 합리적인가?"

연구개발 부서 또한 다음과 같은 질문은 아예 하지도 않은 채 온갖 시답잖은 제품을 개발하는 데 공력을 소비했다.

또한 밉스컴퓨터의 경영진은 해외 시장이 회사의 비전에 어떻게 부합하는지 따져보지도 않은 채 해외 유통 기회를 심각하게 제한하는 합작 투자를 했다.

뚜렷한 비전이 없다보니, 조직을 통합할 구심점이 없었고 조직은 점차 여러 파벌로 분열되었다. 각 파벌은 회사가 위험에 처한 것을 다른 파벌의 탓으로 돌리며 서로 비난하기 바빴다. 당연히 사기는 떨어졌고, 뛰어난 인재는 회사를 떠났다. 결국 투자자와 고객의 신뢰를 잃었으며, 재정은 적자로 돌아섰다.

위기에 처한 회사를 구하기 위해서는 신임 CEO 밥 밀러의 리더십이 절실했다. 밀러는 밉스컴퓨터를 위기에서 구하기 위해 다음과 같이 말했다.

> 가장 중요한 질문은 "지금부터 5년이나 10년 뒤에 우리 회사가 어떤 회사가 되어 있기를 바라는가?" 하는 것입니다. 밉스컴퓨터는 이 질문을 한 번도 하지 않았으며, 당연히 이 질문에 대한 대답을 선명하게 한 적도 없습니다. 단순해 보일 수도 있지만, 이 질문을 제기하는 것이 위기 극복의 첫걸음입니다. 그런 다음에야 비로소 우리는 좋은 전략적 의사결정을 내릴 수 있습니다.[9]

밀러의 말은 비전을 설정하지 않으면 전략 자체가 불가능하다는 매우 중요한 지점을 가리킨다.

경영전략을 다룬 책이나 보고서를 모두 합쳐놓으면 족히 수천수만 쪽은 될 것이다. 전략경영은 대부분의 경영대학원에서 필수과목이다. 대형 컨설팅 회사는 '전략 솔루션'이라는 상품으로 고객을 확보한다. 여기에는 다 이유가 있다. 위대함이라는 경지에 오르려면 건전한 전략이 꼭 필요하기 때문이다.

그러나 전략이라는 단어를 잠시 생각해보자. 이것이 실제로 뜻하는 것이 무엇일까? 전략은 목표를 달성하고자 하는 **방법**이자 **수단**이다. 따라서 최종 목적이 무엇인지 분명하지 않으면 효과적인 전략을 세우는 것 자체가 불가능하다. 전략은 비전을 달성하는 **경로**path이다. 목적지가 어디인지 분명하게 알지 못하면 그 목적지에 도달하는 방법을 애초에 알 수 없다.

회사들은 대부분 위기를 맞으면 그때마다 거기에 따른 전술적 결정을 좇아서 움직인다. 우리 저자들은 이것을 전술적 추진 전략tactics-driving strategy이라고 부른다. 그러나 비전이 전략을 추진하고 전략이 전술을 추진해야지, 그 반대가 되어서는 안 된다.

당연한 말이다. 너무도 당연한 말을 왜 우리가 새삼스럽게 되풀이할까? 그런데 너무도 당연한 이 원칙이 현실에서 실천되는 경우는 매우 드물다. 중대한 내부 문제를 안고 있는 거의 모든 회사가 겪는 근본적인 어려움 가운데 하나가 선명한 비전을 가지고 있지 않다는 것이다. 아닌 게 아니라, 이런 근본적인 문제로 심각한 어려움을 겪는 회사가 그렇게나 많다는 사실에 우리는 늘 놀란다.

심지어 국가 차원에서도, 전술적으로는 성공했지만 명확하고 총체적인 목표가 없어서 전략적으로는 실패하는 경우가 있다. 베트남 전쟁이 그 대표적인 예이다.

케이스 스터디 : 베트남전쟁

당신들이 전투에서 우리를 이긴 적은 한 번도 없다.
— 미군의 어떤 대령, 1975년 하노이에서

그럴지도 모른다. 그렇지만 그 말은 틀린 말이기도 하다.
— 북베트남군 대령의 대응[10]

군사학자 해리 서머스Harry G. Summers의 저서 《전략On Strategy》에 따르면 전술과 병참이라는 측면에서는 미국이 베트남을 이겼다.[11] 연간 100만 명이 넘는 미군이 베트남 전장에 투입됐다. 이 군인들은 역사상 그 어떤 군인들보다 전투 현장에서 훌륭한 상태를 유지했다. 전술적 교전에서도 미군의 승률은 놀라울 정도로 높았다. 그랬기에 적군은 늘 끔찍한 피해를 입고 물러서야 했다. 그럼에도 이 전쟁에서 결국 승리한 쪽은 베트남이었다. 미국이 전투마다 그렇게 잘 싸우고 이겼는데 어떻게 전쟁에서는 패배했을까?

이 주제를 다룬 온갖 다양한 저술들이 한결같이 내린 결론은 놀랍도록 명료하다. 미국은 달성하려는 목표가 무엇인지 정확히 알지 못했기에 효과적인 전략을 세우는데 실패했다. 베트남전을 지휘했던 육군 장성들을 대상으로 진행했던 1974년의 조사에 따르면, 70퍼센트 가까운 응답자들이 미국이 설정한 목표가 무엇인지 확실하게 알지 못했다. 이런 점을 두고 서머스는 다음과 같이 결론을 내렸다.

"목표에 대한 이런 혼란이 미국의 전쟁 수행 능력을 망가뜨렸다."[12]

한편 데이비드 헬버스탐David Halberstam은 《최고의 인재들The Best and the Brightest》에서 다음과 같이 썼다.

"그 원칙들은 임무가 무엇인지 혹은 병력의 숫자가 얼마인지는 한 번도 규정하지 않는다. 돌이켜보면 믿을 수 없는 일이지만, 사실이다. 전략이 어떠해야 한다는 것에 대한 선명한 정리는 단 한 번도 없었다."[13]

우리 저자들의 말을 오해하지는 않길 바란다. 미국이 베트남전쟁에서 보였던 전술적 탁월함이 중요하지 않다는 것은 결코 아니다. 전술적 탁월함은 반드시 필요한 요소다. 그러나 선명한 비전의 맥락 안에 전략이 존재해야 한다. 맨 먼저 비전, 그다음이 전략, 마지막으로 전술이 배치되어야 한다.

결속력과 팀워크 그리고 공동체 의식

UCLA 농구팀의 감독인 존 우든은, 선수 한 명 한 명이 모두 가드나 센터나 포워드로서 최고의 기량을 갖추도록 키워야 하지만, 이것보다 더 중요한 것은 팀과 선수 개개인에 대한 자부심, 팀의 목표에 대한 믿음을 키우는 것이라고 했다. 우든은 모두가 공유하는 매우 선명한 목표와 팀을 하나로 묶어주는 일련의 기본적인 원칙 및 가치관을 통해서 그 두 가지 목표가 하나로 어우러지게 했다.

모두가 공유하는 비전이 없다면 조직은 여러 개의 분파로 쪼개질 수 있다. 이질적인 의제들이나 자기 파벌 몸집 불리기, 영역 다툼, 사내 정치 등이 만연할 수 있다. 이런 파괴적인 내분은 조직과 구성원들의 에너지를 허망하게 소진시킨다. 이렇게 되면 강력하고도 긍정적인 공동체 의식을 유지할 수 없다.

대개 회사는 선명하고 생생한 목적의식을 가지고 설립된다. 그러나 회사 규모가 점점 커지면서 파벌들의 집합체로 변질되는 경향이 있다. 파벌들 사이에 싸움이 격화될수록 창업 초기에 설정되었던 목적의식과 활기는 퇴색하고 만다.

어떤 회사를 컨설팅하면서 우리 저자들은 핵심 임원들을 한 명씩 만나서 다음과 같은 질문을 던졌다.

"이 회사는 무엇을 하고자 합니까? 당신은 어떤 직원이 되려고 노력합니까? 무엇을 성취하려고 합니까?"

그런데 그들은 모두 제각기 다른 대답을 내놓았다. 똑같은 대답은 하나도 없었다. 이에 대해서 임원들 가운데 한 사람은 다음과 같이 설명했다.

"우리 임원들은 개인일 뿐입니다. 우리들은 각자 개인적인 목표를 가지고 있으며, 언제든 다른 사람들이 가는 방향과 반대 방향으로 달려갈 준비가 되어 있는 사람들이라는 말입니다. 그러니 우리 사이에 문제가 있는 것이 당연합니다."

결국 이 회사는 대기업에 헐값으로 인수됐다. 여기에 대해서 부사장들 가운데 한 명이 다음과 같이 말했다.

우리 회사는 성장 잠재력을 가지고 있었지만 허무하게 이를 낭비하고 말았습니다. 통일된 목적의식을 잃어버리는 순간, 우리는 시장에서 승리하기보다는 우리끼리 벌이는 싸움에 모든 창조적인 에너지를 쏟았습니다. 부끄러운 일입니다.

그러나 이와 정반대로, 파산 위기에 몰렸지만 직원들이 공동의 목적 아래 똘똘 뭉쳐서 위기를 돌파한 기업도 있다. 예를 들어, 컴퓨터 디스플레이 단말기 제조업체인 람텍Ramtek Corporation은 파산보호 신청을 해야 했다. 파산보호 신청 회사는 대부분 수술대 위에서 숨이 끊어지지만 새로 부임한 CEO 짐 스완슨Jim Swanson이 이 회사를 파산의 위기에서 구해 냈다. 스완슨은 다음과 같이 말했다.

　"우리의 사명은 파산에서 벗어나는 것이었습니다. 사실 너무도 어려운 과제였죠. 하지만 그랬기에 그 과제는 회사 전체를 하나로 단단히 묶어서 최대한의 노력을 기울이게 만들었고 단합된 노력 때문에 우리는 매우 희박한 회생 가능성을 현실로 만들 수 있었습니다."

　회사가 파산 위기에서 벗어난 직후에 스완슨은 경영진에게 새로운 임무를 부여했다.

　"우리는 파산이라는 거대한 도전 과제를 훌륭하게 극복했습니다. 이제 우리에게는 새로운 도전 과제가 필요합니다. 그게 없다면 우리의 팀 정신이 곧 사라져버릴지 모릅니다."

　'혁신'이라는 주제를 다루는 장에서 우리는 탈중앙화와 자율성이 얼마나 중요한지 알아볼 것이다. 핵심은 '어떻게 개인이 창의성을 마음껏 발휘하면서도 모든 직원과 조직이 하나의 통일된 방향으로 나아가게 만들 수 있으냐'이다. 여기서 비전은 그 둘을 하나로 연결하는 고리 역할을 한다. 만약 회사의 모든 직원이 길잡이별(공동의 비전)을 가지고 있다면, 수백 척의 작은 배에 나누어 타더라도 그 별을 안내자로 삼아 같은 방향으로 나아갈 수 있다.

보다 많은 사람이 참여하는 조직으로 진화할 토대

창업 초기에는 회사의 비전이 일반적으로 지도자들에게서 나온다. 이 비전은 주로 기업의 창업자가 가지고 있던 개인적인 비전과 연관이 있다. 그러나 위대한 회사로 나아가려면 한 명 또는 핵심적인 몇몇 개인에게 과도하게 의존하는 태도에서 벗어나야 한다. 회사의 비전은 **공동체 의식으로 공유되어야 하며,** 조직을 운영하는 특정 개인이 아니라 **기본적으로 조직과 동일시되어야** 한다. 비전은 창업자를 넘어서야 한다.

이 점을 설명하는 가장 적합한 사례로 미국의 건국과 발전을 예로 들고 싶다. 미국의 건국자들은 워싱턴, 제퍼슨, 애덤스 등 당시에 살아 있던 지도자들에게 의존하는 국가를 만들기 보다는, 뛰어난 지도자들이 모두 죽은 수백 년이 지난 뒤에도 계속 국가를 인도할 일련의 기본 원칙을 마련하는 데 노력을 기울였다. 특히 건국의 아버지들은 독립선언문과 미국 헌법에 국가의 비전을 명확하게 담아 성문화했다. 이 비전을 통해 미국의 미래가 그들의 신념과 일치하도록 하고, 뛰어난 리더가 나타나지 않더라도 미국이 지속적으로 바람직하게 유지되도록 설계했다.

1787년에 필라델피아에서 독립을 선언한 건국의 아버지들은 매우 영리했다. 그들은 영원히 이어질 헌법의 여러 원칙을 정립함으로써 국민 공동의 적이나 '위대한 독재자'가 없을 때도 미국이라는 국가를 하나로 묶어낼 강력한 '접착제'를 만들었다. 역사를 공부하는 사람들이라면 인류 역사 속에서 이런 일이 매우 드물다는 사실을 잘 알 것이다.

톰 왓슨 주니어가 1956년, IBM의 CEO가 됐을 때 그는 미국 헌법을 염두에 두고서 경영진을 윌리엄스버그로 소집해 이른바 윌리엄스버그 플랜Williamsburg Plan을 세웠다. 이 내용은 그의 저서《아버지와 아들 그리고 회사》에 다음과 같이 나온다.

내가 버지니아의 윌리엄스버그를 선택한 것은 그곳이 역사적인 장소이고[*] 또 그 회의가 IBM에게는 일종의 헌법 제정 모임과 같은 자리가 되길 바랐기 때문이다.[14]

이것과 대조되는 사례로는 화목 난로 회사인 버몬트캐스팅스Vermont Castings 의 CEO였던 던컴 사임Duncan Syme을 들 수 있다.[15] 사임은 세계 최고의 화목 난로를 만들겠다는 비전을 가지고 있었다. 그는 회사의 비전에 투철했고, 그래서 모든 난로가 자신이 설정한 기준에 맞는지 확인하려고 생산 현장을 지켰다. 이 회사는 1970년대에 해당 업계에서 가장 빠르게 성장했으며, 연간 매출액은 2,900만 달러, 수익률은 60퍼센트를 기록했다. 그러던 1980년대 초에 사임은 회사의 일상적인 운영을 전문경영인에게 맡기고 이선으로 물러났다. (그는 경영이 자기가 잘하는 분야가 아님을 인정했던 것이다).

그러나 이때부터 심각한 문제가 발생했다. 그가 가지고 있었던 비전이 그가 물러나는 것과 동시에 폐기되고 만 것이다. 그가 물러나자 회사는 난로의 품질 기준을 낮추었다. 화목 난로에 초점을 맞추었던 회사 방침도 흐려졌고, 고객 서비스도 줄어들었다. 이렇게 해서 버몬트캐스팅스는 원래 가지고 있던 비전에서 멀어졌다. 그 결과 회사는 매출과 수익을 더는 성장시키지 못했고 혁신적인 제품을 내놓을 역량을 잃어버렸다. 결국 많은 고객들이 이 회사가 위대함을 잃어버렸다고 느꼈고, 회사는 곧 위기에 처했다.

사임은 1986년 경영 일선으로 복귀해서 회사를 다시 정상 궤도에 올

---

[*] 1776년의 버지니아 권리 선언은 같은 달에 채택된 독립선언문에 많은 영향을 주었다.

려놓고 본래 비전을 회사에 녹여냈다. 그러자 버몬트캐스팅스는 최고의 화목 난로 제조업체라는 지위를 되찾았다.

그러나 사임은 〈아이엔씨〉에서도 설명했듯이 이번에는 완전히 다르게 접근했다. 그는 버몬트캐스팅스의 길Vermont Castings Way의 수호자가 되기 위해서 오로지 자기에게만 의존하는 방식을 버리고 비전을 제도화하는 작업을 했다. 버몬트캐스팅의 비전과 신조 선언문Statement of Vermont Castings Vision and Creed을 작성하고 이 내용이 회사의 모든 운영 결정에 반영되도록 하는 길고 긴 여정을 시작한 것이다.

단 한 사람의 유능한 지도자에게 모든 것을 의존하는 회사가 아니라 비전을 가진 회사를 만드는 일이 몇몇 리더에게는 어려운 일일 수 있다. 이들은 혼자서만 미래 비전을 가지고서 모든 것을 좌우하는 영웅 혹은 위대한 영도자가 되고 싶어 한다. 하지만 진정한 미래 비전을 가진 경영자는 비전을 **기업 전체의 자산으로 만들고,** 자신이 물러난 뒤에도 그 비전이 여전히 강하고도 온전하게 유지되도록 모든 직원과 조직에 녹여낸다.

비전의 3요소 : 가치관, 목적, 사명

비전이라는 단어는 온갖 종류의 이미지를 연상시킨다. 뛰어난 업적이 떠오르기도 하고, 특정 집단에 속한 사람들을 하나로 묶어주는 뿌리 깊은 가치관이나 신념이 떠오르기도 한다. 조직 구성원들에게 활력을 불어넣는 대담하고도 전율이 넘치는 목표 같기도 하고, 기업의 근본적인 존재 이유이기도 한 영속한 어떤 것이 생각나기도 한다. 또는 우리의 내면을 자극해서 잠재력을 최대한 이끌어내는 어떤 것이 떠오르기도 한다.

그런데 바로 여기에 문제가 있다. 비전은 좋은 느낌을 준다. 그리고 우리는 비전이 위대함이라는 목표를 성취하는 데 꼭 필요한 요소라는 데 동의한다. 그래서 비전은 정확하게 **도대체** 무엇일까?

콜린스-포라스 비전 프레임워크

우리 저자들이 지금까지 만났던 많은 CEO들은 자신이 비전이 무엇인지 제대로 파악하지 못하고 있는 것 같다고 말했다. 그들은 사명, 목적, 가치, 전략적 의도 등의 용어를 늘 듣지만, 그 모든 용어를 초월해서 회사에 대한 일관된 비전을 설정해주는 만족스러운 관점을 배운적은 지금까지 없다고 했다.

CEO들이 느끼는 바로 이런 좌절감 속에서 콜린스-포라스 비전프레임워크Collins-Porras Vision Framework가 개발됐다.[16] 이 장에서 다루는 내용의 대부분은 스탠퍼드대학교에서 진행된 폭넓은 연구와 '조직 비전과 비전 조직Organizational Vision and Visionary Organizations'이라는 논문을 토대로 한다. 여기서는 굳이 프레임워크와 관련된 모든 이론적 토대와 배경 연구를 살펴볼 필요는 없다. 이 비전 프레임워크 개념의 핵심은 비전은 다음 세 가지로 구성된다는 것이다.

1. 핵심 가치관과 신념core values and beliefs
2. 목적purpose
3. 사명mission

우리 저자들이 관찰한 바로는, CEO들은 대체로 핵심 가치관과 신념이라는 개념은 빠르게 파악하지만 목적과 사명의 차이에 대해서는 헛갈

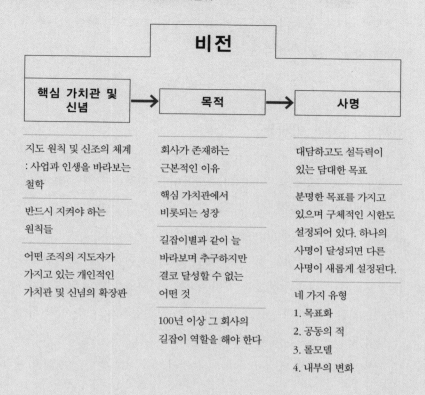

핵심 가치관 및 신념	목적	사명
지도 원칙 및 신조의 체계: 사업과 인생을 바라보는 철학	회사가 존재하는 근본적인 이유	대담하고도 설득력이 있는 담대한 목표
반드시 지켜야 하는 원칙들	핵심 가치관에서 비롯되는 성장	분명한 목표를 가지고 있으며 구체적인 시한도 설정되어 있다. 하나의 사명이 달성되면 다른 사명이 새롭게 설정된다.
어떤 조직의 지도자가 가지고 있는 개인적인 가치관 및 신념의 확장판	길잡이별과 같이 늘 바라보며 추구하지만 결코 달성할 수 없는 어떤 것	네 가지 유형 1. 목표화 2. 공동의 적 3. 롤모델 4. 내부의 변화
	100년 이상 그 회사의 길잡이 역할을 해야 한다	

리는 경우가 많다.

가치관 및 신념, 목적, 사명의 차이를 이해하려면 길잡이별을 바라보며 험준한 산길을 가는 상황을 떠올리면 된다. 이때 **목적**은 길잡이별, 즉 늘 저 앞에 보이긴 하지만 결코 도달할 수 없는 곳, 그렇지만 당신을 끊임없이 끌어당기는 이상향을 말한다.

한편, **사명**은 어떤 시점에서 당신이 반드시 넘어야 하는 봉우리다. 그 봉우리를 공략하는 동안에는 모든 관심과 에너지를 그곳에 올라가는 방법에 집중해야 한다. 그러나 그 봉우리에 오른 뒤에는 다시 길잡이별(목적)이 이끄는 대로 새로운 봉우리(사명)를 찾아야 한다. 그리고 이 전체 여정을 이어가는 동안에 당신은 자신이 소중하게 여기는 **핵심 가치관 및 신념**을 충실하게 지켜야 한다.

핵심 가치관 및 신념

핵심 가치관 및 신념은 비전의 출발점이다. 이것은 기업이 진화하는 모든 단계에서 의사결정, 정책, 행동 등 조직의 모든 것에 스며드는 공기와도 같다. 이를 지도 철학guiding philosophy이라고 부르기도 한다.

핵심 가치관과 신념은 동기부여의 본질적인 원칙과 지침을 형성한다. 이는 사업과 인생에서 중요한 것이 무엇인지, 사업을 어떻게 수행해야 하는지, 인간성을 바라보는 조직의 관점이 무엇인지, 그 사업이나 회사가 사회에서 수행하는 역할이 무엇인지, 세상이 돌아가는 방식이 무엇인지, 반드시 보존해야 할 소중한 것이 무엇인지에 대한 명확한 지침을 제공한다.

달리 말하면, 사람마다 가지고 있을 인생 철학과 비슷하다고 할 수 있다. 핵심 가치관 및 신념은 생물학적 유기체의 유전자 암호와도 같아서 배경으로만 존재하며 겉으로는 잘 드러나지는 않지만 늘 어떤 것을 만들어내는 힘이다.

또한 핵심 가치관 및 신념은 리더의 **내면에서** 유래한다. 한 조직의 리더는 일상적인 행동을 통해 인생과 사업에 대한 개인적인 가치관과 신념을 실천한다. 바로 이 지점에서 핵심 가치관과 신념의 중요한 측면이 드러난다. 회사가 설정하는 핵심 가치관과 신념은 리더가 직관적으로 가지고 있는 가치관과 신념의 확장판이다. 따라서 리더는 그 가치관을 인위적으로 '설정'하는 것이 아니다. "우리는 어떤 가치관과 신념을 가져야 하는가?"가 아니라 "우리가 실제로 가지고 있는 가치관과 신념은 무엇인가?"를 물어야 한다.

마지막으로, 핵심 가치관 및 신념은 리더의 말이 아니라 행동 즉 구체적인 특정 행동에 의해서 조직과 직원들 사이에 녹아든다.

예를 들어보자. 엘엘빈은 창업자 레온 빈이 지지하는 핵심 가치관 및 신념을 바탕으로 구축됐다. 1911년 엘엘빈을 설립한 빈은 "좋은 상품을 합리적인 가격에 판매하고 고객을 친구처럼 대하면 회사는 저절로 성장한다"라는 개인적인 철학을 단단히 붙들고 있었다.[17] 정말 멋진 철학이다. 하지만 빈이 가지고 있었던 강점은 그런 철학이 아니라, 그 철학의 진정성을 반영한 행동이다.

그는 '묻지도 않고 따지지도 않는 무조건 환불 정책no-questions-asked policy'을 통해서 고객 100퍼센트 만족 보장을 실현했다(실제로 어떤 고객이 32년 전에 구매했다가 한 번도 입지 않은 셔츠를 반품했을 때 구매 금액 전액을 환불했다). 그는 회사가 문을 닫는 일이 절대로 없도록 전화 주문 접수를 일 년 내내 하루 24시간 받았다. 또한 자사의 모든 제품은 엄격한 기준에 맞게 제조했고, 공정한 가격으로 판매했다.[18]

그런데 이 대목에서 어떤 사람은 "그게 가치관이라고? 그렇지는 않지, 그저 사업 수완이 좋은 것일 뿐이잖아"라고 말할 수 있다.

그러나 빈이 이끌어낸 신비한 변화, 즉 모든 구성원이 회사에 헌신하고, 고객이 회사에 열광적인 지지를 보낸 것은, 이 회사의 행동 뒤에 일련의 진정한 가치들이 숨어 있기에 가능했다. 그는 진심으로 고객을 친구처럼 대했다.

몇 가지 사례

허먼밀러, 텔레케어, 머크, HP, 존슨앤존슨의 핵심 가치관 및 신념을 소개한다. 우리 저자들은 구체적이고 상세한 사례를 동원해야 비로소 핵심 가치관 및 신념을 가장 잘 설명할 수 있다고 믿는다. 이 사례들 가운데 몇몇은 해당 회사 경영진과의 대화나 관련 문서 혹은 그들이 행동을 관찰한 내용을 토대로 했다. 그런데 이 사례들을 읽을 때 유의해야 할 점이 하나 있다. 여기에서 소개하는 특정한 가치관이나 신념을 당신이 반드시 채택해야 한다는 뜻은 결코 아니다. 여기서 소개하는 사례들은 말 그대로 예시일 뿐이다.

허먼밀러(Herman Miller, Inc.) | 핵심 가치관 및 신념

우리는 연구를 기반으로 하는 제품 회사이지, 시장을 기반으로 하는 회사가 아니다.

우리는 제품과 서비스를 소비자에게 제공하는 방식을 통해서 사회에 기여하고자 한다.

우리는 품질에 전념한다. 품질이라 함은 제품 품질, 서비스 품질, 관계 품질, 의사소통 품질, 약속 품질 등을 말한다.

우리는 우리 회사와 관련된 모든 사람에게 자기가 가진 잠재력을 실현하는 곳이 되어야 한다고 믿는다.

우리는 사회가 필요로 하는 것과 동떨어진 삶을 살아갈 수 없다.

우리는 생산성 및 이익 공유를 포함하는 참여 경영을 실천하기 위해 스캔론 플랜Scanlon Plan에 전념한다.*

이익은 호흡과 마찬가지로 꼭 필요하다. 이익이 우리 삶의 유일한 목표는 아니지만, 기회라는 맥락에서 보자면 이익은 우리가 기여한 결과로

반드시 창출되어야 한다.[19]

우리는 정말 뛰어난 일을 하는 것이 중요하다고 믿는다. 우리는 품질이 낮은 일은 결코 하고 싶지 않다.

우리는 직원의 능력 개발에 장기적으로 힘쓰는 것이 중요하다고 믿는다.

우리는 우리가 사회적 책임을 지고 있다고 믿으며, 우리가 제공하는 서비스는 개인과 가족 그리고 지역사회에 꼭 필요한 것이라고 믿는다.

우리는 모든 환자는 장애 여부와 상관없이 최고 수준으로 재활 치료를 받을 수 있어야 한다고 믿는다.

우리는 열심히 일하고, 일터에서 즐거움을 추구하는 것이 중요하다고 믿는다.

우리는 개인으로서 또 장기적으로는 조직으로서 성장하는 것이 중요하다고 믿는다.

우리는 이익 극대화를 목적으로 존재하지 않는다. 하지만 효율성과 생산성과 수익성을 추구해야 한다. 그렇게 하지 않으면 우리의 봉사 역량은 제한된다.[20]

우리는 다음과 같이 믿는다.

우리의 첫 번째 책임은 고객에 대한 책임이다.

* 스캔론 플랜은 1940년대 초에 미국 철강노동조합의 지역 간부였으며 나중에 MIT대학의 교수가 되는 스캔론(Joseph N. Scanlon)이 고안된 제도로, 시장 판매 가치 중심의 성과 분배방식이다.

우리의 두 번째 책임은 직원들에 대한 책임이다.

우리의 세 번째 책임은 경영진에 대한 책임이다.

우리의 네 번째 책임은 우리가 속한 지역사회에 대한 책임이다. 우리는 좋은 시민이 되어야 한다.

우리의 다섯 번째이자 마지막 책임은 주주에 대한 책임이다. 회사는 견실한 수익을 창출해야 한다. 우리가 여러 원칙에 따라 회사를 운영할 때 우리의 주주들의 공정한 수익을 실현할 수 있다.

우리는 신의 은총이라는 도움을 받아서 이 책임들을 최선을 다해 이행하겠다고 다짐한다.[21]

휴렛패커드 | 핵심 가치관 및 신념

데이브 패커드가 했던 말 : "'HP의 길'은 '다른 사람이 당신에게 해주길 바라는 대로 당신이 다른 사람에게 해라'라고 말한다. 이것이 바로 핵심이다."[22]

빌 휴렛이 했던 말 : "기본적으로 'HP의 길'은 개인 존중을 의미한다. 만일 당신이 어떤 사람에게 기회를 주면, 그는 당신이 그가 할 수 있을 것이라고 생각하는 일보다 훨씬 더 많은 일을 할 것이다. 그렇기에 직원에게 자유를 줘야 한다. 개개인을 존중하라. 직원뿐만 아니라 고객 그리고 일까지도 모두 존중하라."[23]

머크(Merck & Company) | 핵심 가치관 및 신념

우리는 무엇보다도 환자에게 봉사하는 우리의 능력을 중요하게 여긴다.

우리는 최고 수준의 윤리 및 성실성을 준수하기 위해서 최선을 다한다.

우리는 고객과 직원 그리고 우리가 봉사하는 사회에 대해서 책임을 진다. (…) 우리가 사회의 모든 부문들(즉 고객, 협력업체, 정부 그리고 일반 대중)을 상대로 해서 벌이는 상호작용은 우리가 공언하는 높은 기준에 부응해야 한다.

우리는 과학이 인류가 요구하는 것에 부합하도록 연구에 전념한다.

회사로서 우리의 미래는 전적으로 우리 직원들의 지식, 상상력, 기술, 팀워크 그리고 성실성에 달려 있으므로, 우리는 이런 자질을 가장 높이 평가한다.

우리는 수익을 추구하지만, 어디까지나 인류에게 도움을 주는 일에서 수익을 창출한다.[24]

그래도 수익은 중요하다

우리가 이 책에서 소개한 회사들은 수익을 기업에 필요한 하나의 요소라고 바라볼 뿐, 궁극적인 목표로 설정하지는 않았다. 당신은 이를 어떻게 생각하는가? 이런 관점이 기업의 목적(경영자의 주요 책임)이 주주의 이익을 극대화하는 것이라고 가르치는 경영대학원의 고전적인 교리와 공존할 수 있을까?

위대한 기업이 되려면 바로 이런 고전적인 교리를 거부할 수 있어야 한다. '주주 이익 극대화'라는 논리는 기업 혹은 사업을 바라보는 하나의 이론적인 관점일 뿐이다. 많은 위대한 기업은 이 논리와 다르게 움직인다. 위대한 기업은 목표를 달성하고 창업자의 가치관을 실현할 목적으로 창업되는데, 그 목적이나 가치관이 늘 주주 이익 극대화는 아니다. 그들에게 수익은 지상 최고의 목표라기보다는 하나의 전략적 필요성일 뿐이다.

우리의 이런 생각이 충격적이고 불편할 수 있다는 것을 잘 안다. 그러나 이와 똑같은 결론에 도달한 경영 저술가는 우리뿐만이 아니다. 피터 드러커도 고전적인 저서인 〈피터 드러커의 매니지먼트Management: Task, Responsibilities, Practices〉에서 이렇게 말했다.

> 기업이나 기업이 수행하는 사업은 수익이라는 관점으로 정의하거나 설명할 수 없다. (…) 수익 극대화라는 개념은 사실상 무의미하다. (…) 모든 회사가 맞닥뜨리는 첫 번째 시험대는 수익 극대화가 아니라 자기가 수행하는 경제 활동에 내포된 위험을 감당하기에 충분한 이익을 달성하는 것이다.[25]

그렇다고 해서 수익이 회사에 꼭 필요한 요소임을 우리가 부인하는 것은 아니다. 우리가 연구 대상으로 삼았거나 컨설팅을 했던 회사들도 수익의 중요성을 인정했다. 그러나 여기서도 중요한 것은 수익 그 자체가 아니라 수익이 창출하는 현금흐름이다. 적절한 현금 흐름 없이는 회사가 존속할 수 없다. 영속적이고 자체적으로 창출되는 현금 원천을 가지려면, 회사는 반드시 수익성을 갖추어야 한다.

그러나 수익성과 현금흐름이 위대한 기업이 궁극적으로 추구해야 하는 방향은 아니다. 수익 극대화는 회사의 모든 직원이 자기가 가진 에너지를 기꺼이 쏟으며 자기 정신의 일부까지 바치겠다는 목표의식을 불러일으키지 못한다. 수익 그 자체가 나쁘다고 말하는 것이 아니다. 수익은 절대적으로 필요하지만 그것만으로는 의미가 없다는 뜻이다.

톰 채펠Tom Chappell은 수익성이 매우 높은 친환경 가정용품 회사인 톰스오브메인Tom's of Maine을 창업했는데, 언론과의 인터뷰에서 기업이 수익만 좇는 행태는 런닝머신 위를 끝없이 달리는 것과 같다고 설명했다.

어떤 회사가 계량적인 목표만 내걸고 있을 때는 그런 목표가 없는 사업에는 그 어떤 목적성을 부여할 수 없습니다. 만일 당신이 지금 하는 일에 아무런 의미나 즐거움이 없거나, 혹은 당신이 그 의미를 놓치고 있다면, 이때는 지금 하는 일의 진행 상황을 점검하고 성과를 측정하는 것 자체가 무의해지고 재미도 없어집니다. 그러나 어떤 목적을 중심으로 해서 그 주변에 사람들을 조직할 수만 있다면 이것이야말로 가장 강력한 리더십의 모습이 아니겠습니까?[26]

엘엘빈의 사례로 돌아가 보자. 레온 빈에게 동기를 불어넣은 것은 기본적으로 야외 활동에 대한 사랑과 자사 제품에 대한 열정 그리고 자신의 가치관을 반영해 회사를 운영하려는 열망이었다. 그는 회사를 성장시키는 일을 우선시하거나 서두르지 않았다. 엘엘빈이 직원 160명 규모에 도달하기까지 무려 55년이 걸렸다. 1966년의 매출 대비 이익률은 2.2퍼센트밖에 되지 않아서 개선의 여지가 상당히 많았다.[27] (이런 사실은 그의 손자가 경영권을 맡은 뒤로 엘엘빈의 수익성이 급격하게 개선되었다는 점으로도 알 수 있다.) 우리가 보기에 빈은 규모가 더 크고 수익성도 더 높은 회사를 만들 역량이 있었다. 그러나 이렇게 하는 것이 그의 목적이 아니었다. 그는 자신의 인생에 만족하면서 "나는 이미 하루에 세 끼를 먹고 있는데, 굳이 한 끼를 더 먹을 이유가 없잖아"라는 말을 자주 했다.

수익 극대화가 기업의 목적이 아니라면, 기업의 목적은 무엇일까?

목적

좋은 비전의 두 번째 요소인 목적은 핵심 가치관 및 신념의 산물이다. 목적은 기업이 존재하는 궁극적인 이유다. 당신 회사의 목적은 당신과 당신 회사의 직원들이 마음속에 깊이 품고 있는 개인적인 목적의식과 하나가 되어서, 당신이나 당신 직원들이 하는 일에 의미를 부여해야 한다.

하늘에 떠있는 길잡이별을 잡을 수 없는 것처럼 목적은 늘 추구하지만 결코 달성되지 않는 지향점이다. 목적의 이런 지속적인 측면을 스티브 잡스가 잘 설명했다.

나는 내가 언젠가 그 모든 것을 끝낼 수 있을 거라고 생각하지 않습니다. 세상에는 많은 장애물이 있고, 또 내가 평생 달려가도 도달하지 못하는 장애물은 늘 있게 마련입니다. 하지만 중요한 것은 내가 그것을 향해서 계속 노력한다는 사실입니다.[28]

개인에 빗대어서 말하자면, 기업의 목적은 어떤 사람이 가진 인생의 목적의식과 같다. 뚜렷한 목적을 가진 사람은 의미 있는 일을 할 때 어쩔 줄 모른다거나 갈팡질팡하지 않는다.

미켈란젤로, 처칠, 루스벨트, 매슬로 등 비범한 사람들은 인생을 마감하는 바로 그 순간까지도 생산적이고 만족스러운 삶을 살려고 노력했다. 그들은 결코 도달할 수 없는 목적의식을 가지고서 끝없이 앞으로 나아갔다. 그들이 추구하던 일은 끝이 있는 일이 아니어서 비생산적인 은퇴라는 망각 속으로 스스로를 내버려두지 않았다.

목적 선언문

회사의 목적을 한두 문장으로 간결하게 표현할 수 있어야 한다. 이를 목적 선언문Statement of Purpose이라고 하는데, 이 선언문은 회사가 존재하는 이유가 무엇인지 그리고 회사가 고객들의 기본적인 요구 사항을 어떻게 충족하며 세상에 긍정적인 영향을 어떻게 미치는지를 회사 안팎의 사람들에게 빠르고 선명하게 전달하는 것이어야 한다.

좋은 목적 선언문은 내용이 광범위하고 근본적이며 영감을 주고 영속성이 있어야 한다. 적어도 100년 이상 그 회사를 이끄는 것이어야 한다. 기업마다 어떤 목적 선언문을 가지고 있는지 소개한다.

머크 / 제약 및 생명공학

우리는 인간의 삶을 유지하고 개선하는 일을 한다. 우리가 하는 모든 행동의 성공 여부는 이 목적 달성의 성공 여부로 판정되어야 한다.[29]

슈레그락 / 자물쇠 제조

세상을 보다 더 안전하게 만든다.[30]

지로스포츠 / 스포츠 용품

지로는 혁신적인 고품질 제품을 통해서 사람들의 삶을 개선할 목적으로 존재한다.

셀트릭스레버러터리스 / 제약 및 생명공학

혁신적이고 인간적인 치료법을 통해서 사람들의 삶의 질을 개선한다.[31]

로스트애로우 / 파타고니아의 모기업

사회 변화의 롤모델이자 도구가 된다.[32]

파이오니아하이브레드 / 농업 생명공학

인류가 미래까지 계속 살아남는 데 결정적으로 필요한 농업과학 제품을 만든다.[33]

텔레케어 / 의료 서비스

정신 장애를 가진 사람들이 잠재력을 최대한 발휘하도록 돕는다.[34]

맥킨지 / 컨설팅

선도적인 기업과 정부가 더욱 성공할 수 있도록 지원한다.

메리케이/ 화장품

여성에게 무한한 기회를 준다.[35]

케네디-젠크스 / 엔지니어링

우리의 목적은 환경을 보호하고 삶의 질을 개선하는 해결책을 제공하는 것이다.[36]

어드밴스드디시즌 / 컨설팅

의사결정 역량을 강화한다.[37]

스탠퍼드대학교

인류를 개선하는 지식을 드높이고 널리 전파한다.

목적 발견하기 : 다섯 개의 왜 Five Whys

회사의 목적을 설정할 때, 현재 존재하는 제품군 또는 현재의 고객층에만 한정하는 실수를 해서는 안 된다. 예를 들어서 "우리는 지식 노동자가 사용할 컴퓨터를 만들기 위해서 존재한다"라는 것은 좋은 목적 선언문이 아니다. 100년 동안 지속될 수 있을 만큼 설득력도 없고 유연성도 없다. 그저 현재 무엇을 하는지만 설명할 뿐이다.

이보다는 다음의 선언문이 훨씬 더 낫다.

우리의 목적은 인류를 발전시키는 정신을 위해서 사용될 위대한 도구들을 만듦으로써 사회에 기여하는 것이다.

그런데 목적 선언문에서는 제품이나 고객을 언급하지 말아야 할까? 그렇기도 하고 아니기도 하다. 우선 "우리는 이러저러한 고객을 위해 이러저러한 제품을 만들 목적으로 존재한다"처럼 무미건조하고 설명적이며 싱거운 진술을 피해야 한다는 점에서는 그렇다고 말할 수 있다.

그러나 다른 한편으로, 만일 앞으로 100년 동안 그 유형의 제품만을 생산하겠다는 마음이 확고하다면, 셀트릭스레버러터리스와 같은 목적 선언문을 작성할 수 있다. 셀트릭스는 처음에는 자신들의 목적을 '인체 치료제를 개발하고 제조하고 판매하는 것'이라 밝히고 싶은 유혹을 받았다. 그러나 CEO인 브루스 패리스Bruce Phharriss는 현명하게도 거기에서 한 걸음 더 나아가 다음과 같이 물었다.

"왜 우리는 이 일을 하고자 할까? 왜 이것이 중요할까? 왜 우리는 여기에다 우리 인생의 한 부분을 바치려고 할까?"

이런 질문에 대응해서 셀트럭스는 다음과 같은 목적 선언문을 작성했다.

혁신적이고 인간적인 치료법을 통해서 사람들의 삶의 질을 개선한다.

'왜'라는 질문을 다층적으로 제기하는 것은 목적을 이끌어내고 정리하는 데 매우 유용하다. "왜 우리 회사는 계속 존재해야 하는가? 우리 회사가 사라진다면 이 세상은 무엇을 잃게 될까?" [참고: 이 질문은 무척이나 괴이한 질문처럼 보일 수도 있다. 그러나 회사의 존재 이유라는 핵심적인 목적에 빠르게 도달하는 데는 이 질문이 매우 효과적이다.]

또 하나의 강력한 접근법은 "우리는 이러저러한 제품을 만듭니다"라는 말로 시작한 다음에 '왜'라는 질문을 다섯 번 하는 것이다. 우리 저자들은 이것을 '다섯 개의 왜five whys' 접근법이라고 부른다. 이렇게 다섯 가지 이유를 묻고 나면 회사가 존재하는 근본적인 목적이 선명하게 드러난다.

다섯 개의 왜 접근법으로 제품에서 회사의 목적으로까지 이어지는 파타고니아 사례를 소개하면 다음과 같다.

"우리는 아웃도어 의류를 만든다."
"왜?"
"왜냐하면, 그게 우리가 가장 잘 아는 일이고 또 우리가 좋아하는 일이니까."

"그게 왜 중요해?"

"왜냐하면, 그것이 사람들이 기꺼이 돈을 내고 살 수 있는 혁신적인 고품질 제품을 만드는 가장 좋은 방법이기 때문이다."

"그게 왜 중요해?"

"왜냐하면, 그래야 우리 회사가 계속해서 돈을 벌 수 있기 때문이다."

"그게 왜 중요해?"

"왜냐하면, 그래야 우리 회사가 성공을 이어간다는 신뢰를 받을 수 있고, 우리가 옳다고 생각하는 방식으로 우리 사업을 수행하는 데 필요한 자원을 확보할 수 있기 때문이다."

"그게 왜 중요해?"

"왜냐하면, 우리는 궁극적으로 사회 변화의 롤모델이자 도구가 되기 위해 존재하며, 그렇게 할 수 있는 유일한 방법은 업계의 다른 회사들이 우리를 롤모델로 삼기에 충분할 정도로 재정적인 여유를 누리며 성공하는 것이다."

회사는 이미 목적을 가지고 있다

모든 기업이 목적 선언문을 가지고 있어야 할까?

이 질문에 대답하기 전에 한 가지 분명히 짚고 넘어가자. 모든 회사는 이미 목적 즉 존재 이유를 갖고 있다. 이를 공식적으로 표현하지 않을 뿐이다. 문서로 작성해두고 있느냐 여부와 관계없이 목적은 존재한다. 일반적으로 목적은 암묵적으로 존재하는데, 암묵적이라도 존재하는 것은 분명하다.

예를 들어서 나이키는 공식적으로 명문화된 목적 선언문이 오랜 기간 없었다. 그러나 나이키는 회사 전체에 녹아 있는 강력한 목적에 의해서 추동되는 조직으로 유명하다. 그 목적은 기업계에서나 스포츠계에서 모두 경쟁과 승리의 강력한 수단이 되겠다는 것이다. 창업자 필 나이트의 경쟁 정신에서 비롯된 암묵적인 목적은 비록 문장으로 규정되지는 않았지만, 나이키라는 회사를 추진하는 핵심적인 원동력이다(나이키NIKE라는 회사명은 그리스 신화에 나오는 승리의 여신 니케의 이름이기도 하다. 이름 자체가 목적인 셈이다).

당신의 회사가 이미 어떤 목적을 가지고 있다 하더라도, '우리의 목적은 정확하게 무엇일까?'라는 질문을 통해서 그 목적을 한 번 더 구체화하는 것도 소중한 훈련이 된다. 이때 목적을 **짧고 직접적인** 문장으로 공유할 수 있다면, 회사가 추구하는 바를 명확하게 정리하는 데 도움이 된다. 목적이 명확해지면 모든 의사결정에서 다음 질문을 제기할 수 있다. 이것이 경영의 시금석 역할을 한다.

이 행동은 우리 회사의 목적과 일치하는가?

목적이 굳이 독특할 필요는 없다

이 책에서 사례로 제시한 여러 목적 가운데 몇몇은 다른 회사에서도 목적으로 채택할 수 있는 것들이다. 그렇다. 모든 회사의 목적이 달라야 할 이유는 없다. 자기 회사의 목적이 다른 회사의 목적과 같아도 문제될 것이 없다. 회사의 목적은 다른 회사와 차별화하기 위한 것이 아니라 구성원에게 동기를 부여하기 위한 것이다. 서로 다른 회사의 목적이 얼마든지 같을 수 있다.

그러나 회사가 내세우는 사명은 다른 회사의 어떤 사명과는 달라야 한다.

희귀한 것을 새로운 것과 혼동하지 마라

젊은 창업자들이 모인 자리에서 나는 기업가정신과 리더십에 대해서 어떻게 생각하느냐고 물었다. 그러자 스무 살 조금 넘은 청년이 이렇게 답했다.

"우리에게 필요한 것은 영감을 주고 동기를 부여하는 완전히 새로운 방식의 리더십입니다."

그래서 내가 다시 물었다.

"어떤 면에서 그렇죠?"

"우선, 리더는 방향을 제시할 뿐만 아니라 **그 이유**도 말해야 합니다. 이게 우리가 리더에게 바라는 바입니다. 그리고 '그 이유'도 주주 이익 극대화라는 개념보다 훨씬 더 중요한 것이어야 합니다. 우리는 돈을 버는 것 이상의 어떤 목적을 가진 회사의 일원이 되고 싶거든요."

나는 그 말을 듣고 잠깐 생각한 뒤에 이렇게 말했다.

"그렇지만 가장 위대한 기업을 일군 사람들은 모두가 다 그렇게 해왔습니다. 당신은 희귀한 것과 새로운 것을 혼동하고 있네요."

어떤 세대든 간에 희귀한 것을 처음 볼 때 '새롭다'라고 느낀다. 위대함이라는 경지에 오르는 회사는 드물다. 위대함의 뜻을 헤아려 보면 그럴 수밖에 없다. (여기에서 말하는 위대함은 단순히 경제적인 차원을 훨씬 넘어서는 고귀한 목적으로 동기를 부여받는다는 발상까지 포함하는 개념이다.) **어떤 시대에도** 번창하는 영속적이고 위대한 기업을 만들려면 회사의 목적을 집요하게 추구하는 노력이 필요하다. 이는 예전에도 그랬고, 지금도 그러하며, 앞으로도 변함없을 것이다.

사명

사명은 회사가 현실적으로 초점을 맞춰야 하는 선명하고도 설득력 있는 총체적인 목표를 말한다. 1961년에 케네디 대통령이 NASA의 달 탐사 사명을 두고 어떻게 말했는지 보자.

우리 미국은 1960년대의 10년이 지나가기 전에 사람을 달에 착륙시키고, 이 사람을 안전하게 지구로 데리고 온다는 목표를 달성하기 위해서 모든 것을 바쳐야 한다.[38]

목적은 결코 달성할 수 없는 길잡이별이다. 반면 사명은 반드시 올라야 하는 봉우리다. 사명은 가치관과 목적을 달 탐사처럼 활력이 넘치며 고도로 집중된 목표로 변환한다. 사명은 선명하고 대담하고, 짜릿해서 사람들을 즉각적으로 사로잡는다. 그러므로 굳이 따로 설명할 필요가 없다. 그리고 하나의 사명이 완수되고 나면, 다시 목적으로 돌아가서 새로운 사명을 설정해야 한다.

깊은 산에서 길잡이별을 좇아가는 비유를 다시 떠올려보자. 목적은 저 멀리 늘 보이지만 결코 도달할 수는 없는 별, 그렇지만 늘 이끌어주는 길잡이별이다. 반면에 사명은 올라가야 하는 구체적인 봉우리다. 그 봉우리에 오른 뒤에는 다시 길잡이별을 바라고 또 올라가야 하는 다른 봉우리를 찾아야 한다.

좋은 사명에는 확실한 달성 지점, 즉 결승선이 있다. 달 탐사나 산봉우리 오르기처럼 사명이 완료되었음을 명확하게 알 수 있어야 한다. 좋은 사명은 위험한 것이기도 하다. 좋은 사명이란 이성은 "이건 말도 안 되는 거야"라고 말하지만 직관은 "그래도 우리는 그것을 해낼 수 있다고 믿는다"라고 말하는 회색 영역에 속한다.

우리 저자들은 사명의 개념을 온전하게 드러내는 것으로 다음 문구를 제시한다.

크고 위험하고 대담한 목표_big, hairy, audacious goal, BHAG_!

좋은 사명의 마지막 조건이 있다(이것은 정말 중요하다). 특정한 시간 조건, 즉 기한이 있어야 한다. 달 탐사 프로젝트가 가장 좋은 사례이다. 이 프로젝트는 크고 위험했으며 대담하면서도 당시 미국의 기술력으로 달성할 수 있는 것이었다. 또한 10년이라는 분명한 시한도 정해져 있었다.

구태의연한 사명 선언문을 거부한다

여기에서 우리가 제시한 사명의 정의가 대부분의 회사에서 사용하는 정의와 사뭇 다르다는 것을 잘 안다. 간곡하게 말하지만, 사명에 관한 구태의연한 접근법은 제발이지 쓰레기통에 던져버려라!

이런 것들은 회사의 운영을 설명하는 것, 그것도 무미건조하게 설명하는 것에 지나지 않는다. 그렇다 보니 "그래, 그래서 어쩌라고?"와 같은 반응만 불러일으킬 뿐이다. 경영진이 온갖 그럴듯한 말들로 포장하지만, 그래봐야 냉동 생선을 껴안으면 마음이 따뜻해진다는 말처럼 아무런 설득력도 없다. 이렇게 해서는 구성원들의 마음을 열지 못한다.

전혀 효과가 없는 사명 선언문의 사례를 몇 가지 소개하면 다음과 같다. 참고로 이것들은 실제로 기업들이 채택한 사명 선언문이다.[39]

우리 회사는, 우리의 제품이나 우리의 작업장 운영 측면에서 차별화를 꾀할 수 있는, 특수한 문제들에 대한 혁신적인 엔지니어링 솔루션들을 마련하기 위해 최선을 다한다.

이 선언문을 읽었을 때 어서 빨리 현장으로 뛰어가 세상을 정복하고 싶은 마음이 드는가?

우리는 고객의 신용과 투자와 안전 그리고 유동성 관련 수요를 충족하는 소매금융, 부동산, 금융, 그리고 기업을 상대로 하는 여러 금융 상품을 제공한다.

이 선언문을 읽고 나면 정말 가슴이 뛰는가?

우리 회사는 마이크로 전자 및 컴퓨터 기술을 다음의 일반적인 두 분야에 적용하는 사업을 한다. 하나는 컴퓨터 관련 하드웨어 분야이고, 다른 하나는 서비스 분야인데 여기에는 연산, 정보, 교육 그리고 금융이 포함된다.

이 선언문을 읽고, 소름이 돋는가?

우리의 평가가 지나치게 냉소적으로 보일 수 있다. 하지만, 이런 사명 선언문들은 전혀 효과가 없다. 그 어떤 영감이나 활력을 불어넣지 못한다. 위에서 언급한 사명 선언문을 가지고 있는 회사의 한 직원은 이렇게 말했다.

정말 웃기죠. 너무 길고 너무너무 지루해요. 다 읽고 나도 아무런 감흥이 없어요. 오히려 회사의 높은 분들에 대한 신뢰만 사라지더라고요. 솔직히, 나 참, 누가 이따위를 읽고 싶겠어요? 고리타분합니다. 우리 회사가 하려고 하는 일에 대해 경영진이 아무런 흥미도 불러일으키지 못하는데, 어떻게 우리가 영감을 받을 것이라고 기대하죠?

강렬함 그리고 열정

사명에 만들 때 중요한 기준이 하나 있다. 강렬한 설득력과 진정한 열정을 담아야 한다.

따라서, 다음과 같이 사명을 설정하지 마라.

전 세계적으로 잘 팔리는 운동화를 만들어서 판매한다.

대신 이렇게 하라.

나이키를 깨부순다.

또, 다음과 같이 사명을 설정하지 마라.

소비자의 요구를 충족하고 주주들에게 적절한 수익을 보장하는 자동차 제품을 생산하는 회사가 된다.

대신 이렇게 하라.

우리는 자동차 산업을 민주화한다.[40]

우리 저자들이 즐겨 소개하는 좋은 사명 선언문은 윈스턴 처칠이 1940년에 발표했던 영국의 사명이다.

우리 영국인과 영국 정부는 유럽에서 나치라는 전염병을 제거해서 전 세계를 새로운 암흑시대로부터 구하겠다는 임무를 다짐했다. 우리는 히틀러와 히틀러주의의 생명과 영혼을 제거하고자 한다. 오로지 이것 하나뿐이다. 끝까지 그렇게 할 것이다.[41]

이것이 바로 사명이다. 물론 1940년에 영국이 짊어졌던 사명이 오늘날의 작은 기업이 수행할 수 있는 목표와 같다고 할 수는 없다. 하지만 사명에 열정이 담겨 있어야 한다는 사실만큼은 분명하게 일러준다.

위험과 헌신 그리고 불편 지대

대담한 임무를 설정하는 게 위험하지 않을까? 맞다, 위험하다. 그러나 좋은 사명은 달성하기 어려워야 한다. 성공할 것이라는 믿음과 함께 실패할 가능성도 공존해야 한다. 위험하다는 바로 그 이유만으로도 진정한 사명이 될 수 있다.

위대함을 달성한 매우 보수적인 기업들은 어떨까? 이들은 모 아니면 도의 모험을 감행하는 벤처기업처럼 행동하지 않는다. 그런데 정말 그럴까? 이런 보수적인 기업들 가운데서도 몇몇은 매우 위험한 사명을 가지고 있다. 간단하게 세 기업의 사례를 살펴보자. IBM과 보잉 그리고 프록터앤갬블의 경우다.

- 1960년대 초, IBM은 거대한 사명에 회사의 운명을 걸었다. 컴퓨터 산업을 IBM 360으로 재편하겠다는 사명이었다.[42] 이것은 지금까지 민간 부문에서 수행했던 프로젝트 가운데서 가장 큰 자금이 투입된 프로젝트인데, 최초의 원자폭탄을 제조하는 프로젝트보다 더 많은 돈이 들어갔다. 〈포춘〉은 이 프로젝트를 "아마도 최근에 계획된 것들 가운데 가장 위험한 기업적 판단"이라고 규정했다. IBM은 이 사명을 실현하기 위해 6억 달러 가까운 금액을 재고 비용으로 감당해야 했는데, 직원에게 급여를 주기 위해서 긴급 대출을 마련해야 하는 상황까지 몰리기도 했다.
- 보잉은 위험한 사명을 내세워서 스스로를 한계 지점까지 밀어붙여 왔다. 1950년대에 상업용 제트 여객기를 제작하겠다고 했던 것이 대표적이다. 보잉은 이 프로젝트에 순자산의 상당 부분을 투자했는데, 만일 이 프로젝트가 실패했다면 회사는 파산할 수도 있었다. 하지만 그 사명 덕분에 보잉 707이 탄생했다. 그로부터 10년 뒤, 보잉은 보잉 747을 개발하면서 그때와 비슷한 도박을 했다.[43]
- 가장 보수적인 기업들 가운데 하나로 알려진 프록터앤갬블도 위험한 목표를 추구했던 역사를 가지고 있다. 예를 들어 1900년대 초에 이 회사는 외부 환경에 좌우되지 않고, 안정적인 고용을 직원들

에게 보장할 수 있는 구조를 만들겠다는 사명을 세웠다. 당시는 계절에 따라 도매업자들의 주문량이 들쑥날쑥하여 회사는 어떤 때는 포식을 하고 어떤 때는 꼼짝도 하지 않는 뱀과 같은 처지였다. 프록터앤갬블은 이 사명을 달성하기 위해서 당시로는 대담한 조치를 취했는데, 소매업체에 직접 상품을 판매할 영업 조직을 구성해 도매업자를 건너뛰는 영업 방식을 도입했다.[44]

이런 조치를 두고서 경쟁업체들은 미친 짓이라고 비웃었다. 그러나 프록터앤갬블의 CEO 리처드 듀프리Richard Deupree는 이런 과감한 조치에 대해서 이렇게 설명했다. "우리는 비실용적이고 불가능한 일을 시도하면서 그것이 실용적이면서도 가능한 일임을 증명하기를 좋아한다. 옳다고 생각하는 일을 하라. 기회가 오면 붙잡아라. 성공할 것 같으면 농장을 담보로 잡고 모든 걸 걸어라."[45]

이 세 회사의 공통점은 자신들의 사명을 완수할 수 있다는 믿음과 그 사명을 달성하려는 의지가 있었다는 점이다. 회사의 지도자가 해야 하는 일은 불편 지대에 속하는 사명, 즉 확실하게 장담할 수는 없어도 끝내 해낼 수 있으리라고 깊이 믿는 사명을 과감히 선택하는 것이다.

분석만을 바탕으로 사명을 설정할 것이 아니라 분석에다 직관을 보태서 사명을 정해야 한다. 100퍼센트 성공을 확신할 수 있는 사명은 사명이 아니다. 대담한 과제에 과감하게 도전할 때 성공할 확률이 높아진다는 진리를 믿어야 한다. 성공이 가능할 것임을, 직감적으로 알아야 한다.

케네디가 처음으로 달 탐사 프로젝트를 제안할 때 그는 성공 확률이 절반밖에 되지 않는다는 보고를 받았다. 하지만 그는 미국의 역량을 믿었다. 만일 미국이 그 사명에 전념하기만 하면 어떻게든 방법이 생길 것이라는 직감을 따랐다.

이렇게 한번 생각해보자. 누군가가 당신을 험준한 산에 놓아두고는 꼭대기까지 올라가라고 했다. 당신에게는 등반을 포기하고 내려올 길이 마련되어 있으며 정상까지 오를 확률을 편의상 50퍼센트라고 가정하자.[46] 만약 당신이 포기하고 내려오는 길이 처음부터 아예 존재하지 않는다면 성공 확률은 얼마나 될까? 정상까지 오르지 못하면 죽는다고 할 때, 당신이 성공할 확률은 100퍼센트에 가까워진다. 왜 이런 결과가 가능할까? 당신은 죽기 아니면 살기로 모든 것을 다 바쳐서 노력할 것이기 때문이다. 다른 선택의 여지가 없으므로 당신은 죽을힘을 다해서 기어오르고 또 어떻게든 꾀를 내서 정상에 오르는 길을 찾아낼 것이다.

진실하라

가치관이나 목적과 마찬가지로 사명도 진실해야 한다. 우리 저자들은 회사의 경영진이 자기 회사의 실제 목표를 정직하게 드러내지 않고 겉만 번드르르한 사명을 내세우는 경우를 지금까지 수도 없이 봐왔다. 하지만 이런 사명들은 효과도 없으며, 전혀 생산적이지 않다.

어떤 CEO는 "우리의 사명은 이러저러하다"라고 거창하게 말하면서 다른 한편으로는 회사의 지분을 팔거나, 스톡옵션을 처분해 현금화했다. CEO가 이런 모습을 보이는데 어떤 직원이 믿고 따르겠는가? 이와 관련해서 어떤 직원은 이렇게 말했다.

"CEO가 우리에게 솔직하지 않은데, 누가 열심히 일할까요? 우리가 바보입니까?"

사명의 네 가지 유형

사명의 유형으로는 크게 네 가지가 있다.

1. 목표화targeting

2. 공동의 적common enemy

3. 롤모델role model

4. 내부의 변화internal transformation

사명의 유형 1 : 목표화

목표화는 말 그대로 명확하고 잘 정의된 목표를 설정한 다음에 여기에 집중하는 것이다. NASA의 달 탐사 프로젝트는 목표화 사명이다. 포드의 목표인 '자동차 산업 민주화'도 마찬가지다.

목표화의 또 다른 접근법은 전반적인 평판, 성공, 지배력 또는 업계에서의 위상 등과 같은 측면에서 회사를 완전히 새로운 수준으로 끌어올리는 것을 목표로 하는 것이다. 몇 가지 사례를 소개하면 다음과 같다.

머크 머크를 1980년대 전 세계적으로 일류 제약사로 자리 잡게
     만든다. (1979년)[47]

쿠어스 1980년대 말까지 맥주 업계에서 3위 기업이 된다. (1980년)
     1990년대 말까지 맥주 업계에서 2위 기업이 된다. (1990년)

슈레그락 2000년까지 미국 주요 자물쇠업계의 지배적인 기업이 된
     다. (1990년)[48]

도쿄통신공업Tokyo Tsushin Kogyo에 대해 들어본 적 있는가? 아마도 없을

것이다. 1952년에 설립된 이 회사는 이후 7년 동안 생존을 걱정해야 했다. 그럼에도 이 회사의 창업자들은 어떻게 하면 이 회사를 "위대함으로 나아가는 길에 올려놓을 수 있을까"하는 문제로 씨름했다. 그리고 그들은 마침내 이 회사의 사명을 다음과 같이 대담하고 과감하게 설정했다.

전 세계 구석구석으로 퍼져나가는 제품을 만든다.[49]

그리고 드디어 이 회사는 셔츠 주머니에 쏙 들어갈 만큼 작은 라디오를 세계 최초로 제작해 그 사명을 실현했다. 오늘날 이 회사는 소니라는 이름으로 알려져 있다.

그런데 혹시 눈치챘는가? 우리가 목표화의 사례로 제시한 것들 가운데 그 어떤 것도 수치로 정의된 것은 없다. 계량적인 목표가 효과적인 사명이 될 수 있을까? 얼마든지 그럴 수 있다. **하지만 주의해야 한다.** 예를 들어서, 홈디포Home Depot가 1980년대 후반에 설정한 사명은 이랬다.

1995년까지 매출 100억 달러를 달성하고 매장을 전국에 350개로 늘린다.[50]

1997년에 월마트가 설정한 사명은 이랬다.

1980년까지 10억 달러 규모의 기업이 되겠다.[51]

두 사명 모두 회사의 규모를 두 배 넘게 늘린다는 것이었다. 그런데 홈디포와 월마트 모두 목표한 시기보다 훨씬 빨리 이를 초과 달성했다.

바로 여기에, 우리가 앞에서 '하지만 주의해야 한다'고 단서를 붙였던 이유가 숨어 있다.

계량적으로 표현된 사명이 자동차업계를 평정한다거나 업계 일류 회사가 되겠다는 것보다 직원들에게 덜 매력적으로 받아들여질 수 있다. "우리의 사명은 1995년에 매출액 5,000만 달러를 기록하는 것이다"라고 말하는 것만으로는 사람들을 흥분시키지 못한다. 그러므로 만일 계량적으로 표현되는 사명을 설정할 때는 이것을 모든 사람이 의미 있다고 받아들일 어떤 것과 연결해야 한다.

잭 스택Jack Stack은 디젤엔진 제조 회사인 스프링필드Springfield Remanu-facturing Company에서 계량적인 목표 사명을 폭넓게 사용했는데, 그는 이런 수치들을 한층 더 넓은 맥락에서 활용했다. 그의 설명을 들어보자.

> 우리의 목표는 언제나 회사의 안정성을 기반으로 합니다. 그러므로 한층 더 큰 의미에서 보자면 우리의 목표는 일자리를 창출하는 것 그리고 사람들이 계속 일할 수 있도록 하는 것입니다. 각각의 목표는 단순한 소망이 아니라 반드시 달성해야 하는 것입니다. 우리는 앞으로 30년이나 40년 혹은 50년 동안이나 이어질 회사를 만들기 위해 노력할 것입니다.[52]

여기서 스택이 설정하는 목표는 단순히 정확한 숫자를 제시하기 위함이 아니라 직원들에게 활력을 불어넣기 위함임을 기억하자.

사명의 유형 2 : 공동의 적
공동의 적을 물리친다는 사명은 그리 창조적이지는 않지만 매우 강력한 힘을 발휘한다. 이는 직원들의 경쟁 본능에 호소한다. 공동의 적을 껶는다는 설정은 탁월한 통일성을 이끌어 낼 수 있다. 회사가 해당 업계에서 약자일 경우에는 더욱 그렇다. 1940년 영국의 사명(히틀러와 히틀러주의의 생명과 영혼을 제거하는 것)이야말로 훌륭한 역사적 사례다. 이것과 동일한 사명 유형을 기업에서도 설정할 수 있다.

역사의 어느 한 시점에서 펩시의 사명은 "코카콜라를 깨부수자!"였다. 당시 펩시의 고위 경영진 한 명은 이 사명이 발휘했던 충격을 다음과 같이 설명했다.

> 펩시가 영원한 낙오자로 인식되던 1970년대 초반부터 우리는 그렇게 할 수 있다고 늘 믿었습니다. 우리 모두는 그 목표에서 시작했고, 한시도 그 목표에서 눈을 떼지 않았습니다. (…) 그 목표는 우리에게 골리앗을 상대로 해서 수색 및 파괴 사명을 부여했습니다.[53]

우리 저자들이 언제나 가장 좋아하는 사례들 가운데 하나가 혼다Honda인데, 혼다는 야마하Yamaha로부터 세계 최고의 오토바이 제조 회사라는 지위를 추월당할 위기를 맞았을 때, 다음과 같은 사명으로 대응했다.

야마하를 깨부수자![54]

나이키는 공동의 적 사명을 오랜 세월 성장 동력으로 삼았다. 처음에는 미국에서 아디다스를 제압하기 위해서 그 사명을 설정했고, 달성했다. 그러다가 예상치 못했던 복병인 리복Reebok이 등장한 뒤에는 치열한

'스니커즈 전쟁'에서 리복을 깨부수자는 사명을 설정했다. 1988년 8월 19일에 방송된 ABC에서 방영된 '스니커 전쟁Sneaker Wars'에서 필 나이트는 리복 사장을 아느냐는 질문에 그렇다고 답했다. 그다음에 리복 사장을 좋아하느냐는 질문에는 "좋아하지 않고, 또 좋아하고 싶지도 않다"라고 잘라 말했다. 나이키의 한 이사도 "우리가 생각하는 완벽한 하루는 아침에 일어나서 우리 경쟁업체들의 머리 위로 바위를 던지는 것이다"라고 말했다.[55]

공동의 적 사명은 일반적으로 업계 1위가 되려고 노력하지만 아직은 이를 달성하지 못한 회사들이 설정하는 사명이다. 이런 회사들은 '다윗 대 골리앗'이라는 구도로 조직에 동기를 부여한다.

공동의 적 사명은 생존하는 것 자체가 어렵고 힘든 회사를 '우리는 승리할 것이다'라는 모드로 바꾸어놓을 수 있는 매우 강력한 장치다. 사람들은 '그저 생존하는 것'을 좋아하지 않고 경쟁에서 이기기를 원한다. 공동의 적을 설정하는 사명은 바로 이런 인간의 기본적인 동기를 활용한다.

컴퓨터 메모리 칩 생산 회사인 마이크론테크놀러지Micron Technology는 1985년에 일본 기업들이 원가 이하로 제품을 덤핑하자 벼랑 끝에 몰린다. 그러자 CEO 조셉 파킨슨Joseph Parkinson은 적을 '암흑기'를 헤쳐나갈 통합의 힘으로 활용했다. 그는 다음과 같이 말했다.

상황이 나빠졌을 때 나는 모든 직원이 회사를 살려내도록 동기를 부여하려고 노력했습니다. 그러나 처음에는 제대로 대응하지 못했습니다. 그러다가 어느 순간엔가 사람들은 기본적으로 경쟁에서 이기고 싶어 한다는 것을 깨달았습니다. 내 말은, 그냥 살아남기만 하는 걸 좋아할 사람은 없다는 것 입니다. 그래서 우리는 배수진을 치고 공세적으로 선언했습니다. 그렇습니다, 우리에게 강력한 적이 있다는 게 우리에게는 오히려 엄청난 강점으로 작용했습니다. 우리는 적을 반드시 물리치겠다고 맹세했습니다. 살아남는다는 목표에서 '이기고 말겠다'는 목표로의 전환은 말단 직원에서부터 경영진에 이르기까지 모든 직원이 서로의 버팀목이 되었습니다.[56]

그러나 공동의 적 사명은 강력한 장점만큼 강력한 부정적인 측면도 있다. 평생을 전쟁터에서만 보내기는 어렵다. 막강한 경쟁자를 물리치고 업계 1위의 자리에 오른 회사는 이제 무엇을 해야 할까? 더는 다윗이 아니다. 골리앗이 되어버리고 난 다음에는 어떤 일이 일어날까? 나이키는 아디다스를 꺾은 뒤에 슬럼프에 빠졌다. 나이키가 그 슬럼프에서 벗어날 수 있었던 것은 리복이 미국 시장에서 나이키를 추월해서 나이키의 호승심 표적이 된 다음부터였다.

사명의 유형 3 : 롤모델

모범으로 삼고자 하는 회사를 롤모델을 삼아라. 롤모델 사명은 전망이 밝은 중소 규모의 기업에 특히 적합하다.

부동산 개발업자였던 트램멜 크로는 창업 초기에 자기 회사의 사명을 '부동산 업계의 IBM이 되는 것'으로 정했다.[57] 지로스포츠의 짐 젠테스는 사이클링 업계에서 나이키, 애플과 같은 위상의 회사가 되겠다고 말한다. 노르웨스트Norwest Corporation of Minneapolis는 '은행계의 월마트'가 되는 것을 목표로 삼았다.[58]

월마트에 관해 말하자면, 샘 월튼이 소매유통 회사인 제이씨페니의 페니 J.C. Penney를 롤모델로 삼았다는 점이 흥미롭다. 여기에는 월튼이 페니의 경영 7가지 원칙을 월마트 초창기에 그대로 모방한 것도 포함된다.[59]

사명의 유형 4 : 내부의 변화

내부의 변화 사명은 사례를 찾기 힘들다. 일반적으로 극적인 구조 조정이 필요한 회사에 가장 적합하다. 제너럴일렉트릭 GE의 잭 웰치 Jack Welch는 이렇게 말했다.

우리는 소규모 회사가 가지고 있는 민감성과 날렵함과 단순성과 민첩성을 개발하는 데 최선을 다한다.[60]

GE 정도 규모의 회사에게 이것은 참으로 크고 위험하고 대담한 일 BHAG이다. 내부의 변화 사명은 규모가 크지만 침체된 회사에 적합하다. 우리 저자들은 중소 규모의 기업에서는 좋은 사례를 거의 찾지 못했다.

미래는 얼마나 멀리 있을까?

사명에는 반드시 기한이 있어야 한다. 얼마나 멀리까지 미래를 내다보아야 할까? 6개월 안에 이룰 수 있는 목표를 설정해야 할까? 아니면, 1년? 그것 아니면 3년? 10년? 50년?

정답은 없다. 어떤 사명은 완수하기까지 30년 혹은 그 이상이 걸릴 수도 있다. 또 어떤 사명은 1년이나 혹은 그 안에 완수할 수도 있다. 어림짐작의 법칙에 따르면 10~25년이 적당하며, 만일 사명을 달성하기가 특히 어려운 분야에서는 그 기간이 훨씬 더 길 수도 있다. 일반적으로 기간을 짧게 설정하는 것이 적절하고 효과적이다.

사명을 완수한 시점이 언제인지 또 (이게 가장 중요한데) 새로운 사명을 설정할 필요가 있는 시점이 언제인지 확실하게 정해야 한다. 이렇게 하지 않으면 가장 위험한 함정들 가운데 하나로 꼽히는 '목표 달성 증후군 We've Arrived Syndrome'에 빠질 수 있다.

짐 콜린스의 새로운 생각

BHAG는 어디에나 있다

제리 포라스와 빌, 그리고 내가 함께 진행한 연구조사를 토대로 기업 조직의 전망을 개발하기 위한 프레임워크를 개념화할 때, 이 프레임워크의 (핵심 가치관과 목적에 이어) 세 번째 부분을 무엇이라고 부를지를 놓고 논의했다. 처음에는 기업적인 용어인 사명mission으로 정했다. 그런데 어느 날 강의실에서 이 프레임워크에 대해서 강의를 하던 중에 갑자기 BHAG라는 용어가 내 입에서 튀어나왔다. 이어서 'Big Hairy Audacious Goal'이라는 문구가 뒤따라 나왔다.

이렇게 해서 BHAG가 탄생했다.

처음에 우리(제리 포라스와 빌 레지어 그리고 나)는 BHAG를 단순히 어떻게 하면 좋은 사명을 설정할 수 있을지 가르치는 하나의 방법론으로만 사용하기로 했다. 우리는 리더들이 새로운 용어를 받아들이도록 하는 것보다 익숙한 용어를 사용하게 하는 게 더 쉬울 것이라고 생각했다.

그러나 이삼 년이 지난 뒤에는 생각이 완전히 바뀌었다. 우리가 프레임워크를 가르치면 가르칠수록, 우리가 발상의 핵심에 곧바로 접근할 때, 사람들은 그 발상의 진정한 정신을 더 잘 배우고 또 붙잡는다는 사

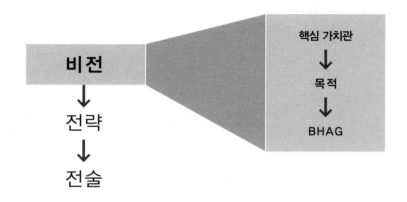

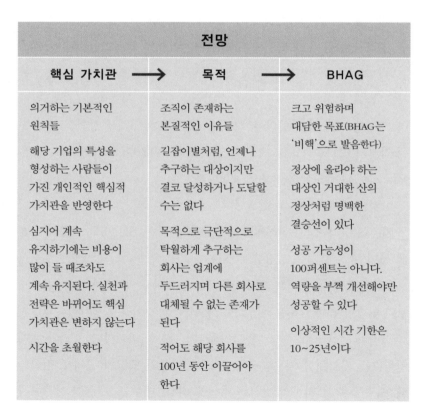

전망		
핵심 가치관 →	목적 →	BHAG
의거하는 기본적인 원칙들	조직이 존재하는 본질적인 이유들	크고 위험하며 대담한 목표(BHAG는 '비핵'으로 발음한다)
해당 기업의 특성을 형성하는 사람들이 가진 개인적인 핵심적 가치관을 반영한다	길잡이별처럼, 언제나 추구하는 대상이지만 결코 달성하거나 도달할 수는 없다	정상에 올라야 하는 대상인 거대한 산의 정상처럼 명백한 결승선이 있다
심지어 계속 유지하기에는 비용이 많이 들 때조차도 계속 유지된다. 실천과 전략은 바뀌어도 핵심 가치관은 변하지 않는다	목적으로 극단적으로 탁월하게 추구하는 회사는 업계에 두드러지며 다른 회사로 대체될 수 없는 존재가 된다	성공 가능성이 100퍼센트는 아니다. 역량을 부쩍 개선해야만 성공할 수 있다
시간을 초월한다	적어도 해당 회사를 100년 동안 이끌어야 한다	이상적인 시간 기한은 10~25년이다

실을 깨달았다.《기업가정신을 넘어서》초판을 출판하고 이삼 년이 지난 뒤에 나는 BHAG(크고 위험하고 대담한 목표) 개념을 완전히 받아들였다. 그리고 제리 포라스와 내가《성공하는 기업들의 8가지 습관》원고를 쓰기 시작했을 때 우리는 사명이라는 용어 대신에 BHAG를 사용했다.

이후 BHAG는 모든 곳에 쓰이기 시작했다. CEO들이 BHAG에 관해 이야기했을 뿐만 아니라 정부 지도자, 사회 운동가, 학교 교장, 스포츠 구단의 감독, 군 장교 그리고 교회 지도자들까지도 BHAG를 이야기했다. 〈뉴욕타임스〉는 BHAG가 "전국의 구석구석에 있는 모든 사무실을 휩쓰는 현상"을 특집 기사로 다루기도 했다.[61] 이 기사 안에 등장하는 인터뷰에서 기자는 자기와 이야기를 나눴던 몇몇 경영 사상가가 BHAG라는 발상을 자기가 처음으로 소개했으며 (비록 그 사람들은 'big'이나 'hairy'나 'audacious'라는 단어를 피한다고는 했다) 우리가 처음 그 표현을 쓴 게 아니라고 주장했다.

"이런 주장에 대해서 교수님은 뭐라고 말씀하시겠습니까?"

"글쎄요. 우리들 가운데 그 누구도 BHAG라는 발상을 처음으로 내놓았다고 말할 수 없을 것 같네요. 우리가 태어난 것보다 훨씬 더 오래전으로 거슬러 올라가야 할게 분명하니까요."

"그렇다면 누가 최초로 그 말을 썼다고 주장할 수 있다고 생각하시는지요?"

"흠… 아마도 모세 아닐까요?"

나는 그렇게 대답했다.

BHAG는 역사를 통틀어 리더들을 각성시켰다. 위대한 리더들은 BHAG를 사용하여 발전을 촉진하고 사람들에게 활력을 불어넣었다. 이것을 '사명'이라고 부르든 'BHAG'라고 부르든 혹은 다른 용어로 부르든

상관없다. 중요한 것은 BHAG 테스트를 충족하는 것이다. 어떤 BHAG
에 관한 것이든 다음 질문을 하고, 답을 해보아라.

- 당신과 당신의 조직원들은 그 BHAG를 흥미롭게 여기는가?
- 그 BHAG는 명확하고 설득력이 있으며 이해하기 쉬운가?
- 그 BHAG가 기업의 목적과 연결되어 있는가?
- 그 BHAG는 장황하고, 이해하기 어렵고, 복잡하고, 기억하기 불가
  능한 사명이나 비전 선언문이 아닌, 명확한 목표인가?
- 그 BHAG를 달성할 가능성이 100퍼센트보다 훨씬 낮지만, 그럼에
  도 불구하고 당신은 당신의 회사가 노력하기만 한다면 달성할 수
  있다고 생각하는가?
- 그 BHAG를 달성했는지 어떤지 명확하게 알 수 있는가?

최고의 BHAG는 사람들로 하여금 생각을 크게 하게 만든다. 장기적
으로 큰 그림을 그리게 하고 **동시에** 단기적으로는 전력투구를 하게 동기
를 부여한다.

BHAG를 달성하는 유일한 방법은 해당 기한이 끝나기까지 여러 해
동안 매일, 매주, 매월 끊임없이 긴장을 유지하는 것이다. 궁극적으로
BHAG를 달성하려면 오늘과 내일 또 모레 당신은 실패 가능성을 무시하
고 오로지 일에만 편집증적으로 매달려야 한다.

만일 모든 사람의 주머니에 강력한 컴퓨터를 한 대씩 넣어주려고 한
다면, 말라리아를 뿌리 뽑으려고 한다면, 모든 아이가 고등학교까지 무
상교육을 받을 수 있도록 한다면, 범죄율을 80퍼센트 줄이려 한다면, 테
러를 꾀하는 악의 세력을 무력화하려고 한다면, 회사를 해당 업계에서

존경받는 기업으로 만들려고 한다면, 혹은 그 어떤 목표를 달성하려 하든 간에, 그 BHAG를 단 며칠이나 몇 주나 몇 달 만에 달성할 수는 없다. 최고의 기업이 설정한 BHAG를 달성하려면 10~25년 동안 끊임없이 노력을 기울여야 한다.

BHAG를 추구하는 사람들에게는 불편함이 계속 이어진다거나 탐색이 지루하게 반복된다거나 하는 것 자체가 행복일 수 있다. 당신이 BHAG에 몰두해서 모든 것을 바치면 그 BHAG는 당신과 함께 살아가는 게 된다. 아침에 눈을 뜨고 일어나면 BHAG는 털이 많은 커다란 발과 빛나는 눈을 하고서 당신 앞에 서 있을 것이다. 밤에 잠자리에 들 때도 방 한구석에 BHAG가 서 있을 것이다. 그리고 어쩌면 당신은 BHAG가 속삭이는 말을 들을 수 있을 지도 모른다.

"밤에 잠을 푹 자두는 게 좋을 거야. 왜냐하면, 내일 내가 또 당신의 인생을 소유할 테니까 말이다."

목표 달성 증후군

기존의 사명을 완수한 다음, 새로운 사명을 설정해야 하는 시점을 아는 것이야말로 매우 중요하다.

사명을 완수하고 나면 조직은 방향을 잃고 목표를 단편적으로 분할하려는 경향을 보인다. 제2차 세계대전 당시 러시아, 영국, 미국이 연합군을 조직하며 협력했던 일이 그렇다. 연합군은 히틀러를 물리친다는 공동의 사명 아래에서는 협력 작전을 놀라울 정도로 효율적으로 수행했다.

그러나 나치 정권이 무너지자, 연합은 깨졌고 세계는 냉전 속으로 빠져들었다.

조직이 새로운 도전에 직면하도록 활력을 불어넣고 싶다면 새로운 사명을 제때 마련해야 한다. 인간은 바라던 목표를 달성하고 나면 길을 잃고 방황하는 경향이 있는데, 이는 기업도 마찬가지다. 이런 '목표 달성 증후군'에 빠져서는 안 된다.

스칸디나비아항공Scandinavian Airlines의 CEO 얀 칼슨Jan Carlzon은 회사가 첫 번째 사명을 달성한 뒤에 이 교훈을 뼈저리게 깨우쳤다. 그는 이렇게 말했다.

> 우리는 꿈을 하나 가지고 있었는데, 마침내 그 꿈을 이뤘습니다. 그런데 정말이지 무척 빠르게 그 꿈을 이뤘습니다. 하지만 그 시점에 우리에게는 다른 장기적인 목표가 없었습니다. 그래서 사람들은 각자 자신만의 새로운 목표를 세우기 시작했고 우리들 사이에서는 좌절감이 형성됐습니다. 왜냐하면 이것은 심리 게임이거든요. 페기 리가 부른 "그게 전부인가요?Is That All There Is?"라는 노래를 압니까?*
>
> 그때의 경험으로 우리는 기존의 목표에 도달하기 전에 새로운 목표를 준비해야 하며 이것을 조직 전체에 알려야 한다는 것을 배웠습니다. 중요한 것은 목표 자체가 아닙니다. 그 목적을 달성하기 위한 싸움, 그러기 위한 노력입니다.[62]

---

* 노래 속의 화자는 어렸을 때 집에 불이 나는 것을 목격한 이야기를 한다. 이어서 서커스를 본 이야기를 하고 처음 사랑에 빠졌던 이야기를 한다. 그리고 각각의 이야기 뒤에는 자기 경험에 대한 실망감을 드러내며 인생을 걱정하는 대신 '그게 전부라면 술을 마시고 즐겁게 지내자'라고 제안한다.

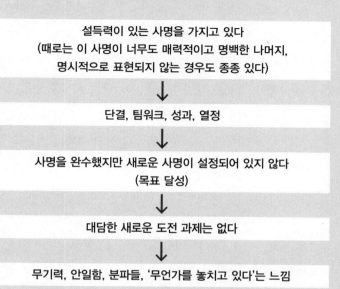

목표 달성 증후군은 회사가 생존 문제를 해결해야 하는 과제로 조직 전체가 활기로 넘치는 전환기에 흔히 나타난다. 이 시기에는 생존 자체가 중요한 목표이기 때문에, 생존이라는 사명은 명시적으로 제시되지 않는다. 아무도 이를 입 밖으로 내지 않아도, 모두가 그것이 회사의 사명임을 알고 있다.

그런데 바로 여기에서 문제가 발생한다. 그 사명이 명시적이지 않기 때문에 그 사명을 달성하더라도 이를 명확하게 인식하지 못한다. 이렇게 해서 생존이라는 사명이 달성되어도 새로운 사명은 설정되지 않는 상황이 빚어진다. 앞에서 살펴본 것처럼 비전, 즉 사명이 없으면 무사안일과 분파주의가 만연하게 된다.

케이스 스터디 : 스트라테직소프트웨어

스트라테직소프트웨어Strategic Software, Inc. 창업자들은 1976년 외부 투자를 받지 않고 창업했다. 이들은 탁월한 소프트웨어 제품을 시장에 출시하고, 직원 및 회사 지분 소유자들에게는 재정적 안정성을 제공하며, 훌륭한 작업 환경을 제공하는 회사를 만든다는 사명에 전념했다. 처음 7년 동안 모든 구성원들이 좁은 사무실에서 하루 12시간 넘게 일했다. 그때를 회상하면서 창업자들 가운데 한 명은 이렇게 말했다.

"우리는 세상에 맞서서 싸우는 훌륭한 팀이었습니다."

해가 갈수록 회사는 재정적으로 탄탄을 기반을 갖추게 됐다(연 매출 2,500만 달러 고지에 올라섰고, 이익도 탄탄했다). 고객 기반도 단단하게 다졌다. 1983년에 회사는 훨씬 더 멋진 사무 단지로 이사를 했다. 현대적인 조각품, 완벽하게 손질된 초록색 잔디, 인공 연못, 두꺼운 카펫, 체리 나무로 만든 수제 가구, 전용 주차장이 갖추어진 고급스러운 공간이었다. 그런데 그때부터 조직 전체가 무너지기 시작했다.

한때 위대한 단결력으로 똘똘 뭉쳤던 조직이 여러 개의 분파로 쪼개졌고, 하나의 팀이라는 정신이 사라졌습니다. 사람들은 9시부터 5시까지만 일하기 시작했습니다. 더 나쁜 것은, 그 시간만 일하게 되었다는 게 아니라 그 시간만 일하는 태도를 가지게 되었다는 점이었습니다. 우리는 주변을 둘러보고는, 성공이 권태로움이라는 고질병을 안겨주었다는 사실을 깨달았습니다. 투지가 사라져 버린 것이죠. 거기서부터는 줄곧 내리막길이었습니다.

이 회사는 생존이 더는 문제가 되지 않는 지점에 도달하겠다는 첫 번째 사명을 훌륭하게 완수했다. 그러나 그러고 나니 더는 해야 할 일은 아무것도 없는 것 같았다. 목표를 달성한 바로 그 시점에 이 회사의 리더들은 새로운 사명을 설정했어야 했지만 그렇게 하지 못했다. 회사는 정체되었고, 결국 매물로 나왔다.

새로운 시설·건물이 조직에 끼치는 잠재적인 영향

앞의 사례에서 우리 저자들은 이 회사가 옮겨간 건물을 제법 구체적으로 묘사했다. 시설이나 건물이 그다지 중요한 문제가 아닌 것처럼 보일 수 있지만, 사실은 매우 중요하게 다루어야 할 주제다.

우리는 위의 사례에서처럼 멋진 사무실이나 건물로 이사한 뒤로 어려움을 겪기 시작한 회사들을 수도 없이 봐왔다. 새 사무실 자체가 나쁘다는 게 아니다. 하지만 이런 시설이나 건물은 구성원들에게 "우리는 목표를 달성했다. 성공했다. 해냈다"라고 느낄 수 있는 신호를 보내는 것은 분명하다.

부실기업 회생 분야의 노련한 전문가인 그렉 해들리Greg Hadley는 자기가 인수했던 기업이 새 건물로 이사한 후 받은 영향을 다음과 같이 설명했다.

그 건물은 마치 타지마할 같았습니다. 사람들은 주변을 둘러보며 "야, 이것 좀 봐. 우리는 이미 성공한 거야"라고 말합니다. 그때부터 그 회사 사람들은 사업보다 골프에 관심을 더 기울이기 시작했습니다.

창업에서 파산에 이르는 과정까지 수천만 달러나 되는 투자금을 날려

버린 개빌란컴퓨터Gavilan Computer Company는 매우 화려한 사무실로 유명했다. 이 회사에서 일했던 사람을 만난적이 있는데, 그는 이렇게 말했다.

"우리는 마치 〈포춘〉이 선정한 500대 기업에서 일하는 것 같았습니다. 그 바람에 긴박한 긴장감은 사라졌습니다. 예전에 느꼈던 활력과 재미가 사라져버린 것이죠."

일하기에 좋은 멋진 공간을 사무실로 쓰지 말라는 뜻은 물론 아니다. 그러나 아름답게 꾸며진 새 건물은 어떤 사명을 완수하고 마침내 '해냈다'는 사실을 상징한다는 것을 알아야 한다.

이 모든 것의 요점은 회사가 존속하는 동안 여러 차례 결승선을 통과할 것이고, 그때마다 그 결승선을 상징하는 것들이 나타날 것이라는 말이다. 주식공개, 신사옥 입주, 산업 훈장 수여 같은 것들 말이다. 이때 해야 할 일은 이런 상징들이 매력적인 또 다른 사명을 향해 나아가는 지속적인 작업으로 이어지도록 만드는 것이다.

산봉우리에 도달한 다음에는 무엇보다 그다음에 올라야 할 봉우리가 어디인지 살펴야 한다. 그 자리에 그냥 주저앉아 있다가는 얼어 죽든 굶어 죽든 어쨌거나 죽는다.

비전 선포

지금까지 비전의 세 가지 기본 요소인 핵심 가치관 및 신념, 목적 그리고 사명을 살펴보았다. 비전을 좀 더 자세히 설명하기 위해서 우리는 이 세 가지 요소가 어떻게 조화를 이루는지 두 기업의 사례를 준비했다. 하나는 소규모 기업인 지로스포츠이고 또 하나는 대기업인 머크의 사례다.

핵심 가치관 및 신념

지로의 기본적이고 포기할 수 없는 가치관 및 신념은 다음과 같다.

최상의 제품. 우리가 내놓는 모든 제품은 돈을 벌기 위한 목적이 아니라 시장에 우리만의 기여를 하기 위함이다. 따라서 우리의 제품은 해당 범주에서 혁신적이고 고품질이어야 하며 누가 보더라도 최고여야 한다.

최상의 고객 서비스. 우리의 서비스 표준은 제품 표준만큼이나 엄격하다. 우리는 고객을 가장 가까운 친구처럼 대해야 한다.

황금률. 우리는 우리와 거래하는 사람들을 우리가 대접받고 싶은 방식으로 대접해야 한다.

팀워크. 동료 가운데 그 어떤 개인도 우리에게는 꼭 필요한 존재이다. '내'가 아니라 '우리'를 생각하라.

최선의 노력. 누구나 자기가 맡은 업무를 최선을 다해서 수행해야 한다. B⁺가 아닌 A를 추구하라.

디테일. 사소한 것들이 중요하다. 신은 디테일에 있다.

진실성. 우리는 정직하다. 우리는 스스로 한 약속을 소중하게 여긴다. 우리는 일관되고 공정하다.

목적

지로는 혁신적인 고품질 제품으로써 사람들의 삶을 더 낫게 만들기 위해서 존재한다.

사명(1990년에 설정)

지로의 사명은 위대한 기업이 되는 것이다. 우리는 2000년까지 전 세계 자전거 산업 분야에서 가장 존경받고 칭찬받는 회사가 되는 것을 목표로 삼는다.

머크의 비전

핵심 가치관 및 신념

우리는 무엇보다도 환자에게 봉사하는 우리의 역량을 중요하게 여긴다.

우리는 최고 수준의 윤리 및 성실성을 준수한다.

우리는 우리의 고객과 직원 그리고 우리가 속한 사회에 책임을 진다.

우리가 사회의 모든 부문(고객, 공급업체, 정부, 일반 대중)과 나누는 상호작용은 우리가 공언하는 높은 기준을 반영해야 한다.

우리는 과학이 인류의 요구에 부응하도록 하는 연구에 전념한다.

기업으로서 우리의 미래는 우리 직원들이 가지고 있는 지식, 상상력, 기술, 팀워크 및 성실성에 전적으로 달려 있으므로 우리는 이런 자질을 가장 높이 평가한다.

우리는 이익을 추구하되, 이 이익은 인류에게 이익이 되는 일에서 비롯되는 것이어야 한다.

목적

우리는 인류의 생명을 보존하고 개선하는 사업을 하고 있다. 우리가 하는 모든 행동은 이 목적을 달성하는 데 성공했는지 여부에 따라서 판정을 받아야 한다.

사명(1979년에 설정)

1980년대에 머크를 세계 시장에서 걸출한 최고의 제약 회사로 만든다.

문서로 작성한다

비전은 문서로 정리해야 한다. 문서로 정리하면 정확히 무엇을 하려는지 정밀하게 분석할 수 있다. 더 중요하게는 문서화를 통해 리더 개인의 비전이 아닌 조직 전체의 차원에서 비전을 정리하고 설정할 수 있다.

아메리칸포토그룹American Photo Group의 스티브 보스틱Steve Bostic은 이렇게 썼다.

> 비전을 문서로 정리해야 한다. 이게 관건이다. 만일 직원들이 비전을 눈으로 확인할 수 없다면 혹은 비전이 오늘은 있다가 내일은 없어져버린다면, 사람들이 그 비전을 접할 방법은 없다. 회사가 이러저러한 것을 할 수 있다고 어느 한 사람의 지도자가 설명하고 보여주는 데는 한계가 있을 수밖에 없다.[63]

보스틱만 이렇게 생각한 게 아니다. 존슨앤존슨의 R. W. 존슨은 회사의 미래 지도자를 위해서 '존슨앤존슨 신조'를 성문화했다. 톰 왓슨은 IBM의 기본 원칙을 성문화하기 위해서 《거인의 신념》을 썼다. 맥킨지의 마빈 바워는 맥킨지의 비전을 《맥킨지에 대한 전망》에 담았다. 지로스포츠의 빌 한네만은 회사의 비전을 정리한 문서를 늘 가까이 두었다. 회사의 원칙을 돌에다 새겨놓은 회사도 있다. 미국의 슈퍼마켓 체인점인 스튜레너드Stew Leonard's Dairy가 그랬다.

그렇다면 비전의 유연성은 어떻게 담보할 수 있을까? 시대가 바뀜에 따라서 변화를 꾀하는 유연성을 가지고 싶지 않은가? '지속적인 원칙들'이나 '100년을 이어갈 목표'로 대표되는 철학이 과연 일리가 있는 접근일까? 회사가 지켜나갈 원칙을 돌에다 새겨놓는 것은 유연성을 옭아매는 지나친 구속이 아닐까?

변화는 좋은 것이다. 우리 저자들도 동의한다. 문제는 '무엇을 바꿔야 하고 또 무엇을 고수해야 하는가'이다. 이 질문에 대한 대답은 가치관에서 전술까지 이어지는 다음과 같은 계층 구조에 부분적으로 드러난다.

핵심 가치관 및 신념: 거의 변경되지 않다.

목적: 100년 동안 지속되어야 한다.

사명: 하나의 사명이 완료될 때마다 새로운 사명을 설
                정해야 한다. (사명의 기한은 보통 10~25년이다.)

전략: 해마다 보정되며, 새로운 사명이 설정되면 전략
                을 완전히 다시 만든다.

전술: 일정한 흐름 속에서 변화하는 조건에 따라서 대
                응한다.

생생하고 설득력 있게 묘사하고 설명한다
: 단어들을 물감 삼아 그림을 그려라

회사의 비전을 전달할 때는 생동감이 넘치고 설득력이 있으며 감정을 자극해서 흥분하게 만드는 구체적인 단어들을 동원해야 한다. 글로 된 회사의 비전을 그림으로 변환해 직원들이 머릿속에 심는다고 생각으로 접근해야 한다. 우리 저자들은 이것을 '단어들을 물감 삼아 그림 그리기'라고 부른다.

예를 들어, '2030년까지 위대한 기업이 되는 것'과 같은 사명을 세웠다면, 이것이 의미하는 내용을 생생하게 묘사한 다음에 "우리의 사명은 이 그림을 현실에서 실현하는 것이다"라고 말하라. 이때 구체적이고 생생한 이미지를 동원해야 한다. 위대한 기업이 되겠다는 지로스포츠의 목표를 짐 젠테스가 어떻게 묘사했는지 참고해 보자.

세계 최고의 사이클 선수들이 세계적인 대회에 참가하면서 우리 제품을 사용할 것이다. 투르드프랑스, 세계선수권대회, 올림픽 등에서 우

승하는 선수는 우리가 만든 헬멧을 쓰고 우승컵을 들어올릴 것이다. 우리는 고객들로부터 "당신들이 있어줘서 고맙다. 당신들이 만든 헬멧이 내 목숨을 구했다"라는 내용의 전화와 편지를 수도 없이 받을 것이다. 우리 직원들은 이곳이 지금까지 일했던 회사 가운데 최고라고 느낄 것이다. 사람들에게 사이클링 업계 최고의 회사를 꼽으라고 하면 모두가 지로라고 대답할 것이다.

또 핸리 포드Henry Ford가 '자동차 산업을 민주화한다'라는 사명을 회사 안팎에 전달하기 위해서 어떤 단어들을 동원해서 그림을 그렸는지 보자.

나는 수많은 대중을 위해 자동차를 만들 것이다. 월급이 적어서 자동차를 살 여유가 없다고 말하는 사람이 없도록 획기적으로 저렴한 자동차를 만들 것이다. 이제 사람들은 우리가 만든 자동차로 신이 만들어놓은 드넓은 공간에서 가족과 함께 즐거운 축복의 시간을 보낼 것이다. 이제 도로에서 말은 사라질 것이고, 사람들은 자동차가 생활의 필수품이라고 여길 것이다.[64]

'신이 만들어놓은 드넓은 공간에서 가족과 함께 즐거운 축복의 시간을 보낼 것', '이제 도로에서 말은 사라질 것'이라는 구체적인 표현을 눈여겨 보자. 이런 표현들이 바로 단어들을 동원해서 그림을 그리는 방법이다. 제2차 세계대전 때 처칠이 하원에서 했던 연설도 좋은 예시다. 처칠이야말로 역사상 가장 위대한 비전 설파자라고 할 수 있다.

히틀러는 우리를 쳐부수지 않으면 전쟁에서 진다는 것을 알고 있습니다.

우리가 히틀러에 맞서서 떨쳐 일어난다면 전 유럽이 자유롭게 될 것이고, 인류의 삶은 넓고 화창한 고원으로 나아갈 것입니다.

그러나 만약 우리가 실패한다면, 우리가 관심을 가지는 모든 나라를 포함한 전 세계는, 새로운 암흑시대의 심연에 빠질 것입니다. 또한 전 세계는 왜곡된 과학의 빛으로 사악해질 것이고, 어둠은 끝도 없이 이어질 것입니다.

그러므로 우리는 우리의 의무를 기꺼이 껴안아야 합니다. 각자 각오를 다지며 버려냅시다. 대영제국과 영연방이 다시 또 천년 세월을 이어가도록.

나중에 사람들은 지금을 돌아보면서 말할 것입니다, "**그때**야말로 가장 찬란한 순간이었노라."고 말입니다.[65]

그런데 혹시 당신은 이런 생각을 하고 있지는 않는가?

"에이… 처칠이니까 그렇게 말할 수 있지. 나는 처칠이 아니잖아. 처칠처럼은 도저히 말할 수 없단 말이야. 그리고 또 히틀러가 앞에 있다면 나도 처칠처럼 말하겠지만, 나에게는 지금 히틀러가 없잖아. 앞으로도, 영원히."

틀린 말은 아니다. 처칠처럼 연설을 잘하는 사람은 드물다. 그러나 우리는 처칠이나 포드 또는 그 밖의 다른 사람들에게서 배울 수 있다. 처칠도 유창한 웅변술을 갖고 태어나지 않았다. 열심히 준비하고 연습했기 때문에 그렇게 할 수 있었다. 그는 연설문 원고의 문구 하나를 놓고 몇 시간씩 씨름하면서 다듬었다. 미켈란젤로가 다비드, 피에타에 쏟았을 법한 정성을 쏟았던 것이다. 그는 '넓고 화창한 고원'이나 '새로운 암흑시대의 심연'처럼 사람들의 가슴에 꽂힐 구체적이고 생생한 이미지라는 세부 사항에 관심을 기울였다. 당신도 처칠처럼 할 수 있다.

모든 것을 하나로 묶어라

나와 악수를 나누는 사람들 한 명 한 명의 손이 모두 거칠었고 또 악력은 엄청나게 강했다. 이런 느낌은 위압감을 주는 울룩불룩한 팔뚝의 근육과 구릿빛 피부로 더욱 분명해졌다. 그날은 디피알건설DPR Constructions의 창업자들과 점심을 먹는 자리였는데, 그 회사가 창업한 지 막 1년이 지난 시점이었다.* 그러니까 그 사람들은 거칠고 무뚝뚝한 건축업자들이었다.

이 자리가 마련되기 두 주 전, 이 회사 직원 두 명이 스탠퍼드대학교에서 열린 일련의 강의에 참석했는데, 이때 나는 《기업가정신을 넘어서》 초판에 소개하게 될, 그러나 아직 대중에게는 발표하지 않았던 비전 프레임워크라는 개념을 주제로 강연을 했다. 그리고 얼마 뒤, 디피알건설의 피터 살바티Peter Salvati가 전화를 했다.

"저희와 만나주시겠습니까? 위대한 기업 만들기와 관련된 교수님의 연구에 대해서 좀 더 많은 것을 듣고 싶습니다."

더그 우즈Doug Woods와 피터 노슬러Peter Nosler 그리고 론 다비도프스키

---

* 이 회사는 1990년에 창업했고, 따라서 그때는 1991년이다.

Ron Davidowski가 공동으로 디피알건설을 설립했을 때 그들은 전통적인 건설 산업에 도전한다는 나름의 비전을 갖고 있었다. 기존의 건설사들이 가지고 있던 위계적인 문화와 근시안적인 관행에 분노한 끝에 이런 문화와 관행을 깨부수겠다면서 독립을 선언했던 것이다. 회사가 창업한 지 약 1년이 지난 시점에서 직원은 채 20명이 되지 않았고 수주한 사업도 많지 않았다.

"여러분들이 가장 먼저 해야 할 일은 핵심 가치관을 분명하게 정리해서 밝히는 것입니다."

점심을 먹으며 나는 그렇게 말했다. 하지만 아무런 반응도 돌아오지 않았다. 침묵만 이어졌다. 나는 계속해서 말을 이었다.

"그런 다음에는, 앞으로 수십 년이나 수백 년 동안 지평선 위에 떠 있는 별처럼 회사를 이끌어줄 목적을 분명하게 정리하고 밝혀야 합니다."

다시 또 불편한 침묵이 이어졌다. 심호흡을 한 차례 한 다음에 이렇게 말했다.

"그리고 여러분들에게는 크고 위험한 목표가 필요합니다. 바라보는 것만으로도 위압감을 느끼게 되는 그런 산, 그러나 정상에 올라야만 하는 산, 그런 대담한 목표 말입니다."

마침내 우즈가 입을 열었다.

"가치관…요?"

그리고 한참을 뜸 들인 뒤에 다시 입을 열었다.

"목적…이라고요?"

그리고 또 뜸을 들였다.

"그런 것들이 회사를 키워나가는 데 필요한 실질적인 일들과 무슨 관계가 있습니까?"

그가 하고자 하는 말은 분명했다. 자기들은 철학자가 아니라 현장 사람들이라서 학문적인 차원의 이론이 아니라 현실을 다루어야 하는데, 왜 개가 풀 뜯어먹는 소리나 하고 있느냐는 것이었다. 이렇게 된 거 어차피 나로서는 잃을 게 없다는 생각이 들었다. 그래서 길게 설명했다.

"세 분이 지금 하려는 일은 미국을 건국하는 것과 같습니다. 여러분들이 제퍼슨이나 프랭클린이나 애덤스나 워싱턴이나 또는 매디슨이라고 생각하세요. 독립선언문과 헌법이 없었다면 미국이 건국할 수 있었을까요? 건국의 아버지들은 영국에 맞서서 전쟁에 승리하기를 바랐습니다. 하지만 그것만 바랐던 게 아닙니다. 그들은 일련의 이상을 실현하는 위대한 국가, 영원히 이어질 위대한 국가를 만들겠다는 야망을 갖고 있었습니다. 기억해야 할 게 있는데, 그 일련의 이상은 링컨이 게티즈버그에서 연설하면서 언급했던 바로 그것이고, 킹 목사가 '나에게는 꿈이 하나 있습니다'라고 연설하면서 언급했던 바로 그것입니다."

그러자 우즈의 태도가 한결 부드러워졌다. 우즈 역시 **이기고** 싶었지만 이긴다는 것이 단지 금전적인 차원만은 아니라는 생각을 갖고 있었다. 그는 동료들과 함께 자신들이 현실에서 어떤 일을 할 수 있는지 증명하고 싶었다. 또한 인간적이고 계몽된 회사를 만들고, 이 회사로 시장에서 이길 수 있음을 증명하고 싶었다.

이렇게 해서 그들은 20여명의 직원들과 함께 실리콘밸리와 샌프란시스코만이 내려다보이는 스카이라인대로 높은 곳에 위치한 토머스포가티와이너리에 모여서 일종의 '제헌회의'를 열기로 결정했다.* 그들은《기

---

* 1787년 9월에 미국의 '건국의 아버지'들은 필라델피아 의사당에서 제헌회의를 열고 미국 헌법을 제정했다.

업가정신을 넘어서》 초판의 비전 프레임워크 개념을 사용해서 전략보다 훨씬 더 큰 여러 질문을 놓고 여러 날에 걸쳐서 논의했다. 그 질문은 이런 것들이었다.

우리는 왜 존재해야 하는가? 우리는 무엇을 대표하고 싶은가? 우리는 무엇을 성취하고 싶은가?

이 회의에서 결정적인 전환점은 목적을 논의할 때 찾아왔다. 무슨 까닭인지는 정확하게 말할 수 없지만 '세상을 바꾼다'거나 '우리가 하는 일은 사람들이 살아가는 삶을 개선하는 것이다'와 같은 비전은 그들에게 적합하지 않다는 느낌이 들었다. 그러다가 마침내 공동창업자 가운데 한 사람이 아주 단순하게 말했다.

"'우리는 건축업자다'라고 하는 말은 단지 우리가 하는 일만을 드러내는 게 아니라, 우리의 **존재 자체**를 드러내는 말이잖아. 바로 이런 개념을 우리의 목적 속에 담아낼 필요가 있어."

그러자 누군가가 물었다.

"그렇다면, 우리의 목적은 건물을 세우는 건가? 그게 다야?"

"흠… 건물을 세운다는 말은 상당히 정확하긴 해."

"하지만 그것만으로는 부족한 것 같은데… 그것만 가지고는 우리가 특별해지지 않잖아."

대화는 꼬리에 꼬리를 물고 이어졌다.

그러다가 마침내 '위대한 것을 세운다'라는 표현이 튀어나왔다.

"그렇다! 우리는 단순히 건물을 짓기 위해 존재하는 것이 아니라 위대한 어떤 것 즉 위대한 건물, 위대한 문화, 위대한 고객 관계, 위대한 협력업체 관계 등을 만들기 위해 존재하는데, 이 모든 것은 우리가 위대한 기업을 만드는 데 도움이 될거야."

이렇게 해서 그들은 자신들만의 목적을 세웠다. 그것은 바로 '**우리는 위대한 것을 만들기 위해 존재한다**'였다.

디피알건설의 구성원들은 제헌회의를 통해 선명하게 다듬은 비전을 설정했다. 그들은 이 비전 외에도 (바로 아래에서 확인하겠지만) 네 가지 핵심적인 가치를 문서화했다. 또 2000년까지 진정으로 위대한 건설사가 되겠다는 대담한 목표를 세웠으며, 이 목표를 열두 가지 구체적인 이미지로 생생하게 묘사했다. 다음이 그 열두 가지 목표이다.

— 우리는 종합건설사들 가운데서는 안전성이 가장 높은 회사로 지속적으로 손꼽힐 것이다.
— 우리는 업계의 잡지가 인정하는 대규모 프로젝트를 맡아서 성공적으로 완수할 것이다.
— 우리는 시험적인 공장 건설 사업을 통해서 시공 능력을 인정받고 중요한 공장 설비 건설 프로젝트를 경쟁 없이 따낼 것이다.
— 멀리 동부에 있는 우리의 친구들은 디피알건설의 위대함이 어떤 것인지 많이 들어서 잘 안다고 말할 것이다.
— 우리의 가족은 우리가 위대한 기업에서 일한다고 말할 것이다.
— 우리는 우리가 관심을 표명하는 모든 프로젝트에서 최종후보에 오를 것이다.
— 우리에게 일을 맡긴 고객이 다시 새로운 일을 우리에게 맡기는 일이 5년 연속으로 이어질 것이다.
— 기업계의 권위 있는 기관이 우리를 위대한 기업의 모범적인 사례

라고 평가할 것이다.

— 우리는 고객 및 협력업체들로부터 우리 회사 및 우리가 기울이는 노력을 칭찬하는 편지를 받을 것이다.

— 우리는 소수자와 여성을 고위직에 배치할 것이다.

— 유력한 잡지가 우리가 거둔 성공을 대서특필할 것이다.

— 우리는 중요한 프로젝트에 참여해달라는 요청을 정기적으로 받을 것이다.

나중에 공동창업자인 더그 우즈는 이 소규모 신생 회사가 품었던 열망에 대해 "그 당시 우리가 처한 현실을 보자면 2000년까지 진정으로 위대한 건설 회사가 되겠다고 선포한 것은 마치 세 살짜리 아이가 10살이 될 때쯤 대학교를 졸업하고 싶다고 말하는 것과 같았다"라고 말했다.[66]

디피알건설은 목표했던 것보다 빠른 1998년에 매출 10억 달러를 달성하면서 주목받는 건설사 됐다. 그 뒤로도 계속해서 성장했다. 2015년 창립 25주년을 맞이할 때에는 매출 30억 달러, 전국 20개 지사, 직원 3,000명을 자랑하는 대기업이 됐다.[67] 또한 픽사에서 제넨테크에 이르기까지 또 UC 버클리에서 MD 앤더슨 암센터에 이르기까지, 지구상에서 가장 통찰력 있고 창의적인 기업들을 고객으로 두었다. 현재 디피알건설은 2030년까지 모든 유형의 모든 산업 분야에서 가장 존경받는 기업들 가운데 하나가 되겠다는 한층 더 높고 대담한 새로운 사명을 설정했다.

창업 25주년 기념식장에서 나는 디피알건설의 열정적인 차세대 지도자들을 만났다. 그들은 창업 시대의 가치관을 승계했고, 위대한 것을 만들겠다는 목표에 대해서 선배 리더들이 가졌던 것과 똑같은 열정을 보여주었다. 그로부터 2년 뒤에 디피알건설은 매출 45억 달러를 달성했으며,

지금도 계속해서 성장하고 있다.[68]

디피알건설의 비전

핵심적인 가치관

성실성. 우리는 최고 수준의 정직성과 공정성을 바탕으로 모든 사업을 수행한다. 우리는 신뢰할 수 있는 기업이다.

즐거움. 우리는 일은 재미있고 만족스러워야 한다고 믿는다. 만약 일을 하면서 즐겁지 않다면 무언가 잘못된 것이다.

독특함. 우리는 다른 모든 건설사와 달라야 하고, 더 진보적이어야 한다.

진취성. 우리는 지속적인 자기주도적인 변화, 개선, 학습, 그리고 기준의 상향 조정이 필요하다고 믿는다.

목적

우리는 위대한 것을 만들기 위해 존재한다.

첫 번째 사명(크고 위험하고 대담한 목표, BHAG)

2000년까지 진정으로 위대한 건설사가 된다.

두 번째 사명(크고 위험하고 대담한 목표)

(디피알건설은 첫 번째 대담한 사명을 달성한 뒤에 새로운 사명을 설정했다.)

2030년까지 모든 유형의 모든 산업 분야에서 가장 존경받는 기업들 가운데 하나가 된다.

모두가 공유하는 선명한 비전

비전이 효과를 발휘하려면 두 가지 기준을 충족해야 한다. 하나는 선명해서 쉽게 이해될 수 있어야 한다. 다른 하나는 모든 구성원이 공유해야 한다.

그런데 바로 여기에서 난감한 질문 하나가 제기된다. 비전은 기업의 최고위층(예를 들어 창업자나 CEO)부터 일방적으로 내려와야 할까, 아니면 집단적인 의사결정 과정을 통해서 도출되어야 할까?

하향식 비전은 대개 선명하지만, 널리 공유되지 않을 수 있다. 반면에, 상향식 비전은 선명함과 불꽃이 부족한 구태의연한 비전 즉 '위원회가 정한 그저그런 비전'으로 전락할 수 있다. 모든 회사는 각자 자기만의 규범과 유형이라는 맥락 속에서 자기만의 독특한 결론에 도달해야 한다. 이 딜레마에는 정답이라는 게 없다.

다만 우리 저자들은 선명하면서도 모든 직원이 공유하는 비전이 집단 논의 과정을 통해서 설정되는 경우를 자주 목격했다. 집단 논의 과정의 효용성을 회의적으로 바라보는 사람들이 있다면, 우리는 다시 또 미국의 건국 과정을 보라고 말하겠다. 워싱턴, 제퍼슨, 매디슨, 애덤스 등과 같은 강력한 리더들이 중심을 잡고 이끌었던 것은 맞지만, 미국이라는 국가의 비전은 전적으로 집단 논의 과정을 거쳐 탄생했다. 일례로 조지 워싱턴은 제헌회의 내내 한마디도 하지 않았다.

비전이 한 개인으로부터 나오는 경우도 있다. 월마트의 샘 월튼이나 포드자동차의 헨리 포드가 그랬다.

그렇다면 상향식과 하향식 가운데 어느 쪽이 더 나을까? 정답은 없다. 조직이 처한 상황, 리더의 특성에 따라서 답은 달라진다. 중요한 것은 결정 방식이 아니라, 회사의 리더가 선명하고 또 모든 직원이 공유할 수 있는 비전을 이끌어내고 이것을 적극적으로 추구하도록 의지를 북돋우는 것이다. 이것이 리더의 진정한 책무다.

비전은 카리스마 넘치는 선지자의 특권이 아니다

신비롭거나 초인적인 카리스마를 가진 사람이 비전을 내놓을 수 있다는 신화는 사라져야 한다. 이런 신화가 사실이라면 모든 기업에는 처칠, 케네디, 마틴 루서 킹 등과 같은 인물들의 자질을 갖춘 CEO가 있어야 한다. 아닌 게 아니라 많은 관리자가 비전이라는 개념 앞에 서면 "나와는 맞지 않다. 나는 전망을 내놓는 선지자가 아니다"라고 손사래를 친다. 그러나 내가 어떤 유형의 인물이며, 개인적인 선호가 어떤 것이냐 하는 것과 상관없이 회사의 리더라면 비전을 설정하는 책무를 져야 한다.

비전을 설정하는 데서 카리스마가 수행하는 역할은 지금까지 과대평가되어 왔다. 놀랍고도 특별한 비전을 내놓는 리더들 가운데 카리스마와 거리가 먼 사람도 많다. 나이키의 필 나이트, 파타고니아의 크리스틴 맥디비트, 지로스포츠의 빌 한네만, 밉스컴퓨터의 밥 빌러, HP의 빌 휴렛, 디즈니의 프랭크 웰스, 그리고 에이브러햄 링컨이나 해리 트루먼조차도 카리스마 넘치는 선지자의 전형과는 거리가 멀다. 따라서 스스로를 선지자라고 부르는 유형에 굳이 끼려 하지 않아도 된다. 그냥 있는 모습 그대로에 충실하면 된다. 이와 관련해서는 CNN 설립자인 테드 터너Ted Turner는 다음과 같이 말했다.

자기 자신을 선지자라고 부르는 사람은 없습니다. 그저 다른 사람이 그렇게 불러줄 뿐입니다. 나는 그저 테드 터너일 뿐입니다.[69]

리더 앞에 놓인 과제는, 카리스마 넘치는 통찰과 리더십으로 비전을 선포하는 영웅이 되는 것이 아니라 비전을 가진 회사를 일구어나가는 것이다. 개인은 죽어도 위대한 기업은 수백 년 동안 생명을 이어갈 수 있다.

5장

행운을 불러오는
마인드

CHAPTER 5

당신은 바닥에서 시작한다.
당신 앞에 장애물이 있고, 그 위로 올라설 수 없음을 알게 되더라도,
오르고 또 올라서 도저히 더는 올라갈 수 없는 마지막 지점까지
계속 올라가라. 그런데 이상하게도, 그 지점에 다가가는 순간,
없던 길이 생겨날 것이다.
집중하지 않고 돌아서는 것은 포기하는 것이다.

— 톰 프로스트[1]

2007년 5월 15일, 나는 암벽 등반가 토미 콜드웰Tommy Caldwell과 요세미티국립공원에 있는 화강암 바위산, 엘캐피탄*의 튀어나온 부분에 나란히 앉아 있었다. 나는 콜드웰의 지도를 받으면서, 900미터가 넘는 그 산의 수직면을 고전적인 등반로인 노즈Nose 루트로 하루 만에 올라가는 모험을 하고 있었다. 그 일이 나에게는 50세가 되었음을 자축하는 크고 위험하며 대담한 목표BHAG였다.

광활한 화강암 절벽 아래를 바라보던 콜드웰이 불쑥 물었다.

"질문이 하나 있는데… 크고 위험하며 대담한 목표는 반드시 달성 가능한 것이어야 합니까?"

"갑자기 왜요?"

"글쎄요, 암벽 등반에 대해서 나에게 목표가 하나 있는데, 그게 가능한지 어떤지 몰라서요."

우리가 앉은 자리에서는 돈월Dawn Wall(새벽의 벽)이라는 이름으로 불리는 절벽 가운데, 설화석고雪花石膏, alabaster로 된 매끄러운 부분이 보였다. 그 절벽이 그 이름으로 불리게 된 이유는 아침 햇살을 가장 먼저 받기 때문이라고 했다. 콜드웰은 한동안 그 자리에 앉아서 햇빛을 받아 반짝이는 돈월을 바라보았다. 그런데 나는 거꾸로 마치 엘캐피탄이 우리를

---

* 해발2300미터에 있는 높이 914미터의 산으로, 암벽 등반 장소로 유명하다 - 옮긴이

조용히 지켜보면서 우리 대화를 듣고 있는 느낌이 들었다.

"뭐… 제가 할 수도 있겠지만, 어쩌면 내가 아닌 다른 사람이 달성할 수도 있겠죠. 아니면 다음 세대의 누군가가 그 일을 해낼 때까지 기다려야 할 수도 있겠고요."

그래서 나는 이렇게 말했다.

"토미, 그 목표를 당신이 성취할 수 있다고 생각한다면, 그건 이미 BHAG가 아닙니다."

당시에 콜드웰은 돈월 루트를 자유 등반으로 오르겠다는 자신만의 BHAG에 몰두하고 있었다. 설명을 덧붙이자면, 자유 등반이란 오로지 손가락 힘만으로 암벽을 기어오르는 등반 방식이다. 이때 로프를 사용한다고 해도 이것은 추락 방지를 위한 것이지 등반에 도움을 받기 위한 것은 아니다. 만약 성공한다면 세계에서 가장 어려운 암벽 등반 코스를 자유 등반으로 완등하는 최초의 기록을 세우는 것이다. 돈월의 수직 벽면에 나 있는 홀드*라고 해봐야 너무도 작고 폭 또한 동전보다 좁아서 눈으로 식별하기조차 어렵다. 낮에 햇빛 아래에 바라보는 것보다 밤에 헤드램프를 비춰서 바라볼 때 더 잘 찾을 수 있을 정도였다.

그날 이후로 콜드웰은 7년 동안 계속해서 돈월 자유 등반에 도전했다. 그는 암벽 등반 시즌의 가장 좋은 시기를 그 도전에 모두 바쳤다. 그 작디작은 홀드들의 위치와 특성을 파악하는 것은 도전에 성공하기 위해 반드시 풀어야 할 기나긴 암호 해독 과정과 같았다. 콜드웰은 그 홀드들을 하나씩 모두 기억하고, 정복하려고 애썼다. 그러나 그의 손가락은 늘 면

---

* 암벽 등반 때 몸의 균형을 잡거나 몸을 지탱하기 위해서 손으로 잡거나 발로 디딜 수 있는 바위나 약간 튀어나온 부분.

도날처럼 얇은 홀드에서 미끄러졌으며 그의 발은 수직 화강암에서 끝까지 버티지 못했다. 그럴 때면 그의 몸은 20피트나 40피트 혹은 50피트 높이에서 자유낙하를 했다(100층 건물에서 허공을 가로질러 수직으로 낙하할 때의 느낌이 어떨지 상상해보라!). 그러다가 그를 묶은 밧줄이 그의 몸을 갑자기 팽팽하게 잡아채는 순간 그의 몸은 '퍽' 소리를 내면서 암벽에 내동댕이쳐졌다.

성공의 반대말은 성장이다

불가능할 것 같은 시도를 한 번씩 할 때마다 콜드웰은 더욱 강해졌다. 그는 등산 장비 회사와 협력해 완전히 새로운 암벽 등반 전용 신발을 고안하기도 했다. 그러나 돈월 중앙 부분에 있는 가장 어려운 구간에서 번번이 실패했다. 어느 해에는 절벽 꼭대기에서 유리창처럼 얇고 거대한 얼음판들이 연이어 아래로 떨어지는 바람에 포기해야 했다. 또 한 번은 파트너였던 케빈 조거슨Kevin Jorgeson이 하나의 홀드에서 2미터 넘게 떨어진 다른 홀드로 이동하려고 점프를 했다가 발목을 다치는 바람에 (이 부상으로 그는 시즌 전체를 포기해야 했다) 산에서 내려와야 했다. 2013년에는 월훅이 떨어지는 바람에 전체 장비를 담은 가방이 60미터 높이에서 떨어지면서 콜드웰의 하네스를 강하게 잡아챘는데, 이 사고로 그는 늑연골이 분리되는 부상을 당해 숨을 쉬기만 해도 극심한 통증을 시달려야 했다. 게다가 그는 왼쪽 검지 없이 홀드를 더듬고 붙잡는 방법을 터득해야 했다. 여러 해 전에 목공 톱에 손가락의 일부를 잃었기 때문이다.

하지만 그는 그 모든 좌절과 불운에도 끝까지 버텼다. 다른 암벽 등반가들은 다른 루트에서 성공을 거두며 주목받았지만, 콜드웰은 오직 돈월만 고집했고 또 그랬기에 어려움을 겪었다. 그래서 어떤 비평가들은 암벽 등반 인생의 전성기는 보통 29세부터 36세까지인데 콜드웰이 쓸데없는 데 그 소중한 시간을 낭비한다며 혀를 찼다.

2012년 가을, 나는 미국육군사관학교에서 생도들을 대상으로 진행하던 일련의 리더십 세미나에 콜드웰을 연사로 초대했다. 당시에 콜드웰은 돈월에서의 다섯 번째 시즌을 준비하고 있었는데, 함께 사관학교 교정을 걷던 중에 나는 궁금증을 이기지 못하고 기어코 그 질문을 하고 말았다.

"왜 계속해서 돈월 자유 등반에 모든 걸 걸고 달려듭니까? 등반가로서는 이미 수많은 성공을 이뤘잖아요. 그걸 해봐야 실패의 경력밖에 더 쌓입니까? 그런데도 왜 그걸 계속할 겁니까?"

"그 등반이 나를 더 나은 등반가로 만들어주거든요. 돈월을 오르면서 나는 점점 더 강해지는 걸 느낍니다. 그러니까, **나는 실패를 반복하는 게 아니라 성장을 이어가는 겁니다.**"

우리 둘은 실패를 어떻게 생각해야 하는지를 두고 오래도록 이야기를 나누었고, 마침내 성공의 반대말은 실패가 아니라 성장이라는 결론에 다다랐다.

콜드웰은 이렇게 말했다.

"내가 많은 사람을 보면서 깨달은 게 하나 있습니다. 사람들이 성공에만 너무 집중한 나머지 실패를 통해서 성장한다는 생각은 아예 받아들이지 않습니다. 그러나 자신의 궁극적인 한계가 어디까지인지 진정으로 알고 싶다면, 실패를 반복해서 경험함으로써 언젠가는 성공의 문을 열 수 있기를 바라야 합니다. 내가 비록 돈월 자유 등반에 계속 실패하더라도 이 실패들 덕분에 나는 훨씬 더 강하고 더 나은 등반가가 될 것입니다.

그렇게 된다면 다른 등반은 대부분 내 눈에 상대적으로 쉬워 보이겠죠."

마침내 2년 뒤, 뉴스 매체들이 세기의 등반이라고 말하는 사건이 일어났다. 콜드웰과 조거슨이 2014년 12월 말부터 2015년 1월 중순까지 19일 만에 돈윌 자유 등반에 성공한 것이다. 두 사람에게는 특별한 행운도 따랐다. 돈윌을 정복하기에 완벽할 정도로 시원하고 화창한 날이 19일 동안 이어졌던 것이다. 엘캐피탄의 정상도 햇볕에 바싹 말라서 단두대 형상의 얼음덩이가 두 사람 머리 위로 떨어질 위험이 없었다.

보통은 1월이 되면 엘캐피탄은 눈에 덮여 있었지만, 2015년 1월의 첫 두 주 동안에는 전혀 그렇지 않았다. 날씨가 너무도 건조하고 화창했기 때문에, 뒤따라오던 조거슨이 전체 코스 가운데서도 가장 어려운 피치*를 정복할 때까지, 콜드웰은 암벽에서 조거슨을 며칠 더 기다릴 수 있었다. 그리고 마침내 2015년 1월 14일 오후 세 시 조금 넘은 시간에 두 사람은 자유 등반으로 돈윌의 정상에 최초로 올랐다. 콜드웰이 '돈윌 BHAG'가 과연 이룰 수 있는 도전인지 궁금해하며 나에게 큰 소리로 물어보던 그 시점으로부터 정확하게 2,801일이 지난 뒤였다.

그런데 이 성공은 모든 행운의 요소들이 바로 그 시기에 동시에 작동했고, 등반 기간 내내 불운의 요소가 단 하나도 발생하지 않았기 때문에 가능했다. 만일 행운이 따르지 않았더라면 콜드웰은 어쩌면 지금까지도 실패의 고뇌 속에서 분투하고 있을지도 모른다. 만일 퓰리처상을 수상한 〈뉴욕타임스〉 기자가 (우연의 일치이지만 이 신문사의 창업자도 암벽 등반가였다) 그 도전에 담긴 위대함을 포착하지 못했더라면, 그래서 그 이야기가 여러 차례에 걸쳐서 표지 기사로 실리지 않았더라면, 콜드웰의 인생 궤

---

* 암벽 등반에서의 한 구간.

적은 달랐을 수도 있다. 그리고 그의 파트너인 조거슨이 중간의 여러 피치에서 처음에는 실패를 거듭하다가 마침내 성공하는 어마어마하게 극적인 장면을 만들어내지 않았더라면 두 사람의 성공이 그토록 많은 사람으로부터 그토록 많은 관심을 끌지 못했을 것이다.

콜드웰과 조거슨이 마침내 돈월 자유 등반에 성공하자 버락 오바마 대통령도 요세미티 사진 앞에 서 있는 자신의 사진을 트위터에 올리면서 축하 메시지를 보냈다.[2]

그러나, 만약 콜드웰이 중도에 포기했다면 그는 이 모든 행운을 누릴 수 없었을 것이다.[*]

콜드웰이 돈월의 정상에 서서 두 팔을 치켜들었을 때 나는 속으로 "토미 콜드웰이 스티브 잡스를 만난다"라고 생각했다. 이 두 사람은 내 인생에 깊은 영향을 미쳤다. 나는 이들의 인생에서 얻은 중요한 가르침에서 위안과 에너지를 얻었다. 그것은 바로 "행운은 끈기 있는 사람에게 찾아온다"라는 가르침이다.

비는 누구에게나 내린다

내가 스티브 잡스를 처음 만난 것은 1980년대 후반이었다. 당시 나는 스탠퍼드대학교 경영대학원에서 강의를 맡은지 얼마 안 되는 햇병아리 강사였다. 그랬기에 내 강의가 학생들에게 가치 있음을 증명하려면 명망이 높은 누군가의 도움이 필요하다고 판단했다. 그래서 나는 잡스에게

[*]   〈내셔널지오그래픽〉은 콜드웰을 '2015 올해의 탐험가'로 선정했다.

전화를 걸어서 다짜고짜 이렇게 물었다.

"안녕하세요. 나는 경영대학원에서 소규모 벤처기업을 위대한 기업으로 일구는 과정을 강의하는 사람입니다. 우리 학생들을 위해서 이 강의에 함께해주실 수 있는지요?"

잡스는 흔쾌히 그러겠다고 했다. 그리고 강의를 하기로 한 날에 실제로 강의실에 나타났다. 그 강의실은 극장식 형태였는데, 잡스는 강단 탁자에 다리를 꼬고 비스듬히 기대앉아서 학생들에게 물었다.

"여러분은 무슨 얘기를 하고 싶습니까? 한번 해봅시다."

우리는 인생, 리더십, 창업, 기술, 미래 사회 등을 주제로 두 시간 가까이 토론했다. 그날 잡스는 일을 향한 열정, 무언가를 새롭게 창조하는 것에 대한 열정, 수백만 명의 창의적인 사람들에게 컴퓨터를 안겨주면 세상이 바뀔 것이라는 발상에 대한 열정을 마구 뿜어냈다.

그런데 잡스는 갑자기 "근데, 나는 최근에 회사에서 쫓겨났습니다"라는 말을 툭 던졌다. 실제로 그는 애플 이사회에서 치열한 싸움을 벌인 끝에 결국 지휘권을 잃었다. 말하자면 그는 사람들이 그의 등 뒤에서 그를 비웃고 깎아내리던 '광야의 세월'을 보내고 있었고, 그 무렵에 내가 그에게 손을 내밀었던 셈이다. 그의 여동생인 모나 심슨의 추모글에도 이 일화가 담겨 있는데, 이 추모글은 나중에 〈뉴욕타임스〉에 게재되었다. 실리콘밸리의 리더 500명이 미국 대통령과의 만찬 자리에 초대받을 때도 잡스의 이름은 그 명단에 없었다.[3] 그에게는 모진 광야의 세월이었다. 그는 애플 주식을 팔아 수백만 달러를 현금화한 다음에, 세상이 자기에게 보인 불공정성을 욕하며 휴양지에서 한가로이 은퇴 생활을 즐길 수도 있었다. 하지만 그는 그렇게 하지 않았다.

잡스는 애플 이후에 또 하나의 회사를 설립했다. 넥스트NEXT였다. 그러나 넥스트는 '다음 차례의 거물Next Big Thing'이 되지 못했다. 그럼에도 불구하고 포기하지 않았다. 매일, 매주, 매달, 매해 변함없이 노력했다. 사람들이 그에게 관심을 기울이지 않아도 또 그의 영원한 라이벌인 빌 게이츠가 세상을 바꾸는 선지자로 세계의 중심 무대에서 조명을 받을 때도, 그는 그저 묵묵하게 자신의 일에 몰두했다.

그러던 1997년, 드디어 행운이 찾아왔다. 앞서 2장에서도 언급했듯이 잡스가 사랑하던 애플이 거의 파산 직전까지 몰렸던 것이다. 애플은 여러 회사를 상대로 매각 협상을 했지만 최종 합의까지 이르지는 못했다. 애플에게는 새로운 컴퓨터 운영 체제가 절실하게 필요했고, 우연히도 넥스트가 애플이 필요로 하던 바로 그 유형의 운영 체제를 가지고 있었다.

그래서 잡스는 두 번째 기회를 얻었다. 여러 협상을 통해서 자신의 운영 체제와 함께 애플로 돌아온 것이다. 수많은 행운이 그에게 따르지 않았다면 아이팟도, 아이폰도, 아이패드도, 애플스토어도 없었을 것이고, 글로벌 아이콘의 상징으로 다시 우뚝 선 스티브 잡스도 없었을 것이다.

만일 스티브 잡스가 없는 애플이 1990년부터 1997년까지 눈부시게 성장했더라면 잡스가 애플로 귀환할 일은 영영 없었을 것이다. 만약 애플이 다른 회사에 매각됐더라면 지금의 애플은 존재하지도 않았을 것이다. 만약 애플이 넥스트가 개발한 바로 그 유형의 운영 체제가 필요하지 않았다면 잡스가 애플로 복귀하게 될 협상도 없었을 것이다.

그렇다면 잡스는 그저 행운아였을 뿐일까? 그리고 애플이 나쁜 기업에서 좋은 기업으로 성장한 것도 순전히 우연한 행운일까? 그리고 "얼마나 많은 성공을 행운으로 설명할 수 있을까?"라는 한층 더 일반적인 질문에 대해서는 뭐라고 말할 수 있을까?

일부 학자들이나 베스트셀러 저자들은 극단적인 성공은 독보적인 기술 그리고 철저한 원칙 준수의 결과라기보다는 행운의 산물이라고 주장한다. 수만 명이 들어찬 경기장에서 모든 사람에게 동전을 일곱 번 던지라고 했을 때 일곱 번 연속 앞면이 나오는 사람은 어쨌거나 제법 많이 나오지 않겠느냐는 말이다. 상당히 도발적이고 그럴듯한 주장이다. 그러나 영속적이고 위대한 기업을 일구는 문제에 관한 한 이런 주장은 완전히 잘못된 것이다.

찾아온 행운을 어떻게 이용할 것인가

《위대한 기업의 선택》을 집필하면서 모튼 한센과 나는 20세기 후반의 가장 성공적인 기업가들과 창업자들을 연구했다. 이 연구에서 우리는 행운이라는 변수와 이 변수에 따른 결과를 계량화했다. 우리는 행운의 사건luck event을 다음 세 가지 조건을 충족하는 것으로 정의했다. 첫째, **당사자가 그 사건을 일으키지 않았다.** 둘째, 그 사건은 좋든 나쁘든 **상당히 큰 잠재적 결과**를 낳았다. 셋째, 그 사건은 전혀 예측할 수 없이 일어난다는 점에서 **놀라움의 요소**를 가지고 있었다. 이 정의를 사용하면 성공한 회사들의 역사에서 많은 행운이 따랐음을 확인할 수 있었다. 그러나 정말 중요한 점도 확인했는데, 우리가 통제 집단으로 분류한 회사들 즉 커다란 성공을 거두지 못했던 회사들에서도 그런 행운의 증거를 다수 찾을 수 있었다!

커다란 승리를 거둔 기업들이라고 해도 일반적으로 보면 통제 집단의 회사에 비해서 행운을 더 많이 누렸다거나, 불운을 덜 만났다거나, 가장 적절한 시기에 행운을 만났다거나 하지는 않았다. 성공하지 못한 회사라고 하더라도 그들이 받은 **행운에 따른 이득**은 상대적으로 큰 편이었다. 그래서 한센과 나는 어떤 회사든 간에, 행운을 만날 것인지 여부가 아니라 (행운과 불운 모두 만나게 될 것이 분명하다) 그렇게 만난 행운을 **어떻게 이용할 것인지** 여부가 중요하다는 사실을 확인했다. 그래서 나는 위대한 리더십의 약 50퍼센트는 예상치 못한 일과 맞닥뜨렸을 때 이 일을 올바르게 처리하는 능력이라고 믿게 됐다.

아닌 게 아니라, 객관적인 증거를 놓고 보자면 불운이나 창업 초기의 좌절을 극복한 회사가 영속적인 위대한 기업으로 성장할 **확률이 높다.** 연구 멘토인 제리 포라스와 나는, 스타트업으로 출발해서 해당 산업을 상징하는 기업으로 성장해서 수십 년 동안 지속되고 있으면서 이 세상에 지울 수 없는 흔적을 남겼기에 우리가 선지자 기업visionary company이라고 부르는 18개 기업을 연구했다. 그리고 놀라운 사실을 발견했다. 그 회사들은 평범한 비교 대상 회사들에 비해서 커다란 성공을 거둘 가능성이 상대적으로 낮은 상태로 출발했다.

선지자 기업들은 오히려 창업 초기에 실패의 위기를 맞았던 적이 더 많았다. 또한 (장기적으로 보면 진정한 탁월함을 구축하는데 도움이 된) 조직적인 어려움을 극복해야 했다. 곰곰이 생각해보면 이런 위기가 오히려 도움이 됐음을 알 수 있다. 창업 초기에 '훌륭한 아이디어'로 운 좋게 성공을 거두는 회사는 게으르고 오만해질 수 있다. 반면, 초기 실패와 불운을 극복한 회사는 이러한 경험을 통해 지속적인 성공을 위한 역량을 개발할 가능성이 높다. 따라서 멀리 보면, 일찍 한 번 대박을 터뜨리는 것보다 초기 실패를 통해 체계적으로 혁신하는 방법을 배우는 것이 더 유리할 수 있다.

인생을 단 한 차례의 커다란 승리를 추구하는 한탕주의 관점으로 바라볼 수도 있고, 잘 다듬어진 **일련의 작은** 승리를 추구하는 과정으로 바라볼 수도 있다. 당신은 인생을 어떻게 바라보는가? 내가 보기에, 인생이 한탕에 달려 있다고 생각하는 사람은 실패할 가능성이 높다. 그러나 인생을 일련의 작은 승리를 추구하는 과정으로 바라보고 매번 최선을 다한다면 놀라운 성과를 맛볼 수 있다.

불운이 회사를 죽일 수는 있지만, 행운이 회사를 위대하게 만들 수는 없다. 모든 것을 끝장내는 치명적인 불운을 맞이하지 않는 한, 정말로 중요한 것은 장기적인 관점을 가지고서 작은 문제들을 하나하나 잘 처리하는 것이다. 이번에는, 다음에는, 또 그다음에는 어떻게 해야 할까?

잡스가 1985년에 애플에서 쫓겨난 뒤에 "나는 정말 운이 나빴다. 게임은 끝났고, 나는 그만둔다"라고 말했다고 상상해보자. 잡스가 열정을 잃어버렸다면 어떻게 되었을까? 만약 잡스가 창조적이고 진취적인 태도를 버리고 자기가 받은 상처에 괴로워만 했다면 어떻게 되었을까? 나는 잡스를 기업계의 베토벤이라고 생각했다. 매킨토시는 그의 3번 영웅 교향곡이었고, 아이팟은 그의 7번 운명 교향곡이었으며, 아이폰/아이패드는 그의 9번 합창 교향곡이다. 그러나 지금은 이 생각이 바뀌었다. 지금 나는 잡스를 기업계의 윈스턴 처칠로 즉 "절대로 포기하지 마라. 절대로, 절대로, 절대로, 절대로"라는 아주 단순한 주문을 장착하고 있던, 고도의 회복력을 갖춘 영혼으로 기억한다.

"절대로 포기하지 마라. 절대로, 절대로, 절대로"

1930년대는 많은 사람이 처칠을 신세계 질서와 무관한 낭만주의 시대의 유물로 여겼다. 처칠은 60대가 되면서 은퇴해서 시골로 내려가 그림을 그리고, 벽돌을 쌓고, 오리와 백조에게 먹이를 주고 "세상 사람들은 진리를 알아보지 못한다"라고 불평하며 여생을 보낼 수도 있었다. 그러나 그는 그렇게 하지 않았다. 예전과 다름없이 계속해서 글을 쓰고, 의회와 내각에서 일하고, 나치의 위협에 맞서자고 연설하고, 유화 정책에 문제를 제기하는 등 현업에서 떠나지 않았다. 모두가 알다시피 처칠의 전성기는 훨씬 후에 찾아왔다. 영국이 히틀러와 나치가 퍼뜨리는 순수한 악에 맞서 싸우던 시기였다. 만약 처칠이 힘든 세월을 견디지 못했다면, 유럽 전체가 나치의 도발로 암울한 상황에 빠졌을 때, 영국의 지도자로서 완벽한 위치에 서지 못했을 것이다.

제2차 세계대전이 끝나갈 무렵에 처칠은 소속 정당이 총선에서 노동당에 패하자 총리직에서 쫓겨난다. 그는 이 일을 매우 고통스럽게 여겼다.

"미래가 어떨지 그 모습을 구성하는 힘은 나를 거부할 것이다. 내가 지금까지 쌓아온 지식과 경험, 그리고 내가 수많은 국가로부터 얻은 권위와 호의도 모두 사라질 것이다."

총선에서 자기 정당이 패배할 게 거의 확실해졌을 때 처칠은 점심을 먹으면서 얼굴을 잔뜩 찌푸렸는데, 이때 그의 아내는 그것이 어쩌면 축복의 다른 모습일지도 모른다고 했다. 그러자 그는 "만일 그게 사실이라면 축복은 지금 무척 효과적으로 자기 모습을 잘 위장한 것 같다"라고 대꾸했다.[4]

그러나 처칠은 70대에도 왕성하게 현역 정치인으로 활동했다. 그는 '철의 장막'이라는 용어가 널리 퍼지게 된 유명한 연설을 통해서 냉전이 막 시작되던 무렵에 소련이 자유의 실존 자체를 위협하던 모습을 생생하게 드러냈다. 그는 6권짜리 회고록인《제2차 세계대전 The Second World War》을 집필했으며 (이 책은 내가 읽은 리더십에 관한 한 최고의 5,000쪽이다), 이 책으로 노벨문학상을 받았다. 그리고 그는 다시한번 더 총리 자리에 오른다. 스티브 잡스와 마찬가지로 끊임없이 일하고 노력했기에 가능한 일이었다.

우리 대부분은 인생의 어떤 시점에서 땅바닥에 내동댕이쳐지고 세상으로부터 버림받는다. 그리고 이런 일이 일어날 때 ('혹시라도 이런 일이 일어나면'이 아니다!) 우리에게는 선택지가 주어진다. 다시 일어설 것인가? 다시 똑같은 일이 반복된다면, 다시 또 일어설 것인가? 다시 또, 다시 또, 다시 또 일어설 것인가?

나는 이런저런 일로 힘들고 괴로울 때나 좌절감에 사로잡힐 때 또는 내가 저지른 실수를 처리하느라 진이 빠졌을 때 스티브 잡스, 윈스턴 처칠, 토미 콜드웰을 생각한다. 끝없는 고통 아래에서 엄숙하고도 암울한 태도로 끈질기게 버티는 것이 아니라, 목적이 분명한 일을 열정적으로 추구함으로써 새로운 힘을 얻어 즐겁고 기쁘게 일한다. **인생은 일찍 포기하기에는 너무 길고, 열정을 품은 일을 내팽개치기에는 너무 짧다.**

이 장을 마무리하면서 행운에 관해서 나눴던 흥미로운 대화 하나를 소개하겠다. 내가 타기로 되어 있던 비행기가 취소되는 바람에 다른 비행기에 타야 했을 때다. 내 좌석은 가운데의 끼인 자리였다. 이것 또한 불운이었다. 하지만 나는 그 불운을 최대한 활용하기로 마음먹고 내 양옆에 앉은 사람들에게서 무언가를 배워보기로 했다. 그래서 대화를 시도했다. 우선 통로 쪽 사람에게 물었다. 이 사람은 60대로 보이는 기품 있는 신사였다.

"어디에서 오셨습니까?"

"지금 덴버에 살아요."

"그곳에서 태어나셨나요?"

그러자 그가 웃었다.

"아뇨. 내가 태어나고 자란 곳은 멀어요. 동해안에 있는 어느 가난한 도심 지역에서 자랐으니까요."

"그럼 어쩌다가 덴버로 오셨습니까?"

"식당 체인점을 운영하거든요."

"아 예, 어쩌다가…?"

"그게 말입니다, 내 인생은 엄청난 행운의 연속이었거든요."

"그래요? 구체적으로…?"

"모든 게 놀라운 과학 선생님으로부터 시작되었습니다. 과학 수업 첫 날, 교실에 앉아 있었는데, 선생님이 들어오시더군요. 나는 과학이든 뭐든 공부할 마음이 전혀 없었습니다. 그런데 선생님이 난데없이 교실에 사다리를 설치하더니, 사다리 아래에다 패드를 하나 놓고 밖으로 나갔습니다. 무슨 일인가 하고 바라보는데, 이 선생님이 갑자기 교실로 뛰어들어와서는 사다리 위로 올라간 다음에 괴성을 지르며 뛰어내렸습니다. 그러더니 우리를 바라보면서 이러더군요. '얘들아, 지금부터 중력 이야기를 해보자.' 이 선생님 덕분에 과학에 관심을 가지게 되었습니다. 그리고 명문으로 꼽히는 대학에 장학금을 받고 다니면서 물리학을 전공했습니다."

계속해서 그는 일류 기업에 취직했던 일이며 정말 운이 좋게 투자 기회를 잡은 일이며, 또 장차 식당 체인점으로 성장하게 될 사업에 뛰어든 일 등을 들려주었다.

"나는 정말로 딱 맞는 시점에 딱 맞는 장소에 있었고, 그렇게 해서 성공했습니다."

그러자 창가 자리에 앉아 있던 청년이 대화에 끼어들었다.

"아이고, 나는 그런 행운을 믿을 여유가 없네요."

"그래요? 구체적으로…?"

"프로야구 선수가 되는게 꿈이지만, 사실 프로가 될 확률은 정말 낮습니다. 그런데 나로서는 이게 가능하다고 믿어야 합니다. 열심히 훈련하고 노력해서 내가 그 판에서 살아남을 수 있다고 믿어야 합니다. 모든 게 내가 하기에 따라서 달라진다고 믿어야 합니다. 근데 성공하느냐 못 하느냐가 행운에 달려 있다면, 내가 앞으로 감당해야 할 노력을 할 수가 없을 것 같네요. 나는 나 자신을 믿어야 하거든요."

그러자 통로 쪽에 앉은 나이든 남자가 말했다.

"사실 나도 당신처럼 생각했습니다. 모든 게 내가 어떻게 하느냐에 달려 있다고, 내가 해낼 수 있다고, 성공하는 데는 행운이 따로 필요하지 않다고 믿었죠. 사실 '모든 건 행운에 달려 있어'라고 생각하면서 일을 시작했다면 지금까지 내가 한 일들을 해내지 못했을 겁니다. 돌이켜서 생각해보면 행운도 나에게 어느 정도 작용한 게 맞습니다. 하지만 내가 처음 일을 시작하던 시점의 불운이 내 나머지 인생의 모든 것을 결정할 것이라고 믿었다면, 그런 생각이 나를 부숴버리고 말았을 겁니다."

비행기에서 낯선 사람들과 나누었던 이 대화는 행운-불운의 이상한 역설을 완벽하게 보여준다. 위대한 기업을 만든 리더들은 처음에는 행운이나 불운이 자기가 궁극적으로 거둘 성취에 영향을 주지 않는다고 생각한다. 그들은 자기 운명을 열어나가는 것은 전적으로 자기 책임임을 받아들인다. 그러나 일단 엄청난 성공을 거둔 뒤에는 그 과정에서 행운이 어떤 역할을 했는지 깨닫고는 자기 이야기에 그 행운을 추가한다.

모든 성공을 자신의 유능함이나 천재성 덕분이라고 생각하는 것은 오만이다. 한편으로 자신의 부족한 역량을 행운이 보완해줄 것이라고 믿어서도 안 된다. 정말 중요한 것은 통제하거나 예측할 수 없는 상황에 미리 대비하고, 어려움 속에서도 살아남을 만큼 강한 힘을 가지며, 행운이 찾아왔을 때, 이를 최대한 활용하는 것이다.

인생이나 사업 또는 성취를 추구할 때 한탕만을 노리며 행운을 좇는 사람들은 진정한 위대함이 어떻게 일어나는지 이해하지 못한다. 위대한 기업, 훌륭한 경력, 대단한 실적은 단 한 번의 사건, 단 한 번의 동전 던지기, 단 한 번의 손놀림으로 이뤄지지 않는다. 끈기를 가진다고 해서 성공이 보장되지 않는 것도 사실이다. 위대한 리더는 위대한 기업을 만들기 위한 긴 여정에서 전략, 계획, 방법을 수시로 바꿔야 한다는 것을 잘 안다. 그러나 그들은 또한 행운은 끈기 있는 사람에게 찾아온다는 단순한 진리를 이해하고 실천한다.

《성공하는 기업들의 8가지 습관》에는 끈기에 대해서 경고하는 내용이 있는데, 이 부분을 인용하는 것으로 이번 장을 마무리하고 싶다. 지난 30년 동안 내가 혼자서 혹은 다른 사람과 함께 썼던 모든 문단 가운데서 이 문단만큼 기업가나 갓 창업한 회사의 리더에게 꼭 필요한 내용은 없다.

선지자 기업을 일군 사람들은 엄청난 끈기를 가지고 있었으며, '절대로, 절대로, 절대로 포기하지 말자'라는 좌우명을 철저하게 실천하며 살았다. 그런데 어떤 것을 끈기를 가지고 끝까지 포기하지 않았을까? 회사다. 어떤 아이디어라도 없애거나 수정하거나 발전시킬 준비를 해라. 그렇지만 회사만큼은 절대로 포기하지 마라. 많은 사업가가 회사의

성공을 특정한 아이디어의 성공과 동일시한다. 하지만 이렇게 했다가
는 그 아이디어가 실패로 끝날 때 회사 자체를 포기하게 된다. 또 반대
로 그 아이디어가 성공한다고 해도, 회사가 다른 일을 적극적으로 추진
해야 할 때 그 아이디어에 감정적인 애착을 가지고서 집착할 가능성이
높다. 그렇지만 회사를 어떤 특정한 아이디어를 실행하는 주체가 아니
라 궁극적인 창조를 추구하는 주체로 바라본다면 (…) 좋은 것이든 나쁜
것이든 간에 특정한 아이디어를 초월하는 끈기를 가지고서 영속적인
위대한 기업으로 나아갈 수 있다.[5]

6장

위대한 기업으로 가는 지도

CHAPTER 6

끊임없이 새로워지는 사회에서 중요한 것은
지속적인 혁신과 갱신, 재탄생이 가능한 시스템이다.

— 존 가드너[1]

6장에서는 위대한 기업을 만드는 로드맵을 소개한다. 지도map라는 발상의 기원은 내가 스탠퍼드대학교 경영대학원에서 연구 및 강의 경력을 처음 시작하던 때로 거슬러 올라간다.

　그 무렵의 어느 날이었다. 나는 기업가정신과 중소기업 경영을 주제로 하는 강좌의 교안을 작성하다가 갑자기 어떤 강렬한 충동에 사로잡혔다. 그래서 원대한 포부라는 개념을 가지고서 학생들에게 도전 과제를 제시하는 내용으로 강좌 개요를 작성했다. 이렇게 해서 내가 강의할 강좌는, 스타트업 창업 및 중소기업 경영에 초점을 맞추는 게 아니라 **영속하는 위대한 기업**을 만들려면 어떤 것들이 필요할까 하는 질문을 중심으로 새롭게 구성됐다.

　이후 나는 이 질문을 너무도 사랑하게 됐다. 그리고 이 질문 덕분에 내 학생들이 고귀하고 대담한 일을 할 것이라는 기대를 갖게 됐다. 만약 그들이 기업가가 된다면, 그들이 세계적으로 가장 성공적인 회사, 회사 안팎에 독특하고 긍정적인 영향을 주는 회사, 존경할 가치가 있는 회사, 오랜 세월 이어질 회사를 만들기를 바랐다. 그러나 동시에 내가 연구해야 할 일이 무척 많다는 것도 깨달았다. 나는 '영속하는 위대한 기업'이라는 문구를 쳐다보면서 머릿속으로 이런 말을 했다.

　"나는 여기에 대해서 아직 아무것도 모르는구나. 지금부터 꼼꼼하게 알아봐야겠다!" 바로 그 순간 위대한 기업을 만드는 것이 무엇인지 발견하고 가르쳐야겠다는 다짐을 하게 됐다. 그때만 하더라도 나의 이 호기심을 충족하려면, 그 뒤로 25년 동안이나 노력해야 할 것이라고는 꿈에도 생각하지 못했다.

나는 빌 레지어와 함께 이 주제를 다룬 첫 번째 책을 썼다. 나로서는 처음 내는 책이었다. 이것이 바로 지금 이 책의 이전 판본인 《기업가정신을 넘어서》이다. 우리는 스탠퍼드대학교에서 강의했던 다양한 사례 연구 및 빌의 실용적인 지혜를 바탕으로 원고를 썼다. 이 작업을 시작으로 해서 나는 나의 연구 멘토인 제리 포라스의 영감에 찬 지도를 받으면서, 위대한 기업을 다른 모든 기업과 구분해주는 시대를 초월한 원칙들을 밝히겠다는 목적 아래, 지금까지 수십 년 동안 연구 활동을 해왔다. 때로는 공동저자와 협력하고 때로는 단독으로 글을 썼지만 스탠퍼드대학교, 콜로라도대학교의 학부생과 대학원생으로 구성된 연구팀은 늘 운영했다. 나와 연구팀이 하나의 연구 프로젝트를 완수하고, 출판 작업을 마칠 때마다 대답해야 할 또 다른 질문, 살펴봐야 할 또 다른 관점, 탐구해야 할 또 다른 각도가 제기됐다. 이렇게 꼬리에 꼬리를 물고 연구를 이어가다 보니, 도합 6천 년이 넘는 기업사를 바탕으로 한 연구조사를 완료할 수 있었다. 우리는 각각의 연구나 책을 구성할 때 다음과 같은 몇 가지 핵심 질문을 파고들었다.

- 왜 어떤 스타트업이나 중소기업은 세상을 바꾸는 선지자 기업으로 성장하는데 다른 스타트업이나 중소기업은 그렇지 못할까? (《성공하는 기업들의 8가지 습관》, 제리 포라스와 공동 집필)
- 왜 어떤 기업은 좋은 기업에서 위대한 기업으로 도약하는데 비슷한 상황에 놓여 있는 다른 기업은 그렇지 못할까? (《좋은 기업을 넘어

위대한 기업으로》)

- 왜 어떤 기업은 위대함의 경지에 올랐다가 그 지위를 놓쳐버리는데 비슷한 다른 기업은 그 지위를 계속 이어갈까? 위대함에서 좋음으로 추락하고, 다시 평범함으로 추락하고, 그러다가 영영 사라지고 말까? 《위대한 기업은 다 어디로 갔을까》)
- 왜 어떤 기업은 불확실성 속에서 심지어 혼돈 속에서도 성공하는데 비슷한 다른 기업은 그렇지 못할까? 우리가 예측하거나 통제할 수 없을 정도로 빠르게 움직이는 거대한 힘에 맞닥뜨렸을 때 유난히 좋은 성과를 내는 기업과 성과가 저조하거나 나쁜 기업을 어떻게 구별할 수 있을까? 《위대한 기업의 선택》, 모튼 한센과 공동 집필)

기업의 성공만 연구한 게 아니다. 성공과 실패, 상승과 쇠퇴, 인내와 붕괴, 위대함과 평범함 등을 각각 **대조**contrast하는 작업도 했다. 연구 전반에 걸쳐서 제리 포라스와 내가 창안했던 엄격한 '역사적 대응짝 방법matched-pair method'을 사용해서, 비슷한 상황에 놓였으면서도 위대한 기업이 된 경우와 그렇지 못한 기업의 경우를 비교하고, 각각의 기업이 어떻게 성장하고 발전했는지 그 전체 과정을 태동 단계에서부터 체계적으로 조사했다. 이처럼 우리가 채택한 연구 방법은 대조의 힘을 기반으로 했다. 즉, 우리의 핵심 질문은 "위대한 기업들의 공통점은 무엇인가?"가 아니라 "위대한 기업들을 그렇지 않은 기업들과 구분하는 공통점은 무엇인가?"였다.

그리고 이때 비교 및 대조의 대상이 되는 기업은, 정확히 같은 시대, 같은 산업에서 경쟁하면서 동일하거나 매우 비슷한 기회나 환경에 있었지만, 위대한 기업만큼 성과를 내지 못한 회사들이었다. 우리는 대조의 사례가 되는 회사들이 걸어온 역사를 체계적으로 분석하면서 "무엇이 두 집단의 차이를 설명하는가?"라는 근본적인 질문을 던졌다. (우리가 이 방법론을 '좋음에서 위대함으로good-to-great' 연구에 적용한 방식에 대한 설명은 [도표 6-1]을 참조)

설명을 계속 이어가기 전에 우리가 했던 연구에서 위대한 기업들에 대한 핵심적인 사항 하나를 먼저 밝혀야 할 것 같다.

우리는 현재 모습의 기업이 아니라 위대함의 **역사적인 시대들**을 연구했다. 우리 연구의 대상이 되었던 기업들 가운데 일부는 전성기를 구가한 뒤로 수십 년 동안 비틀거리거나 쓰러졌다. 그래서 독자 가운데 어떤 사람은 "그렇다면 ○○○ 회사는? 요즘에는 위대한 회사가 아닌 것 같은데 굳이 이런 회사를 살펴보는 게 의미가 있을까?"라는 질문을 던진다.

우리가 했던 연구는 특정 스포츠 팀이 전성기를 누리던 시기에 어떻게 훈련하고 운영되었는지 연구하는 것과 비슷하다. 예를 들어, UCLA 농구팀은 존 우든 감독 아래에서 12년 동안 10번이나 미국 대학농구 대회에서 우승했지만, 그가 물러난 후에는 내리막길을 걸었다.[2] 그렇다고 해서 그 팀이 전성기를 누리던 당시에 어떤 프로그램 아래에서 훈련하고 경기를 치렀는지 살펴보는 것이 의미가 없는 것은 아니다.

같은 맥락에서, 어떤 위대한 기업이 어느 시점에서부터는 위대하지 않을 수 있지만 그렇다고 해서 그 기업의 위대함의 역사 자체가 사라지는 것은 아니다.

이 책을 읽는 독자는 우리가 찾아낸 사실들을 놓고 규모가 작은 회사에 어떻게 적용할 수 있을지 고민할 수 있다. 우리가 사례로 든 많은 회사들이 대기업으로 성장했기 때문이다. 그러나 우리가 연구했던 회사들 모두 한때는 신생기업이나 중소기업이었고, 우리는 그들의 발전 과정을

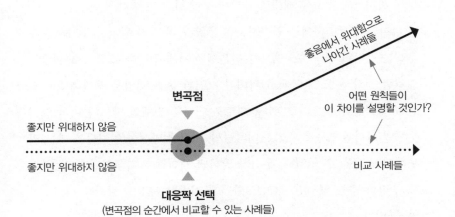

좋음에서 위대함으로
나아간 사례들

변곡점

좋지만 위대하지 않음

좋지만 위대하지 않음

어떤 원칙들이
이 차이를 설명할 것인가?

비교 사례들

대응짝 선택
(변곡점의 순간에서 비교할 수 있는 사례들)

초기부터 연구했다.

　연구를 통해, 우리는 어떤 회사든 초기부터 위대함의 기초를 세우는 것이 중요하다는 사실을 배웠다. 비유하자면, 어린 시절에 제대로 양육받지 못해서 나중에 그 환경에서 벗어나려 애쓰는 것보다, 처음부터 좋은 환경에서 자라서 사회에 잘 적응하는 건강한 성인이 되는 것이 더 낫다는 것이다.

　물론, 어린 시절에 부실한 양육 환경 아래에서 성장한 사람이라도 얼마든지 성공할 수 있다. 하지만 그렇다고 해서 그런 부실한 양육이 성공의 조건이라고 할 수는 없다. 기업을 일구어서 성장시키는 경우도 마찬가지다. 자기 회사를 잘 키우고 싶지 않은 사람이 어디 있겠는가? 위대한 기업 가운데 압도적으로 많은 기업이, 아직 초창기이거나 그리고/또는 규모가 작은 시기에 이미 탁월함의 토대를 회사 내에 마련했다. 회사가 성장하는 도중에 평범함을 위대함으로 바꾸어나갈 수도 있지만 처음부터 위대함의 기초를 제대로 다지는 것이 훨씬 더 좋다.

각각의 연구조사에는 연구자들의 통찰과 몇 가지 원칙이 추가되었다. 우리는 각각의 연구 프로젝트를 검은색 상자에 구멍을 뚫고 빛을 비추는 것처럼 생각하며, 그 안에서 위대한 기업과 좋은 기업을 구별해주는 일관된 원칙들을 찾으려고 했다. 새로운 연구를 진행할 때마다 미처 알지 못했던 역학관계가 추가로 드러나면서, 이전에 발견한 원칙들을 다른 각도에서 바라볼 수 있었다. 우리가 밝혀낸 개념들이 위대함을 '유발'한다고 주장할 수는 없지만, 적어도 증거에 기반한 특정한 상관관계는 주장할 수 있다.

그러니, 어떤 기업 지도자든 간에 우리가 발견한 내용을 절도 있게 자신의 회사에 적용한다면, 우리가 대조군으로 삼았던 회사처럼 행동할 때보다 영속적인 위대한 기업을 일구어낼 가능성은 한층 더 높아질 것이다. 수십 년 동안 연구하고 또 여러 권의 책을 내고 나자, 전체 작업을 체계적인 순서에 따라서 처리하고자 하는 사람들이 나에게 이런저런 질문을 하기 시작했다. 그 질문은 이런 것들이다.

"우리는 리더십 팀인데, 어디서부터 시작해야 합니까?"

"교수님이 낸 여러 책에 흩어져 있는 그 모든 발상은 서로 어떻게 맞물립니까?"

"교수님이 낸 책들이나 개념을 어떤 순서로 읽는 게 가장 좋습니까?"

"교수님의 연구 결과를 익히고 적용하려면 책을 순서대로 한 권씩 읽어야 합니까, 아니면 개념을 하나씩 파악해야 합니까?"

"교수님이 출간한 그 모든 책에 관통하는, 이른바 '모든 원칙을 통합한 지도'라고 할 수 있는 그런 것이 있습니까?"

지도
(짐 콜린스 개발)

인풋				아웃풋
1단계 규율을 갖춘 사람	**2단계** 규율을 갖춘 생각	**3단계** 규율을 갖춘 행동	**4단계** 영속성 구축	
단계5의 리더십을 배양한다	**'그리고'의 천재성**을 끌어안는다	**플라이휠**을 돌림으로써 추진력을 확보한다	**생산적인 편집증**을 실천한다 (몰락의 **다섯 단계**를 피한다)	탁월한 결과 두드러진 영향력
사람이 먼저이고 일은 그다음이다 (제대로 된 사람을 골라서 버스에 태운다)	**냉혹한 사실을 직시한다** (스톡데일의 역설 속에서 살아간다)	**20마일 행진** 규율로 돌파구를 마련한다	시간을 알려주기보다는 **시계를 만든다**	오래 지속되는 인내
	고슴도치 개념을 선명하게 한다	**'총 먼저 쏘고 그다음에 대포 쏘기'** 원칙으로 갱신하고 확장한다	**핵심을 보전하고 진전을 촉진한다** (다음 차례의 BHAG를 성취한다)	
열 배로 커진다 높은 **행운 대비 수익률**을 확보해라				

이런 질문들을 놓고 곰곰이 생각하면서 나는, 어떤 의미에서 보자면 내가 책을 한 권씩 나누어서 출간하는 방식으로 수십 년 동안 거대한 연구 프로젝트를 수행해 왔음을 깨달았다. 그래서 일단 내가 했던 그 모든 연구에서 가장 핵심적인 개념들을 선별해서 12가지 기본적인 원칙을 정하기로 마음먹었다.

그렇게 한 다음, 이 원칙들이 전체 틀 속에서 유기적으로 연결되도록 적절한 순서로 배치하여, 기업의 리더가 따라가기만 하면 위대한 기업을 만들 수 있는 경로를 규정하려고 했다. 이런 나의 목표를 한마디로 말하자면, 위대한 기업을 주제로 다룬 내 인생의 연구 결과의 핵심을 증류하여 단 하나의 '지도'로 만들겠다는 것이었다. 이 지도는 나의 경영연구실에 있는 커다란 화이트보드에 모두 그릴 수 있는 것이어야 했다.

이제부터 내가 찾아낸 '지도'의 필수적인 구성요소들을 하나씩 설명하겠다. '지도'의 원칙들과 관련된 각 책의 장과 논문도 함께 소개한다. 당신 개인이나 당신의 팀이 이 지도를 활용하고 싶다면, 각 원칙과 관련된 지시사항을 순차적으로 읽으면서 '지도'를 처음부터 끝까지 살펴보면 된다.

무엇이 위대한 기업을 움직이게 만드는가

지도
(짐 콜린스 개발)

인풋	아웃풋

시작하기 전에 먼저 '지도'에는 인풋과 아웃풋이 모두 수록되어 있음을 밝혀둔다.

인풋은 연구를 통해서 도출한 일련의 기본적인 원칙으로, 위대한 기업을 만들어나가는 **경로**에는 어떤 것이 있는지 보여준다. 아웃풋은 위대한 기업이 현재의 모습을 갖추기까지의 방법이 아니라 **현재의 모습 그 자체**이다. 이것은 매우 중요한 구분인데, 왜냐하면 사람들은 흔히 이 둘을 혼동하기 때문이다. '버스에 제대로 된 사람을 태우고 있는 것'이 (위대함을 달성하기 위한) 인풋일까, 아니면 (위대함을 규정하는) 아웃풋일까? 마찬가지로, 탁월한 결과를 얻는 것이 인풋일까, 아니면 아웃풋일까? 우리는 인풋과 아웃풋을 매우 조심해서 구분했는데, '지도'의 전체 내용을 보면 이 차이를 선명하게 이해할 수 있다.

우선 인풋에서부터 시작해서 규율이 하는 역할을 살펴보자.

우리가 연구를 통해 발견한 가장 중요한 주제는 '규율'이 위대한 것과 평범한 것을 구분하는 데서 수행하는 역할이다. 가치관, 성과 기준, 장기적 열망은 획일성을 강요하는 것과 양립할 수 없으며, 진정한 규율이 작동하려면 먼저 획일성을 거부하는 정신적 독립이 필요하다. 유일하게 정당한 규율은 자기 규율로, 이는 아무리 어려운 환경에서도 훌륭한 결과를 만들기 위해 무엇이든 하겠다는 내면의 확고한 의지다.

회사에 규율을 갖춘 직원들이 있으면 위계적 구조가 필요 없다. 규율을 갖춘 생각이 있으면 관료주의가 필요 없다. 규율을 갖춘 행동이 있으면 과도한 통제가 필요 없다. 규율의 문화를 기업가정신의 윤리와 결합하면 위대한 성과를 추진하는 강력한 혼합체가 된다.

기업계에서든 그 밖의 다른 부문에서든 간에 영속하는 위대한 조직을 구축하려면 규율을 갖춘 생각을 하고 규율을 갖춘 행동을 하는 규율을 갖춘 사람이 필요하다. 그러려면 장기간에 걸쳐 추진력을 유지하는 규율이 필요하다. 바로 이것이 '지도'의 기본적인 틀을 구성하는데, 그 틀은 다음 네 가지 기본적인 단계로 구분된다.

1단계 : 규율을 갖춘 사람
2단계 : 규율을 갖춘 생각
3단계 : 규율을 갖춘 행동(조치)
4단계 : 영속성 구축

무엇이 위대한 기업을 움직이게 만드는가

지도
(짐 콜린스 개발)

인풋				아웃풋
1단계 규율을 갖춘 사람	**2단계** 규율을 갖춘 생각	**3단계** 규율을 갖춘 행동	**4단계** 영속성 구축	

1단계 : 규율을 갖춘 사람

모든 것은 사람에서부터 시작된다. 1단계에는 핵심 원칙이 두 개 있다.

- 단계5의 리더십을 배양한다.
- 사람이 먼저, 일은 그다음이다 : 제대로 된 사람을 골라서 버스에 태운다.

무엇이 위대한 기업을 움직이게 만드는가

지도
(짐 콜린스 개발)

인풋				아웃풋
1단계 규율을 갖춘 사람 **단계5의 리더십을** 배양한다 **사람이 먼저이고 일은 그다음**이다 (제대로 된 사람을 골라서 버스에 태운다)	**2단계** 규율을 갖춘 생각	**3단계** 규율을 갖춘 행동	**4단계** 영속성 구축	

단계5의 리더십을 배양한다

카리스마 넘치는 리더십만으로는 위대한 기업을 만들 수 없다. 아닌 게 아니라, 가장 비참한 결과를 보였던 비교 사례 기업들 가운데 몇몇은 몰락하거나 실패했던 바로 그 시점에 매우 강력하고 카리스마 넘치는 리더십을 가지고 있었다.

우리는 오히려, 위대한 기업으로 성장하는 데서 결정적으로 중요한 요소가 단계5의 리더십임을 발견했다. 단계5의 리더십은 겸손함과 불굴의 의지가 하나로 결합되어 있다. 단계5의 리더십에서 표현되는 겸손함은 거짓 겸손이 아니다. 진정한 겸손함은 대의를 위해서 자아를 희생하는 정신이다. 이런 겸손함은 대의 달성이라는 목표를 위해서, 어떤 어려움이 있더라도 최선을 다하고 무엇이든 하겠다는 맹렬한 의지와 결합한다. 단계5의 리더십을 가진 리더는 믿을 수 없을 만큼 야심적이지만, 훌륭한 팀이나 조직을 구축하는 일 그리고 궁극적으로는 조직 전체가 공유하는 사명을 달성하는 데 자기가 가진 야망을 집중한다.

단계5의 리더십을 가진 리더는 다양한 성격 유형에서 나타날 수 있다. 이들 중에는 내성적이며, 심지어 수줍음이 많은 사람도 있다. 우리의 연구에 따르면, 좋은 기업에서 위대한 기업으로 발전하는 모든 사례는 단계5의 지도자로부터 시작되었으며, 이들은 직원들에게 기준을 불어넣는 방식으로 동기 부여를 했다.

우리가 했던 연구에서 회사 규모를 열 배 이상 키우며 성공한 창업자와 지도자는 저마다 개성은 달랐지만 리더십과 개인적인 특성을 혼동하지 않았다. 이들은 회사를 진정으로 위대하게 만들고, 회사가 자신의 개인적인 특성을 뛰어넘어 오래 지속되도록 하는 데 집착했다.

단계5	**임원** 개인적인 차원의 겸손함과 전문가적인 의지를 역설적이게도 하나로 결합함으로써 영속성을 구축한다.
단계4	**효과적인 리더** 선명하고도 설득력이 있는 사명을 헌신적이고도 활기 넘치게 추구하도록 촉진하며, 높은 성과 기준을 자극한다.
단계3	**유능한 관리자** 정해진 목표를 효과적이고 효율적으로 달성하기 위해서 인력과 자원을 조직한다.
단계2	**열심히 기여하는 팀 구성원** 집단의 목표를 달성하는 데 자기 역량을 투입해서 기여하고 또 집단 속에서 다른 직원들과 효과적으로 협력한다.
단계1	**매우 유능한 개인** 자기가 가진 재능, 지식, 기술, 업무 습관 등을 통해서 생산적인 기여를 한다.

위대한 기업을 만들기 위해서는 리더 자신은 물론 그가 속한 팀이 단계5의 리더십을 갖춰야 한다. 위대한 기업의 전성기를 분석해보면, 단계5의 리더십 파이프라인과 단계5의 단위부서 지도자가 조직 전체에 퍼져 있었다.

이 주제에 대해 더 깊이 알고 싶다면 다음 책을 읽어보길 권한다.

- 《좋은 기업을 넘어 위대한 기업으로》 1장과 2장
- 《위대한 기업의 선택》 1장과 2장

－《좋은 기업을 넘어 위대한 기업으로, 그리고 사회적 규범들》

사람이 먼저이고 일은 그다음이다(제대로 된 사람을 골라서 버스에 태운다)

단계5의 리더는 사람who을 **먼저** 생각하고 **그다음**에 일what을 생각한다. 이런 리더는 먼저 올바른(적합한) 사람들을 버스에 태우고 (동시에 잘못된 사람들을 버스에서 내리게 한다), 그다음에야 버스가 가야할 방향을 정한다. 혼돈, 난기류, 혼란, 불확실성 등이 닥쳐서 앞으로 무슨 일이 벌어질지 예측할 수 없을 때, 리더가 취할 수 있는 최선의 전략은 어떤 상황에서도 빠르게 대응해서 훌륭하게 일을 처리할 수 있는 규율 갖춘 인재를 확보하는 것이다. 우리는 이를 패커드의 법칙Packard's Law이라고 부른다(HP 공동창업자의 이름을 따서 이렇게 명명했다).

패커드의 법칙에 따르면, 어떤 회사든 간에 올바른 인재를 충분히 확보하는 것 말고는 달리 더 빠르게 위대한 기업으로 성장할 길은 없다. 만일 어떤 회사가 올바른 인재를 충분히 확보하는 속도보다 더 빠르게 성장한다면, 이 회사는 정체될 뿐만 아니라 결국 무너지고 말 것이다. 주목해야 할 가장 중요한 지표는 매출, 이익, 자본수익률, 현금흐름이 아니라, 버스의 전체 좌석 대비 올바른 사람들이 탑승한 비율이다. 모든 것은 적절한 인재를 확보하는 데 달려 있다.

이 주제에 대해 더 깊이 알고 싶다면 다음 책을 읽어보길 권한다.

－《좋은 기업을 넘어 위대한 기업으로》 3장

－《경영전략 2.0》 2장

2단계 : 규율을 갖춘 생각

인재를 적절한 자리에 배치하고 나면 2단계 '규율을 갖춘 생각'으로 넘어가자. 이 단계의 핵심 원칙은 다음 세 가지이다.

- '그리고'의 천재성을 끌어안는다.
- 냉혹한 현실을 직시한다. (**스톡데일의 역설** 속에 살아간다)
- 고슴도치 개념을 선명하게 한다.

무엇이 위대한 기업을 움직이게 만드는가

지도
(짐 콜린스 개발)

인풋				아웃풋
1단계 규율을 갖춘 사람	**2단계** 규율을 갖춘 생각	**3단계** 규율을 갖춘 행동	**4단계** 영속성 구축	
단계5의 리더십을 배양한다	**'그리고'의 천재성을** 끌어안는다			
사람이 먼저이고 일은 그다음이다 (제대로 된 사람을 골라서 버스에 태운다)	**냉혹한 사실을 직시한다** (**스톡데일의 역설** 속에서 살아간다)			
	고슴도치 개념을 선명하게 한다			

'그리고'의 천재성을 끌어 안는다

이분법은 지양해야 한다. 소설가 스콧 피츠제럴드F. Scott Fitzgerald는 "최고 수준의 지능을 확인하는 기준은 '상반된 두 가지 생각을 동시에 마음속에 담아두면서도 여전히 정상적으로 기능할 수 있는 능력을 가지고 있느냐'이다."라고 말했다.[3] 위대한 리더는 역설을 당연시한다. A와 B를 동시에 가질 수 없고 둘 중 하나를 반드시 선택해야 한다고 강요하는 것을 우리 저자들은 '또는'의 독재Tyranny of the OR라고 부른다. 그러나 위대한 리더는 이런 사고에 자신을 옭아매지 않는다. 대신 '그리고'의 천재성으로 스스로를 해방한다. 규율이 없는 사상가들은 논쟁을 '또는'의 독재로 몰아간다. 반면, 규율을 갖춘 사상가들은 대화를 확장하여 '그리고'의 천재성이 담긴 해법을 제시한다. 우리는 연구를 통해 '그리고'의 천재성이 담긴 수많은 조합을 발견했다. 예를 들면 다음과 같다.

창의성	그리고	규율
혁신	그리고	실행
겸손	그리고	대담함
자유	그리고	책임
비용	그리고	품질
단기	그리고	장기
신중함	그리고	용기
분석	그리고	행동
이상주의적	그리고	실용주의적
연속성	그리고	변화
현실적	그리고	전망적

가치관	그리고	결과(성과)
목적	그리고	이익

특히 비전이 이끄는 선지자 기업들은 기업의 유일한 목적이 주주 이익 극대화라는 생각을 거부한다. 이 기업들은 돈을 버는 것을 넘어서 핵심적인 목적을 추구한다. 그리고 **그렇게 하면서도** 엄청난 부를 창출한다.

이 주제에 대해 더 깊이 알고 싶다면 다음 책을 읽어보길 권한다.

-《성공하는 기업들의 8가지 습관》1장, 사잇글, 3장*

냉혹한 현실을 직시한다(스톡데일의 역설 속에서 살아간다)

우리가 했던 연구에 따르면, 단계5의 리더는 스톡데일의 역설Stockdale Paradox을 조직에 주입한다. 이 역설은 베트남전쟁 당시 포로 수용소 생활을 했던 미군 최고위 장성 짐 스톡데일Jim Stockdale 제독의 이름을 딴 것이다. 스톡데일은 전쟁 포로라는 현실 속에서도 끝내 승리할 것이고 또 그렇게 될 것이라는 믿음을 흔들리지 않고 유지했다. **그리고 동시에** 현실의 가장 냉혹한 측면을 있는 그대로 받아들였다. 또 언젠가는 수용소에서 벗어나서 사랑하는 사람들을 다시 만날 것이라고 믿었지만, **그리고 동시에** 해방의 날이 이번 크리스마스나 다음 크리스마스, 심지어 그다음 크리스마스까지도 오지 않을 수 있다는 사실을 냉정하게 받아 들였다.

리더는 금방 깨지고 말 헛된 희망을 퍼뜨려서도, 믿어서도 안 된다. **그리고 동시에** 절망에 굴복하지 말고 언젠가는 결국 승리할 것이라는 믿음

---

* 사잇글의 제목은 "'아니면'이라는 악령에서 벗어나 '그리고'라는 영신을 맞아들여라"이다.

을 가져야 한다. 스타트업으로 출발해서 위대한 기업으로 성장하려면 스톡데일의 역설이 필요하다. 난기류와 혼란을 헤쳐 나가려면 바로 이 스톡데일의 역설이 필요하다. 몰락의 추세를 반전시켜 다시 성공 궤도로 돌려놓으려면 바로 이 스톡데일의 역설이 필요하다. 성공의 길을 걸어가는 회사를 지속적으로 새롭게 해서 영속적으로 이어지게 하려면 바로 이 스톡데일의 역설이 필요하다.

단계5의 리더는 비전과 전략을 설정하기 전에 조직 내부에 냉혹한 사실을 직시하고, 진실을 말하고 나눌 수 있는 분위기를 조성한다. 구성원들이 냉혹한 현실을 직시하지 못 하고, 이를 말할 수 없다면, 그 조직은 재앙적인 쇠퇴의 전조 증상에 빠진 것이다.

이 주제에 대해 더 깊이 알고 싶다면 다음 책을 읽어보길 권한다.

-《좋은 기업을 넘어 위대한 기업으로》4장

고슴도치 개념을 선명하게 한다

고대 그리스의 우화에 따르면, 여우는 많은 것을 알지만 고슴도치는 중요한 것 한 가지만 안다. 20세기 초의 철학자 이사야 벌린Isaiah Berlin은 이 비유를 토대로 사상가를 여우와 고슴도치라는 두 가지 유형으로 나누었다.

여우는 세상에 내재된 복잡성을 포용하고 다양한 발상을 동시에 추구하며 결코 단일한 목적이나 아이디어에 모든 것을 걸지 않는다. 한편 고슴도치는 오로지 단순함에만 이끌려서, 모든 것을 단일한 관점으로 바라본다.

우리의 연구에 따르면, 위대한 리더는 여우보다 고슴도치에 가깝다. 이들은 규율을 갖춘 의사결정을 위해서 고슴도치 개념Hedgehog Concept을

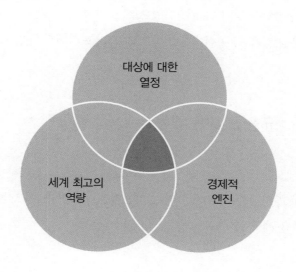

암시적으로 또는 명시적으로 사용한다. 고슴도치 개념은 세 개의 원이 겹치는 부분을 깊이 이해하는 것에서 비롯된다. 이는 매우 단순하고도 선명한 개념이다. 그 세 개의 원은 다음과 같다.

(1) 당신과 조직이 진정으로 열정을 가지고 있는 것은 무엇인가?
(2) 당신과 조직이 세계 최고가 될 수 있는 분야는 어디인가?
(3) 당신과 조직의 경제적 엔진을 가장 잘 추진시키는 것은 무엇인가?

이 세 개의 원이 겹치는 결정을 내릴 수 있도록 치열하게 훈련받은 리더라야 추진력을 가질 수 있다. 여기에는 무엇을 해야 할지에 대한 규율뿐만 아니라 무엇을 하지 말아야 할지 또 무엇을 중단해야 할지에 대한 규율도 포함된다.

이 주제에 대해 더 깊이 알고 싶다면 다음 책을 읽어보길 권한다.

- 《좋은 기업을 넘어 위대한 기업으로》5~7장
- 《좋은 기업을 넘어 위대한 기업으로, 그리고 사회적 규범들》

3단계 : 규율을 갖춘 행동

3단계에서는 규율 있는 생각을 규율 있는 행동으로 전환하여 돌파구를 마련하고 성과를 확장하기 위해 추진력을 확보한다. 이 단계의 핵심 원칙은 다음 세 가지이다.

- 플라이휠을 돌림으로써 추진력을 확보한다.
- 20마일 행진 규율로 돌파구를 마련한다.
- '총 먼저 쏘고 그다음에 대포 쏘기' 원칙으로 갱신하고 확장한다.

플라이휠을 돌림으로써 추진력을 확보한다

위대한 기업을 건설하는 일은 한 번에 이루어지지 않는다. 단 한 번의 결정적인 행동이란 없다. '그랜드 프로그램'이니 '킬러 혁신' 같은 것도 없다. 난데없는 행운이니 기적의 순간이니 하는 것도 없다. 오직 끊임없는 노력과 일관된 실행이 있을 뿐이다.

전체 과정은 거대하고 무거운 플라이휠을 돌리고 또 돌리는 것, 그렇게 힘을 모아서 마침내 임계점을 돌파하는 것과 비슷하다. 엄청난 노력을 기울일 때 비로소 그 무거운 플라이휠은 아주 조금 돌아간다. 계속 이렇게 돌려야만 무거운 플라이휠은 한 바퀴를 완전히 회전한다. 그러나

지도
(짐 콜린스 개발)

인풋				아웃풋
1단계 규율을 갖춘 사람	**2단계** 규율을 갖춘 생각	**3단계** 규율을 갖춘 행동	**4단계** 영속성 구축	
단계5의 리더십을 배양한다	**'그리고'의** **천재성**을 끌어안는다	**플라이휠**을 돌림으로써 추진력을 확보한다		
사람이 먼저이고 **일은 그다음**이다 (제대로 된 사람을 골라서 버스에 태운다)	**냉혹한 사실**을 **직시한다** (**스톡데일의 역설** 속에서 살아간다)	**20마일 행진** 규율로 돌파구를 마련한다		
	고슴도치 개념을 선명하게 한다	**'총 먼저 쏘고** **그다음에 대포** **쏘기'** 원칙으로 갱신하고 확장한다		

여기에서 멈추면 안 된다. 계속 돌려야 한다. 그러면 플라이휠이 돌아가는 속도가 처음보다 조금 더 빨라진다. 이렇게 해서 두 바퀴를 돌고… 네 바퀴를 돌고… 여덟 바퀴를 돈다. 이렇게 되면 플라이휠에 가속도가 붙고, 열여섯 바퀴를 돌고… 서른두 바퀴를 돌고… 천 바퀴를 돌고… 만 바퀴를 돌고… 10만 바퀴를 돈다. 그러면 어느 순간, 임계점을 돌파한다. 그때부터는 플라이휠은 멈추지 않는 추진력으로 힘차게 돌아간다.

당신 회사만의 고유한 조건에서 플라이휠의 추진력을 생성하는 방법을 파악하고, 여기에 창의성과 규율을 적용하면 전략적 복리strategic compounding의 힘을 얻을 수 있다. 위대한 리더가 일련의 좋은 의사결정을 내림에 따라 플라이휠이 돌아가는 한 바퀴 한 바퀴는 이전 작업을 바탕으로 점점 더 수월하게 이루어지며, 이 모든 과정에서 복리의 힘이 발휘된다.

이 주제에 대해 더 깊이 알고 싶다면 다음 책을 읽어보길 권한다.

-《플라이휠 돌리기Turning the Flywheel: A Monograph to Accompany Good to Great》

20마일 행진 규율로 돌파구를 마련한다

추진력을 얻으려면 플라이휠의 모든 구성 요소를 열정적인 규율을 가지고서 실행해야 한다. 《위대한 기업의 선택》에서 모튼 한센과 나는 열정적인 규율의 강력한 원칙으로 20마일 행진을 제시했다.

20마일 행진을 실천한다는 것은 일관성을 유지하기 위해서 성과 표준을 설정한다는 뜻이다. 이는 비가 오나 눈이 오나 하루도 빠지지 않고 날마다 최소한 20마일씩 걸어서 드넓은 국토를 횡단하는 것과 같다. 날씨가 어떻든 몸 상태가 어떻든 주변의 환경이 어떻든 상관하지 않고 행진을 이어간다는 뜻이다. 20마일 행진을 할 때 사람들은 "20마일 행진 원칙을 반드시 지켜내려면 무엇을 준비해야 하며 또 무엇을 피해야 합니까?"라고 묻는다. 우리가 했던 연구에 따르면, 조건과 환경이 거칠고 힘들수록 20마일 행진은 더 많은 승리로 끝났다. 20마일 행진은 무질서 속에서 질서를, 혼돈 속에서 규율을, 불확실성 속에서 일관성을 요구한다. 이것은 **연속적인** 일관성의 문제이다. 즉, 어떤 경우에라도 당연히 그래야 한다는 뜻이다.

우리가 연구 대상으로 삼았던 몇몇 기업은 40년 이상 연속으로 20마일 행진을 했다. 이 행진에서 **연속적인** 일관성을 유지하면 아름다운 '그리고'의 천재성이 달성되며, 단기적인 성과 **그리고** 장기적인 구축이라는 규율을 자극한다. 당신은 이번 주기에 그 행진을 완수해야 하고, **또 앞으로** 수십 년 동안 **연속되는 모든 주기**에 그 행진을 완수해야 한다.

이 주제에 대해 더 깊이 알고 싶다면 다음 책을 읽어보길 권한다.
-《위대한 기업의 선택》3장

'총 먼저 쏘고 그다음에 대포 쏘기' 원칙으로 갱신하고 확장한다

위대한 기업은 '총 먼저 쏘고 그다음에 대포 쏘기' 원칙으로 플라이휠을 갱신하고 확장한다. 이 발상을 자세하게 설명하면 다음과 같다.

적 전투함이 당신의 배를 공격한다. 당신이 쓸 수 있는 화약의 양은 제한되어 있다. 어떻게 하겠는가? 한 가지 떠오르는 방법은 화약을 모두 모아서 커다란 포탄 한 발을 만들어서 쏘는 것이다. 그런데 이 포탄이 빗나가면 어떻게 될까? 그렇다면 이제는 사용할 수 있는 화약이 없다. 한마디로 망한 것이다. 다른 방법은 없을까? 화약을 나누어 작은 총알 여러 개를 만들어서 쏘면 어떨까? 처음 한 발은 40도 빗나간다. 다시 조준해서 발사하자 이번에는 30도 빗나간다. 세 번째는 10도만 빗나간다. 그리고 네 번째는 명중한다. 여기까지 오는 과정에서 당신은 검증을 통해 영점 조준을 마쳤다. 이제는 남은 화약을 모두 가져다가 커다란 포탄 하나를 만들어서 쏘기만 하면 적 전투함을 침몰시킬 수 있다.

우리의 연구에 따르면, 조준선을 정확히 보정한 후 발사한 포탄은 엄청난 성과를 가져다주지만, 그렇지 않은 포탄은 재난으로 이어졌다. 혁신을 **확장하는** 능력, 즉 작고 검증된 아이디어(총알)를 거대한 성공(포탄)으로 바꾸어놓는 능력은 거대한 플라이휠을 돌리는 추진력을 제공한다. 처음에는 총을 쏘고 그다음에 대포를 쏘는 방식은 조직의 고슴도치 개념의 범위를 확장하고, 조직의 플라이휠을 완전히 새로운 영역으로 넓히는 기본적인 매커니즘이다.

이 주제에 대해 더 깊이 알고 싶다면 다음 책을 읽어보길 권한다.

- 《위대한 기업의 선택》 4장
- 《플라이휠 돌리기》

4단계 : 영속성 구축

1단계부터 3단계까지의 핵심 원칙을 훌륭하게 지켜낸다면 매우 성공적인 회사를 만들 수 있을 것이다. 이제 4단계를 지킨다면, 영속적인 회사가 될 수 있다. 4단계의 핵심 원칙은 다음 세 가지이다.

- 생산적인 편집증을 실천한다 (몰락의 다섯 단계를 피한다).
- 시간을 알려주기보다는 시계를 만든다.
- 핵심을 보전하고 진전을 촉진한다 (다음 차례의 BHAG를 성취한다).

생산적인 편집증을 실천한다(몰락의 다섯 단계를 피한다)

회사가 오래 지속되려면 우선 회사가 죽지 않아야 한다. 교훈도 우선 살아남아야 얻을 수 있다. 모든 회사는 죽음에 취약해서 얼마든지 몰락할 수 있다. 가장 성공한 기업은 정상에 영원히 살아 남는다는 자연법칙

무엇이 위대한 기업을 움직이게 만드는가

지도
(짐 콜린스 개발)

인풋				아웃풋
1단계 규율을 갖춘 사람	**2단계** 규율을 갖춘 생각	**3단계** 규율을 갖춘 행동	**4단계** 영속성 구축	
단계5의 리더십을 배양한다	**'그리고'의 천재성**을 끌어안는다	**플라이휠**을 돌림으로써 추진력을 확보한다	**생산적인 편집증**을 실천한다 (**몰락의 다섯 단계**를 피한다)	
사람이 먼저이고 일은 그다음이다 (제대로 된 사람을 골라서 버스에 태운다)	**냉혹한 사실**을 직시한다 (**스톡데일의 역설** 속에서 살아간다)	**20마일 행진** 규율로 돌파구를 마련한다	시간을 알려주기보다는 **시계를 만든다**	
	고슴도치 개념을 선명하게 한다	**'총 먼저 쏘고 그다음에 대포 쏘기'** 원칙으로 갱신하고 확장한다	**핵심을 보전하고 진전을 촉진한다** (다음 차례의 BHAG를 성취한다)	

은 없다. 어떤 회사든 쓰러질 수 있고, 또 많은 기업이 실제로 쓰러졌다.

위대한 기업을 만드는 기업가는 그렇지 못한 기업가와 달리 좋을 때나 나쁠 때나 과잉 각성 상태를 유지한다. 난기류를 헤쳐 나가고 몰락을 피해가는 리더는 자기 조직을 둘러싼 상황이 언제든 예기치 않게 격렬하고 빠르게 변할 수 있다고 가정한다. 그들은 "만약에 이렇게 되면 어떡하지? 만약에 저렇게 되면 어떡하지? 만약에 이렇게 저렇게 되면 어떡하

6장. 위대한 기업으로 가는 지도

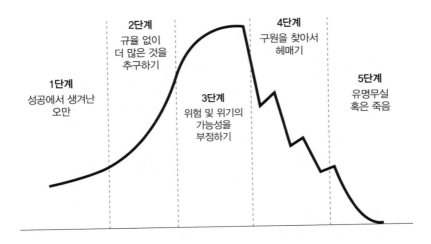

1단계
성공에서 생겨난
오만

2단계
규율 없이
더 많은 것을
추구하기

3단계
위험 및 위기의
가능성을
부정하기

4단계
구원을 찾아서
헤매기

5단계
유명무실
혹은 죽음

지?"라는 질문을 강박적으로 끊임없이 한다. 그리고 준비금을 쌓아두거나, 안전마진을 유지하거나,* 위험을 묶어두거나, 좋을 때와 나쁠 때나 규율을 단련함으로써, 갑작스런 혼란이 닥치더라도 유연하게 대응한다.

생산적인 편집증은 조직이 몰락의 다섯 단계에 빠지지 않도록 예방한다. 그 다섯 단계는 다음과 같다. (1) 성공에서 비롯된 오만, (2) 규율 없이 더 많은 것을 추구하기, (3) 위험 및 위기의 가능성을 부정하기, (4) 구원을 찾아서 헤매기, (5) 유명무실 혹은 죽음.

우리의 연구에 따르면, 처음 세 단계의 몰락을 걸어가는 기업의 경우 외부에서 볼 때 기록적인 매출과 급속한 성장으로 건전해 보이지만, 안으로는 이미 병들어 있었다. 혹시 이런 전조가 보인다면, 더욱더 생산적

---

*   어떤 기업의 내재 가치가 20,000원인데 이 기업을 15,000원에 매수했으면, 차액 5,000원
      이 안전마진이다.

인 편집증을 실천할 때다.

이 주제에 대해 더 깊이 알고 싶다면 다음 책을 읽어보길 권한다.

-《위대한 기업의 선택》5장

-《위대한 기업은 다 어디로 갔을까》

시간을 알려주기보다는 시계를 만든다

카리스마 넘치는 선지자는 '천 명의 조력자를 거느린 천재'로서 구성원들에게 시간을 알려준다. 반면 오랜 기간 번성하는 문화를 만드는 리더는 시계를 만든다. 성공 가능성이 높은 아이디어 하나를 찾아내는 것은 시간을 알려주는 것과 같다. 반면 멋진 아이디어들을 수없이 창출할 수 있는 조직을 구축하는 것은 시계를 만드는 것과 같다.

영속적인 위대한 기업을 만드는 리더는 시간을 알려주는 것에서 시계를 만드는 것으로 전환한다. 시계 제작자는 누구나 따라할 수 있는 레시피와 포괄적인 교육 프로그램, 리더십 개발 파이프라인을 구축한다. 또한 핵심 가치관을 강화할 구체적인 체재를 마련한다. 그들은 사람을 관리하는 게 아니라 시스템을 관리한다. 진정한 시계 제작자는 자신의 임기뿐만 아니라 다음 세대의 지도자가 플라이휠을 돌릴 수 있도록 준비한다.

미국 헌법을 제정한 것은 시계를 만드는 행위였다. 신생국가 미국은 헌법 덕분에 독립전쟁을 승리로 이끈 이들의 용기, 천재성이 역사의 흐름 속에서 사라진 뒤에도 영속적으로 지속될 수 있었다. 회사를 창업하는 것은 미국이 영국을 상대로 한 독립전쟁에서 승리한 것과 같지만, 오래 이어지는 회사를 만드는 것은 헌법을 제정한 것과 같다.

이 주제에 대해 더 깊이 알고 싶다면 다음 책을 읽어보길 권한다.

- 《성공하는 기업들의 8가지 습관》 2장
- 《위대한 기업의 선택》 6장

핵심을 보전하고 진전을 촉진한다 (다음 차례의 BHAG를 성취한다)

지금까지 설명한 모든 원칙을 충실하게 지킨다면, 어느 정도 성공을 거둘 수 있을 것이다. 그러나 지금까지 설명했던 것보다 훨씬 높은 기준이 있다. 바로 상징적이면서도 선지자적인 비전을 가진 조직을 구축하는 것이다.

도교에서 말하는 음과 양의 상징을 생각해보라. 한쪽에서는 '핵심을 보전'하고 다른 한쪽에서는 '진전을 촉진'한다. 이처럼 조직은 핵심을 보존하기 위해서, 세월이 아무리 흘러도 변하지 않는 핵심 가치관과 목적(존재의 이유)을 세워야 한다. 한편 진전을 촉진하기 위해서 변화, 개선, 혁신, 갱신이라는 끊임없는 추진력을 가져야 한다. 영속적인 위대한 조직은 핵심 가치관과 운영 전략 및 문화적 관행 사이의 차이를 이해한다. 핵심 가치관은 거의 변하지 않지만, 운영 전략과 문화적 관행은 변화하는 세계에 대응하여 끊임없이 변화한다. 오래 지속될 조직을 만들려면 가치관은 지키면서도 변화에 유연한 조직을 만들어야 한다.

선지자적인 비전을 가진 기업은 대개 진전을 촉진하기 위해서 BHAG(크고 위험하며 대담한 목표)를 세운다. 핵심적인 목적은 지평선 위에서 길을 일러주는 길잡이별이다. 반면 BHAG는 지금 오르고 있거나 혹은 내일이면 오르게 될 산, 즉 기한을 두고 달성해야 할 크고 위험하며 대담한 목표를 말한다.

따라서 지금 오르고 있는 산이 있다면 그 곳에 관심과 에너지를 집중해야 한다. 그러나 산의 정상에 도달하고 나면, 다시 길잡이별(목적)을 바

라보고 새롭게 올라야 할 다른 산(또 다른 BHAG)을 선택해야 한다. 이 목표를 추구하고 달성하는 과정 전체에 걸쳐서 핵심 가치관을 충실하게 실천해야 한다.

이 주제에 대해 더 깊이 알고 싶다면 다음 책을 읽어보길 권한다.

- 《성공하는 기업들의 8가지 습관》 4~5장, 10장
- 《좋은 기업을 넘어 위대한 기업으로》 9장
- 《경영전략 2.0》 4장

10배로 커진다 — 행운 대비 수익률

마지막으로, 모든 원칙의 효과를 증폭시키는 인풋이 있다. 행운 대비 수익률return on luck이라는 원칙이다. 연구를 진행하던 내내 머리를 떠나지 않던 질문이 하나 있었다.

"행운의 역할은 무엇일까?"

무엇이 위대한 기업을 움직이게 만드는가

지도
(짐 콜린스 개발)

인풋				아웃풋
1단계 규율을 갖춘 사람	**2단계** 규율을 갖춘 생각	**3단계** 규율을 갖춘 행동	**4단계** 영속성 구축	
단계5의 리더십을 배양한다	**'그리고'의 천재성을** 끌어안는다	**플라이휠을** 돌림으로써 추진력을 확보한다	**생산적인 편집증을** 실천한다 (**몰락의 다섯 단계**를 피한다)	
사람이 먼저이고 일은 그다음이다 (제대로 된 사람을 골라서 버스에 태운다)	**냉혹한 사실을 직시한다** (스톡데일의 역설 속에서 살아간다)	**20마일 행진** 규율로 돌파구를 마련한다	시간을 알려주기보다는 **시계를 만든다**	
	고슴도치 개념을 선명하게 한다	**'총 먼저 쏘고 그다음에 대포 쏘기'** 원칙으로 갱신하고 확장한다	**핵심을 보전하고 진전을 촉진한다** (다음 차례의 BHAG를 성취한다)	
열 배로 커진다 높은 **행운 대비 수익률**을 확보하라				

우리의 연구에 따르면, 위대한 기업은 비교 대상 기업보다 운이 특별히 더 좋지는 않았다. 이들 기업에 행운이 더 많이 찾아왔거나 불운이 덜 찾아왔거나, 행운이 특별히 몰려왔거나, 타이밍이 유달리 좋았던 것은 아니다.

대신 행운 대비 수익률이 높았다. 행운이 찾아왔을 때 그 행운을 최대한 활용했다는 말이다. 리더가 던져야 할 질문은 "행운이 찾아올까?"가 아니라 "찾아온 행운을 어떻게 활용할까?"이다. 행운의 사건에 대한 수익률이 높을 때 플라이휠에 한층 더 강한 추진력을 가할 수 있다. 그러나 불운의 충격을 흡수할 준비가 되어있지 않거나 불운에서 배우지 못한다면 플라이휠이 멈추는 일이 벌어질 수 있다. 훌륭한 리더십의 절반은 예상치 못한 상황에서 발휘된다.

지도의 모든 원칙 중에서 내가 가장 좋아하는 것은 행운 대비 수익률이다. 행운은 전혀 별개의 사건luck event으로 정의할 수 있음을 이해하기만 하면 어디에서나 행운이 가져다주는 기회를 발견할 수 있다(5장의 내용을 복습하자면,《위대한 기업의 선택》에서 모튼 한센과 나는 행운의 사건을 다음 세 가지 조건을 충족하는 것으로 정의했다. 첫째, 당사자가 그 사건을 일으키지 않았다. 둘째, 그 사건은 좋든 나쁘든 상당히 큰 잠재적 결과를 낳는다. 셋째, 그 사건은 전혀 예측할 수 없이 일어난다는 점에서 놀라움의 요소를 가지고 있다).

행운 대비 수익률이라는 개념은 행운이 (자주) 일어난다는 부인할 수 없는 사실을 설명하면서도 행운 그 자체가 위대함을 가져다주지 않는다는 본질적인 진실을 포착한다. 치명적인 불운은 회사를 망하게 할 수 있지만, 아무리 좋은 행운이라도 회사를 위대하게 만들지는 못한다. 따라서 영속적인 위대한 기업을 만드는 것은 행운이 아니라 사람이다.

이 주제에 대해 더 깊이 알고 싶다면 다음 책을 읽어보길 권한다.

-《위대한 기업의 선택》7장

-《좋은 기업을 넘어 위대한 기업으로》9장

-《경영전략 2.0》5장

위대함이라는 아웃풋

지금까지 설명한 원칙들은 위대한 조직을 구축하기 위한 인풋 요소들이다. 위대한 조직을 규정하는 아웃풋에는 무엇이 있을까? 위대함의 기준은 무엇일까? 세 가지 기준이 있다. 바로 탁월한 결과, 두드러진 영향력, 오래 지속되는 인내이다.

탁월한 결과

기업 부문에서 성과라고 함은 재무 결과(투자자본수익률)와 기업 목적 달성을 들 수 있다. 사회 부문에서 성과는 사회적 사명을 수행한 결과와 효율성을 들 수 있다. 그러나 어느 부문에서든 리더라면 최고의 결과를 달성해야 한다. 프로 스포츠 구단이라면 리그에서 우승해야 한다. 자신이 선택한 게임에서 승리할 방법을 찾지 못한 사람이라면 위대한 리더라고 할 수 없다.

두드러진 영향력

진정으로 위대한 기업은 지역사회에 자신만의 방식으로 공헌하며 완벽할 정도로 탁월하게 업무를 수행한다. 그러므로 만약 이 회사가 사라진다면, 지구상의 다른 어떤 조직도 대신할 수 없는 공백이 생긴다. "만약 당신의 회사가 사라진다면 누가 당신 회사를 그리워할 것인가? 또 그 이유는 무엇일까?"라는 질문을 던져보라.

회사가 꼭 거대할 필요는 없다. 즐겨 찾는 동네 작은 식당 한 곳이 사라져버렸을 때 단골손님들이 그 식당을 얼마나 그리워할지 상상해보라. 규모가 크다는 것과 위대하다는 것은 전혀 별개의 개념이다. 큰 기업이라고

무엇이 위대한 기업을 움직이게 만드는가

지도
(짐 콜린스 개발)

인풋				아웃풋
1단계 규율을 갖춘 사람	**2단계** 규율을 갖춘 생각	**3단계** 규율을 갖춘 행동	**4단계** 영속성 구축	
단계5의 리더십을 배양한다	'그리고'의 천재성을 끌어안는다	플라이휠을 돌림으로써 추진력을 확보한다	생산적인 편집증을 실천한다 (몰락의 다섯 단계를 피한다)	탁월한 결과 두드러진 영향력 오래 지속되는 인내
사람이 먼저이고 일은 그다음이다 (제대로 된 사람을 골라서 버스에 태운다)	냉혹한 사실을 직시한다 (스톡데일의 역설 속에서 살아간다)	20마일 행진 규율로 돌파구를 마련한다	시간을 알려주기보다는 시계를 만든다	
	고슴도치 개념을 선명하게 한다	'총 먼저 쏘고 그다음에 대포 쏘기' 원칙으로 갱신하고 확장한다	핵심을 보전하고 진전을 촉진한다 (다음 차례의 BHAG를 성취한다)	
열 배로 커진다 **높은 행운 대비 수익률을 확보해라**				

해서 위대한 기업이 아니고, 위대한 기업이라고 해서 꼭 큰 것은 아니다.

오래 지속되는 인내

'지도'가 원칙으로 자리매김한 조직은 오래도록 번성한다. 뛰어난 아이디어, 시장 기회, 기술 주기, 충분한 자금이 지원되는 회사보다 더 오래 유지되며 번성한다. 위기에 처하더라도 이전보다 더 강한 모습으로 반등할 방법을 찾아낸다. 위대한 기업은 한 명의 리더에 의존하지 않는다.

지도 이후… 그리고 그다음은 무엇일까?

나와 동료들은 지금까지 동전의 양면을 탐구했다. 한편으로 위대해져서 그 위대함을 수십 년 동안 유지했던 기업들을 연구했고, 다른 한편으로는 위대해지지 못했거나 위대함을 잃어버린 기업을 살펴보았다. 이 양면의 연구가 지도의 내용을 채웠다. 위대한 기업을 만드는 길은 좁고 험난한 반면, 재앙적인 몰락과 실패의 길은 넓고 매우 다양하다.

2008년 〈포춘〉은 나에게 〈포춘〉 선정 500대 기업에 대한 기조 에세이를 써달라고 했다. 그 원고를 준비하면서 나는 〈포춘〉 편집자들에게 몇 가지 기초 자료를 모아달라고 부탁했다. 이 자료에서 냉정한 사실을 몇 가지 발견할 수 있었다. 1955년 처음 발표된 〈포춘〉 500대 기업 목록에 이름을 올렸던 기업 중 2008년 목록에도 이름을 올린 곳은 채 15퍼센트도 되지 않았다(1955년 목록에는 제조업 부문의 기업만 이름이 올라 있었지만, 2008년 목록에는 서비스업 부문의 기업도 다수 포함됐다). 그사이 거의 2000개 가까운 기업이 500대 기업 목록에 이름을 올렸지만 대부분은 이미 오래전에 사라지고 없었다. 그 2000개 기업 가운데 다수는 다른 기업에 합병되었으며, 또 다른 다수는 그냥 사라졌다. 합병이든 소멸이든, 대다수 기업이 위대한 기업으로 되지 못했다는 것은 냉혹한 현실이다.

그러나 희망적인 이야기도 있다. 비록 극소수이긴 하지만 일부 기업은 수십 년이 지난 지금도 위대함을 유지하고 있다. 이는 역설적이게도 회사의 리더가 결코 '지도'의 종착점에 도달할 수 없다는 뜻이기도 하다. 리더의 여행은 결코 끝나지 않는다. 규율을 갖춘 생각을 도모하고 규율을 갖춘 행동을 하는 규율을 갖춘 사람들이 필요하다는 진실은 결코 변하지 않는다. 조직을 갱신하는 일은 결코 끝나지 않는다. 불운에 대비하고 행운을 최대한 활용해서 남들보다 더 높은 행운 대비 수익률을 얻는 일도 결코 끝나지 않는다. 위대함은 종착점이 아니라 역동적으로 이어지는 과정이다.

내가 개발하고 지금까지 설명했던 '지도'는 위대한 결과를 보장하지 않는다. 그러나 이 지도의 원칙을 고수하고 또 기꺼이 열정을 다해 이를 실천하는 사람이라면 그렇지 않은 사람보다 영속적인 위대한 기업을 만들 가능성이 훨씬 높다. 그 과정에서, 그들은 (자기가 세운 목표보다 어쩌다 얻어걸린 결과에 더 가까운 것이겠지만,) 진심으로 좋아하고 깊이 존경하는 사람들과 함께 의미 있는 일을 하며, 일상의 행복을 맛볼 것이다.

CHAPTER 7

전략,
지속가능한
경쟁우위를
만드는 법

전략은 쉽다. 그러나 날마다 또 달마다
기업을 관리하려면 반드시 해야만 하는 의사결정인 전술은 어렵다.

— 아서 록[1]

전략Strategy. 이 단어는 어쩐지 학술적이고 과학적이며 무겁게 들린다.
이 무거운 단어가 암시하는 대로라면, 전략가가 되려면 순수한 수학
자의 지능과 체스 대가의 기술이 필요할 것 같다. 비싼 수임료를 받는 전
략 전문 컨설턴트들은 일류 대학원 출신의 상위 5퍼센트만이 전략적 사
고의 대가가 될 수 있다고 사람들이 믿기를 바랄 것이다. 이렇게 해서 일
반 사람들은, 고층 건물 45층에 있는 높은 사무실에서 세상을 바라보며
의사결정 과학의 신비한 엄정함을 적용해 자신의 명석함으로 세상을 황
홀하게 만드는 전략가를 상상하게 되었다. 이것이 사람들이 일반적으로
상상하는 전략가의 모습이다.

우리 저자들도 45층 사무실에 있어 봤지만, 전략과 관련된 이런 이미
지들은 모두 가짜라고 분명히 말할 수 있다. 전략이 중요하지 않다는 말
은 결코 아니다. 전략은 매우 중요하다. 그리고 전략 전문 컨설턴트도 도
움이 된다. 그들이 가지고 있는 객관성은 얼마든지 유용할 수 있다.

그렇지만 전략은 어려운 게 아니다. 전략을 설정하는 작업도 복잡하
거나 순수한 과학적인 차원의 활동이 전혀 아니다.

7장에서는 전략이라는 주제를 이해하기 쉽게 설명하고, 전략 설정으
로 나아가는 단순명료한 로드맵을 제시한다. 또한 전략과 관련해서 일반
적으로 맞닥뜨리는 다음 네 가지 주요 쟁점(성장 속도, 집중화와 다각화, 기
업공개, 선도자 전략 대 추종자 전략)을 살펴볼 것이다.

전략 수립

전략을 간단하게 말하면 회사의 현재 사명을 달성할 목적으로 동원하는 기본적인 방법론이다. 즉 전략은 사명을 달성할 방법이다. 그러니 여기에 신비로운 수수께끼 따위는 없다. 전략은 결코 어려운 개념이 아니다.

좋은 전략은 회사의 모든 활동을 극도로 세밀하게 설명하는 장황하고 복잡한 계획이 아니며 전략 기획 담당 부서가 최소 여섯 달 동안 머리를 쥐어짜서 내놓는 난해하기 짝이 없는 계획도 아니다. 사업도 인생과 마찬가지로 처음부터 끝까지 계획대로 할 수 없거니와, 그렇게 되어서도 안 된다. 사업을 하다 보면 불확실성이나 예상치 못한 기회가 너무도 많이 나타난다. 그러므로 극도로 세밀하고 난해한 방법론이 아니라 선명하고 사려 깊으며 복잡하지 않은 방법론이 훨씬 낫다. 즉 개별 직원이 자율성을 발휘할 여지나 뜻밖의 변화, 실험, 혁신 등을 수용할 여지가 있는 방법론이 더 좋다는 말이다.

효과적인 전략 수립을 위한 4가지 원칙
전략을 수립할 때 명심해야 할 핵심적인 원칙이 네 가지 있다.

1. 전략은 비전에서 도출되어야 한다. 무엇을 할 것인지 명확하게 정리되지 않으면, 전략을 세우는 것 자체가 불가능하다. 비전이 먼저이고, **그다음에** 전략이다!
2. 전략은 해당 기업의 강점과 독특한 역량을 활용하는 것이어야 한다. 당신 회사가 잘하는 일을 해야 한다.

3. 전략은 현실적이어야 한다. 따라서 기업 내부의 제약들과 기업 외부의 요인들을 직시해야 한다. **설령 회사가 맞닥뜨린 현실이 불편하더라도** 그 현실을 있는 그대로 받아들여야 한다.
4. 전략 수립 과정에는 그 전략을 실천해야 할 구성원들이 함께 참여해야 한다.

전략 수립 과정

전략을 설정하기까지는 다음과 같은 몇 가지 기본적인 단계를 거쳐야 한다.

첫째, **회사의 비전을 검토한다.** 비전이 선명하지 않다면 비전을 선명하게 정리하는 일부터 해야 한다. 특히 현재의 사명이 선명한지 확인해야 한다. 4장에서 살펴보았듯이, 기업의 사명은 핵심 가치관과 신념에 이어서 기업의 비전을 구성하는 세 번째 요소이다. 다시한번 강조하자면, 회사의 사명은 오르고자 하는 구체적인 산봉우리를 말한다.

둘째, **내부적인 역량을 평가한다.** 이는 등반대가 산에 오르기 전에 자기의 역량 그리고 확보하고 있는 자원을 검토하는 것과 같다.

셋째, 환경, 시장, 경쟁업체, 추세 등과 같은 **외부 변수를 평가한다.** 이는 등반대가 산에 오르기 전에 그 산의 형세를 연구하고 일기 예보를 참조하며, 등반에 도움이 될 새로운 기술 동향을 평가하고, 먼저 정상에 오르려는 경쟁자들의 동태를 주의 깊게 살피는 것과 같다.

넷째, **내부 평가와 외부 평가를 바탕으로 현재의 사명을 달성할 방법과 관련된 핵심적인 결정을 내린다.** 이는 등반대가 산을 오르기 전에 등반 루트를 정하는 것과 같다. 전략적인 결정을 해당 사업의 핵심 요소로 나누어라. 우리 저자들은 다음과 같은 범주들이 유용하다고 확인했다.

- 제품(또는 서비스) : 제품 라인 전략 및 제조 전략(또는 서비스 제공 전략)이 포함된다.
- 고객(또는 세부 시장) : 회사가 상품을 제공하고자 하는 고객의 범위와 그 고객에게 다가가는 방법이 포함된다.
- 현금흐름(재무전략)
- 인력과 조직
- 인프라

내부 평가

내부 평가에는 세 가지 구성요소가 있다.

- 강점과 약점
- 자원
- 혁신과 새로운 아이디어

강점과 약점

제일 먼저, 회사의 강점과 약점을 선명하게 파악해야 한다. 좋은 전략은 자신이 가진 힘을 최대한 활용한다.

강점과 약점을 객관적으로 파악하기 위해, 직원과 관리자 중 무작위로 선정된 이들에게 회사의 강점과 약점을 각각 세 가지씩 들라고 요청한다. 이때 의견을 솔직하게 밝힐 수 있도록 익명을 보장해야 한다.

회사의 외부 사람들에게 의견을 듣는 것도 방법이다. 신뢰할 수 있는 조언자나 투자자, 이사회 구성원이 그 대상이다. 소수의 핵심 고객에게 물어볼 수도 있다(이렇게 하면 고객 관계를 한층 더 긴밀하게 개선하는 부수적

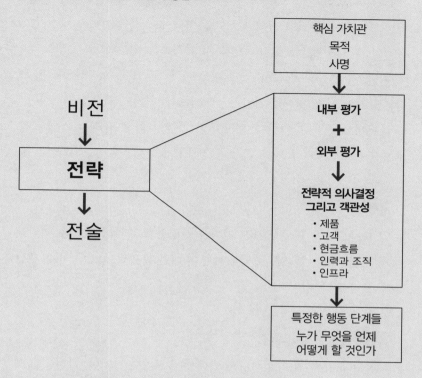

인 효과도 누릴 수 있다).

이때 유용한 질문은 "우리 회사가 다른 회사보다 잘하는 것은 무엇이며, 우리 회사만의 독특한 경쟁우위 역량은 무엇입니까?"이다. 전략 경영 분야에서는 이 개념을 차별적 역량distinctive competence이라는 신중한 용어로 부르지만, 사실 이 개념은 매우 단순하다. 그러나 매우 중요하다.

똑똑한 회사일수록 자신들이 잘할 수 있는 영역에 집중한다. 지구력이 뛰어난 육상 선수가 굳이 순발력이 중요한 100미터 달리기에 도전할 이유는 없다. 미식축구에서 상대 선수에게 태클을 걸며 방어하는 수비수인 라인배커가 굳이 피겨스케팅에 도전할 이유는 없다. 엔지니어링 분야에 강점을 가진 회사가 굳이 마케팅으로 다른 회사들과 경쟁할 이유는 없다. 최고급 디자인의 최첨단 제품을 생산하는 회사가 굳이 중저가 시장에서 경쟁할 이유는 없다. 월마트가 굳이 고급 백화점과 경쟁할 이유는 없다. 그렇다고 자기가 가진 약점을 극복하기 위해 노력할 필요가 없다는 뜻은 아니다. 위대한 기업은 늘 약점을 보완하고 개선을 모색한다.

강점에 초점을 맞추어서 움직여라. 자신이 가장 잘하는 것에 집중하라.

자원

그 다음으로는 회사가 가진 자원을 선명하게 파악해야 한다. 파악해야 할 자원으로는 현금흐름, 외부 자본에 대한 접근성, 희소한 자재, 생산능력, 인력 등이 있다.

혁신과 새로운 아이디어

시장의 수요에 따라 회사의 운명이 좌우되기도 하지만, 혁신을 통해 시장에서 자신의 위상을 원하는 대로 만들어나갈 수도 있다. 그러나 혁신은 전략 수립 과정에서 가장 많이 간과되는 요소이다.

회사가 조직 내부의 창의적 결과물에 민감하게 반응하는지 확인하라. 제품 개발, 연구조사, 설계, 마케팅 등의 과정에서 새로운 혁신과 아이디어가 나타나는지 살펴라. 긍정적인 성과를 낼 가능성이 있는 모든 혁신 사항을 목록으로 정리하라. 그리고 각각의 혁신이 얼마나 빨리 상품화될 수 있을지, 해당 개발을 완료하기까지 필요한 자원의 종류와 양은 얼마나 될지 그리고 필요한 마케팅 수준은 얼마나 될지 등에 대한 추정치를 확보하라.

정말 해서는 안 되는 일이 하나 있다. 미리 계획되어 있지 않다는 이유만으로 새로운 아이디어와 혁신을 폐기하는 것이다. 5년 전에 일찌감치 계획했던 제품만 시장에 내놓겠다는 회사에서 획기적인 제품이 나올 가능성은 거의 없다. 혁신은 기업의 위대함을 구성하는 중요한 요소이므로 여기에 대해서는 따로 8장에서 상세히 다루겠다.

혁신은 전략적 선택에 극적인 영향을 미칠 수 있다. 예를 들어보자. 탱크 개발은 제1차 세계대전이 발발했던 당시만 하더라도 연합군의 전략에 포함되어 있지 않았다. 그러나 탱크는 이후 연합군의 전략을 근본적으로 변화시켰다. 장군들이 "우리 전략에는 탱크가 필요하다. 우리에게 탱크를 만들어 달라"라고 말한 것이 아니라, 영국 전쟁부의 비밀 실험실에서 탱크를 개발하여 장군들에게 제공하자, 장군들은 "탱크를 활용하기 위해 전략을 바꾸어야 한다"라고 말했다.[2]

이것과 똑같은 현상은 기업계에서도 찾을 수 있다. HP가 휴대용 계산기 시장에 진출한 것, 나이키가 '삭 레이서'라는 런닝화 제품을 내놓은 것, 인텔이 컴퓨터 확장보드 시장으로 진출한 것, 3M이 수백 가지 제품 전략을 개발했던 것도 마찬가지다. 전략이 혁신을 촉진하기도 하지만, 혁신이 전략에 영향을 미치기도 한다. 위대한 기업은 혁신과 전략을 떼어놓고 생각하지 않는다.

외부 평가

외부 평가 요소로는 다음 일곱 가지가 있다.

- 산업·시장 동향
- 기술 동향

- 경쟁사 평가
- 사회 환경 및 규제 환경
- 거시경제와 인구통계
- 국제적 위협과 기회
- 전반적인 위협과 기회

산업·시장 동향

회사가 속한 업계의 개요를 다음의 질문을 참고해 간략하게 작성하라.

- 시장은 어떻게 세분화되어 있으며, 우리 회사는 어떤 세분 시장에서 경쟁하는가?
- 회사의 현재 제품 라인 및 앞으로 계획하고 있는 제품이 속하는 세분 시장들의 규모는 대략 얼마나 되는가?
- 회사의 제품(서비스)이 속한 세분 시장들은 성장하고 있는가, 안정적인가, 아니면 줄어들고 있는가? 그리고 그 속도는 얼마나 빠른가? 그 이유는 무엇인가?
- 회사가 속한 업계에서 지배적인 추세는 무엇인가? 이러한 추세를 뒷받침하는 근본적인 힘은 무엇인가?
- **가장 중요한 점으로,** 고객은 바뀌어가는 니즈에 대해서 무슨 말을 하는가? 고객들은 우리 회사가 그들의 니즈에 잘 대응한다고 말하는가? 고객의 수요는 어떻게 변하고 있는가? 고객의 의견은 전략 수립에서 필수적인 부분이다. 고객의 의견을 정기적으로 직접 청취하라. 고객이 시장이다. 시장에서 무슨 일이 일어나고 있는지 알

아야 한다. 고객은 또한 경쟁사들에 대해서도 말해줄 수 있다. 적어도 1년에 한 번씩은 반드시 고객을 대상으로 설문조사를 하는 게 좋다.

- 회사가 속한 업계의 산업이 현재 진화의 어느 단계를 거치고 있는지를 판단하는 것은 앞으로 5년 안에 그 산업이 얼마나 바뀔지 예측하는 데 중요하다. 이를 분석하는 데는 [도표 7-2] 산업 발전의 단계를 참조하라. 이 도표의 다양한 버전은 경영전략 및 마케팅을 다룬 연구 저작에서 흔히 볼 수 있다. 보다 더 자세한 내용은 마이클 포터의《경쟁 전략Competitive Strategy》을 참조하라.[3]

기술 동향

모든 산업은 제품에서든 공정에서든 개선할 수 있는 기술 요소를 가지고 있다. 기술 수준이 낮은 로테크low tech 산업에서도 마찬가지다. 은행업은 역사적으로 하이테크 산업이라고 할 수는 없지만 컴퓨터 기술 덕분에 극적인 변화를 맞았다. 예를 들어 현금자동입출금기ATM 도입은 이제 은행의 고객 서비스에서 필수적인 부분이 됐다.

회사가 속한 업계의 기술 동향을 조사하고, 그 변화를 최대한 활용할 수 있는 방법을 모색하라. 기술 동향이 업계에 영향을 미칠지 말지 여부가 아니라, 그 기술 동향이 업계에 어떻게 영향을 미칠 것인가를 고민해야 한다.

경쟁사 평가

경쟁사를 과소평가하지 마라. 전략을 세울 때 저지르는 중요한 실수들 가운데 하나가 경쟁사들에 대해서 아무것도 모른다거나 혹은 (이건 훨

도표 7-2 산업 발전의 단계 ─────────

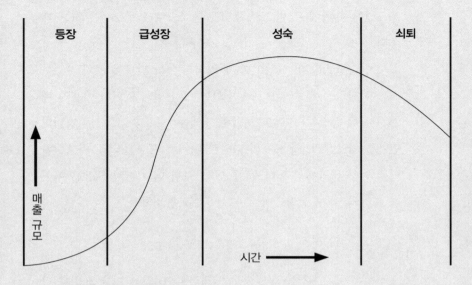

등장	급성장	성숙	쇠퇴
핵심 고객이라는 자격을 가진, 새로운 혁신을 받아들이는 얼리어댑터	얼리어댑터가 한층 더 폭넓고 보수적인 고객 집단에 영향을 미친다 (이 집단은 얼리어댑터를 따른다)	대규모 시장	닳고 닳은 고객
가격에 민감하지 않은 고객	상당히 높은 가격과 매우 높은 이윤, 높은 마케팅 비용, 그러나 전체 매출에 비하면 낮다	가격 인하	낮은 가격과 낮은 이윤
높은 가격	대규모 유통망 개설	낮은 이윤	업계 전체로는 과잉 생산이다
높은 마케팅 비용 : 소비자를 교육할 필요성	경쟁사들이 새롭게 생겨나는 유통망에서 입지를 확보하려고 치열하게 경쟁한다	시장 세분화	특화된 유통망으로 이동한다
특화된 유통망	시장 개척자들과 이들을 따라서 들어온 초기 추종자들이 시장에서 점유율 쟁탈전을 벌인다.	제품 라인의 확대	제품 주기가 다시 짧아진다 : 비용이 높아진다
짧은 제품 주기 : 고비용	이 싸움에서는 대개 초기 추종자들이 개척자들을 따라잡는다	광고와 서비스가 한층 더 중요해진다	경쟁사들이 점점 줄어든다
시장 진입이 빠를수록 시장 점유율도 높아진다	수많은 경쟁사	대규모 유통망으로의 지속적인 이동	제품 침체
경쟁사의 숫자가 적다	한층 더 중요한 기술을 마케팅한다	유통망들은 제품 라인을 줄인다	극적인 새로운 혁신으로 산업을 부흥시킬 이상적인 시기일 수도 있다
다양한 제품 설계 : 표준은 없다	신속한 제품 개선	길어진 제품 주기 : 단위비용 감소	
		어떤 회사들이 시장을 지배하는지 결정된다	
		경쟁자들이 떨어져나간다	
		제품 차별화가 줄어든다 : 표준화가 진행되며 제품의 변화가 줄어든다	

330

씬 나쁜데) 그들을 무시하는 것이다.

- 현재의 경쟁자는 누구인가?
- 미래의 잠재적 경쟁자는 누구인가?
- 그들의 강점과 약점은 무엇인가?
- 앞으로 시장에서 그들이 어떻게 움직일 것이라고 예상하는가? 그들이 가지고 있는 **비전**과 전략은 무엇인가?
- 경쟁사들을 놓고 비교할 때 우리 회사의 강점과 약점 그리고 제품 라인은 어느 수준인가? 경쟁사들의 약점은 무엇이며 당신 회사의 약점은 무엇인가?
- 경쟁사들과 비교할 때 우리 회사는 선명하고 차별화된 특성을 가지고 있는가? 있다면 특성은 무엇인가?

경쟁사 정보를 구하는 것은 생각보다 어렵지 않다. 경쟁사의 보도, 홍보 자료를 정기적으로 살펴보는 것만으로도 도움이 된다. 경쟁사의 전시장에 가거나 영업부의 의견을 청취하라. 협력업체와 고객들의 의견도 도움이 된다. 기술 개발 부서의 의견도 빼놓지 마라.

사회 환경 및 규제 환경

모든 기업은 사회의 한 부분으로 존재하며 사회·규제·정치의 힘에 영향을 받는다. 이런 요인들을 파악해서 회사에 미칠 영향을 평가하라. 정부의 움직임이나 규제 기관의 결정에 기민하게 대응하면, 엄청난 기회를 잡을 수 있다. 반대로, 이런 것들을 무시했다가는 커다란 손해를 볼 수 있다.

거시경제와 인구통계

거시경제 환경을 조사해서 전반적인 경제 추세가 회사에 미칠 영향을 평가하라. 특히 인구통계학적 추세를 눈여겨봐야 한다. 어떤 산업도 인구통계학적 변화에서 자유로울 수 없다.

국제적인 위협 및 기회

해외 시장에 진출하지 않았더라도 국제적인 위협이나 기회를 변수로 고려해야 한다. 국제 전략은 기업에 반드시 필요하다. 회사의 규모와 상관없이 회사를 국제무대로 끌어당기는 힘은 언제나 작동한다. 외국의 도소매 유통업체니 잠재 고객이 좋은 제품을 가진 소규모 회사에 접근하는 일은 흔하다. 데이비드 버치David Birch가 3만 4000개 수출업체의 데이터를 분석한 결과, 대기업보다 직원 수가 50~500명 사이인 기업이 수출업체일 가능성이 더 높다는 사실을 확인했다.[4]

전략을 세울 때는 해외 시장 참여가 가능하며, 국제적인 기회가 언제든 예기치 않게 열릴 수 있다는 점을 염두에 두어야 한다. 회사가 설정한 비전에서 이러한 가능성을 전혀 예상하지 않더라도, 해외 시장을 전략의 명시적인 부분으로 만들어야 한다. 설령 당장 해외 시장에 진출하지 않기로 결정하더라도 말이다.

회사가 해외 시장에서 경쟁하지 않기로 결정했다 하더라도, 주요 경쟁사들 중 적어도 하나는 외국 회사일 가능성이 높다. 순수한 국내 시장의 시대는 이제 영원히 지났다. 경쟁사 분석을 할 때는 국제적인 환경을 세심하게 관찰해야 한다.

해외 시장의 잠재력을 고려하고, 이를 회사 전략에 통합함으로써 미래의 기회를 선점할 수 있다. 이는 회사가 글로벌 시장에서 경쟁력을 유지하고 성장하는 데 필수적이다.

전반적인 위협 및 기회

전략 회의에 참석할 직원과 관리자 그리고 외부인사에게 회사가 맞닥뜨리고 있는 위협과 기회가 무엇인지 각각 세 가지씩 정리해 달라고 요청하라. 이것은 다양한 영역에 속한 사람들의 통찰을 활용하는 빠르고 효과적인 방법이다.

내부 및 외부 평가를 할 때는, 바라는 현실이 아니라 있는 그대로의 현실을 직시해야 한다. 이를 위해 할 수 있는 모든 장치를 마련해야 한다. 실제로, 위대한 기업의 특징 가운데 하나는 좋은 소식이든 나쁜 소식이든 상관없이 진실을 추구한다는 점이다. 그러나 우리 저자들이 관찰한 바로는, 이런 태도와 정반대로 행동하는 리더와 회사가 너무도 많다.

우리 저자들 가운데 한 명인 짐은 사회생활 초년에 직장 생활을 하면서 특별한 경험을 했다. 짐의 상사가 곧 출시될 제품에 문제가 있음을 알고도 겁을 먹고서 이를 상사에게 알리지 않았던 것이다. 그러면서 이 사람은 짐에게 조언이랍시고 이렇게 말했다.

"고위 경영진은 나쁜 소식을 듣고 싶어 하지 않아. 그러니 그 사람들에게는 좋아할 말만 하면 돼. 만일 자네가 현실을 있는 그대로 말하면, 자네가 부정적인 태도를 가지고 있다고 판단할 거야. 그러면 자네에게 좋을 게 없잖아?"

이런 접근법은 위험하다. 진실을 영원히 덮어둘 수는 없다. 그렇게 하려고 시도했다가는 나중에 그 대가를 톡톡히 치르게 된다. 방금 언급한 문제의 그 제품이 가지고 있던 약점은 제품이 **시장에 출시하자마자** 명백하게 드러났다. 만일 회사가 그 문제를 **시장 출시 전에** 해결했더라면, 수백만 달러 규모의 재앙을 피할 수 있었을 것이다(짐의 일화에 한 마디를 덧붙이자면, 그때 짐은 자기 상사의 조언을 거스르기로 마음먹었고 고위 경영진에게 그 문제를 이야기했다. 하지만 짐에게 조언을 했던 상사의 말이 맞았다. 그들은 현실을 있는 그대로 바라보려고 하지 않았고, 그래서 그 잘못된 제품은 시장에 그대로 출시됐다).

안타깝게도 이런 일은 흔하게 일어난다. 사람들은 불쾌한 진실을 말하기를 꺼리거나 두려워한다. 그러니 누가 이런 사람을 비난할 수 있을까? 너무 많은 회사가 "설령 사실이라고 하더라도 부정적인 것은 보고 싶지 않다. 우리는 장밋빛 안경으로 바라보는 긍정적인 것만 좋아한다"라는 규칙을 암묵적으로 지지하고 있다.

객관적인 사실을 무시한 채 문제가 있어도 중요하지 않다고 말한다거나 세상을 있는 그대로 바라보지 않는다면, 재앙이 뒤따를 뿐이다. 제2차 세계대전으로 이어지는 10년 동안 독일에서 어떤 일이 일어났는가! 1930년대에 독일이 베르사유조약을 위반하며 군비증강에 나섰고, 독일군이 남부 지역으로 이동 배치되었으며, 히틀러가 징집 명령을 내렸고, 마침내 독일은 오스트리아와 체코슬로바키아를 삼키는 일련의 위험한 행동을 했다. 이것이 영국, 미국, 프랑스가 당시에 맞닥뜨린 현실이었다.

그러나 놀랍게도, 이런 껄끄러운 사실들을 세 나라의 지도자들은 애써 외면했다. 히틀러가 대규모 전쟁을 계획하고 있었지만 연합군의 수뇌부는 (정치적으로 인기가 없는 것은 말할 것도 없는) 이 불쾌한 진실을 정면으로 바라보려 하지 않았다. 심지어 마치 그런 사실들이 존재하지 않는 것처럼 행동했다.

윈스턴 처칠은 저서 《폭풍이 몰려온다 The Gathering Storm》에서 1937~40년에 영국 총리였던 네빌 체임벌린 Nevil Chamberlain이 스스로를 어떻게 속였는지 다음과 같이 설명했다.

그가 가지고 있었던 희망은 자기 이름이 위대한 평화 중재자로서 역사에 기록되는 것, 오로지 그것 하나뿐이었다. 그랬기에 그는 객관적으로 존재하는 사실들을 언제든 무시할 준비가 되어 있었다. 나는 정부인사들에게 이런 엄정한 진실들을 고려하라고 애걸하다시피 했다. 만일 그때 우리가 그 명백한 사실들에 올바로 대응했더라면 전쟁을 막을수도 있었고 또 수많은 사람이 피를 흘리지 않았을 것이다.[5]

그러나 그 '엄정한 진실들'은 무시되었고, 결국 끔찍한 전쟁이 유럽을 삼켰다. 세계사에서 얻은 이 교훈을 기업의 전략 수립에 적용할 수 있을까? 분명히 말하지만, 있다.

국가 경영에서나 기업 경영에서나 새겨야 할 교훈은 비슷하다. 현실을 무시하면 나중에 이 현실에게 뺨을 맞게 된다. 조직에서 이런 일이 일어나지 않도록 대비해야 한다. 리더가 현실을 무시하지 않도록 강제할수 있는 몇 가지 방법을 소개한다.

첫째, 사실을 있는 그대로 말하는 사람들로 주변을 채워라. 그런데 이게 말처럼 쉽지 않다. 우선, 사람은 대부분 진실을 말하는 것이 정치적으로 위험하다고 생각한다. 짐의 사회 초년생 시절 상사처럼 많은 사람이 사내 정치에서 불이익을 받을지 모른다는 생각에 몸을 사린다. 밉보이는걸 두려워하지 않고 사내 정치에 관심이 없는 사람을 몇 명은 주변에 둘필요가 있다. 정치에 초연하고 객관적인 사실을 똑바로 바라볼 수 있는외부자(예를 들면 컨설팅 회사나 사외이사)가 필요한 이유가 바로 여기에 있다. 이런 외부자 뿐만 아니라 정직한 직원들, 예를 들어 너무도 정직하고 직설적이어서 곁에 두기에는 불편한 직원들도 있어야 한다. 이런 직원들을 굳이 좋아하지 않아도 된다. 그렇지만 이들이 하는 말에는 귀를 기울여야 한다.

처칠은 이런 필요성을 강렬하게 느꼈기에 긴급하고 절박한 문제에 대한 있는 그대로의 진실을 철저하게 파헤치고 드러내는 업무를 전담하는 별도의 독립 부서를 만들었다.[6] 위대한 리더는 토머스 왓슨 주니어가 "사물을 있는 그대로 바라보고 당신에게 얘기해주는 날카롭고 까다롭고 가혹하며, 그래서 거의 불쾌하기까지 한 사람들"[7]이라고 불렀던 인물들을 가까이 두고 넉넉하게 보상하는 일에는 조금도 주저하지 않았다.

둘째, 현재 무슨 일이 일어나고 있는지 개인적인 차원에서 끊임없이 확인하라. 회사 안팎의 공식적인 보고 라인에만 의존해서는 안 된다. 회사의 제품을 직접 사용해 보고 모든 직급의 직원이 하는 말을 직접 들어라. 고객과 대화를 나누고 소비자 평가를 읽어라. 고객 불만사항에 직접 답변하라. 요컨대, 현실과의 접촉을 유지할 수 있는 일은 무엇이든 하라.

셋째, 진실을 말한 사람들을 처벌하지 마라. 현실이 불편하거나 실망스러울 때 이를 정면으로 바라보고 싶은 사람은 아무도 없다. 사람은 누구나 어느 정도는 현실을 왜곡한다. 그렇다고 해서 진실을 말하는 사람을 처벌하는 것이 정당화될 수 없다. 혹시라도 이런 경향이 조직에 만연해 있다면 여기에 강력하게 저항해야 한다. 성가시거나 껄끄러운 문제를 제기하더라도 질책하거나 태도가 나쁘다고 말하지 마라. 오히려 고맙다고 해야 한다.

냉소주의, 무기력한 절망을 용인해서는 안 된다. 이런 것들에 낭비할 시간은 없다. 아무리 받아들이기 어렵고 불쾌한 현실이라도 있는 그대로 바라봐야 비로소 효과적인 전략적 결정을 내릴 수 있다.

전략적 사고를 위한 3가지 질문

《기업가정신을 넘어서》초판이 출간된 이후로, 나는 오랜 세월 전략이라는 주제를 놓고 성찰을 이어왔다. 우리의 연구를 바탕으로 위대한 기업을 만드는 요소를 파고들며, 볼더에 있는 경영연구소와 여러 조직과 공조하고, 위대한 군사 지도자들과 사상가들로부터 교훈을 얻으면서 생각을 발전시켰다. 이 과정에서 나는 건전한 전략적 사고가 다음 세 가지 근본적인 질문에서 시작된다는 사실을 깨달았다.

1. 어디에다 대규모 투자를 할 것인가?
2. 격동에 대비해서 취약한 부분을 어떻게 보호할 것인가?
3. 승리를 어떻게 확장할 것인가?

어디에다 대규모 투자를 할 것인가?

전략 개념의 지적인 토대는 위대한 군사 사상가들이 마련했다. 특히 19세기 독일의 군사학자 카를 폰 클라우제비츠Carl von Clausewitz는 《전쟁론Vom Kriege》을 통해 전략적 사고의 전 분야에 심대하게 영향을 미쳤다. 클라우제비츠는 무력을 갈등의 무게중심(승리가 군사적 성공과 국가 목적 달성에 가장 큰 영향을 미치는 곳)에 집중한다는 논제를 구체화한 인물인데, 그는 "군대를 집중하는 것보다 더 높고 단순한 전략은 없다"라고 썼다.[8] (참고: 클라우제비츠의 저작을 포함해서 군사 전략의 간략한 역사를 깔끔하게 살펴보고 싶다면 미국 해군대학의 앤드류 윌슨Andrew R. Wilson 교수가 진행하는 TV 프로그램 "전쟁의 달인들Masters of War: History's Greatest Strategic Thinkers"을 참고하라고 추천한다. 또 미국육군사관학교 교수였던 마이클 헤넬리Michael Hennelly 박사가 쓴 여러 논문도 추천하는데, 헤넬리는 전략적인 여러 원칙을 기업 분야에 적용하는 문제를 놓고 폭넓은 연구를 해왔다.)

물론 군사전략을 기업전략에 접목할 때는 주의가 필요하다. 군대에서는 선명한 국가적·정치적 목표를 바탕으로 적을 파괴해서 항복하게 만드는 전략을 주로 개발한다. 반면 기업에서는 선명한 비전 아래에서 가치 있는 것을 창출하고 고객의 삶을 개선함으로써 보다 많은 고객을 확보하는 전략을 개발한다. 자신의 힘을 최선의 기회에 훌륭하게 집중함으로써 엄청난 결과를 달성한다는 핵심적인 발상은 탁월한 전략적 결과와 직접적으로 연관되어 있다.

우리가 연구한 모든 위대한 기업은 중요한 시점에서 고도로 집중화된 전략을 채택하고, 예외적으로 대규모의 투자를 결정했다. 철강 회사인 누코Nucor는 소규모 제철 공장인 미니밀mini mill에 집중적으로 투자를 해서, 온갖 잡동사니 사업들로 뒤죽박죽이던 거의 실패한 회사를 미국에서 가장 수익성이 높은 철강 회사로 변모시켰다. 마이크로소프트는 윈도즈에 대규모 투자를 함으로써 스타트업에서 세계 일류의 소프트웨어 회사로 성장했다. 월트디즈니는 애니메이션 영화에 대규모 투자를 하고 또 디즈니랜드에 다시 대규모 투자를 함으로써 애니메이션 영화사에서 엔터테인먼트 회사로 거듭났다. 크로거Kroger는 대형 슈퍼에 대규모 투자를 해서 성공했지만, 크로거의 라이벌이던 A&P는 크로거가 선택했던 길을 가지 않아 몰락의 길을 걷다가 결국 소멸했다. 애플은 애플 II와 매킨토시에서부터 아이폰과 아이패드에 이르기까지 무모하리만큼 끊임없이 대규모 투자를 감행했다. 사우스웨스트항공은 단순하고 저렴한 운영 모델과 사랑이 넘치는 기업 문화를 결합하면 이전에 비행기를 거의 타본 적이 없는 사람들에게도 비행기 여행의 자유를 제공할 수 있을 것이라고 판단하고 여기에 대규모 투자를 했다. 그 결과 여객기 세 대가 전부였으며 늘 현금이 부족해서 쩔쩔매던 기업에서 미국에서 가장 높은 수익성을 기록하는 항공사로 성장했다.[9]

물론 대규모 투자는 **좋은** 투자여야 한다. **나쁘면서도** 대규모인 투자는 성공 가도를 달리던 회사를 비틀거리게 만들 수 있다. 그렇다면 좋은 대규모 투자와 나쁜 대규모 투자를 어떻게 구별할 수 있을까? **경험을 통한 검증**이다. '총 먼저 쏘고 그다음에 대포 쏘기'의 원칙이 필요하다. 이 원칙에 대해서는 앞서 6장에서 설명했다.

로버트 노이스와 고든 무어가 인텔을 설립했을 때, 이 회사는 실리콘밸리에서 거의 동시에 설립되었던 10여 개의 신생 반도체 회사들 가운데 하나일 뿐이었다.[10] 인텔은 구체적인 제품은 가지고 있지 않았지만 이른바 '무어의 법칙'을 경험적으로 검증했다. 무어는 최소 비용으로 생산할 수 있는 집적 회로당 트랜지스터의 숫자가 해마다 두 배로 늘어날 것이라고 계산했다.[11] 노이스와 무어는 이러한 기하급수적인 발전에서 비롯되는 불가피한 돌파 혁신에 회사의 운명을 걸기로 마음먹었다.

그런데, 노이스와 무어는 특정한 제품을 선정해서 대규모 투자를 해야 한다면 과연 어디에다, 어떻게 투자할지 고민이었다. 그래서 두 사람은 자기들이 확보하고 있던 제한된 양의 화약을 세 개의 총알로 나누어서 발사하는 전략을 세웠다. 즉, 세 가지 다른 메모리칩 설계 방법에 투자한 것이다. 레슬리 베를린Leslie Berlin이 노이스의 전기인 《마이크로칩 뒤의 사나이The Man Behind the Microchip》에 따르면 그들은 어떤 설계 방법이 대규모 투자 가치가 있는지 몰랐기 때문에 세 가지 경로를 모두 탐색했

다. 이 세 가지 경로 중에서 앤디 그로브Andy Grove와 레스 배다스Les Vadasz
가 이끄는 팀은 MOSmetal-oxide-silicon(금속 산화물 반도체) 기술로 제작된 메
모리칩을 개발했다. 이를 기반으로 기존의 코어 메모리*와 가격 면에서
경쟁할 수 있는 최초의 반도체 메모리를 만들어냈다. 일이 이렇게까지
진행되자 그때까지 소규모 회사이던 인텔은 메모리칩에 대규모 투자를
감행했다. 이를 통해 인텔은 힘들게 분투하는 스타트업에서 위대한 회사
로 탈바꿈하는 기반을 마련할 수 있었다.[12]

만일 인텔이 어떤 경로가 효과적일지 파악하려고 규모가 작은 총알부
터 쏘지 않았더라면, 잘못된 대규모 투자를 했을지도 모른다. 그러나 인
텔의 창업자들은 대규모 투자를 하기 전에 절제력을 발휘해서 소규모 투
자로 여러 개의 돌다리를 두들겨보았다.

대규모 투자를 하되 이 투자를 정교하게 조정하며 실행해야 한다. 열
정을 발휘하는 대상이 무엇인지, 최고가 될 수 있는 분야가 무엇인지, 그
리고 경제 엔진(고슴도치 개념)을 움직이는 것이 무엇인지 경험적으로 검
증할 필요가 있다. 대규모 투자를 진행했을 때 바람직한 결과가 나올지
확인하는 가장 좋은 방법은 소규모로 선행 투자해서 효과를 입증하는 것
이다. 총을 먼저 쏜 다음에 대포를 쏘아야 한다.

취약한 부분을 어떻게 보호할 것인가?

역사에서 지배적으로 반복되는 패턴은 안정성이 아니라 불안정성이

---

* 여러 개의 자기 코어를 격자 모양으로 늘어놓고 그 면을 중첩시켜 3차원적으로 구성한 기
  억 장치.

다. 기업계에서 지배적으로 반복되는 패턴은 기존의 기업들이 망하는 일 없이 계속 번영을 누리며 영속하는 것이 아니라 새로운 기업들이 등장해서 승리를 거두는 것이다. 자본주의의 지배적인 패턴은 균형이 아니라, 조셉 슘페터가 말한대로 '창조적 파괴의 영원한 돌풍'이다.[13] 온갖 위협과 혼란으로 가득한 격동의 세상에서 조직의 취약한 부분을 보호해야 한다. 노출되거나 악용될 때 치명상을 입을 수 있는 취약한 부분들을 포착하고 강화해야 한다.

제2차 세계대전 초기이던 1940년 5월, 윈스턴 처칠은 중요한 전략적 결정을 내려야 했다. 나치 기갑 사단이 급강하 폭격기의 지원을 받으면서 프랑스 시골 지역을 돌파할 때, 영국군은 반격을 위해 프랑스와 협력하고 있었다. 5월 14일에 독일군은 프랑스군의 전선을 돌파했고, 프랑스는 영국에 공군 전투기 편대를 더 많이 전투에 지원해달라고 간청했다. 영국으로서는 프랑스가 나치 침략자를 격퇴하는 것을 돕는 일이라면 가능한 모든 일을 하기로 결심했지만, 다른 한편으로는 히틀러가 프랑스를 점령한 다음, 그 분노를 영국으로 돌릴 가능성에 대비해야 했다. 그랬기에 처칠과 그의 전쟁 내각은 가장 중요한 전략적 질문을 놓고 고민했다.

"만일 프랑스가 나치의 손에 떨어진다면, 영국을 나치로부터 방어하는 데는 전투기가 얼마나 필요할까?"

답은 25개 비행 중대였다.[14]

이와 관련해서 처칠은 다음과 같이 썼다.

"나와 동료들은 장차 우리가 치러야 할지도 모르는 그 전투에 대비하기 위해서 (25개 비행 중대라는) 그 한계 지점까지 필요한 자원을 확보하는 데 모든 위험을 감수하기로 결심했다. 그 위험은 엄청나게 큰 것이었고, 결과가 어떻게 되든 그 한계는 넘지 않기로 했다."[15]

아니나 다를까 프랑스는 무너졌고, 히틀러는 독일의 공군력이 영국보다 앞선다는 판단 아래 영국 침공으로 관심을 돌렸다. 독일군의 최고사령관이던 괴링은 독일 공군이 영국 공군을 깨부수고 제공권을 확실히 장악해서 영국을 무릎 꿇릴 것이라고 확신했다. 그러나 영국의 25개 비행 중대가 독일 공군을 막아냈다. 결국 히틀러는 영국 침공 계획을 보류했다.

그런데 1941년 12월 7일에 모든 게 바뀌었다. 일본의 진주만 공격으로 미국이 전쟁에 참여하게 된 것이다. 처칠은 (전쟁이 끝나고 한참 뒤인 1950년에) 그 공격 소식을 들었던 순간을 회상하면서 다음과 같이 썼다.

"세계 최대의 그 엄청난 사건, 너무도 놀라워서 말문이 턱 막히는 그 엄청난 사건을 두고 입장을 어떻게 정리해야 할지 고민했다. (…) 잉글랜드는 살아남을 것이다. 영국은 살아남을 것이다. 영연방과 제국은 살아남을 것이다. 전쟁이 얼마나 오래 지속될지 또 어떻게 끝날지 아무도 알 수 없었고, 나도 알 수 없었다. 영국은 그 장구한 역사 속에서 다시한번 일어나야 했다. 아무리 다치고 잘려도 승리해야 했다. 우리는 결코 지워질 수 없었다. 우리의 역사는 결코 끝나지 않아야 했다. 심지어 우리 가운데 그 누구도 죽지 않아야 했다."[16]

만약 25개 비행 중대가 없었다면 어떻게 되었을까?

리더는 모든 일이 마무리될 때까지 충분히 오랫동안 대의명분을 유지해야 한다. 당신의 회사가 경쟁에서 탈락한다면, 나중에 행운이 찾아온들 무슨 소용이 있겠는가. 그러므로 실패나 좌절이나 불운 그리고 심지어 스스로 저지른 실수의 충격까지 흡수할 수 있는 완충 장치와 예비적인 조치를 미리 확보해야 한다. **당신 회사의 25개 비행 중대는 무엇인가?**

《위대한 기업의 선택》을 쓰면서 모튼 한센과 나는, 어떤 스타트업은 격동적이고 혼란스럽고 파괴적인 산업 환경에서 승자가 되어 '10X' 기업이 되는데 어떤 스타트업은 그렇게 되지 못하는 이유가 무엇인지를 체계적으로 분석했다.*

우리가 발견했던 주요 사항들 가운데 하나는, 10X 기업은 엄청난 양의 생산적인 편집증을 실천한다는 것이다. 10X 기업은 실패한 회사들에 비해서 개발 초기 단계에서부터 규율을 갖춘 습관을 통해서 전체 자산 대비 현금의 비율을 매우 높게 유지했다(이런 보수적인 재정 원칙을 제2차 세계대전 당시 영국의 25개 비행 중대라고 생각하면 된다). 회사를 파괴할 수 있는 예상치 못한 사건에 대비하는 것에 집착했으며, 외부에서 충격이 가해지더라도 버틸 수 있는 완충 장치를 마련했다. 또한 위험을 최대한 파악해서 재난에 노출되지 않도록 했다.

새로운 산업 특히 새로운 기술들이 주도하는 산업은 수십 개 또는 수백 개 회사가 갑자기 나타나는 대폭발 단계를 거친다. 그러나 대폭발이 잦아들면 초기의 회사들 가운데 상당수가 사라진다. 이 가운데 일부는 어려운 시기에 동원할 수 있는 현금 유동성 관리에 실패해서 즉 25개 비행 중대를 제대로 유지하지 못해서 소멸한다. 대폭발에서 살아남고 또한 성공을 거두려면 편집증적인 태도를 가질 필요가 있다. 이렇게 해야 인텔의 CEO를 역임했던 앤디 그로브가 '작은 고양이의 발little cat feet'이라고 불렀던,[17] 은밀하게 다가오는 변화로부터 회사를 안전하게 보호할 수 있다.

경제학자 클레이튼 크리스텐슨Clayton Christensen이 주창한 파괴적 혁신disruptive innovation을 어떤 회사는 해내고 어떤 회사는 해내지 못하는 이

---

* 짐 콜린스와 모튼 한센은 《위대한 기업의 선택》에서 동종 업계의 주가를 최소 열 배 이상 앞지른 기업을 가리켜 '10X 기업'이라고 부르고, 또 이런 기업의 지도자를 '10X 지도자'라고 불렀다.

유가 무엇일까? 나는 이 문제를 붙잡고 오랜 세월 씨름했다. 그리고 우리가 했던 여러 연구에서 다루었던 사례들을 바탕으로 해서 매우 단순한 결론을 내렸다. 즉, 나의 대답은 이렇다. '사라진 기업은 **단기적으로뿐만 아니라 15년이 넘는 장기적으로도 생산적인 편집증을 실천하지 못했다.**' 나는 볼더의 경영연구소를 방문하는 리더들에게 다음 세 가지 질문을 한다.

1. 지금으로부터 15년 뒤에 회사의 안팎에서 어떤 중요한 변화들이 나타날 것이라고 확신합니까?
2. 이런 변화들 가운데 어떤 것이 회사의 생존을 중대하게 위협합니까?
3. 이런 변화들에 미리 대비하기 위해서 긴급하게 무엇을 시작해야 합니까?

모튼 한센과 나는 함께한 연구를 통해 본질적인 교훈 하나를 배웠다. 폭풍이 닥쳤을 때 얼마나 잘 헤쳐나갈 수 있을지를 결정하는 가장 중요한 변수는, 폭풍이 **닥치기 전에** 무엇을 했느냐이다. 생산적인 편집증을 훌륭하게 실천하는 사람들은 맹렬한 폭풍이 몰아친 뒤에야 비로소 산소통을 확보하려고 허둥대지 않는다. 생산적인 편집증을 실천하지 못해 파괴적인 충격에 짓눌려 사망하는 것보다는, 설령 신경증 환자가 되더라도, 결코 오지 않을지도 모를 파괴적인 잠재적 충격에 대비하는 편이 훨씬 낫다.

호황기에는 위대함과 평범함의 차이를 구분하기 어렵다. 그러나 격동의 시기가 오면 이 차이는 극명하게 드러나서 생산적인 편집증을 일찌감치 실천했던 회사들은 허약하고 평범한 회사들보다 앞서 나갈 수 있다. 설령 허약하고 평범한 회사들이 파괴적인 충격에서 살아남는다 하더라도 생산적인 편집증을 실천했던 회사들과의 격차를 좁히지 못한다. 폭풍이 오기 전에 폭풍에 대비를 한 회사는 뒤돌아보는 일 없이 계속해서 앞으로 나아갈 수 있다.

우리의 승리를 어떻게 확장할 것인가?

1863년 7월 게티즈버그전투에서 남군의 로버트 리 장군은 북군을 격파하는 데 실패했다. 사흘 간의 전투가 끝날 때쯤 리 장군은 병력의 3분의 1을 잃었는데, 적어도 2만 3000명이 죽거나 부상당하거나 포로가 됐다. 장성 10명과 지휘관 3분의 1도 전사했다. 남북전쟁에서 남군의 승리는 리 장군이 이끄는 북버지니아군이 얼마나 잘 싸우느냐에 달려 있었고, 이 부대는 전적으로 리 장군의 천재적인 리더십에 의존하고 있었다. 버지니아대학교의 게리 갤러거Gary Gallagher 교수가 지적했듯이, 리 장군이 무너진다면 남부연맹이 무너질 것임은 거의 확실했다.[18]

그런데, 게티즈버그에서 승리를 거둔 북군은 북버지니아군을 완전히 격파할 절호의 기회가 있었음에도 그렇게 하지 않았다. 결국 리 장군은 많은 피해를 입긴 했지만, 포토맥강을 건너서 탈출할 수 있었다. 리가 탈출한 뒤에 링컨은 게티즈버그에서 북군을 이끌었던 조지 미드 장군에게 쓴 편지에 (링컨은 이 편지를 쓰기만 했지 발송하지는 않았다) 자기가 느끼던 안타까움을 쏟아냈다.

"다시 말씀드리지만, 친애하는 장군님, 리 장군의 탈출이 장차 얼마나 커다란 불행을 안겨다줄지 장군께서는 제대로 알지 못하시는 것 같습니다. 마음만 먹으면 쉽게 잡을 수도 있었고, 만약 그랬다면 최근에 우리가 거둔 일련의 승리도 있고 하니 분명 이 전쟁이 끝날 수도 있었습니다. 하지만 지금 상태라면 전쟁은 앞으로도 무한하게 이어질 것 같습니다. (…) 장군님의 손에 들어왔던 절호의 기회가 사라져버렸고, 그 일로 나는 이루 말할 수 없을 정도로 괴롭습니다."[19]

아닌 게 아니라 전쟁은 그로부터 거의 2년이나 더 이어졌고, 1865년 4월이 되어서야 애퍼매톡스에서 리 장군이 율리시스 그랜트 장군에게 항복하면서 끝이 났다.

클라우제비츠는 승리를 활용하는 방법을 갖고 있지 않은 전략은 불완전하고 또 부적절하다고 했다. 그는 이렇게 썼다.

머릿속에 떠올릴 수 있는 모든 상황을 가정하더라도, 아무리 승리를 거두었다고 하더라도 추격 작전이 뒤따르지 않으면 그 승리는 전혀 효과가 없다. 승리를 충분히 활용해야 한다. 즉각적인 후속 조치로만 그치지 않고 그보다 훨씬 더 멀리 나아가야 한다.[20]

이 책의 초판이 나온 뒤 몇 년 동안에 나와 연구실의 동료들은 기업의 역사를 통틀어서 가장 인상적인 기업 성공 사례를 체계적으로 분석했다. 우리는 중소규모 기업에서 위대한 기업으로 성장한 회사들이 성장 과정에서 구사했던 전략을 하나하나 살펴보았다. 연구 대상으로 삼았던 기업은 3M, 암젠, 애플, 포드, IBM, 인텔, 크로거, 메리어트, 머크, 마이크로소프트, 누코, 프로그레시브보험, 사우스웨스트항공, 스크라이커Stryker(의료기기 회사), 월마트, 월트디즈니 등이다. 또 아마존Amazon이나 뱅가드Vanguard처럼 지속적인 성장을 이어온 회사들을 통해서도 많은 깨우침을 얻었다. (다시한번 말하지만, 우리가 연구한 회사들은 대기업으로 성장했지만 우

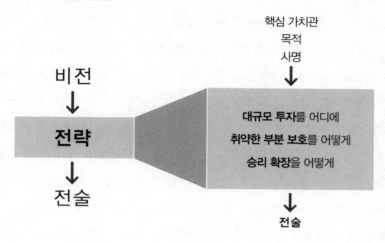

리의 연구조사 작업은 그들이 아직은 작은 벤처기업이던 시절까지 거슬러 올라갔다. 우리 작업은 대기업만을 주된 대상으로 삼은 게 아니라, 아직 위대한 기업이 되지 못했지만 위대한 기업이 되려고 노력하는 회사도 대상으로 삼았다.)

모든 연구와 성찰을 통해 얻은 결론은 하나다. 가장 의미 있는 결과는 단순하게 어느 한순간을 포착하는 데서 비롯되는 것이 아니라 성공적인 대규모 투자를 최대한 활용하는 데서 비롯된다.

승리를 최대한 활용하는 것이 플라이휠 원칙의 핵심이다(플라이휠 개념에 대한 간략한 설명은 6장을 참조해라). 위대한 승자는 플라이휠을 열 바퀴 돌리고, 다시 새로운 플라이휠로 시작하여 또 열 바퀴를 돌리고, 그다음에 다시 또 새로운 플라이휠로 열 바퀴를 돌리지 않는다. 위대한 승자는 열 바퀴 돌린 플라이휠이 저절로 10억 바퀴가 돌도록 만드는 리더이자 회사이다.

플라이휠을 돌린다는 것은 이전에 했던 일을 아무런 생각도 없이 그냥 반복한다는 뜻이 아니다. 이전에 했던 일을 활용하고 확대하고 확장한다는 뜻이다. 진화하고 창조한다는 뜻이다. 이것은 마이크로소프트가 초기에 윈도우 1이나 2만을 고수하지 않고 윈도우 3, 윈도우 95, 윈도우 98, 윈도우 XP, 윈도우 7, 윈도우 8, 윈도우 10 이상을 만든다는 뜻이다. 이는 애플이 1세대 아이폰을 계속해서 생산한다는 뜻이 아니다. 아이폰 제품군을 끊임없이 진화시키고 재창조한다는 뜻이다. 사우스웨스트항공이 노후 기종의 여객기만 가지고서 댈러스와 샌안토니오와 휴스턴이라는 세 개 도시만 오고가며 텍사스에만 머무른다는 뜻이 아니다. 최고의 항공사가 되려면 최신 기종으로 지속적으로 업그레이드하면서 취항 노선을 전국으로 확대해야 한다는 뜻이다. 스타트업이던 아마존이 온라인으로 책만 판다는 뜻이 아니다. 전자상거래 시장과 지원 배송 시스템을 바탕으로 인류 역사상 가장 광범위한 유통망을 갖춘 회사로 발전시키고 확장한다는 뜻이다.

《위대한 기업은 다 어디로 갔을까》에서 우리는 한때 위대한 기업이었지만 자멸하고 말았던 회사들을 연구했다. 그 연구에서 우리는 차세대 대세Next Big Thing*에 유혹을 받아서 플라이휠을 무시하거나 포기하는 것이 얼마나 위험한 선택인지 확인했다.

회사가 확보하고 있는 플라이휠에 남아 있는 잠재력을 무시하는 것은 (더 나쁘게는, 현재의 성공이 미래에도 거의 자동적으로 이어질 것이라는 오만한 믿음에 빠져서, 지루하다는 이유만으로 플라이휠을 무시한 채 '차세대 대세'에 관심을 돌리는 것은) 대단히 잘못된 판단이다. 플라이휠을 강력하고도 새롭게 확장해야 하겠지만 (시간만 충분하게 있다면 완전히 새로운 플라이휠을 만들 수도 있다), 지금 당장 승리를 안겨주는 전략을 바탕으로 승리의 탄력을 계

---

*   이것은 '차세대 혁신', '차세대 신기술', '차세대 거물' 등으로도 번역된다.

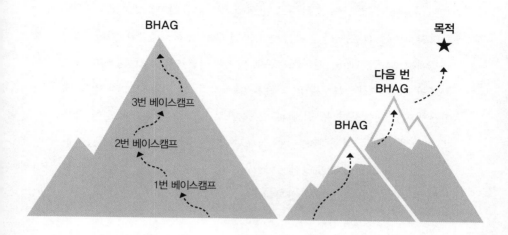

속 유지해야 한다. 이를 통해 지속적으로 추진력을 구축해야 한다. '차세대 대세'는 이미 당신이 가지고 있는 '대세'일 수도 있음을 잊지 마라. 이미 승리를 안겨준 플라이휠을 멈추지 말고 계속 돌려야 한다.

잊지 마라, 비전이 가장 우선이다

앞에서 설명한 전략의 세 가지 요소(대규모 투자, 취약한 부분 보호, 승리 확장)는 전략적 사고의 길잡이가 될 수 있다. 그러나 선명한 비전 없이는 안정적인 전략 수립이 불가능하다.

혼란스러운 전략은 혼란스러운 비전에서 나오고, 선명한 전략은 선명한 비전에서 나온다. 좋은 전략을 세우고 싶다면 우선 목표부터 선명해야 한다. 비전 다음에 전략이 있고, 그다음이 전술이다.

설정한 BHAG를 올라야 할 높은 산이라고 생각하라. 핵심 가치관과 목적을 선명히 한 다음에 BHAG를 설정하고, 적합한 인재를 확보하고,

전략을 설정하라.

　그다음에는 그 산에 오르는 등반로에 몇 개의 베이스캠프로 세워라. 각각의 베이스캠프는 산에 오르는 3~5년 단위의 목표를 의미한다. 그런 다음에는, 다음 차례의 베이스캠프로 나아가려면 반드시 달성해야 하는 목표인 내년도 최우선 순위의 과제를 설정하라. 이렇게 해서 첫 번째 베이스캠프에 도달하면, 두 번째 베이스캠프로 나아갈 경로를 조정한 다음에 최우선 과제를 설정하라. 이런 식으로 베이스캠프를 차례대로 밟아나가면, 마침내 BHAG에 도달할 수 있다. 그러면 다시 새로운 BHAG를 설정한다. 이 과정을 계속해서 반복하라.

전략적 의사결정 내리기

　안정적으로 균형을 잡고 있는 세 발 의자를 떠올려보자. 이 의자가 사람의 체중을 지탱하려면 각각의 다리가 모두 튼튼해야 한다. 견고한 전략적 의사결정을 내리려면 앞에서 살펴본 것처럼 비전, 내부 평가, 외부 평가라는 세 개의 다리가 모두 필요하다. 이 세 요소를 모두 고려하면 대부분의 경우에 전략적 의사결정은 상당히 명확하게 드러난다([도표 7-5]를 참조).

　냉철한 분석에 주의를 기울여야 하지만 상식과 노련한 판단 그리고 직관에도 그만큼 의지해야 한다. 전략을 지나치게 복잡하게 만들지 말고 단순하고 직설적으로 설정하라.

　기본 전략을 문서로 작성할 때는 세 쪽을 넘지 않는 것이 좋다. 전략

계획서라면 두툼하고 난해한 문서여야 한다고 생각하는 사람들에게는 충격적일 수 있다. 그러나 난해할 뿐만 아니라 분량이 많기까지 한 문서를 읽을 사람은 없다. 수준이 높은 사람부터 낮은 사람까지 쉽게 읽고 이해할 수 있는 전략 지침을 만들어야 한다. 구체적인 전술이나 실천 계획의 분량은 세 쪽을 넘을 수도 있지만 기본 전략은 짧고 선명하며 우아해야 한다(훌륭하게 구성된 몇 개의 문장만으로 전략의 본질을 담아낼 수 있도록 해야 한다).

기본 전략을 서류로 작성할 때 유용한 접근법은 제품(또는 서비스), 고객(시장 부문), 현금흐름, 인력 및 조직, 인프라라는 다섯 가지 기본 범주를 설정한 다음, 각각의 범주에 전략의 핵심 요소를 배치하는 방식이다. 이에 대한 예시는 뒷부분에 소개한다.

다년간에 걸친 단계적 전략과 연간 우선순위

전략이 5년 이상 유용한 경우는 거의 없다. 전략의 유효 기한을 3년 이내로 제한하는 기업들도 있다. 우리 저자들은 3~5년을 내다보는 전략을 세우되 해마다 보정하는 방법을 제안한다. 전략을 정적인 것이 아니라 역동적인 것으로, 즉 조직 내부의 상황과 외부의 환경에 따라서 얼마든지 바뀌고 진화하는 것으로 생각해야 한다.

또 다음 해의 상위 5개 전략적 우선순위를 설정하고 각각의 우선순위 책임자를 특정하는 것도 중요하다.

해당 연도의 전략적 우선순위 과제를 여섯 개 이상 설정하지 마라. 모든 과제를 우선순위로 정하는 것은 안 하느니만 못한 선택이다. 아무리 최고의 기업이라도 한 번에 몇 가지 핵심 문제밖에 집중하지 못한다(이 장의 뒷부분에 제시하는 사례도 전략적 우선순위를 어떻게 설정해야 하는지 보여준다).

비전
- 핵심 가치관 및 신념
- 목적
- 사명

내부 평가
- 강점 및 약점
- 자원
- 혁신 및 새로운 아이디어

외부 평가
- 산업·시장·고객 동향
- 기술 동향
- 경쟁사들
- 사회 환경 및 규제 환경
- 거시경제 및 인구통계학적 동향
- 국제 상황

전략적 의사결정

연례 전략 회의

전략을 설정하고 재검토하는 효과적인 방법으로는 해마다 한 번씩 회사 바깥으로 나가 여유로운 분위기 속에서 전략 회의를 가지는 것을 꼽을 수 있다. 이 외부 회의에는 조직의 각 영역에 포진한 핵심 인물이 참석해야 한다. 회의가 효과적으로 진행되려면 참석자의 규모가 다섯 명에서 열 명 사이여야 한다. 규모를 스무 명까지 늘릴 수도 있겠지만, 우리 저자들은 열 명 이하로 제한할 것을 강력하게 권고한다.

회의 때 컨설팅이나 진행에 도움을 주는 외부 인력을 고용해서 효과를 보는 회사들도 있다. 반면에 어떤 회사들은 철저하게 내부 인력만으로 회의를 진행한다.

352

회의에 앞서서 참가자들에게 미리 몇 가지 질문을 주고 답변을 준비하도록 하는 것도 도움이 된다. 이 질문은 적어도 회의 일주일 전에 제시해야 하며, 질문의 내용은 해마다, 회사마다 다르겠지만 내부 평가 및 외부 평가와 관련이 있는 주제여야 한다.

참석자들이 회의 준비를 잘 하도록 자극하기 위해 특정 주제에 대해서 10~20분 길이의 프레젠테이션을 준비하도록 하는 것도 좋다. 공개적인 프레젠테이션을 준비하게 하면, 참가자들이 회의에 더 집중하고 주의를 기울이게 된다. 특정한 몇몇 참석자에게는 산업/시장 동향, 기술 동향, 혁신 방안, 경쟁사 분석 등을 프레젠테이션 과제로 지시할 수 있다.

회의에서는 다음과 같은 의제를 다루어야 한다.

- 비전(핵심 가치관 및 신념, 목적, 사명)을 검토한다. 이 비전에 모두 합의하는지 그리고 이 합의가 선명한지 확인한다.
- 내부 평가를 집단으로 수행한다.
- 외부 평가를 집단으로 수행한다.
- 현재의 사명을 달성하기 위한 기본 전략을 집단으로 결정/수정한다.
- 내년의 상위 다섯 가지 전략적 우선순위를 집단으로 결정한다.

모든 회의는 요약해서 기록하라. 요약본은 전략 지침으로 사용될 수 있으며 모든 핵심 직원에게 배포되어야 한다. 또한 직원 개개인의 목표와 이정표를 설정하는 데 사용되어야 한다(여기에 대해서는 9장에서 자세하게 다룬다).

중소기업이 직면하는 4가지 핵심 전략 쟁점

중소기업이 일반적으로 직면하는 네 가지 핵심적인 전략 쟁점은 다음과 같다.

- 성장 속도
- 집중이냐, 다각화냐
- 기업공개를 할 것인가, 말 것인가
- 시장을 선도할 것인가, 따라갈 것인가

성장 속도

HP의 빌 휴렛, 데이브 패커드와 인터뷰를 했을 때, 우리 저자들은 회사를 창업하는 사람들에게 어떤 조언을 해줄지 물었다. 이 질문에 휴렛은 다음과 같이 대답했다.

회사를 너무 빨리 키우면 안 됩니다. 제대로 경영하려면 회사를 천천히 성장시켜야 합니다. 그런데 벤처 투자가들은 종종 신생기업을 너무 급하게 밀어붙입니다. 급하게 밀어붙이면 애초에 가지고 있던 가치관을 잃어버리고 맙니다.[21]

성장 속도는 가장 논란이 많고 또 이해하기 어려운 전략적 의사결정이다. 우리가 여기에서 '의사결정'이라고 말한다는 사실에 주목하라. 회사의 성장 속도는 명시적인 전략적 의사결정 사항이어야 한다.

성장은 **사실상** 좋은 게 아니며 (굳이 따지자면 나쁜 것도 아니다), 따라서 급속한 성장을 목표로 삼아서는 안 된다. 훌륭한 경영자라면 당연히 회사를 최대한 빠른 속도로 성장시키려고 노력해야 한다고 믿는 이들에게는 이 말이 뚱딴지같은 소리로 들릴 수 있다. 그러나 빠르게 성장하겠다는 결정이 당연한 결론이 되어서는 안 된다. 빠르게 성장하지 말아야 하는 데는 몇 가지 이유가 있다.

우선, 급속한 성장으로 현금흐름이 위험해질 수 있다. 일반적인 패턴을 설명하면 이렇다. 매출이 급격하게 늘어날 것을 예상해 자재비와 인건비를 쏟아 붓는다. 이렇게 해서 제품이 생산되고 매출이 발생한다. 그러나 현금은 자재비와 인건비가 지출되고 여러 달이 지나야 회수된다. 그런데 회사가 현금흐름을 제대로 예측하지 못하면 재고가 쌓이고 현금은 고갈된다. 기업에게 현금은 혈액이나 산소와 같다. 없으면 죽는다. 그리고 성장은 현금을 잡아먹는다. **파산하는 전체 기업의 약 절반이 기록적인 매출을 기록하고 1년 뒤에 파산하는** 이유도 바로 여기에 있다.

급속한 성장에는 이것 말고도 다음과 같은 부작용이 뒤따른다.

- 급속한 성장이 이루어질 때는 드러나지 않던 기업 운영의 총체적 비효율성이 성장이 둔화되는 시점에야 비로소 드러난다.
- 급속한 성장은 회사의 인프라가 감당할 수 있는 한계점을 넘을 정도로 확장되는 경우가 많다.
- 급속한 성장 전략은 영업 부서를 과도하게 압박한다. 따라서 영업 부서가 이윤이 심각하게 줄어드는 가격을 책정할 수 있다.
- 막대한 인건비가 발생하고 직원들이 받는 스트레스와 긴장감은 극대화된다.
- 급속한 성장으로 조직이 복잡해지고 의사소통이 부족해진다.

- 대기업에서는 직장 생활의 재미가 떨어지는 경향이 있는데, 급속한 성장은 이런 경향을 부채질한다.
- 급속한 성장은 회사의 기존 문화를 빠르게 희석시켜서 가치관 강화를 매우 어렵게 만든다.

무능한 노동자 증후군

회사의 기존 문화가 희석되면 우리 저자들이 무능한 노동자 증후군 warm bodies syndrome 이라고 부르는 현상이 발생한다. 성장이라는 뜨거운 열기 속에 놓여 있는 기업들이 채용 기준을 완화하는 경우를 우리 저자들은 꾸준히 목격했다. 이런 회사들은 구직자들을 향해서 "나는 당신이 어떤 사람인지 상관하지 않겠다. 그냥 몸만 오면 된다. 우리에게는 사람이 필요해!"라고 외친다.

모든 구직자가 회사의 가치관에 맞을 리가 없다. 그들은 이제까지 당연하게 여겨지던 조직 기준에 미치지 못할 수 있다. 채용은 매우 신중해야 할 영역이지만, 급속한 성장 과정에서는 채용이 무분별하게 이루어지는 경향이 있다.

급속한 성장은 성장을 위한 성장으로 이어질 수 있는데, 이렇게 되면 조직의 기반이 흔들릴 수 있다. 오스본컴퓨터 Osborn Computer 는 빠른 성장을 계속 이어가겠다는 욕심으로 컴퓨터의 가격을 원가보다 낮게 책정했다. 물론 어떤 회사든 간에 잠깐은 그런 가격 정책을 채택할 수 있다. 하지만 오스본은 파산하기 직전까지 그렇게 했다.*[22]

---

*   오스본은 1981년에 설립된 컴퓨터 제조 회사로 세계 최초의 휴대용 컴퓨터를 출시했다. 작은 크기와 상대적으로 저렴한 가격으로 큰 성공을 거두었지만, 과도한 제품 발표, 부족한 기술 경쟁력 때문에 어려움을 겪다가 1983년에 파산했다.

케이스 스터디 : 라이트크래프트

조명 기구 분야에서 일류 회사이던 라이트크래프트Lightcraft는 뛰어난 디자인과 서비스 그리고 탁월한 내부 경영(특히 재고 관리)으로 승승장구했다.

라이트크래프트는 연간 성장률 10~15퍼센트를 목표로 하는 적절한 성장 전략을 채택했고, 이때는 모든 것이 순조로웠다. 이 기간 동안 회사는 업계 평균을 훨씬 상회하는 이윤을 내며 전술적 탁월함을 인정받았다.

그런데 이 회사가 뉴톤Nu-Tone에 매각되면서 모든게 달라졌다. 뉴톤은 빠른 성장을 목표로 잡았다. 첫해의 성장 목표는 무려 50퍼센트였다. 이 목표를 달성하려면 지금까지와는 전혀 다른 경영 전략이 필요했다. 바로 이런 상황이 회사에 부담을 주었다. 전년도에 기록한 매출은 600만 달러였으니, 새로 달성해야 할 매출 목표는 900만 달러였다. 그래서 라이트프래프트의 영업부를 대체한 뉴톤의 영업부는 이윤 폭을 크게 줄이는 할인 정책을 시작했다. 덕분에 제품 주문량이 늘어났고, 이 수요에 맞추기 위해서 생산 시설을 증설했다. 그러나 공장을 급하게 짓다보니 날림 공사가 되고 말았고, 공장 천장에서 콘크리트 덩어리가 떨어지는 사고까지 일어났다. 게다가 제품의 재고가 넘쳐나서 통제 불능 상태가 벌어졌다. 그 바람에 현금흐름에 심각한 문제가 나타났다. 또한 새로운 성장 속도에 맞춰서는 예전과 똑같은 수준의 고객 서비스를 제공할 수 없었다. 전체 인프라는 한계에 부딪혔고, 결국 업계 일류 회사는 점차 예리함을 잃어갔다. 라이트크래프트는 인수 첫 해, 매출액 720만 달러를 기록했다. 이 수치는 과거 기준으로 보면 높았지만 목표로 삼았던

900만 달러에는 훨씬 못 미쳤다. 게다가, 900만 달러 매출을 목표로 생산한 제품들은 그대로 창고에 쌓여갔다. 결국 수익성이 심각하게 악화됐고 라이트크래프트는 시장에서 서서히 명성을 잃고 점유율도 줄어들었다.

급속한 성장에는 또 다른 문제가 동반될 수 있는데, 여기에 대해서도 특별히 주의를 기울여야 한다. 바로 재난으로 이어질 수도 있는 오만함, 즉 자기가 불사신이라도 된 행동하는 정신 상태에 빠질 수 있다.[23]

끊임없는 성공과 급속한 성장으로 우쭐해진 나머지 자신감이 터무니없이 부풀었다가 결국은 비참한 재앙을 맞이하는 경우는 기업의 역사에서나 세계 정치사에서나 수도 없이 발견할 수 있다. 대표적인 사례로 나폴레옹이 지휘하던 1812년의 프랑스군과 히틀러 치하이던 1941년의 독일 제3제국을 꼽을 수 있다.

기업계에도 급속한 성장만 믿고 자신만만하다가 몰락한 회사가 수두룩하다. 오스본컴퓨터, 미니스크라이브Miniscribe, 텔레비디오Televideo, 비시코프Visicorp, 트릴로지Trilogy, 매그누슨컴퓨터Magnuson Computer 등이 모두 급성장을 기록한 직후에 고꾸라졌다. 이 회사들은 불사신이라도 된 것처럼 행동했고, 이는 연속된 오판으로 이어졌다. 결국, 모두 오만함 때문에 망하고 말았다.

성장은 스스로를 자양분으로 삼아 자가발전한다. 성장하는 시장에서 훌륭한 제품을 가진 회사는 급속하게 성장할 수 있다. 그러나 일단 성장세가 자리를 잡고 작동하기 시작하면 이 성장을 제어하기 어려워진다. [도표 7-6]은 성장의 자가발전이 어떤 식으로 진행되는지 보여준다.

도표 7-6 급속한 성장의 소용돌이 그리고 함정 ————————————

급속한 성장을 기록한다

↓

자신감이 커진다

↓

또 한 번 급속한 성장을 기록한다

↓

자신감이 더욱 커진다

↓

성장 속도가 더욱 빨라질 것을 예상하면서,
생산 시설을 늘리고 인력을 추가로 고용하고 재고를 늘린다

↓

새롭게 늘어난 경상비를 확보하려면 '반드시' 급속한 성장을 계속 이어가야 한다

↓

급속한 성장을 위한 계획을 계속해서 세운다 (비현실적인 계획이라도 상관없다)

↓

회사는 급속한 성장의 소용돌이 속으로 '강제로' 빨려들어간다

↓

회사의 인프라는 부담으로 작용하고, 직원들은 녹초가 되고,
서비스가 제대로 이루어지지 않고, 품질에 문제가 생기고,
재고는 통제 불능 상태가 되고, 영업부는 비현실적인 할인 정책을 내놓고,
신제품은 성급하게 시장에 투입된다

↓

결국 예상치 못하던 성장 둔화가 나타난다

↓

대규모 현금흐름 위기가 발생하고,
심각하고 고통스러운 구조조정이나 파산을 맞는다

느린 성장이 가능할까?

느린 성장 전략이 과연 효과가 있을지 궁금할 것이다. 아마도 이런 생각을 할지도 모르겠다.

"물론 급속한 성장에는 여러 가지 문제점이 뒤따를 수 있지만, 조직이 건강하고 흥미롭고 활력을 유지하려면 빠른 속도로 성장해야 하지 않을까?"

실제로 우리 연구소의 임원 교육 프로그램에 참석했던 한 고위 관리자는 다음과 같이 주장했다.

"회사라는 조직은 상어와도 같습니다. 계속해서 헤엄쳐야 합니다. 그렇지 않으면 죽습니다. 성장하거나 죽거나, 둘 중 하나입니다."

"그 주장의 근거는 뭡니까?"

"직원들이 발전해나갈 여지를 줘야 하니까요. 빠르게 성장하지 않으면 그런 기회가 찾아오지 않습니다. 직원들에게는 성장할 기회가 필요한데, 회사가 빠르게 성장하지 않으면 어떻게 새로운 도전 기회가 주어지겠습니까? 빠르게 성장하지 않는 회사는 매력적인 직장이 아닙니다. 또 고객에게 제공하는 제품이나 서비스도 제한받을 수밖에 없습니다. 어떤 벤처 투자자가 이런 기업에 투자하겠습니까?"

일리가 있는 말이다. 급속한 성장은 발전의 기회를 제공한다. 성장에는 흥미진진한 어떤 것이 담겨 있다는 점에 대해서는 우리 저자들도 동의한다. 그러나 저성장 전략을 채택하고서도 유능한 직원, 낮은 이직률(즉 높은 만족도), 높은 고객 만족도, 탁월한 재무성과를 실현한 회사도 많다.

케이스 스터디 : 유니버시티 내셔널뱅크 트러스트[24]

칼 슈미트는 유니버시티 내셔널뱅크 트러스트University National Bank

360

and Trust Company, UNB를 1980년에 창업하면서 저성장 전략을 명시적으로 내걸었다. 그는 느리게 성장하는 회사도 훌륭한 고객 서비스를 제공할 수 있다고 믿었다.

1980년대는 대부분의 은행이 빠른 속도로 성장하던 시기다. 이런 환경에서 슈미트는 자신의 은행을 체계적인 저성장 경로로 이끌면서 훌륭한 서비스를 제공하는 회사라는 평판을 점차 쌓아갔다. 1980년대 말이 되면 UNB의 자산수익률은 미국의 다른 은행들 평균보다 45퍼센트 높았고, 지급준비율*도 1.3퍼센트로 매우 건전했다. 부실채권도 거의 없었다. UNB의 이사인 조지 파커에 따르면 UNB의 상황은 다음과 같았다.

> 우리 은행의 주주자본수익률은 다른 은행들보다 훨씬 높다. 느린 성장 덕분에 UNB는 세부적인 사항들을 정확하게 파악해 탁월한 재무 성과를 낼 수 있었다.

UNB가 채택한 저성장 전략의 핵심은 좋은 인재를 확보하고 유지하는 능력이다. 슈미트는 1991년 우리 저자들과 만난 자리에서 다음과 같이 말했다.

> 은행 창구 직원의 평균적인 이직률이 얼마나 되는지 아십니까? 무려 50퍼센트입니다. 그런데 작년에 우리 은행에서는 이 비

---

* 은행이 고객으로부터 받은 예금 중에서 중앙은행에 의무적으로 적립해야 하는 금액의 비율.

율이 얼마였을까요? 0퍼센트입니다. 단 한 명의 창구 직원도 회사를 떠나지 않았습니다. 그리고 우리는 최고의 전문가를 거의 모두 유지해 왔습니다. 직원들은 오래 우리들과 함께 있으며 열심히 일하겠다는 의지로 늘 충만해 있습니다.

그렇다면 UNB는 어떻게 해서 급속한 성장을 하지 않고서도 좋은 인재를 확보하고 또 유지했을까? 직원들에게 자유와 재미를 보장했기 때문이다. UNB는 급속한 성장 환경에서 일하다가 지친 사람들, 성장의 비용이 얼마나 쓰라린지 직접 체험하고 '도망쳐 나온 사람들'을 채용했다. 그리고 슈미트는 UNB를 재미있고 즐거운 직장으로 만들었다. 그는 창구 직원을 포함해서 모든 직원이 자유롭게 의사결정을 할 수 있는 권한의 폭을 넓혀주었다. 〈아이앤씨〉에서도 밝히듯이 슈미트는 "은행의 성장에는 제한을 가하면서도 직원들이 일상적인 의사결정을 할 때는 아무런 제한 없이 무한한 자유를 누리게 했다."

그러나 급속한 성장 전략만이 유일하게 효과가 있는 분야도 있다. 만약 회사의 사명이 빠르게 확장하는 시장에서 지배적인 시장 참가자가 되는 것이라면, 경쟁사들이 너무 멀리 앞서가도록 내버려두는 것은 현명한 처사가 아니다. 컴팩Compaq과 애플은 폭발적으로 성장하는 개인용 컴퓨터 시장에서 급속한 성장 전략을 채택하는 것 말고는 다른 대안이 없었다. 그런 상황에서는 다른 어떤 전략도 통하지 않았을 것이다.

이 모든 것을 염두에 두고, 성장이라는 문제를 바라봐야 한다. 우리 저자들이 전하고자 하는 기본적인 메시지는, 목표 성장률을 설정하는 것은 전략 수립 과정의 일부여야 하며 다양한 성장률에 뒤따르는 장단점을 신중하게 고려해야 한다는 것이다.

일반적으로 말해서, 가장 건강한 기업은 성장을 하되, 그 성장률이 위대함을 향해 나아가는 데 **도움이 되는** 쪽으로 작용해야 한다. 그러므로 당신이 물어야 할 질문은 이렇다.

"어떻게 하면 가장 빨리 성장할 수 있는가?"가 아니라 "우리가 설정한 비전에는 어떤 성장률이 가장 잘 맞을까?"

짐 콜린스의 새로운 생각

가격을 통제할 수 없다면, 비용을 통제해야 한다

위대한 사업business을 하는 것과 위대한 기업company을 만드는 것에는 큰 차이가 있다(여기에서 나는 '사업business'을 어떤 회사 혹은 이 회사가 속한 산업이 시장에 제공하는 제품이나 서비스라는 뜻으로 사용한다). 위대한 산업 분야에서 평범한 수준에 그치거나 실패한 회사의 사례는 무수하게 많다. 반대로, 사우스웨스트항공이나 누코Noco(차량용 배터리 관련 장비 생산)처럼 그저 그렇고 그런 산업에서 위대한 기업을 세운 사례도 있다. 물론, 최고의 조합은 위대한 사업을 하는 위대한 기업을 만드는 것이다.

자신이 진정으로 위대한 사업을 하고 있는지 어떻게 알 수 있을까? 여기에 대해서는 워런 버핏이 정답을 제시했다.

가격을 올릴 목적으로 기도회를 열 필요는 없다.[25]

가격 결정력이 부족한 사업에 전념하면서도 여전히 위대한 기업을 만들고 싶다고 생각하는 사람이라면 어떻게 해야 할까? 이때는 전략적으로 우선해야 하는 필수적인 조건이 있다.

가격을 통제할 수 없다면 비용을 통제해야 한다.

사우스웨스트항공이나 누코를 이끌던 경영자가 '저렴한 가격'이 아닌 **저비용 전략**을 세웠던 이유도 바로 여기에 있다.

집중이냐, 다각화냐

중소기업에 맞는 가장 효과적인 전략 가운데 하나는 단일한 시장이나 단일한 주력 제품에 집중하여 경쟁우위를 확보하는 것이다. 이런 집중화 전략focused strategy은 제한된 자원을 한 곳에 집중함으로써 강점을 극대화한다. 이는 재정 자원뿐만 아니라 이보다 훨씬 더 가치 있는 자원인 시간과 에너지에도 적용할 수 있다.

매사추세츠의 로웰에는 크게 성공한 직물 회사인 조앤패블릭스가 있다. 이 회사의 전 CEO인 래리 앤신은 집중 전략을 선택한 자신의 결정에 대해서 다음과 같이 말했다.

한때 우리 회사가 그랬던 것처럼 사업을 다섯 가지 이상으로 다각화하면, 회사의 총매출 가운데서 3퍼센트만 기여하는 사업이 당신이 가지고 있는 전체 시간과 에너지, 관심의 20퍼센트를 차지하게 될 것이다. 하지만 그런 사업은 그럴 가치가 없다. 집중해야 한다. 다른 회사들보다 당신의 회사가 잘하는 것을 해야 한다. 그래야 바람직한 결과가

나온다. 아닌 게 아니라 우리 회사가 그랬다.[26]

하나의 시장이나 상품에 집중하는 회사는 또 하나의 낙오 기업으로 전락하지 않는다. 낙오 기업은 규모가 너무 작아서 규모의 경제를 활용하지도 못하고 경쟁 회사들에 비해서 높은 가격을 정당화할 만큼 상품 차별화가 없는 최악의 전략적 위치에 놓이게 된다. 이도 저도 아니고 어정쩡한 위치에 놓인 회사는 치명적인 결과를 맞을 수밖에 없다.

물론 집중화 전략에도 문제가 없진 않다. 예컨대 시장의 규모에 따라 성장이 제한된다는 본질적인 한계가 있다. 특정한 시장의 상승과 하락에 연동되어서 주기적으로 취약해질 수도 있다. 또한 기회의 범위가 제한적이라는 한계도 있다.

그럼에도 불구하고, 우리 저자들로서는 집중하지 않아서 어려움을 겪는 회사는 많이 보았지만 지나치게 집중했다는 이유로 어려움을 겪는 회사는 거의 보지 못했다.

케이스 스터디 : 지에프피

1970년대 중반에 클렘 앳킨스Clem Atkins는 자신이 고안한 독특한 시계 디자인을 시장에 선보이려고 지에프피GFP를 창업했다. 그의 시계는 특정 고객층, 특히 예술 작품 수준의 기능 시계를 원하는 고객들을 상대로 하는 세분 시장에서 환영받았다.

GFP가 약 300만 달러 규모로 성장한 시점에서 앳킨스는 자전거 액세서리 용품으로 사업을 다각화하기로 결정했다. 앳킨스는 "나는 사이클링에 관심이 많았고, 내가 가진 엔지니어링과 디자인 감각이면 혁신 제품을 내놓을 수 있으리라고 생각했다"라고 설명했다.

GFP의 자전거 제품들은 잘 팔렸지만, 어느 순간부터 시계 매출이 감소하는 것을 발견한 앳킨스는 "다각화해야 할 이유가 더욱 많아졌다"고 선언했다. 그는 떠오르는 개인용 컴퓨터 시장에 관심을 가졌고, 개인용 컴퓨터 사용자들을 위한 액세서리 제품(특수 화면이나 키보드 홀더 등)을 생산하기로 결정했다.

이 다각화 노력은 스키 리조트, 원예 제품, 재생 종이 제조 등으로 이어졌다. 그러나 결과적으로 GFP는 놀라운 속도로 손실을 보기 시작했고, 매출이 500만 달러까지 올라갔다가 빠르게 줄어들었다. GFP가 다각화한 각각의 시장은 모두 매력적이었지만, GFP는 이렇게 많은 사업 분야로 진출하기에는 역부족이었다. 결국, 회사는 엄청난 손실을 회복하지 못하고 도산하고 말았다.

하지만 그렇다고 해서 기업이 다각화를 **결코 해서는 안 된다**는 뜻은 아니다. 성장하는 회사는 결국 다각화의 길로 접어든다. 중요한 것은 다각화를 언제, 그리고 어느 수준으로 실행하느냐 하는 것이다.

단계적 다각화

우리 저자들은 단계적 다각화phased diversification 전략을 추천한다. 단계적 다각화는 해당 시장에서 특정한 목표를 달성할 때까지만 하나의 사업에 집중하고, 이 목표를 달성한 **뒤에는** 다음 차례의 사업 분야로 넘어가는 전략이다. [도표 7-7]은 성장의 자가발전이 어떤 식으로 진행되는지 보여준다.

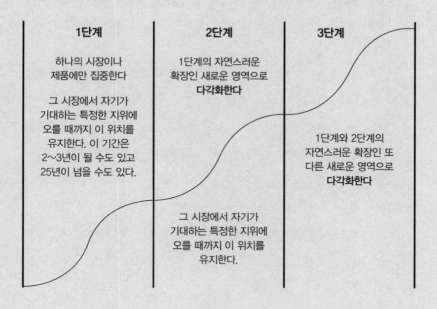

1단계

하나의 시장이나
제품에만 집중한다

그 시장에서 자기가
기대하는 특정한 지위에
오를 때까지 이 위치를
유지한다. 이 기간은
2~3년이 될 수도 있고
25년이 넘을 수도 있다.

2단계

1단계의 자연스러운
확장인 새로운 영역으로
다각화한다

그 시장에서 자기가
기대하는 특정한 지위에
오를 때까지 이 위치를
유지한다.

3단계

1단계와 2단계의
자연스러운 확장인 또
다른 새로운 영역으로
다각화한다

단계적 다각화의 몇 가지 사례

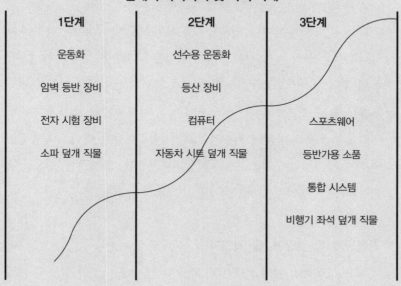

1단계

운동화

암벽 등반 장비

전자 시험 장비

소파 덮개 직물

2단계

선수용 운동화

등산 장비

컴퓨터

자동차 시트 덮개 직물

3단계

스포츠웨어

등반가용 소품

통합 시스템

비행기 좌석 덮개 직물

비전과 집중 사이의 연관성

비전은 특정 시장이나 제품에 얼마나 집중해야 할지를 결정하는 역할을 한다.

'혁신적인 치료제로 인간 삶의 질을 개선한다'라는 목적을 가진 셀트릭스Celtrix Laboratories는 사람을 치료 대상으로 삼는 혁신적인 치료제만을 생산할 것이다. 조앤패브릭스는 '실내 장식용 직물 산업 분야에서 1위 기업이 되는 것'을 사명으로 정했는데, 이 사명을 추구하기 위해서 이와 관련 없는 사업 부문에서 완전히 손을 뗐다. 래리 앤신은 실내 장식용 직물 분야에서 최고의 기업이 되려면 그 곳에만 집중해야 한다고 믿었다.

지로스포츠는 '2000년까지 전 세계 자전거 산업에서 가장 존경받는 회사'가 된다는 목표에 집중했다. 이 회사의 사장이던 빌 한네만은 다음과 같이 말했다.

우리의 비전 선언문 특히 사명 부분은 우리가 전략적 의사결정에 집중하는 데 도움이 됩니다. 신제품과 관련된 모든 아이디어는 사명에 부합하는지 검증을 거칩니다. 예컨대 우리는 신제품을 개발할 때, 이 제품이 우리 회사가 2000년까지 전 세계 자전거 산업에서 가장 존경받고 회사로 우뚝 서는 데 과연 도움이 될지 따져봅니다. 또한 잠재적인 신제품을 회사의 목적에 비추어서, 과연 이것이 혁신적이고 고품질이며 의심의 여지없이 최고인지 살펴봅니다. 비전을 토대로 한 검증을 통과하지 못 하는 아이디어라면 미련 없이 포기합니다.

기업공개 할 것인가, 말 것인가

회사가 성장하여 기업공개IPO가 가능한 단계에 이르면 상당수 기업들은 IPO에 뒤따르는 화려한 영광과 넘쳐나는 현금 유동성에 매혹된다. 그러나 반드시 기업공개를 해야 하는 것은 아니다. 필요하지 않다면 굳이 그렇게 하지 않아도 된다.

남북전쟁 시대에 미네소타에서 설립된 곡물 유통 회사 카길Karhil은 비상장기업이지만 1990년에만 연간 매출액 420억 달러를 기록했다. 매출액만 놓고 보자면 1990년의 〈포브스〉 선정 500대 상장기업 가운데서 9위에 해당된다.[*27]

기업공개 여부는 다른 어떤 전략적 의사결정보다 중요한 영향을 지속적으로 미치기 때문에 그 장단점을 세밀히 따져봐야 한다.

기업공개는 회사가 비전을 향해서 나아가는 데 도움이 되는 전략적인 징검다리가 될 수 있다. 신제품 개발과 시장 확장에 필요한 자금을 공급하는 물길이 된다. 또한 기업공개는 주주들에게 유동성을 제공하며 동시에 대주주가 사망했을 때 나타날 수 있는 골치 아픈 상속 문제를 해결해준다.

그러나 기업공개를 할 때는 다음과 같은 불리한 점을 감수해야 한다.

- 기업공개 직전과 직후, 경영진이 회사 운영에 쏟아야 할 시간이 절대적으로 부족해진다. 기업공개를 앞둔 몇 달 동안에 고위 경영진은 대개 그 과정에 압도되고 만다. 순회 설명회, 모든 직원이 참석하는 회의, 투자설명서 작성, 언론 대응 그리고 그 밖의 여러 활동들… 이런 것들이 회사 경영에 쏟아야 할 시간을 크게 잡아먹는다. 기업공개 이후에도 관련 금융기관, 언론과의 소통이나 분기별 및 연간 보고서 작성에 상당한 시간을 쏟아야 한다.

---

* 2023년 현재 카길은 여전히 비상장기업이며 2023년 연간 매출액은 1,770억 달러였다.

- 모든 것을 투명하게 드러내는 상태에서 회사를 운영하게 된다. 금융 정보는 물론 직원 급여 정보도 공개해야 한다. 투자 분석가들은 경영진의 일거수일투족을 살피고 분석할 것이다. 경쟁사들의 감시와 분석에도 노출된다.
- 단기적인 성과에 대한 압박감에 시달린다. 기업공개를 한 회사는 투자금, 지분으로 얽혀 있는 집단으로부터 분기별 수익을 최대한 높은 수준으로 유지하라는 압박을 받는다. 이런 압박은 장기적인 건전성을 희생하면서까지 단기적인 이익을 추구하게 만드는 상시적인 장치로 작용한다.
- 경영권을 빼앗길 수 있다.
- 기업의 목적을 둘러싸고 갈등이 일어날 수 있다. 일반 주주들은 주식을 금융 투자의 수단으로 여겨 주가가 올라가기만 하면 회사가 무슨 일을 하든지 상관하지 않는다. 따라서 회사의 목적이 주주 이익 극대화가 아니라면 주주들과 사이가 나빠질 수 있다. 일반 주주들은 투자한 회사의 비전이나 목적보다는 투자수익을 중요하게 여긴다.

케이스 스터디 : 텐서[28]

창의력이 뛰어나고 열정적이던 제이 먼로Jay Monroe는 자신의 아이디어를 시장에 내놓는 즐거움을 누리겠다는 마음으로 1960년, 텐서Tensor Corporation를 설립했다. 그의 비전은, 단기적인 차원의 투자 수익뿐만 아니라 미학적 사항까지 고려하여 제품 관련 의사결정을 내리는 회사여야 한다는 것이었다. 비록 단기적으로는 최상의 재무 성과를 내지 못하더라도 궁극적으로는 시장에 한층 더 뛰어나고 흥

370

미로운 기여를 하는 제품을 만드는 회사여야 한다고 생각했다.

그런데 회사가 성장해 가며 그는 일생일대의 중대한 실수를 저지른다. 회사를 주식시장에 상장했고, 회사 주식의 50퍼센트 미만만 자기 소유로 남겨두었던 것이다. 단기적인 투자수익을 노리는 일반 주주들의 동기는 먼로가 가지고 있었던 비전과 충돌했다. 먼로는 결국 기업 사냥꾼에게 회사를 강탈당하거나 자기가 세웠던 비전을 바꾸어야 하는 갈림길 앞에 섰다. 어느 쪽을 선택하든 그에게는 손해였다.

엘엘빈은 텐서와 다르게 비상장기업으로 남기로 결정했다. 이런 결정을 내린 가장 큰 이유는, 비록 단기적으로 수익성이 나빠지더라도, 예외적일 정도로 높은 고객 서비스 수준을 유지하길 원했기 때문이다. 실제로 1989년, 엘엘빈은 비상장기업만이 누릴 수 있는 장점의 덕을 톡톡히 봤다. 그 해 엘엘빈은 회사의 수익 가운데 200만 달러를 따로 떼서 고객 서비스 개선 프로그램에 투입했다. 이 결정을 두고 레온 고먼은 〈월스트리트저널Wall Street Journal〉과 인터뷰를 하면서 "우리가 상장기업이 아닌 게 정말 다행입니다. 수익에 대해서는 걱정하지 않아도 되니까요"라고 말했다.[29]

기업공개는 회사 외부의 투자자들이 내리는 전략적 결정과 관련이 있다. 벤처 투자업체와 같은 특정 유형의 투자자는 주로 현금화 측면에서 투자 대상을 바라본다. 그러므로 만일 당신이 벤처 투자업체(또는 몇 년 안에 현금화해서 수익을 실현하겠다는 동기를 가진 다른 투자자)를 찾아간다면, 이것은 바로 당신이 기업을 공개한다거나 매각한다는 전략적인 결정을 내리는 행위임을 명심해야 한다. 벤처투자자의 자금 지원을 받는 기업에서는 기업공개 또는 매각(인수)이 대체로 **당연한 수순**이며, 이는 **시간 문제**일 뿐이다. 그러므로 위에서 설명한 이유로 기업공개가 회사의 비전에 맞지 않는다면, 벤처투자금이나 현금화 지향적인 투자를 받아선 안 된다.

시장을 선도할 것인가, 따라갈 것인가

일반적으로 시장을 혁신하는 기업(선도자 혹은 개척자)은 성공할 경우, 엄청난 수익을 얻는다. 그러나 퍼스트무버*가 누리는 이점이 위대함을 보장하지는 않는다. 오히려 시장을 개척하는 기업이 적지 않은 비용을 부담해야 할 수도 있다.

다음 도표에서도 보듯이 퍼스트무버는 보통 시장에서 우월한 지위를 가진다. 그러나 이것만으로는 전체 이야기를 알 수 없다. 후발주자들이 더 나은 제품을 출시하거나 마케팅을 더 잘하거나, 혹은 이 두 가지를 모두 잘해서 시장 개척자가 퍼스트무버로서의 강점을 잃는 경우가 있다. 마빈 리버만Marvin B. Lieberman과 데이비드 몽고메리David B. Montgomery 가 〈스탠퍼드경영대학원 연구논문Stanford Business School Research Paper〉 1084호에 발표한 논문 "개척자가 될 것인가, 추종자가 될 것인가?To Pioneer or Follow?: Strategy of Entry Order"에서 소개한 사례를 살펴보자.

- 보마Bomar는 최초의 휴대용 계산기를 출시하고 대대적인 TV 광고로 시장을 창출했다. 그러나 나중에 등장한 텍사스인스트루먼츠와 휴렛패커드가 보마를 압도했다.
- 비시코프는 스프레드시트 소프트웨어로 시장을 창출했지만, 마케

---

* 새로운 산업 분야에서 가장 앞서서 변화를 주도하고 개척하는 선도기업.

도표 7-8 평균적인 시장점유율 (개척자·초기 추종자·후기 추종자) ──────

	소비재	산업재
시장 개척자	29%	29%
초기 추종자	17%	21%
후기 추종자	12%	15%

* 1,853개 기업을 표본으로 했다. W.T. Robinson and C. Fornell,
⟨Journal of Marketing Research⟩, 1985년 8월.

팅 수완이나 제품 품질이 압도적으로 좋은 로터스 1-2-3이 출시
되자 참담하게 실패했다.

• 현금자동입출금기 산업의 선구자인 도큐텔Docutel은 경쟁업체들이
도큐텔이 제공하지 않던 기능을 탑재한 제품을 시장에 내놓자 그
지위를 잃었다.

• 휴대용 컴퓨터 시장의 선구자인 오스본컴퓨터는 경쟁업체들이 탁
월한 제품을 내놓자 충격을 받았지만 아무런 대응도 할 수 없었다.

• 포드는 1920년대에 자동차 시장에서 그동안 굳건하게 지키던 1위
자리를 내놓고 물러났다. 제너럴모터스의 한층 우수하고 차별화된
제품에 제대로 대응하지 못했기 때문이다.

• 브리티시항공British Air은 최초의 상업용 제트기를 시장에 내놓았
지만 보잉707의 탁월한 디자인에 압도되었다. 이후 상업용 제트기
시장은 보잉이 지배하게 됐다.

시장 선도자가 누릴 수 있는 강점은 분명히 있다. 고객을 먼저 확보할 수 있고, 초기 높은 점유율은 지배적인 브랜드를 구축하는 데 도움이 된다. 학습 곡선*을 순조롭게 따라갈 수 있으며, 때로는 특허권 보호라는 혜택을 누릴 수도 있다. 또한, 높은 이윤을 유지하고 이렇게 확보한 현금 흐름으로 후속 제품 개발과 대대적인 마케팅을 할 수 있다.

그러나 여기서 놓치지 말아야 할 중요한 사실이 있다. 시장 개척자 전략만으로는 충분하지 않다는 것이다. 시장을 개척한 선도 기업이라고 해서 영원히 보호받지는 못한다. 경영을 잘해야만 살아남을 수 있다.

물론, 위대한 기업이 추구하는 자세는 **최초이자 최고가 되려고** 노력하는 것이다. 만일 당신의 회사가 시장 최초의 기업이며 또한 제품과 마케팅과 서비스를 개선하기 위해 지속적으로 노력한다면, 매우 강력한 위상으로 시장을 지배할 수 있을 것이다. 그런데 바로 이 지점에서 위대한 기업으로 나아갈 마지막 두 가지 요소가 대두된다. 바로 혁신과 전술적 탁월함이다.

전략과 관련해서 리더가 피해야 할 행동은, 모든 시간을 투자해서 계획을 세우면서 정작 혁신과 실행에 충분한 시간을 투자하지 않는 것이다. 올바른 길을 가기 위해서는 선명한 전략적 사고가 반드시 필요하지만, 윌 로저스가 말했듯이 "아무리 올바른 길에 올라섰다고 해도 그냥 가만히 앉아 있기만 해서는 뒤처질 수밖에 없다."

완벽한 사업 계획이란 존재하지 않는다. 선명하고 총체적인 비전과 이 비전을 실현할 기본적인 전략 지침만 있으면 충분하다. 아주 세부적인 사항까지 일일이 꼼꼼하게 계획을 세우는 것은 불가능하며, 그렇게

---

* 　어떤 특정한 대상을 학습하는 데 투입된 시간 대비 학습 성취도를 나타내는 그래프.

하려고 해봐야 시간 낭비밖에 되지 않는다. 어느 정도의 창조적 혼란은 반드시 필요하다. 무엇보다, 가만히 있어서는 안 된다. 모든 임직원이 행동하고, 움직이고, 실천하고, 시도하고, 실패하고, 다시 시도하고, 투쟁하고, 밀어붙이고, 빡빡 기고, 혁신하고, 세부적인 사항들을 실행해야 한다.

이 책의 중심 주제로 돌아가면, 회사를 위대한 기업으로 만드는 것은 어느 한 가지 요소로 가능하지 않다. 전략만으로, 리더십만으로, 비전만으로, 혁신만으로, 전술적 탁월함만으로 위대한 기업을 세울 수 없다. 그 **모든 요소**가 합쳐져야 하며, 그 모든 것이 오랜 기간 일관되게 수행되어야 한다.

마지막으로 소규모 회사가 전략을 어떤 과정을 거쳐서 구체적으로 수립할 것인지, 사례를 통해 소개한다. 이 사례는 기업이 비전을 설정하고 내부 평가 및 외부 평가를 하고 또 거기에 이어서 전략 및 일련의 전략적 우선순위를 설정하는 흐름이 어떻게 구성되는지 잘 보여준다.

하드록 프로덕츠

HARDROCK PRODUCTS, INC.

〈비전〉

핵심 가치관 및 신념

- 우리는 높은 성과 그 자체를 소중하게 여긴다.

- 우리는 최선을 다해서 잠재력을 극대화할 것이다.

- 우리는 좋은 물리적 환경을 갖추는 것을 소중하게 여긴다.

- 우리는 우리가 탁월한 성과를 낼 수 있는 시장에 참여한다. 1위나 2위
  가 되지 못하는 시장에는 발을 붙이고 있을 필요조차 없다.

- 우리는 열심히 일하는 것을 소중하게 여긴다.

- 우리는 재미있게 즐기는 것과 놀이로 보내는 시간을 소중하게 여긴다.

목적

야외 스포츠 활동을 하는 사람들이 자신의 운동 잠재력을 온전하게 이해
하도록 돕는 것, 그리고 우리가 사랑하는 스포츠 분야를 통해 생계를 이
어나가는 것.

현재의 사명

1997년까지 세계 최고의 암벽 등반 장비 공급업체가 되는 것.

〈내부 평가〉

강점

- 선도적인 첨단 기술 및 장비 설계 능력
- 다양한 스핀 오프 제품을 거느리는 핵심 제품을 개발하는 특별한 재주
- 수많은 새로운 아이디어 및 혁신 조치를 제안하는 역량
- 암벽 등반에 대한 시시콜콜한 지식
- 신뢰성, 품질, 서비스에 대한 좋은 평판
- 훌륭한 카탈로그 제작 능력

약점

- 재무, 조직 운영 기술이 부족하다
- 설계에서부터 생산과 시장으로 이어지는 과정에 대한 조정 능력이 매우 열악하다
- 부서 간 의사소통이 매우 부족하다
- 직원 교육이 부족하다
- 제품은 훌륭하지만 제조 원가가 높다

자원

- 탄탄한 재무 구조
- 부채가 없다(필요하다면 얼마든지 빌릴 수 있는 능력이 있다)
- 외부 투자자 없이 모든 자원을 긴밀한 통제한다는 철학을 유지한다

혁신조치

- 새로운 볼트 체결 기술 발명
- 새로운 캐밍camming 기술
- 와일드캣(코드명)

〈외부 평가〉

업계 동향

- 시장은 연 15퍼센트의 성장률에 힘입어서 성숙 단계로 접어들었다
- 시장 규모는 미국의 암벽 등반가가 약 5만 명이고, 전 세계적으로는 50 만 명이다
- 시장은 전통적인 부문과 스포츠 부문과 빅월big wall(거벽) 부문으로 세 분화된다
- 스포츠 클라이밍 부문이 가장 빠르게 성장하고 있다.
- 성장 동력은 다음 세 가지다

  (1) 등반을 더욱 안전하게 도와주는 신기술

  (2) 등반 대회 및 TV 중계

  (3) 베이비붐 세대가 맞이하는 중년의 위기

기술 동향

- 캐밍 장치
- 볼트 장치
- 더욱 가볍고 더욱 강력한 소재

경쟁사들

- 시장이 세분화되어 시장 전체를 지배하는 기업이 없다
- 유럽에서는 경쟁이 치열하다
- 주요 직접 경쟁자: 블랙다이아몬드Black Diamond

사회 환경 및 규제 환경

- 암벽을 손상하는 장비를 규제하는 공원 관리 주체
- 1993년으로 예상되는 ISCC(국제인증제도) 안전 기준 적용
- 제조물책임법에 따른 보험 비용의 폭발적 증가

378

거시경제 및 인구통계학적 동향

- 여가시간은 더욱 늘어날 것이다

- 중년을 맞이하는 베이비부머 세대가 새로운 도전 과제를 찾고 있다

국제 상황

커지는 해외 시장(독일, 프랑스, 이탈리아, 호주)

상위 3가지 기회

(1) 스포츠 클라이밍이 활성화된다

(2) 해외 시장이 넓어진다

(3) 클라이밍 대회가 많이 열린다

상위 3가지 위협

(1) ISCC의 기준을 아직 충족하지 못한다

(2) 해외의 경쟁업체가 많아진다

(3) 제조물책임법에 따른 비용 부담이 늘어난다

〈전략 1991-1993〉

개요

세계 최고의 암벽 등반 장비 공급업체가 되겠다는 사명을 달성하기 위해서 우리는 스포츠 클라이밍 부문의 시장 확대에 중점을 두고, 암벽 등반 장비에 집중하는 전략을 추구할 것이다. 우리는 혁신, 디자인, 품질, 서비스 등에서의 우월함을 바탕으로 경쟁에 나설 것이다.

제품

- 우리는 오로지 암벽 등반용 장비만 만들 것이다. 우리의 사명이 실현될 때까지는 다른 스포츠용품을 만들지 않을 것이며 또한 섬유 소재

제품 시장에도 진출하지 않을 것이다.

- 우리는 가격이 아니라 우월한 기술과 품질과 서비스로 경쟁할 것이다. 우리는 시장에서 가장 높은 가격대를 유지할 것이다.

- 우리는 특수한 맞춤형 수요에 대응할 수 있는 핵심 제품군을 개발할 것이다. 재고 비용을 낮게 유지하고 품질은 높게 유지할 수 있다.

- 우리는 스포츠 클라이밍과 스피드 클라이밍의 저변 확대라는 추세를 활용해서, 점점 커지는 이 분야의 시장을 노리고 제품 개발에 힘쓸 것이다.

- 우리는 우리의 모든 제품이 ISCC 안전 기준을 준수하도록 할 것이며, 이 기준이 본격적으로 시행될 때 이미 우리는 시장에서 우월한 지위를 차지하고 있을 것이다.

- 우리는 제조물책임법 관련 소송에 대비해 안전한 제품을 만드는 데 '지나칠 정도로' 주의를 기울일 것이다.

- 신제품 혁신에 집중할 것이며, 해마다 신제품을 두 가지는 시장에 내놓을 것이다. 우리는 볼트 및 캐밍 기술의 최근 동향을 최대한 활용할 것이다. 출시할 제품을 소개하면 다음과 같다.

1991년 : 초경량 볼트 드릴Ultra-light Bolt Drill, 퀵 클립Quick Clips

1992년 : 하드캠Hardcam, 엘 캡 핀El Cap Pins

1993년 : 파워 캠 유닛Power Cam Unit, 와일드캣Wildcat (코드명)

고객

- 우리는 경쟁사에 비해서 상대적으로 전문가 수준의 암벽 등반가에 초점을 맞추고 이들에게 우월한 성능의 제품을 공급하는 업체로 자리매김할 것이다.

- 우리는 주로 우편과 직영 매장을 통해서 제품을 유통할 것이다.

- 우리는 우리가 제작한 카탈로그, 암벽 등반 전문 잡지의 광고, 선수들의 추천, 암벽 등반 대회 후원 등을 통해서 소비자들에게 다가갈 것이다.
- 우리는 유명한 등반가들에게 장비를 후원함으로써 비용이 들지 않는 광고를 최대한 추구할 것이다.
- 우리는 우월한 고객 서비스를 통해서 충성도 높은 고객층을 구축할 것이다. 24시간 내내 고객의 주문을 받을 것이며, 또 이 과정에서 고객이 즐거움을 느끼게 할 것이다.
- 우리는 앞으로 3년 안에 최소 세 개의 해외 시장에 우리 제품을 출시할 것이다.

  1991년 : 프랑스

  1992년 : 독일

  1993년 : 이탈리아, 호주

현금흐름

- 우리는 주로 영업 활동을 통해서 사업 자금을 조달할 것이다. 따라서 이윤폭을 최소한 50퍼센트까지 보장하는 가격을 매길 것이다.
- 우리는 은행과 원만한 관계를 유지할 것이며, 꼭 필요한 경우에 대출을 할 수 있도록 신용 관리를 할 것이다. 대출을 하더라도 최소한으로만 할 것이다.
- 우리는 성장 속도를 철저하게 통제해서 연간 15퍼센트를 초과하지 않도록 할 것이다.

매출액	매출이익률	세후 수익
1991년	450만 달러	10%
1992년	510만 달러	8%
1993년	580만 달러	10%

사람과 조직

- 우리는 노련한 재무 담당 전문가가 역량을 발휘하도록 담당 부서를 마련할 것이다.
- 우리는 개별 신제품마다 디자인, 생산, 마케팅을 따로 맡아서 진행할 팀을 구성할 것이다. 해당 분야에서 과거에 나타났던 문제들은 철저하게 제거할 것이다.
- 우리는 엔지니어링 및 설계 분야의 인력을 지속적으로 늘려나갈 것이다.
- 우리는 야외 활동을 사랑하는 사람들을 지속적으로 고용할 것이다.
- 우리는 전문 소매유통망 인력을 구축해나갈 것이다.
- 우리는 해외사업부를 설치할 것이다.
- 우리는 직원 교육 프로그램을 개발할 것이다.

인프라

우리는 부서 간 의사소통 강화에 도움이 될 새로운 공간으로 옮겨갈 것이다. 우리는 벽 등반을 할 수 있는 산 근처의 시설을 사무공간으로 매입할 것이다.

〈1991년 전략적 우선순위〉

1. 여름 시즌에 맞춰서 초경량 볼트 드릴과 퀵클립을 시장에 출시한다.
   (책임자 : 조)
2. 유럽에 거점을 마련한다. 유럽에서 활동하는 두 명의 슈퍼스타(남자와 여자 각 1명)와 후원 계약을 체결한다. 우편 주문이 가능하도록 조직과

틀을 마련하고, 프랑스에서 이 일을 처리할 사람을 채용한다. 프랑스어 카탈로그를 제작한다. (책임자 : 베스)

3. 노련한 재무 담당 전문가가 역량을 발휘하도록 만든다. (책임자 : 빌)

4. 설계, 생산, 마케팅 부서를 각각 만든다. (책임자 : 수)

5. 새로운 시설을 찾아서 매입하고, 1992년까지 이사할 준비를 마친다.
   (책임자 : 밥)

혁신 조직으로
거듭나기

CHAPTER 8

세상의 모든 진보는 비이성적인 사람이 이룩했다.

— 조지 버나드 쇼,《인간과 초인Man and Superman》[1]

좋은 아이디어는 전혀 부족하지 않다. 세상에 이미 널려 있다. 혁신 조직을 만드는 데 가장 큰 걸림돌은 창의성 부족 문제가 아니라, '세상에 널려 있는 그 창의성을 어떻게 육성하며, 어떻게 혁신으로 전환할 것인가' 하는 문제이다(혁신의 정의를 제대로 내려야 한다. 혁신은 아이디어를 현실에서 실천해서 완료한 것이다).

8장의 핵심 내용은 바로 이것이다. 지속적으로 혁신할 수 있는 능력, 즉 아이디어를 끊임없이 생성하고 그중 일부를 현실에서 완벽히 구현하는 능력을 갖춰야 한다. 여기에서 전부가 아닌 일부 아이디어라고 쓴 것은, 위대한 기업은 조달할 수 있는 자금보다 더 많은 혁신적인 아이디어를 항상 가지고 있기 때문이다.

혁신적인 회사가 되려면 다음 여섯 가지 기본적인 조건이 필요하다.

1. 어디에서 나온 어떤 아이디어든 가리지 않고 수용하기
2. 고객 되기
3. 실험과 실수
4. 창의적인 직원
5. 자율성과 탈중앙화
6. 보상

지금부터는 구체적인 사례를 통해 각각의 조건을 설명하고, 도움이 될 제안을 할 것이다. 그리고 맨 마지막으로는 창의성과 혁신을 자극할 몇 가지 구체적인 관리 기법을 소개할 것이다.

혁신의 조건 1. 아이디어 수용하기

고도로 혁신적인 회사라고 해서 덜 혁신적인 회사보다 반드시 더 많은 아이디어를 창출하지는 않는다. 좋은 아이디어는 어느 회사에나 넘쳐난다. 그러나 혁신적인 회사는 아이디어에 대한 수용성이 상대적으로 높다. 내부 아이디어뿐만 아니라 외부 아이디어까지 잘 받아들인다.

더 나아가, 그런 아이디어들을 방치하지 않고 실행에 옮긴다. 혁신적인 회사라고 해서 모든 아이디어를 현실에서 실현하지는 않지만, 아이디어를 실행할 수 없는 온갖 이유를 짜내는 데 시간을 낭비하기보다는, 부분적으로나마 완성된 아이디어를 신속하게 실천할 방안을 모색한다.

그러나 안타깝게도 우리 인간은 주로 이와 정반대로 행동하도록 훈련받아왔다. 비판에 대해서 다들 얼마나 잘 배웠는지, 자기가 똑똑하다는 것을 다른 사람에게 보여주는 방법으로 어떤 아이디어가 어리석고 실패할 수밖에 없는 온갖 이유를 끄집어내서 갖다붙이기를 좋아한다.

우리 저자들이 지금까지 지켜보기에는, MBA 학위를 딴 사람들은 대부분 사업 아이디어의 결점을 찾아내고 지적하는 일은 잘 하지만, 그 아이디어를 현실에서 구현할 방법을 찾는 데는 터무니없을 정도로 서투르다. 강의실에서 다른 학생이 제안한 신제품 아이디어를 온갖 교묘한 논리를 동원해서 박살내고는 뿌듯해하는 학생을 수도 없이 봐왔다. 그럴 때면 우리는 그 학생에게 이런 질문을 던지곤 했다.

"자, 이제 우리는 그 아이디어가 불완전한 것임을 알았습니다. 그 어떤 아이디어도 완벽하지는 않죠. 그렇다면 이제 결점을 가진 그 아이디어가 현실에서 실현되려면 어떻게 해야 할까요?"

그러면 어떤 학생들은, 제시된 아이디어의 흠집을 지적해서 자기가 똑똑하다는 사실을 과시하는 것이 더는 목표가 될 수 없음을 깨닫고 건설적인 도전에 나선다. 그런데 아쉽게도 어떤 학생들은 그런 모습을 전혀 보이지 않는다. 이 학생들은 비판적인 사고로 너무 철저하게 훈련된 나머지 건설적인 사고가 마비되어 있었다. 위대한 기업을 만들려면 그런 부정적인 사고방식부터 벗어던져야 한다.

우리 말을 오해하면 안 된다. 우리는 모든 아이디어가 훌륭한 아이디어라고 말하는 것이 아니다. 모든 신제품 아이디어가 반드시 대성공을 거둘 것이라고 말하는 것도 아니다. 사실 엄청나게 많은 아이디어가 결국 실패로 끝날 것이다. 그러나 뒤에서 설명하겠지만 이런 실패의 경험이 장기적으로는 상당한 이득으로 돌아올 수 있다.

훌륭한 아이디어 가운데 많은 것들이 처음에는 터무니없는 망상으로 푸대접받았다는 사실을 명심해야 한다. 소위 전문가라고 하는 사람들이 얼마나 많은 위대한 발상과 발명품을 어리석다고 코웃음을 쳐왔던가(우리 저자들은 이런 사람들을 '찬물'이라고 부른다). [상자 8-1]은 그런 사례를 모아서 정리한 것이다. 우리 저자들이 권하건데, 그동안 수많은 찬물들이 찬물을 끼얹었던 어리석은 짓거리의 사례 목록을 전 구성원들에게 배포하고 각자의 파티션 벽이나 책상에 붙여두고 수시로 바라보게 하라. 아이디어를 수용하는 태도가 얼마나 중요한지 일깨우는 데 도움이 될 것이다.

조직을 창의적이고 혁신적으로 만드는 첫 번째 요소는 모든 곳에서 아이디어를 찾는 것이며, 이때 가장 중요한 것은 새로운 아이디어를 거리낌 없이 받아들이는 분위기를 조성하는 것이다. 다시한번 강조하지만, **좋은 아이디어는 부족하지 않다. 다만 그런 아이디어를 포용하는 수용성이 부족할 뿐이다.**

> ## [상자 8-1] 역사에서 찾은 '찬물' 사례
>
> "이 '전화기'라는 것은 통신 수단으로 삼기에는 단점이 너무 많다. 우리에게 아무런 가치도 없다."[2]
> : 1876년에 벨이 개발한 전화기를 놓고 웨스턴유니온Western Union이 내렸던 평가 메모
>
> "개념이 흥미롭고 잘 구성되어 있지만 C 학점보다 더 나은 점수를 얻으려면 실현가능한 아이디어라야 한다."[3]
> : 프레드 스미스가 '신뢰할 수 있는 익일배송 서비스'를 제안했던 논문에 예일대학교 경영학 교수가 내린 평가. 그러나 나중에 스미스는 페덱스를 설립했다.
>
> "우리는 선수 지도법을 당신에게 말하지 않을 테니까 당신은 우리에게 신발 만드는 방법을 말하지 마세요."[4]
> : '와플' 신발의 발명가이자 나중에 나이키의 공동창업자가 되는 빌 바우어만에게 어느 대형 스포츠 신발 제조업체가 했던 말.
>
> "그래서 우리는 아타리Atari를 찾아가서 이렇게 말했습니다. '보세요, 우

리가 이렇게 멋진 걸 만들었습니다. 당신네 회사 제품을 사용해서 말입니다. 그러니까 우리에게 자금 투자를 좀 해주면 안 되겠습니까? 그게 싫으면 아예 이걸 당신들에게 팔게요. 우리는 그냥 이 작업을 계속해서 할 수 있기만 하면 되거든요. 우리에게 월급만 주세요. 당신네 회사에서 일할게요.' 그렇지만 그 사람들은 '싫어!'라더군요. HP에 갔더니 그 사람들은 '우리는 당신 같은 사람들은 필요 없어. 아직 대학도 졸업하지 않았잖아'라면서 거들떠보지도 않더군요."[5]

: 스티브 잡스가 워즈니악Stephen Gray Wozniak과 공동으로 개발했던 개인용 컴퓨터를 들고 아타리와 휴렛패커드를 찾아갔을 때 각각 들었던 반응. 잡스와 워즈니악은 나중에 애플컴퓨터를 창업했다.

"내가 그 사람들에게 이렇게 말했습니다. '당신네가 이걸 인수해서 프랜차이즈로 만들어야죠. 내가 기꺼이 실험 대상이 되어드릴 테니까 그렇게 하세요.' 그렇지만 그 사람들은 어정쩡한 태도를 보였죠. 그들은 그 사업의 가치를 제대로 알아보지 못했던 겁니다. (…) 그들이 거절하자 버드와 나는 독립할 수밖에 없었습니다."[6]

: 샘 월튼은 1962년에 소매유통체인업체인 벤 플랭클린Ben Franklin에게 할인소매점 발상을 제안했던 당시를 회상하며 했던 말. 월튼은 나중에 월마트를 설립했다.

"스크린 속의 배우들이 말하는 걸 듣고 싶어 할 관객이 도대체 어디 있다고 그래?"

: 워너브라더스Warner Bros의 H. M. 워너가 1927년에 유성영화 제작을 거부하면서 했던 말.

"우리는 그 친구들의 음악을 좋아하지도 않고, 또 밴드 음악은 이제 한물 가지 않았어?"[7]
: 데카레코드Decca Records가 1962년에 비틀즈의 음반 제작을 거부하면서 했던 말.

1984년에 존 헨리 패터슨은 금전등록기 특허권에 6,500달러를 썼다. 그러자 사업가 친구들은 그 아이디어의 가치는 기껏해야 제한적일 뿐 아무런 가치가 없다고 핀잔을 줬다. 그러나 패터슨은 NCR을 설립했다.[8]

"의료계에 컴퓨터라니, 미쳤군! 나는 컴퓨터를 전혀 믿을 수 없고 컴퓨터를 가지고는 어떤 것도 하고 싶지 않아요."[9]
: 영국의 어떤 의대 교수가 CT 스캐너를 두고 존 알프레드 파웰에게 했던 말.

"석유를 시추한다고? 그러니까 땅에 구멍을 뚫어서 석유를 찾는다고? 미쳤군, 미쳤어!"[10]
: 1859년에 에드윈 드레이크가 석유 시추 사업을 하려고 하자, 굴착 분야의 전문가들이 입을 모아 했던 말. 드레이크는 나중에 최초의 생산성 있는 유정 굴착자가 된다.

"비행기라는 것이 재미있는 놀이가 되긴 하겠지만 군사적으로는 전혀 가치가 없다."[11]
: 제1차 세계대전 때 서부 전선의 연합군 총사령관이던 페르디낭 포슈가 했던 말.

"텔레비전이 인기를 끌 일은 절대로 없어. 텔레비전을 보려면 약간 어두운 방에서 화면에 끊임없이 주의를 집중해야 하는데, 누가 그러고 있겠어?"[12]

: 1940년에 하버드대학교의 교수이던 체스터 도즈가 했던 말.

조직 바깥의 아이디어

매킨토시의 기본적인 발상은 애플 내부에서 나오지 않았다.[13] 이 아이디어는 이미 오래전에 국방 관련 연구 사업에서 처음 등장했으며 한때 제록스도 이 아이디어에 관심을 가졌다. 그러던 어느 날, 애플의 경영진 가운데 한 무리가 제록스에서 진행된 마우스 및 아이콘 기술 시연회에 참석했고, 이 시연회의 기본적인 아이디어를 애플이 상품화했고, 그것이 바로 매킨토시의 토대가 된다.

최초의 맥도날드 식당은 캘리포니아 샌버너디노에서 맥도날드 형제가 세웠다. 그러나 맥도날드 형제의 식당을 체인점 형태로 전환해서 맥도날드라는 회사를 창업한 사람은 레이 크록Ray Kroc이다.[14] 그는 새로운 아이디어를 낸 것이 아니라 맥도날드의 잠재력을 남들보다 먼저 포착했다.

소프트웨어 개발사이던 티메이커T/Maker Company는 데스크탑 컴퓨터로 개인이 책을 출판하는 개인 출판 아이디어를 처음 실현한 곳이 아니다. 이 회사와는 아무런 상관도 없는 프로그래머가 이 작업을 시작했고, 티메이커가 이 아이디어를 차용해서 시장을 키웠다.[15]

타이레놀의 최초 개발자는 존슨앤존슨이 아니었다. 타이레놀은 맥닐McNeil Laboratories이 생산한 제품이었지만, 존슨앤존슨이 이 회사를 인수했다.[16] 프록터앤갬블도 옥시돌이나 라바비누를 발명한 게 아니고, 그 제

품을 발명했던 윌리엄왈키William Waltke Soap Company를 인수함으로써 자기
것으로 만들었다.[17] 3M이 1920년대 초에 세계 최초의 방수 연마제 웨토
드라이를 시장에 출시했다.[18] 그러나 3M이 이 제품을 발명한 게 아니다.
필라델피아의 젊은 잉크 제조업자인 프랜시스 오키Francis W. Okie가 개발
한 것을 3M이 샀을 뿐이다.

'회사 안에서 만들어진 것이 아니라면If it's Not Invented Here 아무 소용이
없다'라는 이른바 NIH 증후군이 만연하지 않도록 예방해야 한다. 열린
마음으로 조직 바깥에서 끊임없이 아이디어를 찾아라. 전 세계를 당신의
연구조사 실험실로 삼아라. 전 세계에서 펄떡펄떡 뛰는 수천 가지의 훌
륭한 아이디어가 조직 안으로 쉽게 스며들 수 있도록 만들어라.

그러기 위해서 고려해야 할 몇 가지 구체적인 활동을 소개하면 다음
과 같다.

- **외부인이 회사에 제안하는 참신한 아이디어를 수용하는 것을 모든
  직원이 당연히 져야 하는 책무로 규정한다.** 물론 회사에 접수되는
  상당수 아이디어가 사명과 맞지 않거나 비현실적이겠지만, 복사기
  를 발명했던 체스터 칼슨의 기술 제안을 거절한 회사가 스무 곳이
  넘었다는 사실을 기억하자. 이렇게 거절당하고 좌절한 끝에 그는
  직접 제록스를 창업했다.[19]
- **활동 분야는 달라도 평판이 좋은 회사와 직원 교환 제도를 시행한
  다.** 이런 식으로 직원을 몇 주 혹은 몇 달 동안 다른 회사에서 일하
  게 할 때 발생하는 이종교배 효과는 조직에 놀라운 통찰을 자극할
  수 있다.
- **외부 설계자를 고용한다.** 가장 창의적인 설계들 가운데 일부는 외

부 설계자에게서 나왔다. 대표적으로 매킨토시컴퓨터의 외부 디자인이 그랬다. 외부 설계자는 온갖 다양한 제품 범주들에서 온갖 다양한 고객의 온갖 다양한 문제를 다루면서 온갖 아이디어를 얻으므로, 당신 회사에 톡톡 튀는 제안을 할 수 있다. 이런 방침은 설계 이외의 다른 분야에도 적용할 수 있다.

- **직원들이 회사 바깥에서 진행되는 특별한 행사에 참석하거나 외부에서 시간을 보냄으로써 새로운 아이디어를 접할 수 있도록 허용한다.** 나이키는 제품 설계 관련 비용 가운데 일부를 제품 디자이너의 여행에 지원한다. 이들이 사무실 바깥으로 나가서 세상 구경을 하면서 새로운 아이디어의 영감을 받기를 바라기 때문이다.

- **참신한 아이디어를 가진 사람들을 초청하여 강연회, 세미나를 열어라.** 외부인이 회사에 들어와서 활발하게 토론하도록 자리를 마련한다.

- **직원을 선발해서 교육 프로그램이나 세미나 또는 대학교가 후원하는 행사에 참석하게 한다.** 외부 행사에 다녀온 직원들에게는 자기가 접했던 '가장 흥미로운 아이디어'가 무엇인지 직원회의와 같은 자리에서 발표하게 하라.

- **직원들이 업무와는 관련이 없는 논픽션 자료를 읽은 뒤에 느낀 점을 공유하도록 권장한다.** 《초우량기업의 조건In Search of Excellence》의 공동저자인 로버트 워터맨Robert Waterman은 우리 저자들에게 건축에서 세계사에 이르는 '잡다한' 독서 목록을 통해서 상당한 아이디어를 얻는다고 말했다. 실제로 창의성을 다룬 연구에 따르면, 창의적인 직원은 관심과 관점의 폭이 넓고 특이함과 참신함을 추구한다. 흔히 혁신은 연결되지 않는 아이디어들 사이의 관계를 확인하

고 이것들을 연결하는 데서 비롯된다.

- **고객이 회사에 아이디어를 제공하는 통로를 구축한다.** 코네티컷 노워크 소재의 가족 소유 아웃렛으로 연매출 1억 달러를 올리는 스튜레너드는 고객 제안 상자를 통해서 하루 평균 100개가 넘는 고객 의견과 제안을 받는다. 이 아웃렛은 제안에 대해 24시간 안에 감사 인사를 보내고 있다.[20]

안에서 비롯되는 아이디어

당신이 지금 이 책을 읽고 있는 바로 이 순간에도 수많은 그리고 꽤 훌륭한 아이디어가 조직 안에서 소용돌이치고 있다. 회사 안의 모든 직급에 있는 직원의 아이디어를 수용해야 한다. 아이디어는 가맹점에서 개발한 빅맥이나 에그맥머핀처럼 현장 조직에서 나올 수도 있고, 3M의 포스트잇 메모지처럼 과학 실험에서 나올 수도 있다(어떤 연구원 하나가 화학 물질들을 가지고 이리저리 궁리하다가 우연히 독특한 접착제를 발견했고, 이 접착제 덕분에 포스트잇 메모지가 탄생했다).

앞에서 언급했던 고객 제안 상자를 기억하는가? 고객뿐만 아니라 직원도 회사 내부의 공정에 대해서 제안을 할 수 있는 제도를 마련해야 한다. 월마트에는 LTC Low Threshold for Change(낮은 문턱으로 변화를 꾀한다)라는 정책이 있다.[21] 월마트는 이 제도를 통해 정기적으로 현장 직원들에게서 개선과 혁신을 위한 아이디어를 찾는다. 좋은 제안에는 보너스를 지급하고 있다.

리더가 혁신의 주요 원천이 될 수도 있다. 실제로 우리 저자들은 신제품과 혁신이 최고위층에서 나오는 경우를 여러번 목격했다. 몇 가지 예를 들면 다음과 같다.

도표 8-1   아이디어보다 이를 수용하는 문화가 필요하다 ───────

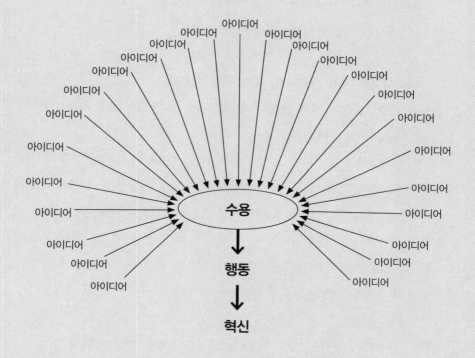

- 지로스포츠가 내놓은 신제품들 가운데 다수는 창업자인 짐 젠테스 와 그의 디자인 팀이 낸 아이디어의 결과물이다.
- 소니의 워크맨을 창안한 사람은 명예회장 이부카 마사루이다.
- 엘엘빈 초기의 수많은 혁신 제품은 창업자의 아이디어에서 시작됐 다.[22]

회사가 생각해야 할 문제는 창의성 자체를 높이는 것이 아니라, 회사 에 이미 존재하는 엄청난 양의 창의성을 수용하는 통로와 문화를 만드는 것이다. 새로운 아이디어라면 그것이 **마치 회사의 창업자나 CEO에게서 나오기라도 한 것처럼** 적극적으로 수용하려는 태도와 제도를 갖춘 조직이 되도록 지속적으로 노력해야 한다.

아이디어로 시장 주도하기, 또는 시장 따르기

다음 주제로 넘어가기 전에 먼저 해결해야 할 문제가 있다. 무척이나 짜증스러운 역설 하나를 살펴보자.

경영대학원의 고전적인 교리는 먼저 시장 수요부터 파악한 다음에, 해당 수요를 충족할 혁신을 해야 한다고 주장한다. 이를 시장 견인market focus이라고 부르기도 하고 때로는 시장 초점market focus이라고 부르기도 한다. 이 논리는 일리가 있어 보인다. 어쨌거나 기업은 실제 고객의 요구를 충족하는 제품과 서비스를 만들어야 한다. 그렇게 수요를 정의한 다음에 그 수요를 충족할 노력을 기울이는 것보다 그 목적을 더 잘 달성할 방법이 있을까?

그러나 다른 한편으로는, 시장에서 성공한 수많은 혁신 제품과 서비스는 시장의 요구나 전통적인 시장 조사 기법들을 통해서 개발되지 않았다. 실제로, **수많은 혁신적인 제품과 서비스는, 시장의 요구를 따르는 방식으로 혁신을 꾀했다면 탄생하지 못했을 것들이다.**

- 팩스는 미국의 발명품이다. 그러나 1990년 현재 시장에 판매되는 팩스 가운데 미국산 제품은 한 대도 없다. 피터 드러커에 따르면, 시장 조사 결과로만 보자면 그 장치에 대한 수요는 전혀 없었으며, 이런 점을 미국 기업들이 지나치게 확신했기 때문이다.[23]
- 3M 포스트잇 메모지를 탄생시킨 독특한 접착제는 시장 수요에 맞

취 진행된 실험의 결과물이 아니다.[24] 시장이라는 개념이라곤 전혀 없었던 과학자 스펜서 실버Spencer Silver는 자기가 개발한 독특한 접착제가 잘 팔릴거라고는 전혀 생각하지 않았다. 그 접착제는 (문제를 해결하고자 하는 해결책이 아니라) **문제를 찾아나서는 해결책**이었다. 실버는 5년 넘게 3M 주변을 빙빙 돌면서 사람들에게 이 특이한 접착제를 유용하게 쓸 수 있는 데가 없을지 묻고 다녔다. 실버에 따르면 이랬다.

"우리는 특허를 받기 위한 자금줄을 찾느라 애를 먹었습니다. 이 접착제가 유용하게 쓰일 상품이 없었기 때문이죠. (…) 우리 접착제는 사람들이 '이것 참 유용하겠군'하고 말할 수 있는 그런 것이 아니었습니다. (…) 때로 나는 이게 너무나 독특해서 화가 났습니다. 그래서 '도대체 왜 이것을 활용해서 만들 제품이 생각나지 않지?'라고 혼잣말을 하곤 했죠. 간신히 포스트잇 제품의 시제품이 나왔지만, 4개 도시의 시장 조사 테스트를 통과하지 못했습니다! 사람들에게 이 작은 메모장을 무료로 나눠줘서 이 제품에 중독되게 만든 다음에야 비로소 시장에서 자리를 잡았습니다."

- 프레드 스미스가 전국 익일 배송이라는 아이디어를 처음 구상한 것은 아니다. 이미 UPS, 에머리에어프라이트Emery Air Freight, 미국우편서비스가 비슷한 아이디어를 예전에 생각했었다. 하지만 그들은 시장 수요가 없다고 판단해서 이 아이디어를 폐기했다.[25]
- 데비 필즈는 쿠키 체인점인 미세스필즈쿠키를 창업할 때, 뜨겁고 부드럽고 감미로운 쿠키를 생산하겠다는 시도는 실패할 것이라는 경고를 여러 사람으로부터 들었다. 시장 조사 보고서에 따르면 사람들은 부드러운 쿠키보다는 바삭한 쿠키를 좋아했기 때문이다.[26]

- 1920년대에 데이비드 사노프David Sarnoff는 그 당시에는 존재하지 않던 '라디오'라는 제품을 생산하고 판매할 회사의 투자금을 모으려고 했지만 번번이 실패했다. 불특정 다수를 대상으로 하는 메시지 전송 서비스에 대한 시장 수요가 전혀 없었기 때문이다. 사람들이 수요에 담긴 가치를 인식하기 시작한 것은 라디오가 시장에 출시된 뒤였다. 사노프는 라디오를 통해 이전에는 전혀 존재하지 않던 시장을 창조했다.[27]

- 윈드햄힐레코드Windham Hill Record Company는 음반 유통업체 및 음반 시장 전문가들로부터 피아노 솔로 앨범에 대한 시장 수요가 없다는 말을 들었다. 이런 앨범이 시장에서 성공할 것이라는 징후는 전혀 찾아볼 수 없었다. 그럼에도 이 회사는 조지 윈스턴의 피아노 솔로 앨범을 시장에 내놓았는데, 이 앨범은 50만 장 넘게 팔렸다.[28]

- 최초의 전자레인지는 영국에서 미국으로 수입된 레이더 기술을 기반으로 삼아서 1946년에 상품화됐다. 그런데 당시에는 전자레인지에 대한 시장 수요가 없었다. 전자레인지를 출시했던 아마나Amana의 마케팅 담당 수석부사장 잭 캐머러는 다음과 같이 말했다.[29]

"시장 조사에만 1년에 수십만 달러를 쓰는 매우 구조화된 회사에 맡겼다면, 아마도 쓰레기통에 처박혀버렸을 것이다. 우리 제품이 적절한 시기에 적절한 제품이라는 판단은 두어 사람의 직감으로만 존재했었다. 우리는 소비자 대중이 무엇을 원하는지 묻기보다는 새로운 제품으로 시장을 선도하고자 했다. 시장 조사를 많이 하기보다는 제품을 개선하고 또 대중 교육을 통해서 이 제품이 소비될 시장을 창출하려고 노력했다."[30]

시장을 **창출**한다는 발상은 돌파 혁신에 필수적이다. 고객은 자기가 무엇을 가질 수 있을지 확실하게 깨닫기 전까지는 원하는 것을 말하지 않는다. 엄밀히 말해서 말하지 '않는' 게 아니라 못한다. 그것이 무엇인지 모르기 때문이다. 3M 포스트잇 메모지, 라디오, 팩스 등이 그런 부류의 혁신 상품이었다.

기업으로서는 이를 깨닫는 것이 매우 중요한데, 이를 깨닫지 못할 경우에는 엄청난 기회를 놓칠 수 있다. 프랑스의 선구적인 디자인 전문가 장 피에르 비트락Jean Pierre Vitrac이 말했듯이 "소비자는 새롭고 독창적인 것 앞에 서면, 과거에 유용했던 모든 기준에 맞지 않음에도 불구하고, 그 유혹에 사로잡히고 만다."[31]

랑가나스 나약과 존 케터링햄은 《돌파!》에서 열여섯 가지의 돌파 혁신 사례를 연구한 끝에 "성공한 상업적 혁신의 대부분은 기술 혹은 아이디어로 밀어붙이기가 아니라 시장의 요구를 따르기에서 비롯된다고 말하는 것은 완전히 잘못된 주장이다"라고 결론을 내렸다. 그 열여섯 개 사례 가운데서 고전적인 시장 조사가 중요한 역할을 한 경우는 하나도 없었다. 나약과 캐터링햄에 따르면, 성공의 요인은 어느 한 발명가의 호기심 혹은 문제 해결 추진력에서 비롯되었다.

발명가가 의식 깊숙한 곳에 숨어 있는 돌파 혁신의 아이디어를 발견하기 전에 시장이 먼저 그 돌파 혁신을 요구하는 사례를 우리 저자들은 단 한 건도 발견하지 못했다.[32]

여기에서 잠깐! 시장이 혁신 제품을 이끌어내는 경우도 분명히 있다. 우리는 시장 조사가 쓸모없다고 말하는 것이 아니다. 소비자에게 다가가서 제품에 대한 의견을 듣는 것은 매우 소중한 과정이다. 프록터앤갬블은 자신들의 성공의 많은 부분을, 시장에서 드러나는 소비자의 요구를 파악하고 이를 충족하는 제품을 개발한 역량 덕분으로 돌린다. 이는 타당한 분석이다.

고객의 의견을 외면해서 입지를 잃어버린 텐서 램프Tensor Lamp의 제작사 텐서Tensor Corporation와 같은 회사는 어떤가? 한층 더 강력한 기능을 갖추면 좋겠다는 고객의 요청에 신속하게 대응하지 못해 신생기업이던 로터스에게 깨지고 파산했던 비지코프의 사례는 어떤가? 이런 사례는 또 있다. 1920년대 후반에 더 다양한 모델과 색상을 요구하는 고객의 바람에 귀를 기울이지 않고 "어떤 색이든 다 좋지만, 검은색이면 다 되는 것 아닌가? 우리는 검은색만 제공한다"라면서 안이하게 대응했던 헨리 포드 때문에 제너럴모터스에 추월당했던 포드자동차는 어떤가?

이런 딜레마를 해결하려면 우선 혼란스러운 부분을 정리한 다음에 질문을 선명하게 해야 한다. 여기에서 다루어야 할 질문은 '혁신이 진정한 인간적인 요구를 충족하는가?'(즉 '상업적으로 성공하려면 고객의 요구를 상대적으로 더 잘 충족해야 하는가?')가 아니다. 우리가 던져야 하는 질문은 이것이다.

처음에 혁신은 어떻게 생성되어야 할까? 몇몇 돌파 혁신을 포함해서 진정한 인간적 요구를 충족하는 지속적인 혁신 흐름이 이어지도록 하려면 무엇을 해야 할까?

우리는 이 질문을 이 장 전체를 관통해서 다룰 것이다. 그러나 우선, 회사의 리더는 아이디어(혹은 기술)로 시장 주도하기와 시장의 요구를 따르기를 모두 추구해야 한다.

경영대학원의 고전적인 교리인 시장 요구 따르기를 무분별하게 숭배해서는 안 된다. 그러나 동시에 고객 의견을 무시하면 기회를 놓치거나 재난이 발생할 수 있으므로 시장의 의견에 민감할 필요가 있다. 독창적인 돌파 혁신은 주로 ('주로'는 언제나 그렇지는 않다는 뜻이다) 새로운 아이디어로 시장을 주도하는 것이라고 생각하고, 그 뒤에 이어지는 점진적인 혁신은 시장의 의견을 반영하는 것이라고 생각하라. 두 가지 접근법 가운데 어느 하나에 의존하기보다는 두 가지를 모두 사용할 때 혁신의 총량은 훨씬 커진다.

극단적인 주장은 거부해야 한다. "시장이 원하는 것이 무엇인지 언제나 먼저 물어보아라"라고 말하는 사람들을 거부하라. 고객이 혁신을 요구하지 않는다고 해서 고객이 혁신을 필요로 하지 않는다는 뜻은 아니다. 또한 "우리는 너무 훌륭해서 시장에 주의를 기울일 필요가 없다. 우리는 무엇이 가장 좋은지 언제나 잘 알고 있다"라는 주장도 거부하라. 회사 조직의 밖에서 비롯된 것이든 안에서 비롯된 것이든 따지지 말고 모든 아이디어를 수용하고 검토하라.

혁신의 조건 2. 고객 되어보기

결국 우리는 우리를 만족시키려고 옷을 만든다. 우리는 우리가 만든 옷을 입는다.

— 파타고니아 카탈로그, 1989

회사를 혁신적으로 만들고 유지하는 가장 좋은 방법 가운데 하나는 직원들이 각자의 문제나 요구 사항에 대한 해결책을 <u>스스로</u> 찾도록 만드는 것이다. 즉, 스스로 고객이 되어 스스로를 만족시켜야 한다. 이렇게 하는 게 불가능하다면, 즉 스스로 고객이 될 수 없는 사업에 종사하고 있다면, 고객이 경험하는 것처럼 세상을 경험할 방법을 찾아라.

자신의 문제를 해결하고 자신의 수요를 충족하라

소프트웨어 개발사인 티메이커 사례로 돌아가 보자. 티메이커의 혁신은 회장 겸 CEO이던 하이디 로이젠Heidi Roizen이 컴퓨터로 파티 초대장을 만들어야 했던 개인적인 필요성에서 촉발되었다. 그녀는 늘 쓰던 기종이라서 IBM PC를 선호했지만, IBM 컴퓨터에서 작동되는 그래픽 소프트웨어가 너무 부족해서 매킨토시 PC를 사용할 수밖에 없었다. 그녀는 당시를 돌아보면서 "IBM PC에서는 그래픽 작업을 원활하게 할 수 없는게 늘 안타까웠다"라고 말했다. 바로 이러한 개인적인 경험을 토대로 IBM PC에서 구동되는 최초의 데스크탑 출판 패키지 프로젝트가 시작됐다.[33]

지로스포츠의 짐 젠테스는 점심시간에 자전거를 타면서 제품 아이디어를 떠올린다. 다음은 젠테스가 했던 말이다. "자전거를 타고 도로를 달릴 때면 나는 최고의 실험실에 있는 셈입니다. 조금이라도 적은 노력을 들이면서도 조금이라도 더 빠르게 달릴 방법을 찾으려고 늘 노력합니다."

개인용 컴퓨터라는 것도 따지고 보면 개인적인 필요(수요, 욕구)를 충족할 목적으로 발명되지 않았던가! 어떤 일이 계기가 되어서 워즈니악과 함께 개인용 컴퓨터를 만들겠다는 아이디어를 떠올렸는지 묻는 질문에 스티브 잡스는 이렇게 대답했다.

위대한 아이디어들이 대부분 그렇듯이 그 아이디어도 바로 우리 앞에 있는 어떤 것에서 나왔습니다. 우리는 컴퓨터를 살 여유가 없었기 때문에 우리만의 개인용 컴퓨터를 설계했던 겁니다. 그러니까, **우리 자신**이 개인용 컴퓨터의 최초 시장이고 소비자였던 셈입니다. 그리고 우리의 다음 소비자는 우리 친구들이었습니다. 그런데 우리가 만든 컴퓨터에 만족하는 사람이 점점 늘어나면서 우리는 점점 더 흥분했습니다. 하지만 그때 우리는 "지금부터 10년 뒤에는 모든 사람이 개인용 컴퓨터를 사용할 거야"라고 생각하지 않았습니다. 일은 그런 식으로 일어나지 않았습니다. [34]

일회용 밴드는 1920년에 처음 등장했다. 당시 아직 신생기업이던 존슨앤존슨의 직원이던 얼 딕슨Earle Dickson이 일회용 밴드를 개발했다. 그는 아내가 부엌에서 음식을 만들다가 자주 손을 베는 것을 지켜보고는 아내가 혼자서 곧바로 붙일 수 있는 반창고를 만들어야겠다고 마음먹었다. 그렇게 일회용 밴드의 아이디어가 탄생했다. 그는 수술용 반창고를 길게 바닥에 깐 다음에 반창고의 접착면에 작게 자른 거즈 조각을 하나씩 붙이고, 접착면이 접착력을 유지할 수 있도록 그 위에다 뻣뻣한 재질의 크리놀린 천을 덮었다. 딕슨이 이 발명품을 직장 동료들에게 말했고, 이렇게 해서 역사상 가장 성공한 상용 제품으로 꼽히는 일회용 반창고가 탄생했다. [35]

내가 안고 있는 문제를 해결함으로써 똑같은 문제를 안고 있는 다른 사람들(그러나 고전적인 시장 조사 기술로는 쉽게 식별할 수 없는 사람들)이 갑자기 어디에선가 웃으면서 걸어 나오는 상황을 상상해 보자. 이것을 일종의 마법 효과woodwork factor라고 부르자.

마법 효과라는 이 표현은 원래 역사상 가장 성공적인 처방약 중 하나인 타가메트를 발명한 팀이 직접 썼던 표현이다. 참고로, 타가메트는 위궤양을 수술 없이 치료하는 약물로, 사람들이 위궤양에 대처하는 방식을 완전히 바꿔놓았다. 타가메트의 미국 지사 책임자는 다음과 같이 설명했다.

> 내 나이 또래 집단에는 온갖 사람들이 위궤양으로 고생했습니다. 그러나 이 사람들은 적극적인 치료를 받지 않고, 그저 자기 혼자 개인적으로 할 수 있는 조치만 무엇이든 다 했을 뿐입니다. 그래서 나는 직업적으로, '도대체 이 시장 규모는 얼마나 클까?'라고 혼잣말을 하곤 했습니다. 이것이 바로 마법 효과입니다. 그들은 모두 나의 친구입니다. 어느 순간엔가 환자들이 갑자기 나타나서 뚜벅뚜벅 걸어오는 모습을 상상했습니다.[36]

하이디 로이젠, 짐 젠테스, 스티브 잡스 그리고 얼 딕슨은 모두 마법 효과를 경험했다. 회사의 직원이 회사의 고객이 되도록 자극하고 마법 효과를 재현하기 위해 할 수 있는 몇 가지 구체적인 행동을 소개하면 다음과 같다.

- **고객을 채용한다.** 나이키는 운동선수를 직원으로 채용한다. 우리 저자들은 제품 개발을 한창 진행하던 기간에 나이키를 방문한 적이 있는데, 달리기광이기도 한 미주 지역 마케팅 총괄 책임자 톰

하트지가 자기가 달리기를 할 때 신을 운동화를 개발하기 위해서 디자인 팀과 함께 작업하는 장면을 목격했다. 나이키는 전문 운동 선수들을 신제품 테스트 컨설턴트로 채용하는데, 이들이 하는 일은 가장 가혹한 환경에서 신제품을 테스트한 다음에 문제점 및 건설적인 아이디어를 제시하는 것이다.

- **직원들이 제품이나 서비스를 현장에서 직접 테스트한다.** 엘엘빈에서는 모든 임원이 제품 테스트 목적으로 일주일 휴가를 갈 수 있다. 휴가를 받은 직원이 알래스카로 가서 낚시를 하든, 온타리오로 가서 오리 사냥을 하든, 혹은 커다란 방한용 헌팅 부츠를 신고 캐나다의 브리티시컬럼비아로 가든 회사는 상관하지 않는다.[37]
- **모든 직원에게 아이디어 수첩을 지급한다.** 업무나 개인 생활에서 맞닥뜨리는 온갖 문제와 아이디어를 기록하도록 권장하라.

고객 되기 시뮬레이션

만약 당신이 직접 당신의 제품이나 서비스를 경험할 수 없는 상황이라면, 그런 고객이 되는 방식을 시뮬레이션하라. 이를 위해 두 가지 접근법이 있다.

첫 번째는 특정 고객(이는 개별 고객 집단이 아니라 단일한 개별 고객이다)이 가지고 있는 특정한 문제나 니즈를 해결하거나 충족시키는 것이다. 개별 고객의 문제를 해결하면, 이 혁신적인 해결책에 관심을 가질 '보이지 않는 고객'들이 상당수 존재하여 동일한 혜택을 누릴 것이라는 가정이 가능하다.

베이비 파우더는 1890년에 개발됐다. 그 사연은 이렇다. 어떤 의사가 자기 환자가 겪는 사연을 편지로 적어 존슨앤존슨의 연구소로 보냈다.

환자들이 바르는 연고가 피부를 자극해서 힘들어한다는 내용이었다. 이 사연을 접수한 프레드 킬머Fred Kilmer는 그 의사에게 이탈리아산 탈크(활석)를 작은 용기에 담아서 보냈다. 그러자 얼마 지나지 않아 수백 명 고객이 갑자기 '나타나서'파우더를 달라고 요청했고, 이렇게 해서 '베이비 파우더'라는 제품이 존슨앤존스에서 탄생했다.[38]

또 하나의 접근법은 고객에게 밀착해서 그들이 경험하는 것을 함께 경험하는 것이다. 이때는 단순히 고객이 어떤 사람인지 알려는 목적으로 접근하는 것이 아니라, 고객을 온전하게 이해하고자 하는 마음으로 접근해야 한다. 여기에서 핵심은 시장 데이터를 수집하고 분석하며 분류하는 것이 아니다. 중요한 것은 고객 경험을 현장에서 실시간으로 직접 관찰하는 것이다. 고객이 특정 문제로 씨름하거나 당신의 제품이나 서비스를 사용하려고 할 때, 그 자리에서 그 니즈를 충족해주는 것이 나중에 그 경험을 듣는 것보다 훨씬 낫다. 우리 저자들은 이 접근법을 '만지고 느끼는' 접근법이라고 부른다.

케이스 스터디 : 밸러드메디컬프로덕츠[39]

1987년에 약 1000만 달러의 매출을 기록한 밸러드메디컬프로덕츠 Ballard Medical Products는 대기업이 간과했던 틈새시장을 공략하겠다는 목표를 세웠다.

밸러드메디컬이 세운 전략의 첫 번째 전제는 고객이 제품 혁신 과정에서 필수적인 역할을 수행한다는 것이다. 그리고 두 번째 전제는 고객을 직접 상대하는 영업사원도 제품 혁신 과정의 일부라는 것이다. 즉, 영업사원이 현장에서 고객과 직접 상호작용을 해야 한다는 의미다. 밸러드메디컬의 한 영업사원은 다음과 같이 설명했다.

문제가 있을 때 호흡기내과 과장 직함을 달고 있는 의사나 수간호사를 붙잡고 물어봐서는 안 된다. 직접 나서서 발로 뛰어야 한다. (…) 그리고 간호사들에게 그들이 어떤 문제들로 시달리는지 직접 물어봐야 한다.

밸러드메디컬의 세 번째 전제는 연구개발 활동에 영업사원의 아이디어를 반영해야 한다는 것이다. 언젠가 한 번은 영업 담당 부사장이 직접 제품 관련 아이디어를 제시하고 설계를 도왔으며 제품이 출시될 때까지 연구개발 부서와 긴밀하게 공조했다. 그 결과 제품의 기획에서부터 배송까지의 전체 제품 혁신 주기는 불과 몇 달밖에 걸리지 않았다.

최고의 제품 혁신가들은 고객의 반응을 실시간으로 만지고 느끼고 이를 혁신 과정에 반영한다. 한 걸음 더 나아가는 조치로 연구개발 부서의 인력을 일정 기간 영업 현장에 배치하는 순환 근무를 실시하거나, 연구개발 부서의 인력이 현장에서 고객과 직접 소통하게 할 수 있다.

나이키, 허먼밀러, 뱅앤올룹슨Bang and Olufson, BMW, 올리베티Olivetti(사무기기 제조 회사) 그리고 파타고니아는 제품 설계자가 제품의 최종 사용자와 긴밀하게 소통하는 것을 권장한다. 올리베티의 설계 담당 책임자 파울로 비티는 다음과 같이 말한다.

물론 이것은 다소 비과학적 마케팅 형태이긴 합니다. 그러나 지루한 서면보고서보다는 고객을 직접 만나는 것이 디자이너의 통찰력과 직관을 훨씬 더 훌륭하게 자극하는 경우가 많습니다.[40]

고객과 개인적으로 긴밀하게 접촉해서 통찰력과 직관을 자극하는 것이 정말 비과학적일까? 곰곰이 생각해보라. 과학적이라는 것의 본질은 무엇일까? 과학자들이 하는 일은 무엇일까? 다른 사람들이 작성한 지루한 보고서나 데이터만 읽을까? 아니다. 그들은 세상을 정확하게 관찰을 할 수 있도록 세상을 만지고 느끼는 방법을 사용한다. 그들은 실내에 있지 않고 바깥으로 나가서 사물을 직접 살핀다.

그리고 실험을 한다.

혁신의 조건 3. 실험과 실수

> 중요한 것은 실험이다. 10~20퍼센트만 성공해도 다행이다.
> 나는 다양한 것들을 시도하는데, 정말 운이 좋게도 그 가운데 일부는 효과가 있었다.[41]
>
> — 비노드 코슬라, 썬마이크로시스템즈 공동창업자

여기까지 읽었다면, 조직 내부든 외부든 새로운 아이디어를 받아들이고, 새로운 아이디어나 기술로 시장을 주도하거나 시장의 요구에 따르며, 스스로 고객이 되어 볼 마음의 준비가 되었을 것이다. 그러나 성가신 질문이 앞을 가로막는다.

어떤 아이디어가 좋은지 혹은 나쁜지 어떻게 알 수 있을까?

지금까지 우리 저자들이 제시했던 모든 사례가 그저 우연한 행운의 결과는 아니었을까? 아이디어로 시장을 주도하려고 하거나, 직접 고객이 되어 혁신의 해결책을 찾으려고 했지만 마법 효과가 나타나지 않은 경우는 어떻게 설명할 수 있을까? 아이디어를 실제로 실행하기 전에, 모든 위험을 제거하고서 그 아이디어를 판단할 방법은 없을까?

안타깝게도, 어떤 혁신이든 간에 이것이 아이디어 차원에 머물러 있는 한 그 특성을 제대로 알 방법은 없다. 어떤 아이디어가 좋은지 어떤지 알아낼 가장 좋은 방법은 실험하는 것, 즉 직접 시도해보는 것뿐이다. 물론 실험은 실패로 끝날 수도 있다. 그렇지만 이것도 혁신의 한 과정이다. 혁신이 가능하려면 실험과 실수가 있어야 한다. 실험과 실수가 없다면 혁신도 없다. 토머스 에디슨은 전구를 발명하기까지 9000번이 넘는 실험을 했다. 한번은 조수가 이렇게 물었다.

"왜 이런 어리석은 짓을 계속합니까? 이미 9000번 넘게 실패했잖아요."

그러자 에디슨은 믿을 수 없다는 표정으로 그를 바라보며 말했다.

"나는 실패한 적이 한 번도 없는데? 어떻게 하면 불이 켜지지 않는지 9000번 넘게 배웠는데….".[42]

실험하고 실수하고 바로잡는 에디슨의 철학이야말로 혁신의 핵심이다.

우리 저자들은 영국의 교육 콘텐츠 기업 비디오아트Video Arts의 공동 창립자인 존 클리즈John Clesse가 했던 "고든 유도 미사일" 이야기를 좋아하는데, 이 이야기야말로 에디슨의 철학을 생생하게 보여준다.

유도 미사일 고든이 표적을 향해 발사되었다. 이 미사일은 자신이 표적을 향해서 올바른 경로로 날아가고 있는지 확인하기 위해 신호를 보낸다. 그러면 곧바로 응답 신호가 돌아온다. "아니야, 경로를 벗어났어. 경로를 수정해. 조금 위로, 그리고 조금 왼쪽으로."

고든은 진로를 바꾼다. 그리고 합리적인 이 작은 친구는 다시 신호를 보낸다. "지금은 내가 제대로 가는 게 맞나?" 그러면 곧바로 다시 응답 신호가 돌아온다. "아냐, 그렇지만 현재 경로에서 조금만 더 왼쪽으로 가야 제대로 날아가는 거야." 미사일은 다시 경로를 조정한 다음에 다시 또 추가 정보를 요청한다. 그러면 다시 다음과 같은 응답 신호가 돌아온다. "아니냐 고든. 지금 너는 계속 잘못된 경로로 날아가고 있어. 이제는 조금 더 밑으로 향하고 오른쪽으로 아주 조금만 틀어."

그리고 우리 모두에게 합리성과 끈기라는 교훈을 일러주는 이 유도 미사일은 계속 실수하지만 그렇게 실수할 때마다 피드백을 받아서 비행 경로를 수정해 표적을 향해 날아간다. 이 과정은 표적을 명중할 때까지 쉬지 않고 계속 이어진다.

우리는 유도 미사일의 그 같은 기술에 박수를 보낸다. 그런데 만약 어떤 사람이 "그런데 그 미사일은 비행 과정에서 실수를 너무 많이 했잖아"라고 말한다면, 우리는 이렇게 말할 것이다.

"그래, 실수를 많이 했어. 그렇지만 그게 뭐 어때서? 문제가 되나? 어쨌거나 결국에는 표적에 명중했잖아. 그렇게 저지른 실수들은 모두 사소한 거야. 곧바로 바로잡을 수 있는 실수라는 점에서 그렇지. 그리고 수백 번이나 되는 실수를 한 덕분에 정말 중요한 실수, 즉 표적에서 빗나가는 실수를 하지 않을 수 있었던 거야."[43]

때로는 실수 덕분에 혁신이 촉발되기도 한다. 1980년대에 운동화 수요를 폭발시켰던 리복의 '주름이 진' 신발 가죽은 전혀 계획한 게 아니었다. 그 제품은 생산 과정의 실수로 탄생했다.

실제로 상당수 혁신은 이런저런 시도와 실험을 하는 과정에서 탄생했다. 3M 포스트잇 메모지 사례로 돌아가자면, 스펜서 실버는 이 혁신 제품에 사용된 접착제가 만들어진 과정을 다음과 같이 설명했다.

포스트잇 접착제 탄생 비결은 계속된 실험에 있다. 만일 내가 가만히 앉아서 생각만 했다면 실험은 하지 않았을 것이다. 만약 내가 정말로 진지하게 책이나 논문만 파고들었다면, 도중에 포기하고 말았을 것이다. 거기에는 그런 접착제가 불가능하다는 주장과 사례만 가득했으니까 말이다.

나와 같은 사람들은 온갖 물질에 숨어 있는 새로운 특성을 찾는 데 흥미를 느낀다. 나는 대상의 구조를 살짝 바꾸어놓은 다음에 무슨 일이 일어나는지 지켜보는 걸 좋아한다. 그러나 나는 사람들에게 나처럼 하라고 말하지는 못한다. 내 경험으로 미루어보자면, 단지 무슨 일이 일어날지 알아볼 목적으로 어떤 시도나 실험을 하는 것을 좋아하는 사람들은 별로 없다.[44]

마이크로파(극초단파)로 요리를 한다는 아이디어 역시 실험을 통해 탄생했다. 마이크로파 기술을 연구하던 엔지니어 르반트Les Vandt는 튀기지 않은 팝콘을 사서 마이크로파 튜브 앞에 놓았는데, 다른 엔지니어가 이날의 실험실 풍경을 이렇게 기록했다.

갑자기 팝콘이 사방팔방으로 미친 듯이 튀기 시작했다. 여기에는 이 사회니 감독관이니 하는 복잡한 체계는 아무것도 없었다. 오로지 르 반

트와 팝콘 봉지밖에 없었다.[45]

실험을 통한 혁신 사례 가운데서 특히 우리 저자들이 즐겨 소개하는
것은 캘리포니아에 있는 작은 회사 파워푸드Powerfood, Inc.의 사례이다. 파
워푸드는 육상 선수, 등반가, 사이클 선수, 수영 선수 등과 같은 체육인들
이 운동하기 직전이나 운동하는 도중에 먹어도 위장에 무리를 주지 않고
에너지 수준을 높여주는 에너지 바를 발명했다. 체육인들은 운동하기 전
최소 세 시간 전에는 음식을 먹지 말라는 원칙 때문에 오랜 세월 고통받
았다. 그러나 파워푸드가 개발한 '파워바' 덕분에 이런 문제가 해결됐고,
전 세계 체육인의 삶이 달라졌다.

파워바의 발명 과정은 앞에서 소개한 아이디어와 혁신 과정이 모두
망라된 경우라 할 수 있다. 이 아이디어는 올림픽 마라톤 선수였던 브라
이언 맥스웰Brian Maxwell에게서 나왔는데, 그는 경기 도중에 에너지 부족
으로 체력이 완전히 소진되는 만성적인 문제로 고생했다. 그래서 스스로
고객이 되어서 그 문제를 해결하기로 했다. 그가 직접 회사를 차린 것은,
그가 접촉했던 대기업들이 모두 "이런 음식을 만드는 것은 불가능하고,
또 설령 그것을 만든다고 해도 시장이 너무 작아서 수익성이 없다. 그래
서 우리는 관심이 없다"라며 손사래를 쳤기 때문이다.

혁신을 추구하는 회사라면 어떤 아이디어든 간에 어디에서 비롯되었
는지 따지지 말고 적극적으로 수용해야 한다는 교훈을 다시한번 되새기
기 바란다. 어쩔 수 없이 맥스월은 직접 제품 개발에 나섰는데, 그 해결
책은 맥스웰이 묘사하는 다음과 같은 대규모 실험을 통해서 탄생했다.

제니퍼와 빌과 내가 부엌에 모였다. 거기에는 흰색 가루가 들어 있

414

는 봉지들과 갈색 액체가 들어 있는 병들이 여기저기 흩어져 있었고 식탁 한가운데는 저울이 놓여 있었다. 누가 이 장면을 봤다면 우리가 마약을 제조하는 암흑가의 인물일거라고 생각했을 게 분명하다. 또 빵을 굽는 판과 파이를 굽는 통 여러 개가 번호가 매겨진 채로 늘어서 있었다. 반죽을 자세히 살펴보면 각각의 반죽에는 끈적끈적해 보이는 이상한 색깔의 반죽 덩어리가 하나씩 붙어 있는 게 보였을 것이다. 이 공간에 발을 들여놓는 사람은 최소한 너덧 개의 샘플을 맛보고 간략한 의견을 파일 카드에 기록해야만 밖으로 나갈 수 있었다. 또 운동을 정기적으로 하는 사람들은 '다음번에 운동하기 전에 먹어보기'용 샘플 봉지를 받아야 부엌에서 나갈 수 있었다.[46]

회사를 혁신적으로 유지할 방법을 고민하는 리더라면 수백 개의 실험 샘플을 만드는 맥스웰과 그의 친구들, 극초단파 튜브 앞에서 팝콘을 터트린 르반트, 실험실에서 화학 혼합물을 만드는 실버, 9000번이나 전구 실험을 하는 에디슨 등의 이미지를 또렷하게 기억해야 한다.

JUST DO IT

우리 저자들은 '그냥 해버려라Just Do It'라는 간단한 문구가 창의성을 유지하는 데 크게 도움이 된다는 것을 깨닫고, 이를 여러 기업에 알리기 위해 노력해 왔다. 어느 회사와 협업할 때는 이 문구가 들어간 스티커, 메모장, 열쇠고리 등을 사서 전 직원에게 나눠주기도 했다. 직원들에게는 '그냥 해버려도 괜찮다', 즉 열다섯 단계나 거쳐야 하는 허락이나 승인 과정 없이 어떤 행동을 해도 괜찮다고 상기시킬 필요가 있다. 사실, 우리 저자들은 허락을 구하는 것보다 용서를 구하는 편이 훨씬 쉽다는 것을 사람들에게 일러주려고 늘 노력한다. 그냥 해버려라.

단, 실험의 규모는 소규모로 유지한다
: 꼭 대규모로 해야 하기 전까지는…

성공적인 실험을 하려면 결과가 부담스럽지 않아야 한다. 즉, 온갖 다양한 실험을 기꺼이 시도한 다음에 효과가 있는 것은 계속 이어가고 그렇지 않은 것은 포기하라.

어떤 실험 프로젝트든 간에 최대한 작은 규모로 시작하라. 그래야 "이건 효과가 없네. 이건 버리고 다른 걸 시도해보자"라면서 부담 없이 다음으로 넘어갈 수 있다. 실험 프로젝트가 너무 빠르게 진행되고, 규모가 너무 크면 어떻게 될까? 이런 실험은 스스로 계속 이어가고자 하는 동력을 가지게 된다. 즉 그 실험을 그만 끝내고 다른 실험을 시작하는 게 현명한 선택임에도 불구하고 매몰비용 때문에 선뜻 그렇게 할 수 없게 된다. 그래서 다음과 같은 목소리가 힘을 얻게 된다.

"이 실험에 열일곱 명이 1년 넘게 매달려왔는데 여기에서 그만두자고? 안 돼!"

반도체 장비 회사인 노벨러스Novellus Systems는 신제품 개발 실험은 '소규모가 낫다'라는 접근법을 지속적으로 구사함으로써 자기보다 덩치가 열 배나 큰 경쟁사들을 앞설 수 있었다. 노벨러스는 제품을 설계하는 초기 단계에 핵심 엔지니어 서너 명만 투입하다가, 전망이 밝아 보이면 인력을 추가로 더 투입한다.[47]

제품 실패의 역할
어느 정도 선까지 실험을 계속해야 할까? 성과가 날 때까지 실험을 계속해야 할까? 제품을 시장에 내놓는 과정도 실험 대상으로 삼아야 할까? 만일 그렇게 했다가 실험이 실패로 끝나면 비용이 훨씬 더 많이 드는데도 그렇게 해야 할까?

제품이 성공할 것이라고 100퍼센트 확신이 들 때까지 결코 출시하지 않는다는 원칙을 지키는 회사는 혁신적인 제품을 시장에 내놓을 수 없다. 이 회사는 경쟁자들과 비교해 까마득하게 뒤처질 게 뻔하다. 그런데 다른 한편으로는, 제품 실패는 돈과 시간과 평판을 희생시키고 자신감을 훼손할 수 있다. 이 딜레마에 대해서는 두 가지 기본적인 대답이 마련되어 있다.

첫째, 신제품을 본격적으로 출시하기 전에 소규모 시장 테스트를 진행할 수 있다. 해당 제품을 특정한 지역에만 유통하면서 소비자의 반응을 확인하거나 일부 고객 집단을 대상으로 철저하게 테스트하고 고객의 반응을 통해서 학습하는 방법도 있다. 첫 번째 접근법의 핵심은 수많은 소규모 실험, 실수, 학습, 교정 등의 과정을 계속하는 것이다. 수천 번의 '실수'를 통해서 오류를 바로잡으면서 끝내 표적을 맞히는 고든 유도 미사일처럼 말이다.

둘째, 고도로 혁신적인 기업은 제품의 실패를 두려워하지 않는다. 그 이유는 제품 실패를 즐기기 때문이 아니라 시장 실패를 기꺼이 감수해서 그 실패로부터 교훈을 얻기 때문이다.

애플Ⅱ 후속 제품인 애플Ⅲ와 애플 리사는 참담한 실패로 끝났다. 그러나 애플은 그 거대한 실패를 통해서 배운 모든 것을, 믿을 수 없을 만큼 거대한 성공을 거두게 될 매킨토시를 만드는 데 투입했다. 헨리 포드는 수많은 제품을 출시했는데, 그중에는 오리지널 모델-B를 비롯한 몇 가지 주목할 만한 제품 실패도 있다.[48] 헨리 포드는 각각의 제품을 출시

도표 8-2 제품 혁신 주기(애플 컴퓨터)

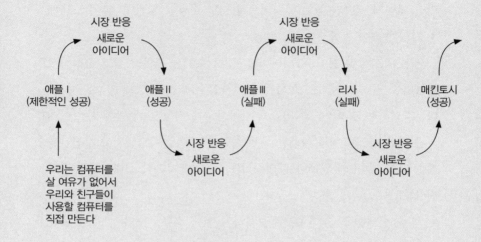

하는 과정을 통해서 (그리고 제품 실패를 통해서) 혁명적인 모델-T를 설계하는 데 필요한 것들을 배웠다. 모토로라도 일련의 실패를 통해서 비슷한 교훈을 얻었다.[49] 모델-55 라디오(1933년), 최초의 자동차용 푸시버튼 라디오(1937년), 가솔린 히터(1947년), 최초의 컬러텔레비전(1957년) 등은 모두 모토로라가 실패한 제품이다.

사례로 제시한 이 회사들은 모두 대기업이라서 어느 정도의 실패는 얼마든지 감당할 수 있지 않으냐고 반문할 수 있다. 소규모 기업이라면 과연 그런 실패를 감당할 수 있겠느냐고 말이다. 좋은 지적이다. 하지만 위의 각 사례에서 제품 실패는 모두 해당 회사가 아직은 허약한 창업 초기에 있었다. 아닌 게 아니라 이 회사들이 초기의 여러 단계를 거쳐서 위대함의 경지에 오른 것은 여러 차례의 제품 실패를 일찌감치 경험했기 때문에 가능했다.

실패를 통해 이뤄야 할 목표는 복수의 제품 주기를 확보하는 것이다.

즉 여러 개의 제품을 시장에 출시하고, 실패를 통해 부족한 부분을 빠르게 학습하고, 시장 의견과 평가를 토대로 혁신을 지속하면서 개선해나가는 것이다. 참고로 이 전략은 제품뿐만 아니라 서비스에도 적용할 수 있다. 일본 기업은 미국 기업에 비해서 돌파 혁신 성향은 약하지만 점진적인 개선에는 도가 텄는데, 이런 특성이 일본이 자동차 산업을 비롯한 특정 산업에서 시장 지배력을 강화하는 데 크게 도움이 됐다.

[도표 8-2]와 [도표 8-3]은 돌파 혁신과 점진적인 혁신의 주기가 어떻게 작동하는지, 또 이런 양상이 애플컴퓨터 초기에는 어떻게 진행되었는지 잘 보여준다.

좋은 실수와 나쁜 실수

모든 실수를 너그럽게 받아들여야 할까? 실수는 모두 좋은 것일까?

좋은 실수는 정직한 노력과 부지런한 시도에서 비롯된다. 나쁜 실수는 주로 엉성하고 부주의하며 성의 없는 노력 때문에 일어난다. "실수는 가치가 있다"라는 말을 "최선을 다하려고 노력할 필요는 없다"라고 해석해서는 안 된다. 잘못된 제품을 시장에 내놓는 것과 제품을 시장에 내놓는 과정이 엉성한 것은 전혀 다른 문제다.

최악의 실수는 똑같은 실수를 몇 번이고 반복하는 실수다. 실수가 가치 있는 이유는 실수 그 자체가 소중하기 때문이 아니라 실수로부터 교훈을 배울 수 있기 때문이다.

팝콘 이미지

우리 저자들은 혁신적인 기업을 팝콘 이미지를 가진 기업으로 표현한다. 조직을 팝콘을 만드는 기계라고 생각하고 아직 터지지 않은 옥수수

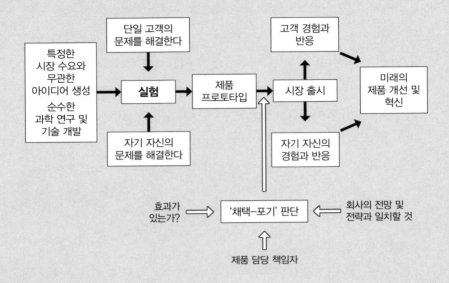

알갱이를 좋은 아이디어의 씨앗이라고 생각해 보자. 혁신적인 조직에서는 옥수수 알갱이가 마이크로파와 만나 마구 터지는 것처럼, 좋은 아이디어들이 생산적인 환경에서 조직 여기저기에서 마구 터진다.

　　우리 저자들은 파타고니아의 주요 시설을 방문하는 동안에 특이한 경험을 했다. 우리는 마치 팝콘 기계 한가운데에 들어 있는 듯한 느낌을 받았다. 파타고니아에서 이루어지는 활동의 수준, 즉 구성원들이 움직이고, 시도하고, 말하고, 걷고, 설계하고, 그림 그리고, 쓰고, 회의하고, 결정하는 활동 수준은 놀라울 정도로 분주했다. 점심시간 직후의 나른함 따위는 찾아볼 수 없었다. 지루하고 맥빠진 회의도 없었다. 승인 절차가 마무리되길 기다리다 지쳐서 좌절하는 사람도 없었다. 시계도 없었고, 굳이 시계를 찾는 사람은 더더욱 없었다. 직원들은 오후 4시 30분에도 오전

8시처럼 활기가 가득했다. 그리고 "이 일을 빨리 끝내자. 왜냐하면 내가 진행하는 프로젝트가 있는데, 이 일을 빨리 끝내고 가서 그 일을 빨리 처리하고 싶거든"이라고 말했다.

끈기가 끝내 이기도록 하라

우리 저자들의 동료 한 명이 인텔의 앤디 그로브에게 회사 내의 엔지니어들이 제안한 수많은 신제품 아이디어 가운데서 회사는 무엇을, 어떻게 선택하느냐고 물었다. 그러자 그는 이렇게 답했다.

"입 닥치라는 말은 그 누구도 듣지 않습니다. 그러나 더 나은 주장을 내놓으라는 말은 모두가 들어야 합니다. 모두가 끈기를 발휘해야 합니다."[50]

'모두가 끈기를 발휘해야 한다'라는 문구는 완벽하다. 이 문구는 '다윈주의'라는 개념 또는 모든 아이디어가 깡그리 소멸하는 게 아니라 최적의 아이디어가 살아남는 자유시장이라는 개념을 포착한다.

인텔에서 실제 있었던 일인데, 중간관리자 집단이 개인용 컴퓨터에 쓸 애드온 보드*를 개발하기를 원했다. 그러나 처음에는 이 아이디어가 인텔의 제품 전략에 포함되지 않았다. 그러자 중간관리자들은 인텔 내부의 벤처 프로그램으로부터 자금을 지원받아서 그 사업을 별도의 독립된 사업으로 진행했다.[51]

실험하는 사람과 생각하는 사람

지속적으로 혁신 마인드를 유지하려면, 실험하는 사람들과 임시변통

---

* 　중앙처리장치의 성능을 확장하기 위하여 사용하는 보드.

의 처방을 하는 사람들 그리고 제대로 된 실천을 하는 사람들이 직급의 고하를 막론하고 조직 전체에 퍼져 있어서 조직이 마치 팝콘이 튀듯 부산하게 돌아가야 한다. 이런 환경을 어떻게 조성할 수 있을까? 기본적으로 세 가지를 제시할 수 있다.

- 창의적인 인재를 채용한다.
- 그들을 방해하지 않는다.
- 그들이 혁신에 성공하면 적절히 보상한다.

계속해서 여기에 대해서 살펴보자.

혁신의 조건 4. 창의적인 직원

혁신성을 유지하려면 창의적인 직원과 함께 해야 한다. 여기서 잠깐! 이 절의 내용이 너무도 뻔해 보이는가? 그래서 굳이 시간을 들여서 읽을 가치가 없다고 생각하는가? 이렇게 생각하는 사람이 분명히 있을 것이다. 그러나 겉으로 보이는 것처럼 그렇게 뻔한 내용이 아니다. 그러니까 건너뛰지 말고 계속 읽길 바란다.

기업 혁신을 다루는 기사나 논문은 대부분 **구조적인 차원의 해결책**에 초점을 맞춘다. 기업이 혁신성을 지속적으로 유지하는 데는 구조적 요소들이 작동하기 때문이라는 의견에 우리 저자들도 분명히 동의한다. 여기에 대해서는 뒤에서 살펴볼 것이다. 그러나 궁극적으로 보자면, 혁신은 직원들이 그런 구조 안에서 창의적으로 행동할 때 실현된다.

그런데 안타깝게도, 창의적인 사람은 인류 가운데서도 소수 집단에 속하며 창의성은 이 소수 집단에서만 발현되는 것이라는 믿음이 널리 퍼져있다. 즉, 창의적인 사람과 비창의적인 사람이 따로 있으며 비창의적인 사람은 영원히 비창의적일 수밖에 없다는 믿음이 존재한다. 완전히 말도 안 되는 소리다!

사람은 누구나 창의성을 가지고 있다. 태어날 때부터 창의적이지 않은 사람은 없다. 창의성은 인간 내면에 존재하는 본능이다.

직위의 높고 낮음을 떠나 모든 직원을 혁신적으로 만드는 첫 번째 단계는 직원들 스스로가 창의적인 능력을 천성적으로 타고났다고 믿게 만드는 것이다. 직원들이 주도적으로 혁신을 이끌어나갈 수 있다고 믿지 않는 한, 그들에게서 혁신을 기대할 수 없다.

창의적인 능력을 개발하도록 돕는다

직원들이 창의적인 능력을 개발하도록 도와야 한다. 다음에 제시하는 몇 가지 방법을 고려하라.

- 창의적인 과정을 가르치는 교육 훈련을 제공한다. 개인의 창의성을 주제로 하는 교육 훈련, 세미나는 직원들이 자신이 창의적이라는 사실을 깨닫게 하고 또 어떻게 하면 자기가 더욱 창의적일 수 있을지 깨닫게 하는 데 효과적이다. 나이키가 이런 교육 훈련을 폭넓게 활용하고 있다.

  우리 저자들은 나이키의 창의성 세미나에 참석한 적이 있다. 세미나를 시작하기 전에 우리는 나이키의 교육 훈련 담당 책임자이던 피트를 만나 이렇게 말했다. "왜 우리가 혁신을 주제로 강연을 해주길 바랍니까? 나이키에게 창의성을 가르치라는 것은 올림픽 육상 경기에서 금메달을 땄던 제시 오언스에게 달리기 강습을 하라는 것이나 마찬가지니까 말입니다." 그러자 슈미트는 다음과 같이 대답했다.

혁신은 우리 회사에서 가장 중요한 요소입니다. 회사가 성장함에 따라서 우리는 더욱더 혁신가가 되어야 합니다. 우리는 점점 더 많은 직원을 채용할 계획인데, 그 사람들이 혁신이 얼마나 중요한지 제대로 이해하기를 원합니다. 또한 그들이 더욱 창의적이 되도록 지원하고자 합니다. 직원들 스스로 자기의 창의성 능력을 최대한 발휘할 것이라고 무턱대고 믿을 수는 없습니다. 회사로서는 직원들이 그렇게 하도록 끊임없이 자극해야 합니다.

- 창의적인 과정과 관련된 교육 자료를 제공한다. 직원을 채용할 때 개인의 창의성을 다루는 책을 선물하라. 1년에 한 번씩 이런 책을 직원들에게 선물하는 것도 좋다. 기업에서 필요한 창의성을 다룬 책을 소개하면 다음과 같다.
  - 《기업의 창의성Creativity in Business》, 마이클 레이Michael Ray와 로첼 마이어스Rochelle Myers
  - 《아이디어 대폭발Conceptual Blockbusting》, 제임스 애덤스James Adams
  - 《문제 해결의 기술The Art of the Problem Solving》, 러셀 애코프Russell Ackoff
  - 《수평적 사고Edward deBono》, 에디워드 드보노Edward deBono
  - 《꽉 막힌 한쪽 머리를 후려쳐라A Whack on the Side of the Head》, 로저

본 외흐Roger von Oech

- 혁신 선언문을 작성한다. 기업 혁신에 대한 회사만의 발상을 개발한다. 현신 선언문은 모든 직원이 받아들일 수 있도록 한 쪽 분량이면 충분하며 10개 내외의 핵심 사항으로 구성하면 된다. 예를 들면 다음과 같은 선언문이 있을 수 있다.

  1. 결코 "그건 어리석은 생각이다"라고 말하지 않을 것이다.
  2. 먼저 실험하고 나중에 평가할 것이다.
  3. 고객으로부터 1000개의 아이디어를 얻는다.
  4. 지난 5년 동안 출시된 신제품을 통해 매년 수익의 25퍼센트를 창출할 것이다.
  5. 아이디어가 있는 사람의 의견을 경청할 것이다.
  6. 절대로 '미투me too 제품'*을 만들지 않는다. 우리가 만드는 모든 제품은 어떤 면에서든 혁신적일 것이다.

당신 회사만의 독특한 목록을 작성해 보자. 이는 재미도 있고 그럴만한 가치도 있는 도전이다.

특이한 직원을 채용하고 육성한다

창의적인 일에 줄곧 도전해 온 사람을 찾아라. 색다르고 흥미로운 활동을 이어온 사람이면 더 좋다. 대학생 때 소규모 사업을 해본 사람, 다양한 경험을 한 사람들, 평생 독창성을 발휘한 사람, 정해진 어떤 환경에

---

*   대박 제품을 모방한 제품.

도 맞지 않는 사람을 찾아라.

케이스 스터디 : 천방지축 이력서

빌 레이스Bill Wraith는 고도로 혁신적인 금융증권 상품을 여러 번 개발한 인물이다. 그중 이중 발행 옵션dual issue option은 대부분의 금융전문가들이 해결할 수 없다고 결론 내린 그래서 오랜 세월 해결되지 않은 채로 남아 있던 문제를 깔끔하게 해결한 금융 상품이다. 이쯤되면 빌 레이스가 도대체 어떤 사람인지 궁금할 것이다. 그를 한마디로 표현하면, 매우 창의적인 괴짜다.

레이스는 어쩌다가 이런 혁신을 창출할 기회를 얻었을까? 사실그가 취직하겠다고 내민 이력서에 담긴 활동 내용은 잡다하기 짝이없었다. 디자이너, 마케팅 관리자, 영업사원으로 일했고 한때는 반도체 집적회로를 다루다가 어느 순간, 개인용 컴퓨터 영역으로 옮겼다. 그러다가 다시 공학 워크스테이션 분야에서 일했다 그런데이 모든 경력이 서른 살 이전에 쌓은 것이었다. 다음은 레이스가 하는 말이다.

"채용 면접관들은 내가 제출한 이력서를 보고는 '우와아, 정말천방지축이네요. 우리 회사와 맞는 것은 아무것도 없네요. 당신은어떤 일관성도 없이 마구잡이로 여기저기 뛰어다녔으니까요'라면서 고개를 흔들더라고요."

그렇게 온갖 직업을 전전했지만 그의 이력에는 일관된 맥락 하나가 있었다. 그것은 바로 어려운 문제를 창의적으로 해결하는 특별한 재주를 가지고 있다는 점이었다.

바로 그 이유 때문에 한 투자은행이 레이스를 채용했다. 이 은행은 그의 뛰어난 지능과 창의성을 알아보고, 그를 통해 금융업계의 다양한 어려운 문제를 해결할 수 있을 것이라 기대했다.

혁신성을 유지하는 회사가 되려면 창의성을 갖춘 몇 명의 '부적응자'를 채용하는 데서 그치지 않고 이들이 때때로 하는 기이한 행동을 용인해야 한다. 가장 창의적인 사람들 가운데 일부는 전형적인 선량함이란 기준에 미치지 못한다. 그들은 종종 반항적이고 짜증을 유발하며 심지어 통제 불능 상태로 치닫기도 한다.

이 책의 저자들 가운데 한 명인 짐 콜린스는 사회 초년생 시절에 맥킨지에서 근무했다. 맥킨지는 매우 보수적인 회사여서 직원들은 다들 회색 계통의 정장을 입고 근엄한 표정을 짓고 다녔다. 하지만 맥킨지는 혁신성이라는 점에서 몇 가지 중요한 공헌을 했는데, 이 공헌 중 하나는 《초우량 기업의 조건In Search of Excellence》이라는 책을 출판한 일이다. 짐은 이 책의 공동저자인 톰 피터스Tom Peters를 이렇게 회상했다.

톰의 사무실은 내 사무실과 복도를 가운데 두고 마주하고 있었는데, 그의 사무실에는 소방관 모자, 제1차 세계대전 당시의 철모, 야구모자 등 온갖 종류의 재미있는 모자들이 여기저기 어지럽게 걸려 있거나 널려 있었습니다. 그 공간은 아무리 봐도 전형적인 맥킨지의 사무실과는 거리가 있어 보였습니다. 업무 시간에 헐렁한 반바지에 구멍 난 테니스화 그리고 '나에게 아무것도 물어보지 마라, 나는 해줄 게 없어'라는 문구가 박힌 티셔츠 차림으로 불쑥 내 사무실로 들어와서는 이런저런 서류를 챙겨서 곧바로 자기 사무실로 가던 사람이 바로 톰입니다.

톰 피터스가 맥킨지의 틀에 들어맞지 않았음은 분명하다. 그러나 회사는 그런 톰을 용인했고, 그와 로버트 워터먼Robert Waterman이 책을 마무리하는 동안 어떤 튀는 행동을 하더라도 간섭하지 않고 내버려두었다.

썬마이크로시스템즈Sun Microsystems의 공동창업자 비노드 코슬러Vinod Khosla는 회사의 혁신성을 유지하기 위한 노력에 대해 다음과 같이 썼다.

괴짜 직원들이 조직과 잘 어울릴 수 있도록 균형을 잡아줘야 한다. 특이한 직원들을 기꺼이 참아야 한다. 가장 창의적인 사람들은 매우 특이할 수 있기 때문이다. 어떤 남자 엔지니어는 거대한 드레스 같은 가운을 입고 출근했는데, 그가 입은 옷은 마치 임부복처럼 헐렁했다. 그런데 이것은 이례적인 일이 아니다. 중요한 것은 바로 이런 사람들이 회사의 경쟁력을 강화할 능력을 가지고 있다는 점이다.[52]

모든 창의적인 혁신이 괴짜들에게서만 나올까? 그렇지 않다. 사실, 가장 창의적인 사람들 가운데서는 매우 보수적인 사람들이 많다. 그러나 조직이 혁신적이기를 바란다면 그냥 보아넘기기 어려운 행위조차도 너그럽게 받아들일 필요가 있다. 허먼밀러의 창업자이자 CEO였던 맥스 디프리Max De Pree도 "회사 생활을 하면서 최고로 멋진 일들이 일어나기를 원한다면, 괴짜 직원을 친절하게 대하는 방법을 찾아야 한다"라고 말했다.[53]

회사가 성장함에 따라서 그 회사에 매력을 느끼는 사람들의 유형이 변하는 경향이 있다는 사실을 염두에 둬야 한다. 회사가 성장할수록 안정성을 중시하는 직원은 늘어나고 혁신을 지향하는 직원은 줄어든다. 그러니 야생 오리들을 회사 안에 풀어서 이런 변화를 깨려는 노력을 늘 해야 한다.

다양한 인재를 채용하되, 핵심 가치관을 공유한다

경험과 배경이 제각각인 사람들이 모인 집단이 동일한 부류의 사람들이 모인 집단보다 더 창의적이며, 더 나은 해결책을 내놓는다. 그러니 강력하게 권고하는데, 온갖 다양한 사람을 채용하라.

지로스포츠의 빌 한네만은 고위 경영진을 구성할 때 믿을 수 없을 정도로 다양한 사람들을 선택했다. 전직 교사, 전직 광고 임원, 전직 대학교 학장, 전직 비디오 게임 설계 책임자, 전직 제록스의 디자이너 등이 그런 사람들이다. 그러나 동시에 핵심적인 가치관 기준은 매우 좁게 설정해서 이 기준에 맞지 않는 사람은 걸러내는 정책을 일관되게 추진했다. 지로스포츠의 사례를 검토해 보라. 다양성을 추구하되 핵심적인 가치관은 흔들리지 않게 유지하라.

아는 게 적은 사람을 채용한다

역사학자 대니엘 부어스틴Daniel Boorstin은 발명과 발견의 역사를 다룬 기념비적인 명저 《발견자들The Discoverer》에서, 인류 역사에서 다양한 의미 있는 기여가 나타날 수 있었던 것은 사람들이 순진하고 소박해서 선입견에 사로잡히지 않았기 때문이라고 통찰했다.[54] 예를 들어서 그는 벤저민 프랭클린이 전기를 발견한 것을 두고 다음과 같이 설명했다.

그가 세운 업적은 순진함이 학습을 이긴다는 점을 보여준다. (…) 아마추어적이고 비학문적인 사고방식이 그가 가진 가장 큰 강점이었다. 위대한 발견을 했던 다른 많은 미국인과 마찬가지로 그는 자기가 장차

보게 될 것에 대해서 상대적으로 훨씬 덜 알았기 때문에 더 많이 배울 수 있었다.

기업계에서도 똑같은 일이 일어난다. 일반적인 통념으로만 머리가 가득 찬 사람은 위험하다. 혁신은 어떤 시도가 기존의 통념에 어긋난다는 것을 모르기 때문에 기꺼이 그 시도를 하는 사람들에게서 시작된다. 애플의 정보 시스템 및 기술 담당 부사장인 데비 콜먼Debi Coleman도 "내가 기업계에 몸담고 관찰한 바로는, 창의성과 혁신을 가로막는 가장 큰 장애물은 관습적인 통념"이라고 말했다.[55]

앞에서 언급했던 빌 레이스의 '천방지축' 이력서 사례로 돌아가면, 그는 다른 사람들이 했던 일을 일부러 배우지 않음으로써, 그때까지는 도저히 해결할 수 없었던 가격 책정 문제를 해결했다. 그의 상사는 이렇게 제안했었다고 한다.

"이중 책정 문제를 잘 아는 학계의 전문가들을 알고 있는데, 필요하다면 소개해줄까? 자네가 이 사람들과 대화를 나눠볼 수도 있고, 또 그 사람들에게서 문제 해결에 도움이 될 연구를 소개받을 수도 있을거야."

그러나 레이스는 싫다고 했다.

"차라리 그 문제를 온전한 백지 상태에서 바라보려 했습니다. 그 사람들이 걸어갔던 막다른 골목길을 순례하는 게 오히려 방해가 될 수도 있으니까요."

이렇게 해서 레이스는 며칠 동안 혼자서 그 문제와 씨름했고, 마침내 이전에는 아무도 생각하지 못했던 방식으로 그 문제를 재구성한 끝에 해결책을 도출했다. 그는 "만일 내가 그 문제를 전통적인 사고 틀로 바라보았다면 절대로 해결하지 못했을 것이다"라고 말했다.

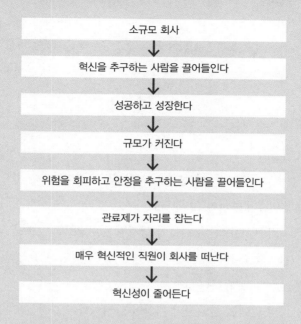

소규모 회사

혁신을 추구하는 사람을 끌어들인다

성공하고 성장한다

규모가 커진다

위험을 회피하고 안정을 추구하는 사람을 끌어들인다

관료제가 자리를 잡는다

매우 혁신적인 직원이 회사를 떠난다

혁신성이 줄어든다

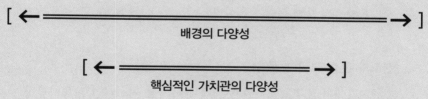

[← ═══════════════════════════ →]
배경의 다양성

[← ═══════════════════ →]
핵심적인 가치관의 다양성

　채용하는 모든 사람이 업계에 대해서 아무것도 모르는 백지 상태여야 한다는 말은 아니다. 지식과 경험은 소중하다. 그러나 이것들이 족쇄가 될 수도 있다. 요컨대 경험과 지식이 풍부한 전문가와 백지 상태의 비전문가 사이에서 균형을 유지해야 한다. 구직자가 회사가 속한 업계를 잘 알지 못한다거나 대학교를 갓 졸업해서 경험이 없다는 이유만으로 (혹은 심지어 대학교 문턱을 밟아보지 않았다는 이유만으로) 퇴짜를 놓아서는 안 된다.

혁신의 조건 5. 자율성과 탈중앙화

> 자유와 비효율과 번영은 함께 손을 잡고 동시에 존재하는 경우가 많다.
>
> — 사무엘 엘리엇 모리슨

1998년 보스턴 셀틱스의 감독이던 K. C. 존스는 CBS 스포츠와 인터뷰를 했다.[56]

"나는 선수들이 코트에서 상상력과 창의력을 발휘할 수 있도록 되도록이면 꼬치꼬치 주문하지 않습니다."

"그렇게 하면 이런저런 문제들이 생기지 않나요?"

"그런 일은 없습니다. 우리는 지난 5년 동안 챔피언 결정전에 네 번 올랐고, 두 번 우승했습니다."

존스 감독의 말에는 창의성의 핵심이 담겨있다. 그 진실은 바로 창의성은 자율성을 필요로 한다는 것이다.

신뢰와 존중 그리고 용기

스탠퍼드대학교 경영대학원은 세계에서 가장 혁신적인 교육기관 중 하나로 손꼽힌다. 우리 저자들은 이곳이 어떻게 작동하는지 직접 경험했는데, 그 내용은 짐 콜린스가 스탠퍼드대학교에서 보냈던 첫해를 설명하는 다음 발언에서 잘 드러난다.

그때 나는 서른 살이었고 대학교 강의를 맡은 적이 전혀 없었다. 그런데 로버츠 학장은 나에게 강의 자리를 제안하면서 "원하는 시간대를 알려주세요. 행운을 빌게요"라고만 말했다. 내가 상사에게 받은 지시라고는 그게 전부였다. 아무도 나에게 무슨 내용으로 어떻게 강의할 것인지 묻지 않았다. 아무도 나에게 구체적인 지시를 내리지 않았다. 심지어 아무도 내 강의 계획서를 보자고도 하지 않았다. 나에게는 내가 하고 싶은 것이면 무엇이든 할 수 있는 자유가 주어졌다. 물론 내 곁에는 궁금한 걸 물어보고 힘들 때 기댈 수 있는 노련한 선배 교수들이 있었고, 잘 만들어진 강의 자료도 이미 제법 준비되어 있었다. 하지만 나는 기본적으로 그 모든 일을 나 혼자서 해나가야만 했다.

2년이 지난 뒤, 어느 오찬 자리에서 로버츠 학장은 짐이 했던 강의의 성과를 칭찬했다. 두 사람 사이의 대화가 다음과 같이 이어졌다.

"학장님은 그때 저를 두고 엄청난 위험을 감수하셨습니다. 왜 그러셨습니까?"

"우리가 여기에서 일하는 방식이 그래요. 솔직히 나는 위험 감수라고 생각하지 않아요. 오히려 기회죠. 그렇잖아요, 우리는 당신이 그 모든 것을 혼자서 다 하게 함으로써, 당신이 최선을 다하고 또 그렇게 해서 좋은 결과가 나올 것이라고 믿었고 또 실제로 그렇게 되었으니까요. 물론 이게 언제나 적용되는 법칙은 아니지만, 이런 방법을 통해서 얻을 수 있는 혁신과 성과는 위험을 감수할 가치가 충분히 있어요."

당시에 짐은 자기가 하는 일에 대해서 아는 게 거의 없었다는 점을 고려한다면, 로버츠 학장의 제안이 전혀 위험하지 않았다는 말에는 전적으로 동의할 수 없다. 그러나 로버츠는 혁신의 핵심 요소인 신뢰와 용기를 보여주었다. 그는 혁신의 기회를 기꺼이 붙잡으려고 했으며 짐이 그 상황에 잘 대처해서 좋은 성과를 낼 것이라고 믿었다.

로버츠 학장이 그랬던 것처럼 좋은 인재를 채용하고 그들이 마음껏 일할 환경을 조성하고, 그들을 방해하지 말라. 이것이 트레이시 키더Tracy Kidder의 실화 소설《새로운 기계의 영혼The Soul of a New Machine》이 포착한 마법의 기술인데, 이 소설에서 키더는 새로운 컴퓨터 탄생의 원동력이 된 디자인 팀을 다음과 같이 설명했다.

> (…) 그들은 흔하지 않은 정신력을 다해서, 또 정말 상업적인 환경에서도 놀라울 정도로 순수해 보이는 몇 가지 이유를 위해서 그 일을 수행했다. (…) 24명이 넘는 사람들이 물질적인 보상이 돌아올 것이라는 그 어떤 희망도 없이 1년 반이 넘는 세월 동안 그 일에 매달려서 초과 근무를 했다. 그러나 대부분은 일에 대단한 기쁨을 느꼈다. 그런 일이 가능할 수 있었던 것은 웨스트와 다른 관리자들이 24명이 넘는 사람들에게 일할 이유를 충분히 줬으며 그들을 성공으로 이끌었기 때문이다.[57]

혁신성을 유지하는 기업은 직원의 자율성을 보장한다. 허먼밀러는 디자이너들이 작업에 도움이 되는 환경이라면 사무실이나 작업실뿐만 아니라 어디에서든 일할 수 있게 허용한다.[58] 머크는 최고의 과학자를 채용하고는 그들이 기본적인 연구 과제를 (마케팅 부서나 기업의 수뇌부가 아니라) **스스로** 선택하도록 자율성을 보장하고 또 그들이 아무런 방해를 받지 않고 연구에 몰두하도록 돕는다.[59]

자율성은 다섯 명으로 구성된 농구팀에서부터 사회 전체에 이르기까지 모든 규모와 모든 수준의 인간 활동에 필요하다. 실제로, 자율성은 의사결정 권한이 중앙에 집중됐던 동구권 경제에 비해서 서구권 경제가 우월할 수 있었던 요인이었다. 네이선 로젠버그Nathan Rosenberg와 L. E. 버드젤L. E. Birdzell은 공동저서《서구는 어떻게 부자가 되었나How the West Grew

Rich》에서 서구 경제 발전의 근본적인 원천은 자율적인 실험을 통해 발생한 수많은 혁신이라고 지적했다.[60] 이런 실험은 사람들이 자유롭게 행동할 수 있을 때, 또한 무언가를 시도하는 데 거의 아무런 방해를 받지 않을 때 가능하다. 만일 미국에서 기업이 새로운 사업을 시작할 때마다 이른바 정부와 같은 중앙통제기관으로부터 공식적인 승인을 받아야만 한다면 미국 경제가 과연 어떻게 됐을지 상상해 보라.

그러나 인간이 만든 조직은 반대 방향으로 즉 통제와 질서를 추구하고 예상치 못한 상황을 최소화하는 방향으로 나아간다. 그러므로 기업이 혁신성을 유지하려면 이런 관성에 극도의 경계심을 갖고 저항해야 한다.

생명과 영혼을 불임과 질서로 바꾸려는 억압적인 욕망은 마치 끈질긴 포도나무와 같아서 끊임없이 조직의 측면으로 기어 올라와 조직의 사지를 감싸서 조직의 민첩성을 가로막는다. 방치하면 결국 덩굴이 조직의 목을 휘감고 기업의 정신을 질식시킨다.

기업 진화의 가장 큰 아이러니 가운데 하나는 거의 모든 신생기업이 매우 혁신적인 조직으로 시작하지만 이들 가운데 상당수는 성장함에 따라 혁신 역량을 잃어버린다는 것이다. 초기의 발전 원동력이었던 정신은 관료주의와 중앙 집중화된 통제로 뒤틀리고 숨이 막히게 된다. **이런 일이 당신 회사에서 일어나지 않도록 주의하라!**

하지만 어떻게? 회사에서 이런 일이 일어나지 않도록 하려면 어떻게 해야 할까?

탈중앙화 : 다이아몬드 얇게 썰기

기본적인 해결책은 우리 저자들이 '다이아몬드 얇게 썰기'라고 이름 붙인 것으로, 이것은 존슨앤존슨, 3M처럼 훨씬 더 큰 규모로 성장하면서도 혁신의 불꽃을 꺼뜨리지 않고 이어가는 회사들이 추구하는 방식이다.

발상은 간단하다. 회사를 작고 자율적인 덩어리로 끊임없이 썰어나가면 전체 덩치는 커져도 소규모 회사가 누리는 강점을 그대로 유지할 수 있다. 이렇게 하면 각각의 하위 단위에 속한 직원들은 기업 전체라는 커다란 우산 안에 머물면서도, 기업가정신의 핵심인 주인의식, 책임감, 자율성 등을 유지할 수 있다. 더모일렉트론Thermo Electron Corporation의 CEO인 조지 해초폴루스George Hatsopoulos는 이런 일들이 어떻게 가능할 수 있는지를 다음과 같이 설명했다.

중소기업의 장점과 대기업의 지원을 결합하는 미국 산업의 새로운 구조를 찾아야 합니다. 여기에 대해서 나는, 하나의 회사 안에서 여러 개의 소규모 회사가 사업부 단위로 존재해야 한다고 생각합니다. 이럴 때 그 소규모 회사들은 재무와 경영 측면에서 지원을 받을 수 있고 또 전략적인 방향성을 제시받을 수 있습니다. 그러면서도 이 소규모 회사들은 마치 독립된 회사처럼 행동할 수 있습니다. 현재 우리 회사는 17개 사업부를 거느리고 있습니다.[61]

다이아몬드 얇게 썰기를 지속적으로 수행함으로써 고도의 혁신성을 유지하는 또 하나의 회사가 레이켐이다. 레이켐을 창업한 폴 쿡에 따르면, 레이켐은 "회사를 일련의 소집단으로 유지하기 위해서" 지속적으로 스스로를 쪼개왔다.[62]

탈중앙화 시점

회사는 언제 탈중앙화를 해야 할까? 조직은 늘 탈중앙화를 향해 나아가야 한다. 직원들에게 행동의 자율성을 늘 보장해야 한다. 경험칙으로 말하자면, 직원의 수가 100명에서 200명 사이가 되면 다이아몬드 얇게 썰기를 진지하게 고민해야 한다.

탈중앙화 작업

탈중앙화 구조와 관련된 모든 세부적인 사항에 대해서는 이 책에서 자세하게 다룰 여유가 없다. 탈중앙화 구조의 작동 원리에 대한 중요한 원칙 몇 가지를 언급하고자 한다.

- **비전과 연결한다.** 회사의 비전(가치관 목적 그리고 사명)이 선명하면 자율적으로 기능하는 직원, 부서, 집단은 회사의 전체 비전에 따라서 스스로를 규제할 수 있다. 모두가 동일한 길잡이별을 바라보지만, 그 별을 향해서 나아가는 교통편은 다를 수 있다. 조직과 직원이 공유하는 비전은 탈중앙화의 중요한 요소이다.
- **중앙집중적 통제의 부족으로 나타날 수 있는 여러 불리한 상황은 의사소통 및 비공식적 조정을 강화을 통해 극복할 수 있다.** 회사의 모든 임직원은 탈중앙화한 다른 하위 조직 단위들이 무엇을 하는지 알아야 한다. 그렇게 해야 그 조직 단위들과 협력할 수 있다. 파타고니아에서는 제품별 책임자들이 한 달에 적어도 한 번씩은 만나서 필요한 조정 작업을 한다.
- **하위 조직 단위들이 축적한 지식을 공유하도록 촉진한다.** 다양한 하위 조직 단위에 속한 직원들이 아이디어를 공유하고 보고서를 발표하며 서로의 경험을 학습할 공동 세미나를 개최하라. 이때 소중한 지원을 제공한 직원에게는 적절한 보상을 해야 한다.

- **개방적인 구조를 갖춘다.** 좋은 정보가 있어야만 올바른 결정을 내릴 수 있다. 직원이 회사의 경영과 관련해서 최대한 많은 정보를 접근할 수 있도록 허용해야 한다. 민감한 정보라고 여기며 직원에게 공개하길 꺼렸던 정보조차 공개할 수 있어야 한다. 넥스트에서는 모든 직원이 회사의 모든 정보에 접근할 수 있었다. 심지어 급여 체계와 재무 상태까지도 볼 수 있다. 물론 이렇게까지 하기란 쉽지 않다. 그러나 우리 저자들로서는 개방적인 방향으로 나가가길 강력하게 권고한다.
- **매트릭스 구조를 피한다.** 극단적으로 다른 두 진영의 장점을 모두 취할 목적으로 매트릭스 조직을 만드는 회사가 있다. 이는 잘못된 선택이다. 매트릭스 구조는 책임성은 말할 것도 없고 주인의식을 지워버린다.*

그런데 어떤 독자는 이런 질문을 할 수도 있다.

"탈중앙화 환경에서는 직원들의 노력이 중복되는 문제가 발생하지 않겠는가? 이런 중복이 많이 발생하지 않도록 중앙집중적인 통제가 필요하지 않을까? 그래야 회사 전체의 자원이 낭비되는 일을 막을 수 있지 않을까?"

좋은 지적이다. 그러나 중앙집중식 소련 경제와 탈중앙화된 서구 시장 경제를 다시 생각해 보라. 언뜻 보면 시장을 기반으로 하는 경제가 비효율적으로 보일 수 있다. 예를 들어, 서른여섯 개의 컴퓨터 회사가 전국

---

* 매트릭스 조직은 새로운 프로젝트가 생길 때마다 이 프로젝트를 진행할 조직에 필요한 인력을 기능별 조직에서 빼내서 구성하는 조직 방식이다.

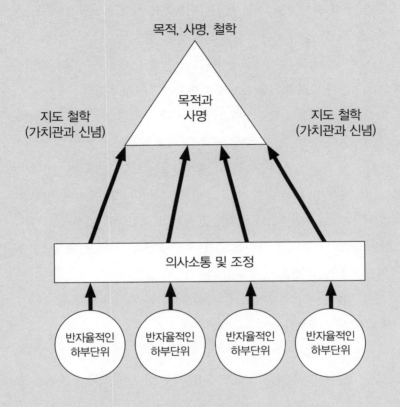

에서 동일한 산업에 참여하면서 각각의 경영진 아래에서 제품 개발과 마케팅에 인력과 예산을 들이는 것보다 단 하나의 전국 단위 컴퓨터 회사로 통합해서 모든 기능을 중앙집중화하는 것이 더 효율적이고 매력적으로 보일 수 있다.

그러나 우리 모두가 지난 역사에서 배웠듯이, 하나의 산업에 속하는 서른여섯 개 회사가 들이는 노력이 중복되긴 하지만, 단 하나의 통합 회사보다 경제적 부와 혁신을 더 많이 창출했다. 이는 경쟁과 다양성이 더 큰 발전을 촉진하기 때문이다.

다만, 우리 저자들은 모든 부서를 해체해서 직원들이 완전히 자유방임적으로 경쟁하도록 하자고 주장하는 게 아니다. 하지만 탈중앙화가 인력과 조직의 중복으로 비효율적이라는 생각에서 벗어나야 한다. 경쟁과 분산은 혁신과 발전을 위한 중요한 요소임을 기억해야 한다.

조직은 본질적으로 혼란스럽고 골치 아픈 존재다. 이를 해결할 만병통치약은 없다. 어떤 조직 구조도 모든 문제를 해결할 수는 없다. 조직의 혼란과 골치 아픈 요소들을 완전히 제거하려는 시도는 지금까지 실패해왔다. 탈중앙화는 비용이 많이 들고 비효율적이다. 그러나 개인이 조직에 대해 느끼는 주인의식은 강력한 동기부여 요소이며, 비록 다소 혼란스러운 방식이긴 하지만 혁신을 촉진한다. 이와 관련해서는 해리 트루먼은 다음과 같이 말했다.

"민주주의는 확실히 혼란스럽고 비효율적인 제도다. 하지만 그래도 이게 다른 어떤 것보다 낫다."

탈중앙화와 자율성은 언뜻 보기에 통제가 어렵고 비효율적으로 보일 수 있다. 실제로 투입되는 노력이 중복될 수 있고, 고객에게 혼란을 줄 수도 있으며, 기술 공유도 쉽지 않다. 하지만 여러 단점에도 불구하고, 자유와 민주주의처럼 탈중앙화는 중앙집중화보다 더 효과적이다.

혁신의 불꽃이 계속해서 번쩍이기를 바란다면 비효율성을 감수해야 한다. 커다란 이득을 얻으려면 비효율성과 무질서가 어느 정도는 필요하다. 탈중앙화에 따르는 자유로운 열정과 중앙집중화에 따르는 완벽한 효율성을 하나의 조직에서 동시에 갖추기란 불가능하다. 그러니 탈중앙화를 선택하고, 이것을 철저하게 실현하고, 여기에 따르는 어려움을 최선을 다해 극복하라. 이도 저도 아니게 어정쩡하게 구는 것은 자동차가 도로를 주행하면서 이쪽 차선과 반대편 차선을 분별없이 오가는 것과 같다. 올바른 차선을 선택해서 그 차선으로만 달려야 한다.

혁신의 조건 6. 보상 체계

우리 저자들은 중소 규모의 소프트웨어 개발 회사의 CEO가 직원들을 혁신적이고 진취적으로 만들 수 없다고 한탄하는 말을 들은 적이 있다.

"직원들이 주인의식을 발휘해 새로운 제품 아이디어나 사업을 기획하고 이를 실현하려고 나선다면 얼마나 좋겠습니까? 그런데 맡겨진 일만 할 뿐, 새로운 제품을 개발하는 데는 신경도 쓰지 않습니다."

그래서 우리는 이렇게 물었다.

"보상은 어떤 식으로 하고 있나요?"

"기본급에다 해당 부서의 연간 실적을 반영한 인센티브를 주고 있습니다."

"그렇다면, 직원들이 새로운 프로젝트를 기획해서 추진하면, 아무래도 연봉은 오히려 줄어들겠네요?"

"아… 예, 그렇겠죠."

불과 몇 차례 말이 오갔을 뿐이지만, 그 CEO는 보상 체계를 바꾸어야 한다는 것을 분명하게 깨달았다.

또 다른 사례가 있다. 어느 전자 회사가 우리 저자들에게, 재능 있는 엔지니어와 연구 인력 다수가 회사를 떠나려고 하는데 그 이유가 무엇인지 모르겠다며 도움을 청해왔다. 우리는 그렇게 회사를 떠난 사람들 가운데 최고의 평판을 받은 사람들 몇 명을 만나서 얘기를 나누었는데 다음과 같은 말을 들었다.

내가 보상을 더 많이 받을 수 있는 유일한 방법은 경영진의 일원이 되는 것입니다. 그렇지만 관리직으로 일하고 싶지 않습니다! 설계자로서 창의적인 기여를 한다는 사실이 정말 뿌듯하고 좋습니다. 그것이 내가 가장 잘하는 일이고 또 내가 정말 좋아하는 일입니다. 그렇지만 회사에서는 급여를 더 많이 받을 수 있는 (그리고 거기에 걸맞은 특권을 누릴 수 있는) 유일한 방법은 관리직으로 자리를 옮기는 것이라고 합니다. 어쩔 수 없이 내가 기여한 만큼 넉넉한 보상을 받고, 영웅도 될 수 있는 스타트업으로 이직했습니다.

이 두 가지 사례는, 기업의 보상 구조가 직원의 창의적인 기여를 얼마나 반영하는지가 얼마나 중요한지를 명시적으로 보여준다. 이는 단순하면서도 핵심적인 진리다.

하지만 창의적인 사람이 돈, 권력, 명성 등으로만 동기를 부여받는다는 뜻은 아니다. 실제로 그들은 흥미로운 일을 하고 싶다는 열망, 어려운 문제를 해결하겠다는 도전의식, 조직의 성과에 기여한다는 기쁨, 새로운 것을 발견했다는 만족감 등으로 동기를 부여받는다. 그럼에도 불구하고 혁신을 이룬 직원에게는 적절한 보상이 돌아가도록 하는 명시적인 규정이 있어야 한다. 모든 직원은 보상 제도에 영향을 받는다. 동기가 아무리 순수하다고 해도 그렇다. 그만큼 보상은 중요하다. 따라서 조직의 혁신성을 유지하고 싶다면 반드시 혁신을 이룩한 직원에게 적절한 보상을 해야 한다. 이것과 관련해서 고려해볼 수 있는 몇 가지 조치를 소개하면 다음과 같다.

- 창의적으로 기여한 직원에게 포상, 표창, 예우를 하고 영웅으로 만든다. 기술 아이디어나 새로운 사업 아이디어 등으로 창의적인 기여를 한 직원에게 수여하는 상을 만들어라. 가능하다면 개인뿐만 아니라 팀에게도 상을 주는 게 좋다. '신제품상'이나 '신사업상'뿐만 아니라 '내부공정 혁신상' 같은 것도 생각해볼 수 있다. 성공을 거둔 사람뿐만 아니라 회사에 도움이 되는 영웅적인 실패를 한 직원의 성과를 인정하는 '위대한 시도상'도 제정할 수 있다.
- **측정 가능한 혁신 목표를 설정하고 이를 기준으로 평가한다.** 특정 연도의 회사 전체 매출액이나 사업부별 매출액 가운데 일정 비율이 (25퍼센트가 적정할 것 같다) 지난 5년 동안 출시한 제품이나 서비스에서 창출되도록 목표를 설정하는 것도 좋은 방법이 될 수 있다.
- **관리직으로는 나가고 싶지 않은 창의적인 기여자를 위해서 별도의 승진 경로를 마련하고, 이 경로로 성공하는 사람에게도 고위 경영진의 일원이 되는 것만큼의 보상을 지급한다.** 재무 담당 부사장이 그 회사 최고의 창의적인 디자이너보다 연봉을 서너 배나 더 많이 받아야 할 이유는 없다. 하지만 도무지 이해할 수 없는 이런 일이 대부분의 회사에서 일어나고 있다. 이와 대조적으로, 허먼밀러에는 연봉 10만 달러를 10년 동안 받는 디자이너가 있다.* 이 회사의 다른 디자이너들은 저작권을 인정받아서 부자가 되기도 했다. 허먼밀러의 문화에서는 디자이너가 영웅이며 부사장급의 명성과 대우를 받는다.[63]

---

* 《기업가정신을 넘어서》 초판이 출간된 시점이 지금으로부터 30여 년 전인 1992년임을 염두에 두자.

- **직원들이 핀볼 게임을 하게 한다.** 창의적인 사람들 가운데 어떤 부류는 일 차제에 대한 욕구, 흥미, 기회에 반응한다. 최고의 보상 가운데 하나는 또 다른 새롭고 흥미롭고 중요한 일에 도전할 수 있는 기회를 주는 것이다. 키더의 소설《새로운 기계의 영혼》에서 톰 웨스트는 이것을 '핀볼 게임'이라고 불렀다.

'네가 한 게임에서 이기면 너는 다른 게임을 할 수 있다. 네가 이 기계로 이기면 너는 다음 기계를 만들 수 있다.' 핀볼이 중요했다. (…) '나는 이것을 할 것이다. 나는 이것을 하고 싶다. 이것이 힘든 일이 될 것임을 나는 애초부터 알고 있었고 지금도 잘 안다. 나는 죽어라 일해야 할 것이다. 그리고 만약 우리가 그 일을 잘 해내면, 그 일을 다시 또 할 수 있다.'[64]

진정으로 창의적인 사람은 느긋한 휴식에 만족하지 않는다. 어쩌면 느긋한 휴식은 그런 부류들이 가장 하기 싫어하는 일일 수 있다. 그들은 창조하고, 혁신하고, 새롭게 도전하고, 배우고, 또 자기가 하는 일을 인정받을 기회를 원한다. 이들을 위한 제도를 마련해야 한다.

제품 그 자체가 아니라 거기까지 이르는 과정

이 장의 대부분을 신제품이나 서비스 혁신에 할애했지만 마케팅, 생산, 조직, 운영 등 기업 활동의 모든 측면에서 창의성의 중요성을 강조하고 싶다.

창의적인 마케팅은 기업의 성공을 결정하는 중요한 요소다. 시장에는 매일 수많은 제품이 쏟아져 나온다. 따라서 고객의 닫힌 마음을 열고 생생한 인상을 남길 방법을 찾아야 한다. 거액의 광고비를 쏟아 붓는 대기업과 규모로 경쟁할 수 없는 중소기업에서는 특히 더 그렇다. 우리 저자들은 적은 자원으로 큰 영향력을 발휘하는 마케팅을 게릴라 마케팅이라고 부른다.

파타고니아는 진짜 모험 사진과 시선을 사로잡는 문구로 완성된 카탈로그를 통해 광고비 예산을 줄일 수 있었다. 이 카탈로그는 너무나 아름다워서 이를 본 사람이라면 누구나 갖고 싶어 했다. 파타고니아는 또한 사람들의 옷 선택에 크게 영향을 미치는 사진기자들과 긴밀하게 관계를 오랫동안 맺어왔다. 초창기 파타고니아는 레저 전문 잡지인 〈아웃사이드 Outside〉 표지에 광고를 실을 돈이 없었다. 그러나 파타고니아 옷을 입은 모험가들이 이 잡지의 표지에 자주 등장했다. 파타고니아는 사진 기자들과의 긴밀한 관계를 통해 매출액의 0.33퍼센트만 들여서 이런 높은 광고 효과를 누려왔다.

교육 게임 회사인 유니버시티게임즈University Games의 CEO 밥 무그Bob Moog는 청취자가 전화를 걸어서 무선으로 게임을 하는 라디오 게임 프로그램을 진행하면서 자기 회사의 제품을 알리며 인지도를 높였다. 사람들은 그의 방송을 들으며 즐겁게 시간을 보냈고, 그의 게임 제품을 구매했다.

설령 회사가 마케팅에 투입할 적절한 규모의 예산이 있더라도 창의성이라는 질이 양보다는 더 중요하다는 점을 명심하라. 매킨토시 컴퓨터가 시장에 나왔을 때를 생각해보자. 1984년 1월 25일에 슈퍼볼 경기를 텔레비전으로 보고 있던 사람들은, '빅 브라더'가 웅얼거리는 소리를 사람들이 멍한 얼굴로 듣고 있는 초현실적이고 으스스하고 회색빛이 나는 이미지를 결코 잊지 못한다. 텔레비전 화면으로 송출된 이 유명한 '1984년' 광고는 대중의 관심을 송두리째 사로잡았다. 이 광고는 단 한 차례만 방송됐지만 결코 잊을 수 없는 인상을 남겼다. 그날 그 광고 외에 다른 광고들을 기억하는 사람들이 과연 있기나 할까?[*]

혁신적인 제품 + 창의적인 마케팅 = 마법

심지어 재무 분야처럼 창의성이 개입할 여지가 전혀 없을 것 같은 영역에서도 창의성이 발휘될 엄청난 기회가 숨어 있다. 여기서 창의성이란 '법률적인 차원의 창의성'인데, 아이스크림 회사인 밴앤제리스Ben & Jerry's는 자기만의 독특한 기업공개 전략을 통해 통상적인 기업공개 방식을 피해나갔다. '한 숟가락의 행동으로 나서라Get a Scoop of the Action'라는 슬로건으로 (이 문구는 아이스크림 상자 뚜껑에 800이라는 숫자와 함께 인쇄되어 있었다) 주식을 공개함으로써 월스트리트의 비싼 대행사를 끼지 않고 기업공개에 들어가는 비용을 줄였다. 이 회사의 주식을 사들인 사람은 주로 그 회사의 고객인 지역 사람들이었다.[65]

혁신은 일상적으로 진행되는 제조, 운영 분야에서도 중요하다. 페덱스 사례를 보자. 멤피스에 있는 페덱스의 분류 센터에서 배송 화물 분류 작업이 수시로 지연되는 일이 벌어졌다. 그런데 이 문제를 어떤 제어 시스템도 해결하지 못했다. 원인을 파악해 보니 시간제 노동자가 급여를 더

---

[*] 이 광고는 조지 오웰의 소설 〈1984〉에서 모티브를 얻은 것으로, IBM이 지배하는 독재의 세상을 매킨토시가 혁명으로 바꾼다는 내용이었다.

받을 목적으로 근무 시간을 늘리기 위해 일부러 작업 속도를 늦춘다는 사실을 발견했다.

자, 이런 문제가 있을 때 당신이라면 어떻게 하겠는가?

누가 봐도 명확한 해결책은 배송 화물 처리에 소요되는 표준 시간을 설정한 다음, 정교한 측정 및 보상 체계를 마련하는 것이다. 그러나 페덱스는 이보다 더 간단하고 창의적인 조치를 취했다. 즉, 노동자에게 일일 최저 급여를 보장하는 한편 작업을 빨리 끝낸 사람은 그만큼 일찍 퇴근할 수 있게 했다. 그러자 그 고질적인 문제는 45일 만에 완전히 해결됐다.[66]

이 장 전체에 걸쳐서 설명했던 기업의 창의성 요소들(아이디어 수용하기, 고객 되기, 실험과 실수, 창의적인 직원, 자율성과 탈중앙화, 보상)은 사업의 모든 영역에 적용할 수 있다. 그러니 이것들을 활용하고, 직원을 교육해라. 그렇게 해서 모든 영역과 분야에서 혁신을 촉진하라. 좋은 아이디어는 어디에나 널려 있다.

창의성을 촉진하는 8가지 관리 기법

지금까지는 혁신성을 유지하는 기업이 어떤 특성을 가지는지 살펴보았다. 이제부터는 창의성을 촉진하기 위해서 관리자가 직접 할 수 있는 관리 기법을 하나씩 살펴보자.

1. 시시콜콜 간섭하지 말고 격려한다. 실행할 수 있는 좋은 아이디어는 어디에나 널려 있지만 이런 아이디어를 수용하는 관리자는 터무니없이

부족하다. 라디오, 전화, 페덱스, 개인용 컴퓨터, 나이키 신발 등을 '멍청한 아이디어'라며 거들떠보지도 않고 찬물부터 끼얹었던 어리석은 '찬물'이 되지 마라.

3M의 초창기에 회사의 혁신 역량을 단단하게 쌓아올린 윌리엄 맥나이트는 "시시콜콜 간섭하지 말고 격려하라"라는 격언을 신봉했다. 휘하의 젊은 발명가 한 명이 '엉뚱한 아이디어'를 내놓기라도 하면 그는 "흥미로운데? 가서 한번 시도해봐, 어서"라며 그 직원의 등을 떠밀었다.[67]

검증을 거치기 전에는 그 어떤 아이디어라도 결점이나 문제점을 지적하며 폄훼하지 마라. 세상은 위대한 그 어떤 것도 촉진할 줄 모르는 엉터리 비평가들로 가득 차 있다. 이런 사람이 되지 마라.

2. 기죽이지 마라. 창의성과 자발성을 무참하게 짓밟는 가혹한 비판은 삼가야 한다. 바보처럼 보일지 모른다는 두려움은 새로운 것을 실험하거나 시작하거나 시도하는 데 가장 큰 걸림돌이 된다. 문제는 사람들이 선천적으로 창의적이지 않다는 데 있는 것이 아니라, 창의적으로 생각하고 행동하는 것을 **두려워한다**는 데 있다. 비웃음, 조롱, 개인적 공격, 심리적 학대 등을 받는 것을 두려워한다는 말이다.

핵심 단어는 **존중**이다. 상대의 생각을 존중하고 어리석거나 무가치하다고 느끼게 해서는 안 된다. 최선을 다 했는데 실패했다면, 절대로 공격하거나 그 일을 장황하게 떠들지 마라(3장의 '인사관리의 강한-부드러운 기술'을 참조).

항상 다음과 같이 자문하라. "내가 그런 실수를 저질렀거나 실패했을 때 어떻게 대접받고 싶은가? 다른 사람이 나를 어떻게 대하면 거기에서 교훈을 얻고 도전을 이어갈 수 있을까?"

3. 부끄러워하는 직원이 있으면 돕는다. 어떤 아이디어는 그 아이디어를 가진 사람이 너무 부끄러워하는 바람에 끝내 세상에 모습을 드러내지 못한다. 정말 훌륭한 아이디어는 말이 없는 사람에게서 나오는 경우가 많다. 조용한 사람은 관찰력이 높고, 생각이 깊다. 그들은 고양이처럼 조심스럽고 세심하며 호기심이 많다. 그러나 두려운 마음에 자기 생각을 좀처럼 드러내지 않는다.

부끄러움이 많은 직원이 회사에 기여하게 하려면, 격려하는 데서 그치지 말고 시스템을 만들어야 한다. 예를 들어, 제안 상자 같은 것을 마련해서 누구나 아이디어를 서면으로, 그리고 원하면 익명으로 제출하게 하라.

4. 호기심을 자극한다. 끊임없는 호기심, 즉 어떤 대상을 알고 싶고 테스트하고 싶고 효과를 확인하고 싶은 순수한 욕망은 창의성을 일깨운다. 창의적인 사람은 질문이 많다. 이들은 이유를 묻고 싶은 어린아이의 순진한 욕구를 결코 떨쳐내지 못한다. 따라서 누구나 스스럼없이 질문할 수 있는 환경을 조성해야 한다. 필요하다면 리더가 질문을 던져야 한다. 직원들의 호기심에 찬물을 끼얹는 질문이 아니라 탐구 정신이 번뜩이는 개방적인 질문을 준비하라. 참고로, 우리 저자들이 가장 좋아하는 질문은 "그 경험을 통해 무엇을 배웠는가?"이다. 애플, 인텔의 마케팅 전문가인 레지스 맥케나는 창의적인 조직은 질문하는 조직이라고 굳게 믿는다.

"나는 우리 회사의 직원들이 회의에 들어가기 전에 자기가 질문하고 싶은 항목을 최소한 두 쪽 분량으로 작성하게 합니다. 한번 해보세요. 아마 처음에는 한 쪽 분량을 채우기도 힘들겁니다. 그러나 곧 그런 질문들이 끝없이 다른 질문으로 이어진다는 사실을 깨닫게 될 겁니다."[68]

어떤 질문을 받더라도 "그것 참 멍청한 질문이네"라고 답하지 마라.

어떤 질문도 경멸하지 마라. 대신 "좋은 질문이군요", "그 질문을 해줘서 고맙습니다", "무척 흥미로운 질문인데 당신은 생각을 들려주세요" 등과 같은 대답을 공개적으로 하라. 어떤 상황에서도 질문하는 사람이 모욕감을 느끼게 하지 마라.

5. 필요성을 창출한다. 인간은 해결책이 전혀 없을 것 같은 상황에서도 혁신을 통해서 돌파구를 마련하는 놀라운 능력을 가지고 있다. "필요는 발명의 어머니다"라는 상투적인 표현이 있는데, 상투적이든 아니든 간에 이 말은 진실을 담고 있다. 실제로 수많은 위대한 아이디어들은 아무런 문제가 없거나 동원할 자원이 부족한 상황에서 탄생했다.

케이스 스터디 : 지로스포츠

지로스포츠의 창업자인 짐 젠테스는 1985년에 자기가 자전거 헬멧 산업을 혁명적으로 바꾸어놓을 제품을 발명했음을 깨달았다. 무게가 7.5온스(약 210그램)밖에 되지 않아 매우 가벼우면서도 모든 안전 기준을 통과한 제품이었다. 이 제품의 소재는 딱딱한 플라스틱이 아니라 폭신한 발포 폴리스티렌EPS이었다.

그러나 젠테스는 곧 다른 문제에 봉착했다. 헬멧 표면을 예쁘게 꾸며주는 쉘을 씌우지 않으면 이 제품은 매우 흉하게 보였다. 마치 스티로폼 박스를 머리에 이고 자전거를 타는 모습처럼 우스꽝스러웠기 때문이다. 그렇지만 일반적인 딱딱한 소재로 쉘을 만들면 헬멧이 가볍다는 강점이 사라졌다. 그래서 젠테스는 매우 얇고 가벼운 플라스틱으로 표면을 덮는 해결책을 고안했다.

이것은 훌륭한 해결책일까? 그렇기도 하고 아니기도 하다. 또 다른 문제가 뒤따랐기 때문이다. 얇고 가벼운 쉘을 만드는 데 필요한 기계 장비의 가격이 무려 10만 달러나 되었다. 이 금액은 당시의 지로스포츠로서는 도저히 감당할 수 없는 거금이었다. 고심 끝에 젠테스는 헬멧 위에 꼭 맞는 컬러풀한 라이크라LYCRA 소재의 커버를 씌우는 것으로 문제를 해결했다.* 이 커버는 벗길 수도 있고 세탁할 수도 있으며 다른 색상으로 교체할 수 있었다. 패션에 민감한 자전거 라이더이라면 라이크라 헬멧 커버를 자신의 의상 색깔과 맞출 수 있었다. 팀의 엠블럼과 스폰서 이름을 커버에 넣어서 맞춤형으로 제작할 수도 있었다.

결국 이 헬멧은 엄청난 성공을 거두었는데, 라이크라 커버 덕분에 헬멧 산업은 혁명적으로 바뀌었다. 여기에 대해서 젠테스는 다음과 같이 말했다.

라이크라 커버는 좋은 아이디어였습니다. 그것은 우리 제품에 큰 도움이 되었고 모든 사람의 관심을 끌었죠. 재미있는 사실은, 그때 만일 우리에게 자금이 넉넉하게 있었다면 라이크라로 헬멧 커버를 만들겠다는 해결책은 절대 내놓지 않았을 것이라는 점입니다.

지로스포츠의 경험을 다양한 방식으로 재현할 수 있다. 경우에 따라서는 지로스포츠가 자금이 부족했던 것을 모방해서 의도적으로 자원을

---

* 라이크라는 듀폰사의 대표적인 기능성 소재로, 실의 길이가 순간적으로 최대 7배까지 늘어났다 원상태로 회복되는 게 특징이라서, 높은 복원력을 필요로 하는 스포츠용 옷에 사용된다.

제한할 수도 있다. 사실, 우리 저자는 동원할 수 있는 자원이 넉넉하더라도 긴축 운영을 해야 한다고 생각한다. 벤처캐피털 자금을 지나치게 많이 투자받은 실리콘밸리의 스타트업들이 풍요로운 자원의 늪에 빠져서 위대한 기업으로 성장하는 데 필요한 열정을 쉽게 잃어버리는 경우를 너무도 많이 봐왔다.

달성하기 어렵다 못해 거의 불가능하기까지 한 목표를 설정하는 것도 필요성을 창출하는 방법이다. 모토로라가 아직은 작은 회사로 힘들게 분투하던 시절에 폴 갤빈은 조직에 터무니없이 높은 목표를 제시하고 강인한 생존력을 요구했다. 언젠가 한 번은 갤빈이 엔지니어들에게 제품의 원가를 30달러 줄이라고 지시했다. 그러자 직원들은 불가능한 일이라고 말했다. 하지만 그는 해결책이 있을 것이라고 확신한다면서 반드시 찾으라고 했다. 열흘 뒤, 그 프로젝트에 참여하고 있던 그의 아들 밥은 그 목표를 달성했다면서 멋쩍게 웃으면서 보고했다.[69]

6. 잠시 경쟁에서 벗어날 시간을 허용한다. 고도로 창의적인 몇몇 사람들은 최상의 아이디어를 끌어내는 데 필요한 자기만의 시간이 필요하다. 필 나이트는 사무실에서 벗어나서 해변을 걷거나 달리기를 할 때 가장 좋은 아이디어를 얻는다고 믿었다. 나이키가 달리기 코스, 테니스 코트, 농구 코트, 체력단련실, 에어로빅 스튜디오 등을 갖춘 넓은 사옥을 마련한 것도 바로 이런 이유에서다. 허먼밀러는 디자이너들은 사무실 뿐만 아니라 집이나 원하는 외부 장소에서 일할 수 있다.[70] 그런 점에서 재택근무를 적극적으로 활용하라.

로젠버그캐피탈Rosenberg Capital Management을 창업한 클라우드 로젠버그는 사무실에 조용한 방 두 개를 별도로 마련해두고 있는데, 이 사무실에 대해서 로젠버그는 다음과 같이 말한다. "이 방을 직원들이 사용할 수 있게 한다. 왜냐하면 가장 창의적인 순간은 책상에 앉아 있는 통상적인 환경에서는 절대로 찾아오지 않기 때문이다."[71]

그는 진정한 의미의 휴가가 꼭 필요하다고 믿는다. "휴가는 일에서 벗어나는 진정한 휴식이어야 한다. 그렇기 때문에 나는 우리 회사의 직원이나 파트너가 휴가 동안 사무실로 연락을 하면 정말 화를 낸다. 마음을 깨끗하게 비우면 분명 훨씬 더 창의적이 될 수 있다."

파타고니아의 디자인 패턴 제작팀은 팀 사무실 주변에 다음과 같은 작은 표지판을 세워 두었다.

> 조용히 해주십시오.
> 오전 8시부터 12시까지는 외부인 출입금지입니다.

7. 문제를 집단적으로 해결하도록 촉진한다. 파타고니아가 실천하는 해법은 '조용한 시간'만이 아니다. 그 누구의 방해도 받지 않고 혼자서 조용히 생각하는 시간을 가지는 것도 중요하지만, 함께 의견을 나누는 과정에서 창의성을 포착할 수도 있다. 난상토론이나 그 밖의 집단 활동을 통해서 예상하지도 못했던 특별한 아이디어가 탄생한다. 파타고니아에서는 넓고 개방된 공간에 개인 책상들이 뒤죽박죽으로 놓여 있다. 그래서 직원들은 다른 직원들과 긴밀하게 협업하는 것을 당연하게 여긴다.

우리 저자들은 기업계, 학계와 상관없이 가장 창의적인 해답은 힘든 투쟁과 경쟁에서 벗어나는 조건 **그리고** 동료들끼리 집단으로 토론하는 조건이 동시에 마련될 때 비로소 나타난다는 사실을 확인했다. 창의적인 아이디어를 만들어내는 문제에 관한 한, 경쟁과 협업이 결합했을 때의 효과는 각각의 효과를 합한 것보다 훨씬 컸다.

여기에는 주의할 점이 하나 있다. 집단으로 모인 구성원들 사이에 찬물을 끼얹는 사람이 있어서는 안 된다. 시시콜콜한 것까지 지적하며 잔소리를 해대는 사람이 한 명이라도 있으면 창의적인 집단 해결은 불가능하다. 이런 사람은 철저하게 배제해야 한다!

8. 재미있어야 한다. 디자인 회사인 단스크Dansk International Designs의 창업자, 테드 니렌버그Ted Nierenberg는 "내가 생각하기에는 즐기는 것이 가장 중요합니다. 당신이 지금 하는 일이 즐겁지 않다면, 그 일을 그만두고 다른 일을 하세요"라고 말했다.[72]

우리 저자들도 재미를 중요한 요소라고 생각한다. 재미는 창의성을 열어주는 통로다. 스스로에게 그리고 구성원들에게 일이 재미있는지 물어보라. 일에서 재미를 절대적으로 필요한 요소로 설정하라. 즐거움이 없다면, 창의성은 찾아오지 않는다. 가장 창의적인 사람들일수록 어린아이와 비슷하다는 사실을 알고 있는가? 그들에게 일이 곧 놀이이다.

재미를 추구한다고 해서 열심히 일하는 것이 방해받지 않는다. 창의성은 어려운 일이지만, 어쨌든 간에 재미있어야 한다.

창의적인 영감에 대한 믿음

지금까지 기업 혁신에 대해 포괄적으로 살펴보았다. 마지막으로 한 가지 조건이 더 남았다. 바로 창의적인 영감에 대한 믿음이다.

창의적인 영감이 어떻게 찾아오는지 정확하게 설명할 수 있는 사람은 없다. 다만 이 과정은 불확실성으로 가득 찬 고통스러운 여정에 가깝다. 창의성은 보통 오랜 기간에 걸친 힘든 노력, 좌절과 숙성 끝에 전혀 예측하지 못했던 섬광과도 같은 번쩍임으로 나타난다. "내일 오전 10시쯤에 좋은 아이디어 하나가 떠오를 것이다"라고 말할 수 있는 사람이 있겠는가? 창의적인 영감이 번갯불처럼 번쩍이는 순간은 샤워할 때나, 고속도로에서 운전할 때나, 정원에서 식물을 돌볼 때나, 체육관에서 역기를 들 때나, 산길을 걸을 때나, 골프채를 휘두를 때나, 책을 읽을 때나, 잠자리에서 일어날 때, 또는 수천 가지나 되는 온갖 일상 속의 찰라에 찾아온다.

다만, 창의성과 관련해서 놀라운 사실 하나는 분명히 말할 수 있다. 이 장에서 설명한 것과 같은 여러 가지 도움이 될 만한 조건을 마련한다면 창의적인 아이디어는 **확실히** 나타난다. 그것이 언제 어떻게 그리고 어떤 모습으로 나타날지는 몰라도 반드시 나타날 것이다. 조직을 혁신적으로 유지하려면 다음과 같은 믿음이 필요하다.

모든 직원이 창의적인 역량을 가지고 있다는 믿음.

좋은 아이디어가 여기저기 널려 있다는 믿음.

무에서 유가 창조되는 마법과도 같은 효과가 언제든 나타날 수 있다는 믿음.

실험이 의미 있는 결과를 가져다 준다는 믿음.

직원들의 자율성을 보장할 때 창의성이 발현된다는 믿음.

인간은 천성적으로 발명가이고 발견자이며 탐험가이다. 누구나 무언가를 새롭게 창조하려는 강력한 충동과 이것을 가능하게 만드는 능력을 갖고 있다. 새로운 것을 만들어낸다는 것은 정말 흥미롭다. 사람은 누구나 새로운 것을 깨닫거나 만들 때 행복감을 느낀다. 새로운 물건을 발명하거나, 일을 조금이라도 쉽게 할 수 있는 방식을 찾아낼 때마다 콜럼버스가 신세계를 발견했을 때, 갈릴레오가 망원경을 발명했을 때 느꼈을 희열을 느낀다.

혁신은 기업을 건강하게 그리고 번영케 할 뿐 아니라, 창의력이라는 인간의 기본적인 욕구를 충족시키고 인류를 보다 더 나은 세상으로 나아가게 한다. 그러니 혁신보다 더 바람직하고 만족스러운 것이 또 무엇이 있을까 싶다.

'최상'이 '최초'를 이긴다

다섯 살이나 여섯 살 때를 떠올려 보자. 그림을 그리든가, 재미있는 놀이를 만들어내든가, 뒷마당에서 무언가를 만든다거나 하는 창의적인 일을 하지 않았는가? 강의 시간에 이런 경험이 있으면 손을 들어보라고 하면 대부분 손을 든다. 아닌 게 아니라 우리는 어릴 때 자연스럽게 창의적인 활동을 한다. 이것이 인간의 본성이다. "창의적이 되어라"라고 말하는 것은 "숨을 쉬어라"라고 말하는 것과 같다. 살아 있는 사람은 당연히 창의적인 사람이다.

자, 그럼 이제 다음 질문에 답해보자.

"다섯 살이나 여섯 살 때, 누가 시키지 않아도 규율을 철저하게 지켰는가?"

이 질문에 손을 드는 학생은 거의 없었다. 창의성은 자연스럽고 풍부하며 타고났고 무한하게 재생할 수 있으며 또 우리 몸 안에 암호화되어

456

있지만, 규율은 전혀 그렇지 않다. 그러므로 우리가 진짜로 도전해서 성취해야 할 과제는 창의적이 되는 것이 아니라 타고난 창의성의 힘을 최대한 유지하도록 스스로를 엄하게 다스리고 훈련하는 것이다.

혁신 그 자체가 가져다주는 경쟁우위 효과는 제한적이다. 제럴드 텔리스Gerard Tellis와 피터 콜더Peter Golder가 《마켓 리더의 조건Will and Vision》에서 입증한 것처럼, 새로운 사업 분야에서 선구적인 혁신가가 마침내 위대한 승리자가 되는 경우는 채 10퍼센트도 안 된다.[73] 우리 저자들도 여러 가지 대조군 연구조사를 한 끝에, 해당 업계에 선구적인 혁신가가 된다는 것과 최고 수준의 영속적인 위대한 기업을 일구는 성과를 거두는 것 사이에는 상관성이 없음을 확인했다.

위대한 기업들을 연구하면 할수록 기업이 가진 기본적인 힘은 탄탄한 혁신 역량만이 아님을 깨닫게 됐다. 진정한 힘은 혁신을 **확장하는** 능력에서 나온다. 최초의 회사가 되면 선두주자로서의 이점을 누릴 수 있지만, 끊임없이 혁신하고 또 이 혁신을 확장하는 것이 훨씬 더 중요하다.

기업가라면 누구나 창의적인 작업을 하도록 애초부터 그렇게 태어났다. 그런 작업을 할 때 깊은 만족감을 느낄 수 있다. 이는 작가가 글을 쓸 때나 화가가 그림을 그릴 때나 작곡가가 작곡을 할 때나 조각가가 조각을 할 때 만족감을 느끼는 것과 마찬가지다.

그러나 어떤 회사의 지도자든 간에 자신의 회사를 영속적인 위대한 기업으로 만들려면 단지 재미있고 창의적인 일에 에너지를 집중적으로 쏟아 붓는 것만으로는 부족하다. 혁신을 복제하고 또 이것을 확장하며 전술적인 탁월함을 끝까지 지켜나갈 수 있는 철저한 규율을 갖춘 조직을 구축하는 데에도 집중해야 한다. 장기적으로 보면 '최상'이 '최초'를 이기게 마련이다.

CHAPTER 9

전술적인 탁월함, 신은 디테일에 있다

신은 디테일에 있다.

— 루드비히 미스 반 데어 로에[1]

위대한 기업을 만드는 일을 요세미티국립공원 엘캐피탄의 깎아지른 듯한 암벽에 새로운 등반 루트를 개척하는 것으로 비유해보자. 지금까지 살펴보았던 선명한 목표(모든 직원과 조직이 공유하는 비전), 팀을 지속적으로 나아가게 하는 능력(리더십 유형), 공격적인 계획(전략), 앞으로 나아가는 과정에서 맞닥뜨릴 수많은 문제를 해결할 창의적인 해법(혁신)은 모두 필요하다. 그러나 또 하나의 중요한 조건이 있다.

바로 실제로 정상에 오르는 실천이다. 밧줄에 매듭을 묶는 사소한 것들을 실행하지 않거나 손과 발에 세심한 주의를 기울이지 않으면 암벽에서 추락해 죽을 수도 있다. 이와 똑같은 일이 기업에서도 일어난다.

또 다른 비유도 가능하다. 위대한 기업을 만드는 일은 위대한 소설을 쓰는 것과 비슷하다. 전체 주제(비전)와 구성(전략) 그리고 이야기를 이어나가는 아이디어가 필요하다는 점에 그렇다. 소설을 쓸 때는 단어 하나에서부터 시작해서 문장 한 줄, 한 쪽씩 차근차근 힘겹게 분량을 쌓아나가야 한다. 헤밍웨이는 소설 《무기여 잘 있거라》의 마지막 쪽을 서른아홉 번이나 고쳐 쓴 이유가 무엇이냐는 질문에 당연한 걸 왜 묻냐는 듯이 "단어를 제대로 쓰려고"라고 무심하게 대답했다.[2]

비전과 전략을 실제 전술 단계에서 실행하는 것, 즉 '매듭을 올바로 묶는 것'이나 '단어를 제대로 쓰는 것'에 주의를 기울인다는 발상은 위대한 기업을 일구는 데 매우 중요하다. 아무리 직원들에게 영감을 주는 홀륭한 리더라도, 아무리 심오한 비전이 있어도, 아무리 뛰어난 전략이 있어도, 또 아무리 훌륭한 아이디어 수천 개를 가지고 있어도, 이를 제대로 실행하지 못하면 결코 위대한 기업으로 성장할 수 없다.

전술적 탁월함의 시작은, 실행력

실제로 기업이 성공을 거둔 이유를 따져보면, **기본적으로** 뛰어난 실행력을 가진 덕분이었다. 〈아이앤씨〉가 선정한 500대 상장기업의 CEO를 대상으로 했던 조사에 따르면, 회사가 성공할 수 있었던 가장 중요한 요인이 무엇이냐는 질문에 전체 응답자의 88퍼센트가 실행력을 꼽았다. 탁월한 아이디어라고 대답한 비율은 12퍼센트밖에 되지 않았다.[3]

지로스포츠의 짐 젠테스는, 비전과 창의성이 중요하다고 믿지만 '헬멧을 제대로 만드는 것'도 똑같이 중요하다는 사실을 철저하게 믿는다는 말을 자주 했다. 또한 그는 "내가 그렇게 특별한 사람은 아니다. 그저 아이디어를 하나 가지고 있었고 그 아이디어를 멋지게 잘 실행했을 뿐이다"라는 말을 즐겨 했다.

젠테스는 지로스포츠의 사장 겸 COO(최고운영책임자)로 빌 한네만을 영입했는데, 한네만은 지로스포츠가 전술적 탁월함을 최우선으로 하고 있다는 사실에 깊은 인상을 받아, 비록 규모가 작고 검증되지 않은 회사였지만 기꺼이 젠테스의 영입 제안을 받아들였다고 말했다.

지로스포츠의 제품은 소비자들이 시장에서 난생처음 보는 것이었습니다. 그러나 우리는 늘 "선구자가 된다는 것의 가치가 무엇인가?"라

462

고 물어야 합니다. 전술적인 탁월함을 유지하는 데 온 힘을 다하지 않으면 개척자가 누리는 강점은 금방 사라지고 맙니다. 이 점을 강조했던 짐이 나에게는 무척이나 인상 깊었습니다. 자기가 가진 아이디어를 완벽하게 실행하는 일에 결코 소홀하지 않을 것 같습니다.

컴팩을 생각해보라.[*] 이 회사의 놀라운 점은 IBM의 구조를 **그대로 복제한 회사**라는 것이다. 컴팩은 IBM보다 IBM의 호환 전략을 더 잘 실행했기에 성공할 수 있었다(컴팩 제품은 IBM 제품보다 가격이 싸지 않았다. 대신 동일한 가격의 제품을 훨씬 더 좋게 만들어서 팔았다). 1990년을 기준 직원 1인당 세전 수익이 애플은 53,608달러였고 IBM은 26,955달러였지만 컴팩이 62,579달러로 가장 높았다.[4]

월마트의 샘 월튼은 할인소매점을 최초로 개척한 인물이 아니다. 사실 월마트가 막 출발하던 1960년대 초반에 이미 유사한 회사들은 많았다. 샘 월튼의 전기를 썼던 밴스 트림블Vance Trimble은 월마트를 분석하면서 다음과 같이 썼다.

할인소매점 아이디어를 샘이 탁월하게 실행했다는 점이 성공의 열쇠였다. (…) 다른 소매유통업체들도 샘처럼 하려고 했지만, 샘이 그 일을 훨씬 더 잘했다.[5]

건강에 좋은 재료로 만든 저지방 멕시코 패스트푸드라는 멋진 발상을 가진 웨스트코스트West Coast라는 식당 체인점이 있었다. 우리 저자들

---

[*] 한때 세계 최대의 컴퓨터 제조업체 중 하나였던 컴팩은 2002년 HP에 인수됐다.

은 이 식당이 처음 문을 열었을 때 무척 흥분했다(우리 둘은 멕시코 음식을 좋아하지만 고지방 음식을 먹는 것을 좋아하지는 않는다. 우리는 늘 시간에 쫓겼기 때문에 패스트푸드가 우리에게는 딱 맞는 음식이었다). 그러나 지금은 우리 둘 모두 이 식당에 가지 않는다. 그곳에 발을 끊은 건 아주 사소한 이유 때문이다. 이 식당은 카운터의 직원이 전산화된 주문을 능숙하게 처리하지 못해 늘 줄이 길게 늘어서 있었다. 주문한 음식이 아닌 엉뚱한 음식이 나오는 경우가 절반이나 되었다. 음식은 언제는 너무 뜨겁고 맵다가 또 언제는 차갑게 식었고 맛이 없었다. 문을 닫을 시간이 임박해지면 종업원들이 우리 옆자리 식탁에 의자를 올려놓고는 빨리 먹고 나가지 않고 뭐하느냐는 눈으로 우리를 흘겨보았다. 이 원고를 쓰는 시점을 기준으로 우리 지역에 있던 웨스트코스트의 두 개 매장 가운데 하나는 문을 닫았고 남은 하나도 처음 문을 열었을 때와 비교하면 손님이 많이 줄었다. 이를 간단하게 말하면 이렇다.

훌륭한 컨셉 + 잘못된 실행 = 죽음

과장일지도 모르겠지만, 우리가 기대할 수 있는 최상의 덕목은 그야말로 평범한 것, 꿰어야 보배라는 생각으로 열심히 잘해야 한다는 것이다.

마감시한, 틀 속에서의 자유

한번은 내가 평판이 좋은 도급업체에 건설 프로젝트를 의뢰한 적이

464

있다. 그런데 문제가 발생했다. 기대했던 것보다 공사 속도가 너무 더뎠던 것이다. 공사는 한 여름에 시작했는데 겨울이 오기 전에 최대한 빨리 공사를 진척시켜야 했다.

그래서 나는 그 업체에 이렇게 말했다.

"마감시한을 정할 필요가 있겠습니다. 확실하게 약속할 수 있는 날짜를 한 주 동안 생각해보시고 금요일에 오시면 직접 만나서 얘기를 합시다."

금요일에 업체 대표를 만났다.

"10월 31일이면 어떻습니까?"

"도저히 받아들일 수 없는 날짜입니다."

"그보다 더 당기는 불가능합니다. 최대한 노력해야 10월 31일에 맞출 수 있습니다."

그래서 내가 이렇게 말했다.

"아니요, 내 말을 잘못 이해하셨습니다. 마감시한을 10월 31일로 잡는 것은 지나칠 정도로 공격적이란 겁니다. 그때까지 공사를 마칠 가능성이 거의 없다는 건 우리 둘 다 잘 알고 있잖아요. 그러면 그게 마감시한으로 무슨 의미가 있겠습니까? 그러니, 날씨나 그 밖의 여러 가지 예상치 못한 문제를 감안해서 100퍼센트 확실하게 지킬 수 있는 마감시한을 다시 생각해보시고 얘기를 나누는 게 어떻겠습니까?"

그러자 그는 불쑥 이렇게 말했다.

"좋습니다. 그럼 내년 3월 31일은 어떻습니까?"

"3월 31일 몇 시요?"

"정확한 시간을 원하십니까?"

"그렇습니다. 그렇지 않으면 당신네가 마감시한을 지킨다는 걸 우리가 어떻게 100퍼센트 확신할 수 있겠습니까?"

"좋습니다. 3월 31일 오후 5시!"

"한결 낫네요."

나는 그렇게 대답했다. 하지만 3월 31일이라는 기한이 불가능한 것은 아니지만 무척이나 **빡빡하다**는 사실도 충분히 알았다.

"그러니까 그 시간까지는 100퍼센트 일을 마칠 수 있다는 말이죠?"

"예, 충분히 가능합니다."

공사는 그렇게 계속 진행됐고, 섭씨 약 21도이던 9월의 어느 화창한 날, 나는 여전히 작업 속도가 더디다는 사실을 알게 됐다. 그래서 다시 업체 대표에게 물었다.

"마감시한은 어떻게 되어갑니까? 잘 아시겠지만 요즘 날씨가 바뀌고 있어서 말입니다."

"우리가 정한 마감시한에 맞춰서 일하고 있습니다."

"예? **우리 마감시한**이라고요? 그건 아니죠, **당신네 마감시한**이잖아요."

그 뒤로 작업 속도가 **빨라졌고** 그 업체는 마감시한까지 15분이 남은 3월 31일 오후 4시 45분에 일을 마쳤다.

마감시한은 일이 **빠르게** 진행되도록 촉진한다. 그러나 그것이 **약속**일 때만 그렇다. 마감시한을 지킨다는 것은 목표를 달성하되 절대적으로 매우 우수한 품질로, 절대적으로 약속된 시간 안에, 절대적으로 아무런 하자 없이 완료한다는 뜻이다. 그러므로 결코 지켜지지 않을 것이 너무도 명백한 시한을 정하는 것은 아무런 의미가 없다.

규율을 철저하게 지키는 문화에서는 마감시한이 지켜지지 않는 경우는 두 가지뿐이다. 하나는 마감시한을 지킬 책임이 있는 사람이 협의도 없이, 자기 마음대로 시한을 연기하는 경우다. 다른 하나는 그 책임을 진 사람이나 그가 사랑하는 사람이 질병이나 사고를 당해 약속을 지키지 못하는 경우다. 후자 경우에는 약속을 강요하는 것이 너무도 비인간적인 행위가 된다.

마감시한을 정하는 데에는 특별한 기술이 필요하다. 어떤 리더는 자기가 마감시한을 정해 일방적으로 전달하는 방식을 선호하지만, 어떤 리더는 해당 업무를 수행할 직원이나 부서에 시한을 언제로 정하면 좋을지 묻는다. 나는 상황에 따라 이 두 가지 방식 중 하나를 선택한다. 그러나 기본적으로는 작업을 수행할 주체에게 시한이 언제가 좋을지 물어본 다음, 확실히 지킬 수 있는 가장 정확한 시한을 최종적으로 결정한다.

그러나 방식보다 중요한 것이 있다. 모든 관계자가 마감시한의 의미를 명확하게 이해하고, 이를 달성하기 위해 최선을 다하며, 마감시한을 지키는 것이 선택이 아닌 의무라는 인식을 공유하는 문화를 조성하는 것이다. 이는 자신이 지킬 수 없는 마감시한을 거부할 수 있는 규율 있는 직원이 필요하다는 뜻이다. 조직 내에 마감시한을 지키지 않는 문화가 퍼져 있다면, 마감시한을 정하는 것이 오히려 해가 될 수 있다. 그러나 마감시한을 진지한 약속으로 여기는 직원들이 있다면, 이들에게 자율성의 폭을 대폭 늘려줄 수 있다.

최고의 규율 문화는 가치관과 책임을 규정하는 **틀 안에서의 자유**를 의미한다. 이 규율은 사람들을 징계하기 위한 것이 아니라, 자신이 한 약속을 철저히 실행하려는 규율이 있는 직원을 찾고, 이들을 격려하기 위한 것이다. 또한 직원들이 정해진 규칙이나 관료주의적 위계에 무조건 복종하도록 하는 것이 아니고, 주어진 업무를 가장 효율적으로 수행할 수 있도록 자율성을 폭넓게 주기 위한 것이다.

안타깝게도 규율 문화를 제대로 갖춘 회사는 생각보다 드물다. 기업 가정신의 윤리를 넘어 이를 하나의 규율 문화로 구축한 회사는 더욱 찾아보기 어렵다.

규율의 문화와 기업가정신의 윤리라는 두 가지 상호보완적인 요소를 하나로 결합하면, 탁월한 성과와 지속적인 결과라는 마법의 효과를 맛볼수 있다. 이것이 많은 기업이 성장 과정에서 놓치기 쉬운 '**그리고**의 천재성Genius of the AND'이다. 마감시한은 '그리고AND'를 달성하기 위한 강력한 메커니즘이다.

마감시한은 진정으로 위대한 기업의 특징인 자유와 구조를 하나로 섞고 '그리고' 창의성과 규율을 결합하는 조합을 만들어낸다. '그리고AND'를 달성하기 위해서 마감시한을 설정하라. 그게 아니라면 아예 마감을 정하지 않는 편이 낫다.

비전과 전략에서 전술로

비전과 전략이 수립되면 이제 탄탄한 전술적 실행으로 전환해야 한다.

첫 번째 단계로 핵심 인력이 회사의 비전과 전략 그리고 해당 연도의 전략적 우선순위 사업을 정리해놓은 목록을 늘 가까이 두고 있는지 확인해야 한다. 이 목록은 회의 때마다 책상 위에 놓여 있어야 하고, 모든 직원이 끊임없이 언급해야 한다.

지로스포츠의 빌 한네만은 전략적 우선순위를 정리한 목록을 늘 들고 다니며 모든 회의 때마다 이 목록을 언급했다. 그는 기회가 될 때마다

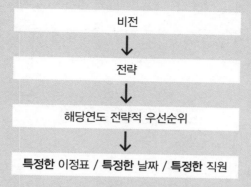

"우선순위로 설정한 사업들이 특정한 방식으로 진행되도록 늘 노력합니다"라고 말했다.

이정표 관리

전략적 우선순위를 개별적인 '작은' 덩어리들, 즉 독립적인 세부 단위들로 나누되 전체 이정표의 전모가 드러나도록 구성해야 한다. 엘캐피탄의 깎아지른 듯한 암벽을 오르는 것에 비유해 보자. 3,500피트 암벽을 단번에 오를 수는 없다. 전체 코스를, 한 차례 시도를 통해서 오를 수 있는 100피트 구간으로 나눠야 한다(이 구간을 '피치'라고 부른다). 100피트라는 짧은 구간을 하나씩 성공해야 비로소 3,500피트라는 전체 등반로를 올라 정상에 설 수 있다.

이정표 안의 각 구간에는 책임자의 이름 그리고 (*이것이 정말 중요하다!*) 해당 목표를 달성할 구체적인 날짜가 들어가야 한다. 단, 날짜와 이정표는 일방적으로 설정되어서는 안 된다.

실무자와 관리자가 함께 이정표를 설정하고 가능할 때마다 실무자가 마감시한을 정하는 (물론 이 시한은 관리자도 받아들일 수 있는 것이어야 한다) 방식이 바람직하다. 이런 '합의 및 서명' 과정을 거치면 당사자들은 심리적으로 상당한 책임감을 느끼며 여기에 헌신하게 된다.

짐 콜린스의 새로운 생각

스맥(SMaC) 사고방식

스맥SMaC은 일관된 전술적 탁월함의 중요성을 강조하는 개념이다. 스맥은 '구체적Specific이고 질서정연Methodical하며 일관적Consistent'이라는 뜻이다.*

"멜리사는 매우 스맥하다"처럼 스맥을 규율을 잘 갖춘 사람을 묘사하는 단어로 사용할 수 있다.

"스맥한 시스템을 구축하자"처럼 스맥을 형용사로 사용할 수도 있다.

"스맥이 생명을 구한다"처럼 스맥을 명사로 사용할 수도 있다. (실제로 볼더에 있는 우리 사무실 벽에 이 문구가 커다랗게 붙어 있는데, 모든 사람이 이것을 바라보면서 '스맥해야지!'하고 마음을 다잡는다.)

그러나 스맥은 단지 눈에 잘 띄고 구호로서 유용한 단어가 아니다. 스맥은 하나의 독특한 **사고방식**이다. 생각하는 방식, 행동하는 방식, 혼란스러움 속에서도 지혜를 유지하며 과제를 실행하는 방식, 적절한 세부 사항에 집중하는 방식, 그리고 세부 사항을 적절하게 처리하는 방식

---

* 스맥은 짐 콜린스와 모튼 한센이 《위대한 기업의 선택》에서 소개한 개념이다.

470

이다.

미해병대 출신의 우리 연구팀원이 들려준 해병대 헬리콥터 정비병 이야기는 스맥 사고방식의 본질이 어떤 것인지 완벽하게 보여준다.

전투 현장의 헬리콥터 정비병이 어떤 모습일지 상상해보자. 헬리콥터가 엔진에 문제가 있어서 이륙할 수 없는 상황을 상상해 보자. 그런데 주변 여기저기에 박격포탄이 떨어지고 총탄이 어지럽게 핑핑 날아다닌다. 혼란과 소음과 연기 그리고 절박한 외침 속에서 정비병은 헬리콥터의 엔진실을 열고 신속하게 문제를 해결하고는 헬리콥터에서 내린다. 박격포탄과 총알은 아까보다 더 많이 쏟아지고 소음과 두려움도 아까보다 더 커졌지만, 정비병은 사용했던 모든 도구와 장비를 바닥에 가지런히 내려놓은 다음에 하나하나를 세고 또 확인하며 그 모든 혼란과 두려움 속에서 혹시라도 뭔가를 엔진실에 빠뜨리지나 않았는지 살핀다. 하나라도 엔진실에 남아있으면 헬리콥터가 비행 도중에 추락할 수도 있기 때문이다. 정비병은 이 과정이 모두 끝난 다음에야 비로소 헬리콥터 조종사에게 엄지척을 들어보이며 이륙 신호를 보낸다. 스맥!

조앤과 나는 클리블랜드클리닉에서 심장 절개 수술을 참관한 적이 있다. 그때 우리는 스맥이 발휘되는 장면을 직접 목격했다. 수술실에서는 백업 시스템, 체크리스트, 의사소통 프로토콜이 모두 원활히 가동됐다. 무엇보다 수술 보조원은 헬리콥터 정비병이 그랬던 것처럼 수술 장비 하나하나를 세면서 확인했다. 이런 방식으로 스맥은 생명을 구했다.

암벽 등반에서는 스맥을 소홀히 하면 치명적인 사고가 발생하거나 그 직전 상황까지 몰릴 수 있다. 나도 열아홉 살 때 엘캐피탄 암벽을 내려오던 중에 스맥에 소홀해서 죽을 뻔한 적이 있다. 이를 스맥을 활용해 정리하면 다음과 같다.

스맥 실수-1. 나와 내 파트너는 하강 경로에서 라펠의 순서와 위치를 철저하게 조사하지 않고 엉뚱한 지점에서부터 하강을 시작했다.

스맥 실수-2. 우리는 등반에 소요되는 시간이 길어질 것에 대비해서 헤드램프를 챙겼어야 했지만 그렇게 하지 않은 바람에 깜깜한 어둠 속에서 하강해야만 했다.

스맥 실수-3. 로프가 앵커에 도달하지 못할 경우에 대비해서 로프 끝을 매듭으로 묶어서, 비상 상황에서 손으로 그 매듭을 움켜쥐고 매달릴 수 있도록 했어야 하지만 그렇게 하지 않았다.

스맥 실수-4. 발을 디디고 버틸 부분이 없는 구역에 갇히게 될 경우에 대비해서 다시 위로 올라갈 장비를 준비했어야 함에도 그렇게 하지 않았다.

이 모든 실수를 안고 우리는 깜깜한 야간에 하강을 시작했다. 밧줄 끝에 도달하기 약 6미터 전 지점에 가서야 비로소 나는 끔찍한 사실을 깨달았다. 앵커가 없었던 것이다. 나는 버틸 곳 하나 없는 암벽의 한가운데에 있었고, 밧줄을 놓치기라도 한다면 수백 미터 아래로 떨어져 즉사할 게 분명했다. 다행스럽게도 줄을 잡고 위로 조금씩 올라갈 힘은 남아 있었다. 우리 두 사람은 밤새 그 바위에 납작 붙은 채로 추위에 떨어야 했다. 그리고 날이 밝아온 뒤에야 비로소 올바른 하강 경로를 찾았고, 안전한 일상으로 돌아왔다. 만일 그때 내가 절벽에서 떨어져 죽었다면 그것은 우연하고도 이상한 사고 때문이 아니라 전적으로 스맥 부족 때문이라고 말할 수 있다.

진정한 스맥에는 다음 네 가지 기본적인 요소가 필요하다.

1. 일관성을 만들어내는 구체적이고도 복제 가능한 메커니즘

2. 재앙적 실수를 예방하는 체크 시스템

3. 다양한 비상 상황 및 예비조치를 엄밀하게 고려한 준비

4. 스맥 과정의 배후에 놓여 있는 **이유**를 올바르게 이해하는 것을 바탕으로 하는 스맥의 지속적인 진화와 발전

네 번째 요소를 좀 더 깊이 들여다보자. 이유를 이해해서 필요한 부분을 업데이트하고 바꾸어야 한다는 것은, 스맥을 단순한 절차나 관료적 정책과 구분해준다. 만약 당신의 회사에서 기존 직원이 신입 직원에게 "이것이 바로 우리가 일을 하는 **이유**다"라고 말하지 않고 "그게 바로 우리가 일을 하는 방식이다"라고 말하기 시작한다면, 회사의 문화는 규율이 철저하게 갖춰진 문화에서 관료주의 문화로 변질되고 있다는 신호다. 절차 그 자체에 집착하는 행태가 진정한 스맥을 훼손한다면, 당신 회사는 애초에 스맥이 없었던 것처럼 실패하고 말 것이다.

나는 미군을 대상으로 교육을 하면서 사후 검토After-Action Reviews, AAR 가 얼마나 강력한 힘을 발휘하는지 알게 됐다. ARR은 사명이 끝난 뒤에 그때까지 일어난 일을 모두 펼쳐 놓고, 토론하고 검토하여 교훈을 얻는 것을 말한다. 다음의 사후 검토를 업무에 도입해 보라.

어떤 효과가 있었는가?

새로운 사명을 수행할 때 적용할 수 있는 것으로는 무엇을 배웠는가?

무엇이 제대로 작동하지 않았는가?

우리가 미처 준비하지 못했던 것은 무엇인가?

이렇게 한 다음에 AAR에서 얻은 교훈을 통합해서 다음 단계를 준비

해야 한다. 체계적으로 수행되는 AAR은 훈련 프로그램이자, 스맥을 효과적으로 실천하고 지속적으로 개선하는 과정이 된다.

우리 연구팀은 《좋은 기업을 넘어 위대한 기업으로》 프로젝트를 진행하면서 AAR 모델을 실제로 적용해 보았다. 먼저 AAR 팀을 구성하고, 학습 내용을 포착하고, 모든 조정 사항을 스맥 레시피에 통합할 때까지 참여를 종료하지 않았다. 엄격한 AAR에 사용한 모든 시간은 우리의 일관된 전술적 우수성에 직접적으로 기여했다. 나는 우리의 AAR 과정을 다음 세 가지 주요 질문으로 단순화했다.

AAR 질문-1 : 제대로 잘 진행되었던 사례에서 우리가 얻은 복제 가능한 교훈은 무엇인가?

AAR 질문-2 : 제대로 잘 진행되지 않았던 사례에서 우리가 얻은 복제 가능한 교훈은 무엇인가?

AAR 질문-3 : 질문-1과 질문-2를 바탕으로 할 때, 일관된 전술적 탁월함을 체계적으로 개선하기 위해서는 현재의 스맥을 어떤 식으로 바꿀 수 있을까?

AAR을 끊임없이 순환하는 과정이라고 생각하라. 그 과정은 다음과 같이 진행된다. AAR에서 얻은 교훈을 체계적인 훈련 및 준비에 적용한다. 새로운 행동을 취한다. 그 행동을 취할 때 스맥 규율을 유지한다. 학습 및 개선을 위해서 AAR을 수행한다. 그런 다음에 다시 도돌이표의 처음 자리로 돌아간다. 이 과정을 끊임없이 계속 반복한다. 그러면 당신이 속한 회사의 문화에는 AAR이 하나의 규율로 자리를 잡을 것이다.

지속적인 전술적인 탁월함을 달성할 환경을 조성하기

> 낮은 품질과 낮은 생산성의 원인은 대부분 [경영진이 만든] 시스템에 있다. 일반 직원이 어떻게 할 수 있는 게 아니다.[6]
>
> — W. 에드워즈 데밍

칼럼니스트 리처드 바버Richard Barber가 〈월스트리트저널〉에 쓴 "엘엘빈은 내 신발 밑창을 어떻게 갈아주었으며 또 내 영혼을 어떻게 따뜻하게 해주었는가"라는 멋진 기사를 우연히 접한 적이 있다. 이 글에서 바버는 엘엘빈의 직원들이 더는 생산하지도 않고, 수선 기준도 없는 30년 된 자신의 부츠 밑창을 갈아주기 위해서 얼마나 영웅적인 노력을 기울였는지 소개한다.[7]

바버는 엘엘빈의 직원인 매기, 앤, 스티브의 이름을 밝히고, 그들 한 사람 한 사람이 자기 직무와 관련해 개인적인 책임을 어떻게 자임하고 나섰는지 설명했다. 예를 들면 이런 식이었다.

"제 이름은 내선 번호 4445의 스티브 그레이엄입니다. 고객님이 원하시는 것을 제가 책임지고 해결해드리겠습니다."

또한 바버는 그들이 "맑고 또렷하며 활력이 넘치는" 목소리로 수리 작업이 예상치 않게 지연된 상황에 대해서 어떻게 진심을 담아 사과했는지 설명했다. 그러면서 "그렇게나 많은 사람이 30년이나 된 내 부츠에 신경을 써준다는 사실을 알고는 마음이 따뜻해졌다"라고 했다. 그 기사의 마지막은 다음과 같이 끝난다.

지금으로부터 30년 뒤에도 나는 매기와 스티브와 앤에게 지금처럼 이렇게 기쁜 마음으로 이야기를 해주고 싶다. 그들은 나를 정말 기분 좋게 해주었다. 우리의 행복한 만남을 기념하는 1주년 기념일에, 작년에 그들이 나에게 주었던 것과 같은 행복한 휴일을 그들이 보낼 수 있기를 나는 기원한다.

그런데 바버의 이 글은 다음 질문을 제기한다.

"엘엘빈에서 일하는 직원들이 다른 회사 직원들과 다른 특별한 이유가 있을까? 엘엘빈의 본사가 있는 메인의 프리포트에는 다른 지역에서는 찾아볼 수 없는 특이한 어떤 것이 있을까?"

우리 저자들은 그렇지 않다고 생각한다. 엘엘빈에만 헌신적이고 성실한 사람들이 취업했다고 볼 수는 없다. 엘엘빈은 그저 직원들이 자신의 업무를 철저하게 수행하도록 촉진하는 환경을 만들었을 뿐이다.

바로 여기에서 전술적인 탁월함이 갖추어야 할 핵심 원칙이 드러난다. 그 원칙은, 직원이 제대로 성과를 내지 못할 때 이 문제의 책임을 직원에게 전가하지 않는다는 것이다.

책임은 온전하게 리더에게 있다.

위대한 리더는 아무리 평범한 직원이라도 얼마든지 뛰어난 성과를 낼수 있다고 믿는다. 이들은 처음부터 게으르고 무관심한 사람은 없으며 적절한 환경만 조성되면 누구나 뛰어난 성과를 낼 수 있다고 믿는다. 낮은 성과는 일반적으로 잘못된 채용 결정, 잘못된 교육, 불명확한 목표, 잘못된 리더십, 적절하지 않은 평가, 잘못된 직무 설계, 직원이 아닌 회사가 저지른 그 밖의 실패에서 기인한다.

구성원들이 탁월한 실행력을 발휘하게 되는 다섯 가지의 조건을 소개하면 다음과 같다.

1. 해야 할 일을 선명하게 알고 있을 때 탁월한 실행력이 발휘된다. '잘하는 것'이 무슨 뜻인지 선명하게 알지 못할 때, 다시 말해서 선명한 목표나 모범으로 삼을 모델이나 기대하는 것이 없을 때, 어떻게 업무를 훌륭하게 수행할 수 있겠는가?

2. 업무에 적합한 기술을 가지고 있을 때 탁월한 실행력이 발휘된다. 적합한 기술은 재능과 기질 그리고 적절한 훈련에서 비롯된다.

3. 자유와 지원을 보장받을 때 탁월한 실행력이 발휘된다. 감시를 받으면 업무를 제대로 할 수 없다. 누구라도 어린아이 취급을 당하면, 그 기준에 맞춰서 행동한다. 또한 업무를 제대로 수행하려면 관련된 도구 및 지원이 필요하다. 극단적인 예를 들어보자. 페덱스 직원이 배송 도중에 툭하면 고장이 나는 배송 트럭을 배정받았다면, 이 직원이 정시 배송을 할 수 있을까?

4. 노력을 인정받을 때 탁월한 실행력이 발휘된다. 여기서 우리 저자들은 '보상'이라는 용어가 아니고 '인정'이라는 용어를 썼다. 왜냐하면 인정이란 단어는, 탁월한 성과를 내는 사람들은 존중과 인정을 돈만큼이나 혹은 그보다 더 중요하게 여긴다는 사실을 한층 더 정확하게 포착하기 때문이다.

5. 업무의 중요성을 알게 되면, 탁월한 실행력이 발휘된다.

이 마지막 조건은 매우 중요하므로 좀 더 설명하겠다.

언젠가 우리 저자들은 샌프란시스코공항에서 비행기를 기다리면서 구두를 닦은 적이 있다. 그곳의 구두닦이 전문가는 구두를 제대로 닦겠다는 일념 하나로 온갖 정성을 다해서 모든 각도로 내 구두를 살펴보았다. 그러면서 바쁘냐고 물었다.

"시간을 조금만 더 주면 여기 긁힌 자국을 손봐서 말끔하게 지우고 추가 코팅도 할 수 있겠습니다."

시간이 충분했기에 그러라고 했고, 그 사람은 구두를 닦으면서 자기가 하는 작업이 어떤 의미가 있는지 들려 주었다.

"여기 이 부스를 찾는 손님들은 다들 중요한 회의에 참석하는 사람들인데, 제가 이분들에게 제공할 수 있는 최고의 서비스는 신발이 깨끗하게 보이도록 만드는 것입니다. 나는 내 손님들이 회의장에 들어설 때 신발이 멋지게 보이길 바랍니다. 때로는 신고 있는 신발에서 광이 나지 않는 것과 같은 아주 사소한 일이 그 사람의 인상을 나쁘게 만들 수도 있거든요."

여기에 전술적인 탁월함의 본질이 숨어 있다. 인간은 자신이 하는 일의 중요성을 깨닫게 되면 그 일에 최선을 다한다.

이 사실을 강력하게 입증하는 사례가 제2차 세계대전 당시 폭격기 부품을 만들던 회사에서 있었던 일이다. 피터 드러커가 소개한 바에 따르면 그 회사는 직원들 때문에 늘 골머리를 앓았다. 직원들은 결근, 파업, 게으름, 부주의 등 온갖 심각한 문제를 드러내고 있었다.[8]

그렇다면 회사는 그 문제를 어떻게 해결했을까? 직원을 억누르고 강제해서? 아니다. 별로 도움이 되지 않는 것 같은 직원을 해고해서? 아니다. 임금을 올려줘서? 그것도 아니다. 이런 조치들로는 문제를 근본적으로 해결하기 어렵다.

그 회사의 직원들은 자기가 하는 일이 얼마나 중요한지 그 누구로부터도 들은 적이 없었다! 그들은 자기가 만든 부품이 들어가는 폭격기의 완성된 모습을 본 적이 없었고, 그 부품이 그 폭격기의 어느 부분에 들어가는지, 폭격기의 성능을 얼마나 좌우하는지, 폭격기가 전쟁에서 얼마나 중요한지 단 한 번도 본 적도 없었고 들은 적도 없었다.

그래서 회사는 완성된 폭격기를 공장으로 가져왔고, 이 전투기에 타는 승무원들은 폭격기가 전쟁에서 얼마나 중요한 역할을 하는지, 그 부품이 폭격기에 얼마나 중요한지 설명했다. 그러자 온갖 문제의 원천이었던 직원의 낮은 사기와 태만이 단번에 사라졌다.

이 사례에는 흥미로운 측면이 하나 있다. 바로 폭격기 승무원이라는 존재다. 직원들은 단순히 폭격기의 부품만 책임지는 것이 아니라, 폭격기의 성능에 목숨을 건 실제 조종사들, 존이니 샘이니 하는 이름을 가진 살아있는 사람들에 대한 책임을 다하겠다고 마음먹었다. 공항의 구두수선 전문가도 마찬가지다. 그는 자기를 찾는 모든 손님에 대해서 직접적이고 개인적인 책임을 지려 했다.

사람들은 다른 이들이 자기에게 의존한다는 걸 알게 되면 자기가 하는 일이 얼마나 중요한지 깨닫게 되고, 한층 더 훌륭하게 일하려고 노력한다. 1970년대 미국 보건복지부 장관을 역임했고 퇴임한 후에는 시민운동 단체인 코먼코즈Common Cause를 설립한 존 가드너John Gardner는, 영웅주의를 주제로 한 흥미로운 연구 이야기를 우리 저자들에게 해주었다. 가드너는 사람들에게 영웅적인 행동을 하도록 동기를 부여하는 요인이 무엇인지 조사했다. 압도적으로 높은 응답이 명예도, 국가도, 애국심도 아니었다. 그것은 바로 친구나 동료가 자기에게 의지하고 있다는 개인적인 차원의 믿음이었고, 그래서 그들을 실망시킬 수 없다는 의지였다.

만일 직원들끼리 서로 의지하는 분위기, 즉 모든 직원이 "내 주변에 있는 이 사람들을 실망시킬 수는 없어"라고 생각하는 분위기를 조성할 수 있다면 회사는 더 높은 성과를 거둘 게 분명하다.

혹시 페덱스가 어떻게 해서 그렇게나 빠르게 성장했으며 '반드시, 확실하게 익일배송'이라는 약속을 그토록 잘 이행했는지 궁금한 적이 있는가? 페덱스의 공동창업자들은 직원들이 서로 의존하는 조직을 만듦으로써 불가능해 보이던 그 약속을 지켰다.[9]

페덱스의 창업자인 프레드 스미스는 베트남전쟁에서 중대장이자 정찰기 조종사로 복무했는데, 이 경험이 그에게 크게 영향을 미쳤다. 당시 그는 자기 휘하의 대원들이 자신에게 전적으로 의존하는 상황을 겪으면서 '보통 사람'인 자신도 비범한 일을 해낼 수 있다는 것을 믿게 됐다. 그는 이 기본적인 진리를 바탕으로 회사를 만들고 싶었다. 스미스는 다음과 같이 말했다.

페덱스는 베트남전쟁의 산물입니다. 베트남전쟁의 경험이 없었다면 이 회사를 시작하지 못했을 것입니다. 사람들에게 기회를 주면 그들은 어떤 도전에도 어떻게든 대처해서 일어설 것입니다. 사람들에게 도전 과제를 주면 그들은 그것을 해낼 기본적인 지능과 전망을 가지게 됩니다.

페덱스의 초기 최고운영책임자COO였던 아트 베스Art Bass는 페덱스의 그 정신을 다음과 같이 설명했다.

우리는 우리가 하는 일을 자랑스럽게 여기는 사람들, 이것 말고는 자랑스러워할 기회가 평생 거의 없었던 사람들을 한자리에 모았습니다. 배송 트럭을 타고 있든 화물 비행기를 타고 있든 물류센터에 있든 간에, 비록 그 직원이 혼자 있더라도 모든 사람이 그 사람에게 의지했습니다. 그러니 어떤 일이 있어도 자기가 맡은 일을 해내야 했습니다.

"어떤 일이 있어도 자기가 맡은 일을 해내야 했다"라는 진술은, 위대한 리더가 창조하고자 하는 것 즉 사람들이 서로 의지하게 만드는 것의 본질을 완벽하게 설명한다. 엘엘빈이 리처드 바버의 영혼을 따뜻하게 해준 비결이 바로 이것이었다. 엘엘빈의 매기와 스티브와 앤은 바버를 위해서 어떻게든 자기가 맡은 일을 해내야 한다고 믿었다. 바버는 그저 한 명의 소비자가 아니었다. 바버는 주문 번호 3365가 아니었다. 바버는 골치 아픈 부츠 관련 불만 사항을 제기한 껄끄러운 남자가 아니었다. 그는 **바버**였고, 그는 엘엘빈이 30년 전에 판매한 부츠의 밑창을 교환받기를 원했는데 그들은 **이 고객을 실망시킬 수 없었다.**

리더는 직원 하나하나가 모두 중요한 일을 하고 있는지 그리고 그들이 자기가 하는 일의 중요성을 알고 있는지 확인해야 한다. 이는 리더가 당연히 져야 하는 책임이다.

짐 콜린스의 새로운 생각

기대치

이런 상상을 한번 해보자. 어느 여름날 오후 덴버국제공항에 천둥번개를 동반한 폭우가 무섭게 쏟아진다. 그러자 항공교통관제소는 모든 비행기의 이착륙을 금지한다. 자, 이런 상황에서 이 공항에서 이륙을 기다리던 비행기-A의 기장과 비행기-B의 기장이 각각 어떻게 대응하는지 살펴보자.

비행기-A 기장. "승객 여러분, 저는 이 비행기의 기장입니다. 기상 상태가 나빠서 항공교통관제소는 우리 비행기의 이륙 허가를 보류하고 있습니다. 항공교통관제소에서는 30분이 지나고 나면 이륙 허가가 날 것이라고 말합니다."

그러자 승객들은 가만히 자리를 지킨다. 그리고 30분이 지난다. 그런데 비행기는 여전히 활주로에서 움직일 생각을 하지 않는다. 35분이 지나고 40분이 지난다. 그러자 기장이 다시 기내방송을 한다. "조금 더 기다려야 할 것 같습니다. 10분이나 15분쯤 더 기다리면 정상적으로 이륙할 수 있을 것 같습니다." 그리고 다시 10분이 더 흐르고 15분이 더 흐른다. 그리고 마침내 총 65분이 흐른 뒤에 비행기는 이륙 대기 지점으로 이동한다.

비행기-B 기장. "승객 여러분, 저는 이 비행기의 기장입니다. 기상 상태가 나빠서 항공교통관제소는 우리 비행기의 이륙 허가를 보류하고 있습니다. 그런데 여기는 덴버입니다. 이 지역에서는 이런 폭우가 제법 길게 이어질 수 있다는 사실을 저는 여러 해 동안 경험했기에 잘 알고 있습니다. 뇌우 상황에는 풍속과 풍향이 갑작스럽게 바뀌는 윈드시어(급변풍) 현상이 나타날 수 있으므로 안전이 최우선입니다. 그러므로 대기 시간이 제법 길어질 수 있습니다. 하지만 그렇다고 해도 지연 시간이 80분이나 90분까지는 되지 않을 것입니다."

승객은 모두 한숨을 내뱉는다. 그러고는 낮잠을 자거나 영화를 보거나 전화를 걸거나 이메일을 보내거나 책을 읽는다. 그렇게 다들 마음을 편하게 가진다. 그리고 시간이 흘러 65분이 지나자 기장인 다시 기내방송을 한다. "승객 여러분, 기상이 예상보다 빨리 좋아져서 곧 이륙할 수 있을 것 같습니다." 그리고 비행기는 이륙 대기 지점으로 이동한다.

두 비행기 모두 대기 시간 65분 만에 이륙했다. 어느 비행기의 승객이 더 만족했을까?

비전과의 연결성

앞에서 살펴본 것처럼 회사가 설정한 비전은 직원들의 동기부여 원천이 된다. 직원들이 모두 자신의 업무가 중요하다는 것을 깨닫게 하려면 선명하고 설득력 있는 비전이 반드시 있어야 한다. 비전을 다룬 4장을 아직 읽지 않았다면 그것부터 읽어라. 그리고 회사의 비전을 아직 설정하지 않았다면, 그것부터 세워야 한다.

또한 비전의 구성 요소로는 일련의 핵심적인 가치관 및 신념, 달리 말하면 일련의 지도 지침 및 규칙이 있음을 기억하자. 핵심 가치관을 드러내는 일련의 사항들은 직원들의 일상적인 행동 및 표준을 규정하는데 필수적인 역할을 한다. 실제로 가치관과 전술적 실행 사이에는 직접적인 연관성이 있다. 예를 들어, 회사의 핵심적인 가치관 가운데 하나가 "고객을 인간적으로 대하는 것"이고, 이 정신이 (앞에서 소개한 엘엘빈의 사례에서처럼) 조직에 철저하게 녹아 있다면, 직원들은 고객을 인간적으로 대할 것이다.

지속적인 개선

전술적인 탁월함은 그 자체로 종착점이 아니다. 지속적인 개선의 여정이다.

한때 '메이드 인 저팬'은 싸구려를 상징하는 표현이었다. 그러나 지금은 어떤가? 일본인은 품질에 관한 한 세계적인 평판을 쌓았다. 이는 일관된 전술적 탁월함의 결과다. 도대체 무슨 일이 있었던 것일까? 일본인들은 어떻게 이런 놀라운 변화를 만들어냈을까?

그 변화 중 일부는 에드워즈 데밍W. Edwards Deming 박사가 일본에 끼친 영향이라고 할 수 있다. 그는 일본 기업 경영진들을 대상으로 품질 관리 기법을 교육했다. 그가 끼친 영향이 얼마나 컸던지, 일본 정부로부터 서보장瑞宝章 2등급 훈장을 받았는데, 미국인으로서는 그가 최초의 수상자였다. 품질 관리 부문에서 권위 있는 저 유명한 데밍상Deming Prize도 그의 이름을 딴 것이다.[10] 데밍이 저서 《위기에서 벗어나라Out of the Crisis》에서 제시하는 핵심 원칙은 '지속적인 개선'이다.

개선은 일회성 노력이 아니다. 본질적으로 개선은 현재의 상태를 측정하고, 무엇을 더 잘할 수 있을지 평가하고, 개선 계획을 세우고, 계획을 실천하고, 다시 현재 상태를 측정하는 것이다. 그리고 이 과정을 무한하게 반복하는 것이다.

개선의 과정은 결코 중단되지 않으며, 이만하면 충분하다는 말은 결코 성립하지 않는다. 올해 우수하다고 평가되는 것들도 5년 뒤에는 훨씬 더 나은 것으로 대체되어야 하고, 그것이 다시 5년 뒤에는 또 훨씬 더 나은 것으로 대체되어야 한다. 중단은 없어야 하고, 영원히 더 나아져야 한다. 개선에서는 '이제는 충분하다', '이제는 완성되었다'라는 말은 결코 성립하지 않는다.

전술적 BHAG

위대한 성과를 달성하는 가장 좋은 방법들 가운데 하나는 단위부서 차원의 전술적 BHAG를 설정하는 것이다. 기업 전체 차원의 BHAG를 세부적인 목표로 쪼개어 단위부서 차원의 BHAG를 도출하라.

《좋은 기업을 넘어 위대한 기업으로》를 출간하고 홍보 프로모션을 진행할 당시에 우리 저자들은, 홍보 효과를 최대한으로 촉진할 방법을 고민했다. 우리는 어떤 홍보 행사든 간에 유무형의 모든 준비가 3주 전에는 끝나야 한다는 사실을 알게 됐다. 그래서 우리는 'T 마이너스 3T minus 3'이라는 메커니즘을 고안했다. 이것은 행사일로부터 늦어도 3주 전에 행사 전체 브리핑 및 검토가 마무리되어야 한다는 발상이다. 이렇게 해야 돌발변수에 대비하고, 부족한 부분이 있으면 보완할 시간적인 여유가 보장된다. 그런데 우리는 'T 마이너스 3'에 약간 미치지 못하는 경우가 때때로 있다는 것을 알게됐다. 즉, 3주가 아니라 20일이나 16일 혹은 14일을 앞두고서야 모든 준비를 마치기도 했다는 말이다. 여행 일정이 문제 된다거나 해당 시스템 바깥에 있는 사람들로부터 정보를 얻기가 어렵다거나 하는 일들은 언제나 일어날 수 있지만, 그래도 우리 경험에 비추어보자면 'T 마이너스 3' 원칙을 고수할 때 최고의 전술적 결과를 얻을 수 있었다.

그래서 우리 팀은 전술적 BHAG를 생각해 냈다. 단 한 번의 실수도 없이 100연속 'T 마이너스 3' 성공을 달성하겠다는 목표였다. 우리는 이것을 '100-0 BHAG'(연속 100번의 성공, 0번의 실패)라고 불렀다. 그런 다음

'100-0 BHAG'의 현황을 모든 사람이 볼 수 있도록 화이트보드에 표시했다. 여기에서 핵심 단어는 '연속적인'이다. 한 번이라도 실패하면 숫자는 0으로 초기화되고 처음부터 다시 시작했다. 'T 마이너스 3'을 완료할 때마다 카운트를 바꾸는 (예를 들면 '31 - 0'을 '32 - 0'으로 바꾸는) 순간을 축하했다. 단 한번이라도 실패하면 숫자는 '0-0'으로 돌아간다는 것을 모두가 숙지했다. 그러므로 각 프로젝트의 담당자는 압박감을 느낄 수밖에 없었다.

"책임을 완수하지 못하고 실패서 카운터를 '0-0'으로 되돌려놓는 사람이 될 수 없다!."

우리 시스템 안에 있는 모든 사람은 실패하지 않도록 모두가 나서서 힘을 보탰다. 이 전술적 BHAG는 직원들이 앞으로 나아가도록 등을 떠밀었고, 완충 시간을 벌어주었으며, 실패의 모든 가능성을 최소화했다. 그리고 이 과정에서 동료들의 사기를 높여주었다.

2018년 3월 22일 오후 3시 3분, 우리 팀은 회의실에 모여서 화이트보드에서 '99-0'을 '100-0'으로 교체하는 역사적인 업적을 기념했다. 단한 번도 실패하지 않고 연속해서 100번이나 성공한 것이다. 그리고 그때로부터 2년여가 지나서 이 원고를 쓰고 있는 지금까지도 우리는 그 완벽한 기록을 계속 이어가고 있다. 'T 마이너스 3' 달성은 이미 우리에게는 훈련된 습관으로 녹아들었다.

전술적 탁월함의 6단계

일관된 전술적 탁월함을 이룰 수 있는 환경을 조성하려면 끝없이 반복되는 다음의 6단계 과정이 필요하다.

- 채용
- 문화 수용
- 훈련
- 목표 설정
- 성과 측정
- 인정

1. 채용

전체 과정은 채용에서부터 시작된다. 좋은 인재는 다른 좋은 인재를 회사로 끌어당기고, 이 인재는 다시 또 좋은 인재를 끌어당긴다. 좋은 인재를 채용하려면 충분한 시간을 투자해야 한다. 채용 과정에 적절한 투자를 하지 않아서 어려움을 겪는 회사를 많이 보았다. 애초부터 맞지 않는 사람을 고용했다가 나중에 이 선택을 취소하고 새 직원을 찾는 것은 훨씬 더 많은 비용이 든다.

그렇다면 좋은 채용 기준은 무엇일까? 기준을 학벌, 기술, 과거의 특정한 경험 등으로 한정해서는 안 된다. 물론 이런 요소들을 고려해야 하지만, **일차적인** 평가는 다음과 같은 점들을 기준으로 해야 한다. "과연 이 사람이 우리 회사의 가치관에 부합하는가?", "우리가 추구하는 목적과 목표를 기꺼이 받아들일까?", "우리가 정한 모든 것을 잘 지킬까?" 이

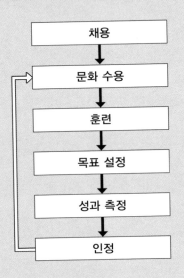

와 관련해서는 파타고니아의 크리스틴 맥디비트의 말을 들어보자.

나는 전통적인 기준으로만 보면 부족한 사람들을 많이 채용했지만, 이들은 자신의 업무를 훌륭하게 해냈습니다. 이력서 내용으로만 보면 놀라운 능력을 가지고 있을 것 같은 사람들도 고용해 보았지만 오히려 일을 제대로 못하는 경우도 많았습니다. 기본적으로 구직자의 가치관이 우리 회사와 잘 맞는지, 특히 외근을 좋아하는지, 일을 잘하고 싶다는 의지가 넘치는지 살펴봅니다. 우리는 제품의 품질에 집착하는 편인데, 우리가 고용하는 사람들도 이런 열정을 가지고 있길 바랍니다.

지로스포츠는 품질과 혁신 그리고 건전한 직업윤리를 중요하게 여기는 사람들을 엄격하게 가려 채용하는 것으로 유명하다. 홈디포는 타인을 돕는 것을 좋아하거나, 집에서 뭐든 직접 수리하고 조립하는 사람을 선호한다. 조리 기구 회사인 윌리엄스-소노마Williams-Sonoma는 고급 요리에 관심이 많은 사람을 우선으로 채용한다.

좋은 인재를 찾아내려면 채용 결정을 내리기 전에 오랜 시간을 들여서 지원자를 꼼꼼하게 살펴야 한다. 스튜레너드는 지원자 25명 중에서 한 명꼴로만 채용하고 있다. (이 회사의 직원 가운데 약 절반이 회사에 친척이 함께 일하고 있는데, 이것은 구직자의 가치관을 한층 깊이 심사한 결과라고 할 수 있다.)[11] 회사에 꼭 필요한 인재를 찾는 것을 매우 중요하게 여기는 메리어트는 새로 지은 호텔에 1,200명의 직원이 필요했는데, 이들을 채용하기 위해서 무려 4만 명이나 되는 지원자를 면접했다.[12]

지원자를 단 한 번 보고 채용을 결정해서는 안 된다. 최종 채용 결정이 이루어지기 전까지 면접은 적어도 두 차례는 진행해야 한다. 한 가지 덧붙이자면, 평판을 반드시 확인하라. **이는 매우 중요하다.** 누가 우리 저자들에게 직원 채용 과정에서 지속적으로 벌어지는 실수를 꼽으라고 한다면, 바로 이 지점을 맨 먼저 꼽겠다. 지원자의 이전 상사나 동료가 그 사람을 어떻게 평가했는지 확인하라. 적어도 두 번은 확인해야 하지만, 우리 저자들로서는 다섯 번 이상 확인할 것을 권한다.

마지막으로, 고위직에는 외부 인사 보다는 내부 인사를 승진시켜라. 여기에는 두 가지 이유가 있다. 첫째, 외부 인사를 고위직에 채용하면 직원들의 사기가 떨어진다. 그들로서는 "회사에서 외부 인사를 높은 자리에다 꽂는데, 내가 굳이 열심히 일할 필요가 없잖아. 그래 봐야 어차피 승진하지도 못할 텐데…"라고 생각하게 된다. 둘째, 고위직은 회사에 녹아들어야 하는데, 이 일은 오래전부터 회사에서 잔뼈가 굵은 사람일수록 더 잘 해낼 수 있다.

2. 문화 적응

아무리 좋은 인재를 채용했다고 하더라고 끝이 아니다. 그들이 회사에 잘 안착해야 한다. 문화 적응inculturating이란 새로 들어온 직원이 회사의 비전 특히 핵심적인 가치관을 받아들이고 강화하도록 하는 일련의 과정을 말한다. 새로 들어온 사람이 그 회사의 가치관이나 규율 등을 이미 온전하게 이해하고 있다고 볼 수는 없다. 이 사람들을 교육해서 그 내용을 가르쳐야 한다. 그것도 최대한 **빠르게**.

사실 문화 적응은 채용 과정에서부터 시작되어야 한다. 지원자들에게 회사의 철학을 설명하는 자료를 제공하라. 또한 회사를 대표하는 면접관이 면접 중에 회사의 비전을 충분히 밝히도록 하라.

우리 저자들 가운에 한 명인 짐은 사회 초년생 시절에 헤드헌팅 회사인 러셀레이놀즈Russell Reynolds Associates에 면접을 보았다. 면접은 이 회사의 수장인 러셀 레이놀즈가 직접 했다. 짐은 캘리포니아에서 뉴욕까지 비행기를 타고 가서 그를 만났는데, 이때 질문의 내용은 주로 개인 및 회사의 철학과 관련된 것이었다. 그날 레이놀즈는 짐에게 회사의 철학을 대변하는 문서를 한 꾸러미 안겨주었다. 또한 새로운 전문가를 채용할 때는 모든 지원자는 예외 없이 레이놀즈와 함께 개인적인 차원의 '철학 토론'을 해야 했다.

신입 사원이 업무를 시작하면, 곧바로 이들에게 가치관과 관련된 교육을 해야 한다. 이때 고려해야 할 몇 가지 사항을 소개하면 다음과 같다.

- 모든 신입 사원에게 서면 자료로 구성된 '신입 사원 필독 자료집'를 제공하고 이를 반드시 읽고 숙지하게 한다. 이 자료집에는 회사

의 핵심적인 가치관을 특히 강조하는 비전 선언문이 들어가 있어야 한다. 텔레케어의 앤 바커는 모든 신입 사원에게 회사의 가치관을 정리한 책자를 제공한다. 홀푸드마켓Whole Foods Market의 홀 맥키는 회사의 역사와 가치를 알려주는 〈홀푸드 일반 정보 핸드북〉을 집필했는데, 이 책자에는 직원이 자기 경력을 발전시키는 방법이나 동료 및 상사에게 기대할 수 있는 것들이 무엇인지 등에 대한 내용이 담겨 있다.[13]

• 비전에 관한 글을 써라! 글쓰기! 글쓰기! 글씨기의 힘을 과소평가하지 마라. 사람이 구사하는 가장 강력한 도구가 바로 글씨다.

• 회사의 공식 역사를 글로 정리하고 공유한다. 이 역사는 회사의 뿌리와 발전 단계 그리고 회사의 기본적인 가치의 기원을 담아야 한다. 맥킨지의 공동창업자인 마빈 바우어는 《맥킨지에 대한 비전》이라는 책에서 맥킨지만의 비전을 설명했는데, 이 책은 예를 들어서 다음과 같은 장들로 구성되었다.

"회사의 목적을 만들어나가던 시절"
"회사의 초창기"
"독특한 차별성을 가지는 국민 기업 만들기"
"전문성 : 맥킨지만의 비밀 무기"
"경영 철학 및 시스템의 발전"

회사의 역사를 정리할 때는 다음 세 가지 사항을 지키는 것이 좋다.

1. 창업자, 사장 또는 CEO가 직접 써야 한다. 회사의 역사는 홍보부서나 외부 작가가 아니라 지도자의 입에서 직접 나온 것이어야 한다. 모든 사원이 이 문건을 통해서 리더와 직접 소통한다고 느끼게 해야 한다.

2. 내부를 바라보며 써야 한다. 리더와 직원 사이의 매우 개인적인 관계를 정리한다는 생각으로 써야 한다. 예를 들어 바우어의 책에는 다음과 같은 문구가 들어가 있다. "이 책은 오로지 맥킨지의 직원들만 읽게 할 목적으로 만들어졌다."

3. 너무 오래 기다리지 마라. 만약 회사의 역사가 짧다면, 과연 변변한 역사라고 할 게 있을까 하고 의심할 수도 있다. 물론 창업한 지 1년밖에 안 된 회사의 역사를 쓴다는 게 어색할 수 있다. 그러나 적어도 창업한 지 5년이 되었다면 회사의 연혁을 간략하게라도 정리해야 한다.

- 신입 사원에게 회사 철학을 주제로 강연을 한다. 집단으로든 개별적으로든 간에 가능하다면 개인적인 차원의 대화를 나눠라. 그러나 만일 지리적인 문제라든가 조직이 너무 크다든가 해서 가능하지 않다면 동영상을 활용할 수도 있다. 직원 수가 300명이 넘는 회사인 밀러비즈니스Miller Business Systems의 사장인 짐 밀러는 모든 신입 사원과 일대일로 만나서 회사 철학을 설명한다. 이 자리에서 그는 녹색 액체가 담겨 있으며 '열정'이라는 라벨이 붙은 병 하나와 '나는 나 자신을 믿는다'라고 적힌 거울 하나를 나누어준다.[14]

- 사수 제도를 활용한다. 새로 들어온 직원에게는 사수를 배정해서, 이 사수가 구체적인 업무 교육을 하게 할 뿐만 아니라 개인적인 차

원에서 돌보도록 배려하라.

- 업무와 관련된 특정한 기술을 가르치는 것 외에도 회사의 가치관을 고취하는 세미나에 신입 직원을 보낸다. IBM이 수십만 명이나 되는 신입 직원이 회사의 문화를 수용하게 할 수 있었던 것은 IBM의 교육 프로그램이 경영 기술보다는 IBM의 가치관과 신념을 강조한 덕분이다.

3. 훈련

직원들에게는 업무 수행에 필요한 특정한 기술을 배우고 훈련하는 과정이 필요하다. 구체적인 기술을 모르면 탁월한 성과를 올릴 수 없다. 관리자뿐만 아니라 모든 직급의 직원을 훈련하라. 훈련은 특별한 직원에게만 제공하는 특혜가 아니다.

훈련은 엄청난 힘을 발휘한다. 미국에서 단위면적당 평균 매출액의 두 배를 기록했던 소매유통 체인점 파리지앵Parisan의 성공은 일선 직원을 45시간의 교육한 뒤 현장에 투입하고, 교육을 받은 지 90일이 지나면 12시간의 재교육을 받게 하는 훈련 과정이 있어서 가능했다.[15] 훈련 과정에는 다양한 방법이 있는데, 몇 가지 예를 들면 다음과 같다.

- 러셀레이놀즈가 사용하는 실무지침Practice Guide(이것은 임원 검색 프로세스에 대한 표준 및 전술 매뉴얼이다)과 같은 서면 자료를 활용할 수 있다.
- 영상 및 오디오 자료를 활용할 수 있다. 도미노피자는 직원이 교육 프로그램 동영상을 시청할 수 있도록 모든 매장에 관련 기자재를 설치했다.[16]

- 숙련된 직원이 신입사원을 교육하는 도제 제도를 시행할 수 있다. 도제 제도는 단스크와 골드만삭스에서 시행하고 있다.
- 특정 기술 교육은 외부 교육 과정에 맡길 수도 있다. 스튜레너드에서는 일선 직원 가운데 일부를 데일카네기Dale Carnegie의 프로그램에 참가시키고 있다.[17] 홈디포에서는 매주 손재주가 뛰어난 장인이 진행하는 강좌를 직원 대상으로 제공한다.[18] 최첨단 기술 기업들 가운데 다수는 대학교와 협업을 맺고 고급 기술 교육을 제공한다.
- 회사만의 독특한 강좌 과정을 개발할 수 있다. 나이키는 관리자를 대상으로 며칠 동안 진행되는 내부 프로그램을 갖추고 있다. 맥킨지는 1940년대부터 직원을 대상으로 하는 광범위한 컨설팅 훈련 프로그램을 실시해왔다.
- 사내 대학을 만들 수도 있다. 맥도날드의 햄버거대학교가 대표적인 경우다. 안경 소매유통업체인 렌즈크래프터스LensCrafters에는 경영진을 교육하는 '캠퍼스'가 세 곳 있는데, 프리시즌 렌즈크래프터스 대학교Precision Lenscrafters University로 불린다. 애플에는 애플대학교가 있다.

그런데 무엇을 하든 너무 오래 기다리면 안 된다. 소규모 회사들은 교육·훈련을 실시할 자원이 없다고 불평하는데, 이들에게 우리 저자들은 다음과 같이 되묻는다.

"그것도 하지 않고 어떻게 위대한 기업이 되겠다는 꿈을 감히 꾼다는 말인가요?"

494

4. 목표 설정

1류 육상 감독과 2류 육상 감독이 대화를 나눈다.

"감독님이 지도하신 선수들은 어쩌면 그렇게 잘 달립니까?"

"훈련을 열심히 하니까요."

"우리 선수들은 훈련을 열심히 안 한답니까? 나는 선수들이 늘 달리게 합니다. 그리고 **빠르게** 달리라고 말합니다. 훈련할 때마다 붙어서 고함을 지르고 밀어붙인단 말입니다."

"그래요? 나는 그렇게 하지 않습니다. 선수들에게 결코 소리를 지르지 않습니다. 빨리 달리라는 말도 안 합니다."

"뭐라구요? 그런 말도 안 한다면… 감독님은 그럼 뭘 합니까?"

"별다른 건 없습니다. 그냥 시즌이 시작될 때 선수들을 한 명씩 만나서 목표나 야망이 무엇인지 물어봅니다. 그리고 내가 생각하는 그들의 가능성과 우리 팀의 목표, 그리고 어떻게 하면 그 선수가 팀의 성적에 기여할 수 있을지 등을 이야기합니다. 그렇게 우리는 각 선수들의 시즌 목표를 정합니다. 그러고 나면 나는 그 선수가 목표를 달성할 수 있도록 돕습니다."

"그건 나도 그렇게 하는데, 이상하네…"

"뭐가 이상합니까? 구체적인 예를 들어서 얘기해보세요."

"글쎄, 뭐… 난 선수들이 빨리 달릴 수 있기를 바랄 뿐입니다. 선수들이 이기기를 바란다고요."

"아하, 이제 알겠네요. 굳이 조언을 하자면, 목표를 조금 더 구체적으로 설정하는 게 좋지 않을까요. 저기 있는 선수가 제인입니다. 제인은 지난번 주 대회에서 1마일을 5분 28초에 달렸습니다. 작년 시즌에 제인과 내가 시즌 목표를 정하면서 5분 30초를 깨는 것으로 잡았습니다. 고함을 지르거나 핏대를 세우거나 밀어붙이거나 어쩌거나 할 필요가 없었습니다. 5분 30초라는 목표가 날마다 제인을 앞으로 끌어당겼으니까요."

자, 여기서 잠깐 멈추고 생각해보자. 당신 회사의 직원은 자신만의 연간 목표를 가지고 있는가? 그 직원이 목표를 세울 때 주도적으로 목소리를 내는가? 그 목표가 달성 가능하다고 믿는가? 그 목표를 달성하고 싶어 하는가? 연간 목표를 분기별 목표, 주간 목표, 일일 목표 등으로 세분화해서 전환했는가? 그 목표가 회사의 비전, 전략과 일치하는가? 그 목표가 그 직원의 개인적인 삶의 야망과 일치하는가?

목표 설정은 전술을 실행하는 과정에서 흔히 간과되기 쉬운 부분이다. 사실 목표 설정은 감독이나 선수 모두에게 어려운 일이다. 목표를 설정하기 위해서는 시간과 토론과 협상이 필요하다. 그러나 목표가 명확해지면 리더는 구성원들에게 훨씬 더 많은 자율성을 보장할 수 있다.

목표가 제대로 설정되면 전통적인 연례 고과annual review 프로세스가 필요 없다. 직원은 자신이 목표를 달성했는지를 직접 확인할 수 있어야 한다. 자기가 5분 30초 벽을 깼는지 여부를 다른 사람에게 들을 필요도 없고, 그렇게 되어서도 안 된다.

그렇다면 성과 검토가 필요 없다는 뜻일까? 그렇지 않다. 전통적인 방식으로 "당신이 한 일은 다음과 같다"라는 식으로 검토하는 대신 목표 설정에 더 많은 시간을 들여야 한다. 피드백은 "그 프로젝트를 잘 수행했다"라거나 "더 잘할 수 있었는데 그렇게 하지 못해서 아쉽다. 앞으로는 어떻게 해야 할지 방법을 찾아보자"와 같이 일 년 내내 지속되어야 한다.

지금까지의 전통적인 피드백은 효과적이지 않았다. 목표 설정과 평가의 진지한 측면을 훼손하거나, 행정상의 사소한 부분으로만 간주되어 왔다. 전통적인 연례 고과 프로세스를 버리고, 목표 설정 및 피드백 프로세스로 대체해야 한다. 그리고 이를 분기별로 수행하라.

돈 라일Don Lyle은 어려운 상황에 놓여 있던 금융 시설 전문 설계회사인 디아이DEI Corporation를 살려낸 경영자다. 그는 분기별 목표 설정 프로세스를 사용한다. 먼저, 장기적인 차원의 회사 전망 및 전략으로 시작해 이를 일련의 연간 목표들로 세분화한다. 그런 다음, 직원들과 토론을 통해 연간 목표를 개인별 연간 목표로 다시 세분화한다. 이어서, 직원 각자가 분기별 목표 4~5개를 작성하도록 이끈다. 목표 목록이 완성되면 다시 협의 과정을 거쳐 최종 목표 설정에 합의하고 함께 서명한다.

한 분기가 끝날 때마다 라일은 직원 개개인과 성과와 목표를 상호 평가하고 다음 분기의 목표를 재설정한다. 라일은 회사의 모든 직원이 비슷한 프로세스를 수행하기를, 그리고 이 과정이 조직의 모든 층위에서 이루어지기를 기대한다. 이러한 맥락에서 라일의 말을 들어보자.

이 프로세스를 통해서 우리는 긴급한 일이 중요한 일에 우선하지 않도록 제어할 수 있으며, 우선순위에 집중할 수 있습니다. 직원들은 자신이 현재 어떻게 일하고 있는지를 구체적으로 감지할 수 있으며, 그 잣대가 되는 객관적이고 일관된 방법을 제공받습니다. 그래서 이 프로세스는 매우 강력합니다. 목표는 구체적이어야 합니다. 예를 들면 다음과 같습니다.

"7월 31일까지 35개의 신규 고객 계정을 개설한다."

"11월 30일까지 유럽 지사를 개설해서 운영을 시작한다."

"12월 31일까지 신제품을 생산할 준비를 마친다."

"8월 1일까지 신제품 출시 프로세스를 마련한다."

"12월 31일까지 홍보 기사 세 편을 작성한다."

개인적인 전망	→	개인의 연간 목표	←	회사의 전망

분기별 목표
주간 업무 과제
오늘은 무엇을 할까?

인생은 혼란스럽고 예측할 수 없다. 따라서 기업의 비전 및 전략에서부터 개인의 연간 목표, 분기별 목표, 주간 업무 과제 그리고 마지막으로 일일 활동에 이르기까지 완벽한 선형적 과정은 존재할 수 없다. 그러나 이것이 개인별 목표 설정을 회피해야 하는 이유가 될 수는 없다. 어떤 육상 선수가 5분 30초라는 1마일 기록을 깨려고 할 때, 이 선수에게 영향을 주는 요인은 여러 가지가 있을 수 있다. 그럼에도 불구하고 5분 30초를 목표로 설정하는 것은 소중한 첫걸음이다.

프레드릭 허츠버그Frederick Herzberg는 동기부여를 주제로 한 고전적인 연구에서 자기 직업에 대한 최상의 만족도에 기여하는 첫 번째 요소가 개인적인 성취라는 사실을 확인했다(참고로, 두 번째 요소는 남들로부터 받는 인정이다).[19] 사람은 누구나 무언가를 성취하고 싶어 한다. 목표를 설정하고 이 목표를 달성하기를 원한다. 바로 이런 동기부여의 자연스러운 원천을 활용해야 한다.

5. 성과 측정

당신이 대학교 육상팀을 이끄는 감독이라고 가정해 보자. 당신의 목표는 팀을 새로운 수준의 성과를 거두도록 끌어올리는 것이다. 그런데 당신에게는 초시계도 없고, 400미터 트랙도 없다.

이런 상황에서 무엇부터 하겠는가? 아마도 학교 주변에 달릴 수 있는 도로를 물색하고, 스톱워치를 구입할 것이다.

육상 감독이 빠르다는 뜻의 정의를 내리고 속도를 측정할 필요가 있듯이, 기업의 리더는 전술적인 우월함이 어떤 것인지 **정의를 내리고** 그 우월함의 정도를 **측정하여** 그 결과를 회사 안팎으로 **알려야** 한다.

엘엘빈은 무결점 배송 비율을 주요 지표로 사용하고 있다. 관리자들뿐만 아니라 모든 포장 부서 직원들은 올바른 주문 비율 정보를 날마다 업데이트 받는다. 이것 말고도 엘엘빈은 고객 대기 시간에서부터 결함의 수에 이르기까지 여러 가지 항목을 측정한다.[20]

메리어트가 아직 소규모 회사일 때 창업자인 윌러드 메리어트는 전술적 실행의 표준을 설정하고 이를 기준으로 성과를 측정하는 방식을 도입했다. 또한 고객 의견 카드의 내용을 표로 작성했다. 이 전통은 오늘날까지 굳건하게 이어지고 있다.[21] 메리어트호텔에 머무는 고객은 어디로 발길을 돌리든 간에 평가하고 점수를 매겨달라는 카드를 볼 수 있는데, 이런 평가 카드들에 담긴 내용이 수집되고 분석되어서 최종적으로 GSI Guest Service Index(고객서비스지수)로 산정된다. GSI는 분석과 추적 과정을 거친 뒤에 모든 직원에게 공개된다. 또한 GSI는 지속적인 개선을 위한 지침으로 사용된다.

위대한 기업은 전술적인 탁월함을 정의하고 측정하는 전통을 가지고 있다. 밀러비즈니스의 짐 밀러는 24시간 이내에 고객 주문의 95퍼센트를 완료한다는 목표를 얼마나 잘 수행하고 있는지 추적하고 이를 전 사원이 볼 수 있도록 게시했다. 1936년에 디럭스Deluxe Corporation의 설립자인 W. R. 호치키스Hotchkiss*는 인쇄 결함 제로 및 단일 프로젝트 소요 시

---

* 이 회사는 한때 미국에서 사용되는 모든 수표의 약 절반을 인쇄했으며 현재는 디지털 전환에 발맞춰 금융 업계에 디지털 솔루션을 제공하고 있다.

간 이틀이라는 두 가지 목표를 달성하기 위해서 지속적으로 개선 작업을 했다.[22] 디럭스는 결과를 측정하고 추적하며 게시하고, 부족한 부분이 어떤 것들인지 파악하고, 또 완벽함을 목표로 끊임없이 개선하는 노력을 지금도 이어가고 있다.

혹시 밥에반스Bob Evans Restaurant라는 식당을 아는가? 1940년대에 문을 연 이 커피숍 겸 식당 체인은 전술적 탁월함으로 명성을 쌓으면서 서비스, 품질, 가치 측면에서 여러 차례 업계 1위를 차지했다.[23]

밥에반스는 자체적으로 엄격한 기준을 정해두고 있다. 고객이 자리에 앉으면 60초 안에 고객에게 물을 제공하고 기분 좋은 목소리로 "안녕하세요"라고 인사를 해야 한다. 그리고 주문받은 음식은 10분 안에 고객 앞에 놓여야 한다. 고객이 떠난 식탁은 5분 이내에 다음 손님을 맞을 준비를 마쳐야 한다. 아무리 바쁜 시간이어도 고객을 15분 이상 기다리게 해서는 안 된다. 그리고 이를 기준으로 삼아서 지속적으로 성과를 측정하고 추적하고 있다.

사람들은 측정할 수 있는 것에 주의를 기울인다. 우리는 왜 스포츠를 좋아할까? 스포츠는 자기 역량의 수준이 어느 정도인지 객관적으로 바라볼 수 있고 또 개선해야 할 점을 객관적으로 추적할 수 있는 몇 안 되는 활동들 가운데 하나이기 때문이다.

쓰레기 버리기, 잔디깎기, 설거지 등 정말 하기 싫은 집안일을 측정해 보라. 측정이라는 행위가 가져다주는 위력을 체감할 수 있을 것이다. 쓰레기를 버리는 데 평균 14분이 걸린다고 해보자. 이제 10분을 목표 시간으로 정한다. 10분 안에 쓰레기를 깔끔하게 버리고 오면 목표를 달성한 것이다. 이런 식으로 성과를 측정하고 추적해 보라. 아마도 두 가지 일이 일어날 것이다.

도표 9-3 지속적인 개선을 위한 슈하트 사이클 ──────────

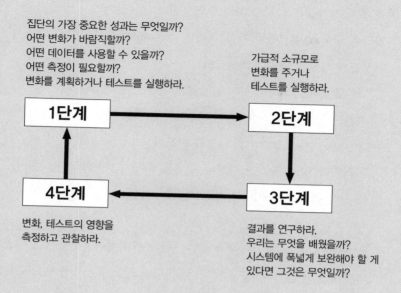

집단의 가장 중요한 성과는 무엇일까?
어떤 변화가 바람직할까?
어떤 데이터를 사용할 수 있을까?
어떤 측정이 필요할까?
변화를 계획하거나 테스트를 실행하라.

가급적 소규모로
변화를 주거나
테스트를 실행하라.

1단계

2단계

4단계

3단계

변화, 테스트의 영향을
측정하고 관찰하라.

결과를 연구하라.
우리는 무엇을 배웠을까?
시스템에 폭넓게 보완해야 할 게
있다면 그것은 무엇일까?

하나는 새로운 방법을 찾아내서 쓰레기 버리는 시간을 점점 더 단축하는 것이고, 다른 하나는 이 일이 마치 게임처럼 느껴지는 것이다. 이것을 전술적인 실행에도 똑같이 적용할 수 있다. 전술적인 탁월함이 무엇인지 정의하고, 그것을 측정하고, 추적하고, 게시하고, 거기에서 교훈을 얻고, 이것을 지속적인 개선의 수단으로 삼을 방법을 찾아보아라. 그 과정을 재미있고 즐겁게 만들어 보라.

측정과 지속적인 개선 사이의 연관성은 월터 슈하트Walter A. Shewhart가 제안한 '슈하트 사이클'([도표 9-3] 참조)로 포착할 수 있다.[24] 이 사이클은 어떤 프로세스에도 유용하게 적용할 수 있다.

6. 인정

우리 저자들은 리처드 바버가 엘엘빈의 직원들에게서 받았던 감동에 자극을 받아서 엘엘빈에 전화를 했다. 상품을 한 가지 주문하고 또 겸사겸사해서 질문을 하기 위해서였다.

"네, 엘엘빈에 문의 주셔서 반갑습니다, 저는 테리입니다."

우리는 상품 주문을 한 뒤에 테리라는 직원과 봄을 화제로 대화를 나누고 (그때는 3월이었다) 이런 질문을 던졌다.

"엘엘빈의 직원들이 이렇게나 고객을 따뜻하게 배려하는 이유가 무엇입니까? 테리, 당신이 업무에 그렇게나 정성을 다하는 이유가 무엇입니까?"

처음에는 그 질문이 이상하게 들렸던 모양이었다. 어쩌면 그 질문이 그녀에게는 '당신은 왜 숨을 쉬느냐?'처럼 황당하게 들렸을지도 모른다. 하지만 곧 그녀는 특유의 쾌활한 목소리로 이렇게 대답했다.

그건 우리 사장님에게서부터 시작된 거라고 해야겠네요. 사장님을 비롯해서 우리 회사의 대다수 동료들이 나를 인정해준다는 걸 잘 알거든요. 동료들은 나를 당연한 존재가 아니라 특별한 존재로 여깁니다. 크리스마스가 되면 주스와 쿠키를 나누고, 등을 두드리며 격려합니다. 고맙다고 말해주고, 또 일부러 찾아와 안부를 묻기도 합니다. 나는 구인광고를 보고 이 일을 처음 시작했어요. 그런데 이곳은 다른 데와는 전혀 다릅니다. 사람들이 진정으로 나에게 신경을 써주고 내 마음을 알아주거든요. 나는 내가 중요한 존재라는 걸 느껴요, 이 회사에서는요.

당신의 직원이 그저 그렇고 그런 수준이길 바라는가? 그렇다면 그들을 특별한 존재가 아니라 당연한 존재로 여기면 된다. 그들의 노고를 인정하지 않고 종 부리듯이 부리기만 하면 된다.

그러나 직원들이 전술적인 탁월함을 일관되게 보여주길 바란다면 그들이 존경받고 인정받는다고 느끼게 만들어야 한다. 이것은 신비할 것도 없고 개념적으로 어려울 것도 없다. 이를 실천하는데 굳이 박사 학위가 필요하지도 않다. 그냥 단순하게, 정직하게 그리고 진심으로 인정하면 된다. 여기에서 중요한 질문이 하나 제기된다.

만일 우리가 당신 회사 직원 몇 명에게 무작위로 전화를 걸어서 그들이 회사에 대해서 어떤 마음을 느끼는지 물어본다면, 과연 그 직원들은 엘엘빈의 테리처럼 대답할까?

인정은 비공식적으로 인정하기와 포상하고 인정하기 그리고 금전적으로 보상하고 인정하기라는 세 가지 기본적인 형태로 이루어진다.

- 비공식적으로 인정하기. 관리직에 있는 리더는 앞서 3장에서 리더십 유형을 다루면서 설명했던 대인관계 및 강한-부드러운 인사관리 기술들을 훈련해야 한다. 리더가 모범을 보여야 한다는 사실을 기억하라. 직원들은 리더의 행동에 영향을 받는다.

  직원을 비공식적으로 인정하는 행위는 지속적이어야 하며 또한 시의적절해야 한다. 정기적인 평가, 연례적인 포상 때뿐만 아니라 일 년 내내 회사로부터 인정받는다고 느끼게 해야 한다. 당신은 사랑하는 사람의 생일이나 발렌타인데이에만 애정을 표현하는가? 아이들에게 칭찬과 애정을 쏟는 일을 기념일에만 하고 있는가? 아닐 것이다. 회사에서의 건강한 관계도 날마다 이루어지는 변함없는 존중과 인정을 토대로 형성된다.

- 포상. 페덱스는 영웅적인 성과를 거둔 직원에게 골든 팔콘Golden Falcon이라는 상을 수여하고 있다. 페덱스에서 이 상을 받는 직원은 한 해에 대략 30여 명 정도되는데, 최고운영책임자COO는 전세계에서 선정된 수상자에게 개인적으로 축하 전화를 하는 전통이 있다.[25] 또한 페덱스는 해마다 업무 성과가 뛰어난 직원 수백 명에게 브라보 줄루Bravo Zulu라는 상을 수여하고 있다.*

    상을 수여할 때는 특별한 의미를 담은 디자인 핀이나 그 밖에 눈에 잘 띄는 배지를 부상으로 지급하라. 렌즈크래프터스에서는 고객으로부터 칭찬을 받은 직원에게 특별한 라펠 핀을 상으로 준다. 오하이오주립대학교의 미식축구팀에서는 훌륭한 플레이한 선수의 헬멧에 눈에 잘 띄는 '벅아이'**를 그려 넣는다.[26]

- 금전적인 보상. 회사의 모든 관리자가 직급에 상관없이 소액의 보너스나 기타 금전적 보상을 일 년 내내 자기 재량으로 지급하는 제도를 구축하라. 여기서 중요한 부분은 '일 년 내내'이다. 연봉인상이나 인센티브 같은 일년에 한번 있는 전통적인 연례적인 보상은 직원이 거둔 성과를 인정하고 고마움을 표시하는 데에 한계가 있다. 간혹 보상의 규모가 기대하던 것보다 적을 경우에는 역효과가 날 수 있다. 반면 생각하지 않은 보상은 직원들의 동기를 자극한다. 어떤 직원이 '받은 메일함'에서 다음과 같은 내용의 받았다고 상상

---

*   '브라보 줄루'는 작전에 성공했다는 뜻의 미 해군 속어.
** 침엽수의 일종으로 오하이오주 사람이라는 뜻이기도 하다.

해보라.

지난 크리스마스 시즌 때 특근과 야근을 하느라 고생이 많았습니다. 크리스마스 때 쉬지 못해서 그때 당신이나 가족이 얼마나 마음고생이 심했을지 우리는 잘 알고 있습니다. 당신의 노고에 감사드립니다. 그러니 남편과 아이들을 함께 원하는 레스토랑에 가서 맛있는 저녁을 드시고 계산서를 우리에게 보내주세요. 브라보 줄루.

또는 젊은 엔지니어가 사장으로부터 다음과 같은 전화를 받았다고 가정해보자.

이번 무역박람회 일정에 맞춰서 소프트웨어 버그 문제를 깨끗하게 해결해 준 덕분에 제품을 정말 멋지게 소개할 수 있었어요. 당신 덕분에 우리 회사 제품이 정말 돋보였습니다. 감사의 뜻으로 회사에서는 당신의 계좌로 스톡옵션 100주를 넣었다는 사실을 알려드립니다. 앞으로도 계속 수고해 주십시요.

또는 중요한 목표를 초과 달성한 영업사원이 사장으로부터 다음과 같은 말을 들었다고 가정해보자.

축하합니다. 당신은 높은 목표를 설정하고 이 목표를 달성했습니다. 그랬기에 당신은 '페이스세터스Pacesetters 클럽'의 회원이 되었음을 알려드립니다. 이제 당신은 자기만의 맞춤형 페이스세터 명함을 가지게 됩니다. 또 이제부터는 고객을 접대하는 비용을 회사가 부담할 것입니다. 또 내년에는 당신이 판매하는 상품의 할인율이 20퍼센트에서 33퍼센트로 인상될 것입니다.

이런 조치가 직원들에게 미치는 심리적 영향은 실로 엄청나다. 왜냐하면 이들은 자신이 수행한 일에 대해 개인적인 감사라는 특별한 관심을 받았기 때문이다.

신뢰

이 장에서 우리 저자들은 통제control에 대해서는 전혀 다루지 않았다(여기에서 통제라고 함은 직원들이 올바른 행동을 하도록 제어하는 것 즉 직원들이 개인적인 이익을 위해서 회사를 이용하지 못하도록 관리하는 것을 말한다). 그 이유는 통제 자체가 사실상 불가능하기 때문이다.

앞서 3장에서 리더십 유형을 설명하면서 끔찍하게 파괴적이었던 미세 관리(시시콜콜 관리)를 언급했다. 미세 관리자가 직원의 사기를 어떻게 꺾어놓았는지 기억할 것이다. 회사가 전술적 탁월함을 일관하게 유지하려면 미세 관리 행태가 발붙이지 못하게 해야 한다. 모든 구성원들은 자유롭게 행동해야 한다. 동기가 부여되고 훈련을 잘 받았으며, 문화 수용이 잘 되어 있는 직원이라면 굳이 통제할 필요가 없다. 성인을 어린아이 취급할 필요가 없다는 말이다. 사람은 기본적으로 감시를 받는다고 느끼면 최선을 다하지 않는다.

당신 회사의 **모든** 직원은 비용 지출에 관한 전결권을 가지고 있는가? 당연히 가지고 있어야 한다. 아마도 우리 저자들의 이런 주장에 깜짝 놀랄 사람도 있을 것이다.

그렇다. 우리는 모든 직원에게 비용 지출에 관한 전결권을 부여하라고 분명하게 권고한다. 물론 모든 직원이 100만 달러 규모의 계약을 체결할 권한을 가져야 한다거나 평직원이 건물 구매 결정을 할 수 있어야 한다는 뜻은 아니다. 그러나 모든 직원에게 일이 신속하고 올바르게 집행될 수 있도록 폭넓은 재량권을 허용해야 한다.

30년 된 리처드 바버의 부츠를 수리하는 데는 엘엘빈의 비용과 시간과 노동력이 들어갔다. 이때 직원들은 자기 업무와 관련된 세부사항에 대해서 상부의 승인을 받지 않았다. 그들은 전결권을 가지고서 업무를 처리했다. 리처드 바버의 부츠를 수리하는 데 들어가는 모든 비용과 거기에 따른 모든 이익을 따지고 비교하고 분석하는 관리자는 엘엘빈에 존재하지 않는다.

당신이 업무용 기자재를 구입할 때마다 당신 회사에 자본을 투자한 투자은행에 일일이 승인을 받아야 한다고 가정해보라. 이런 상황에서 과연 회사가 제대로 운영될 수 있을까? 회사는 전술적 탁월함을 일관되게 지켜나가기는커녕 서류 작업과 승인의 늪에 빠져 익사해버릴 것이다.

이런 원칙은 최하위 직급에서도 똑같이 적용된다. 현장의 평직원이 CEO와 동일한 전결권을 가질 수는 없겠지만, 적어도 원칙만큼은 같아야 한다. "나는 당신이 일을 제대로 수행하기 위해서 최선을 다할 것이라고 믿는다"라는 신뢰가 조직 전체에 녹아 있어야 한다.

엄격한 기준

신뢰가 동전의 앞면이라면 뒷면은 엄격한 기준이다. 기준은 가치관과 성과라는 두 부분으로 구성할 수 있다.

특히 가치관 기준은 엄격히 지켜져야 한다. 어떤 직원이 회사의 핵심적인 가치관을 무시한다면 이 직원에게 퇴사를 요구해야 한다. 처음에는 이 직원이 그 가치관을 제대로 이해하지 못해서 그럴 수도 있다. 하지만 잘 알면서도 고의로 이를 무시하는 사람이라면 조직의 일원이 될 수 없다.

IBM의 토머스 왓슨이 가지고 있었던 신념은 단순하고 분명했다. 비윤리적인 행동을 하는 직원이 있다면 아무리 가치가 있는 사람이라도 해고한다는 것이다. 여기에는 '만약'이라는 가정이나 '그러나'와 같은 변명은 용납되지 않았다. 기회를 한 번 더 준다는 아량도 없었다.[27]

성과 기준은 상대적으로 덜 엄격하지만, 절대적으로는 매우 높아야한다. 탁월한 성과를 내는 사람은 낮은 성과를 용인하는 회사를 존경하지 않는다. 직원들 사이에서 친밀한 '가족'이라고 느끼는 것과 성과가 낮은 직원을 솎아내는 것 사이에는 아무런 모순이 존재하지 않는다. 지로스포츠의 빌 한네만은 이 원칙이 자기 회사에서 어떻게 작동하는지 다음과 같이 설명했다.

우리는 가족적인 환경을 만들려고 많은 노력을 기울이고 있습니다. 그러나 우리는 우리 회사가 탁월한 성과를 거두기를 기대합니다. 직원들이 안정적으로 다닐 수 있는 직장을 만들기 위해서 최선을 다하지만, 그렇다고 해서 성과가 형편없는 직원을 계속해서 안고 간다는 뜻은 아닙니다.

다만, 성과가 낮은 데는 여러 가지 원인이 있을 수 있다. 어떤 직원이 성과를 제대로 내지 못한 것은 해당 업무와 관련해서 훈련을 제대로 받지 못했기 때문일 수 있다. 또는 예상 가능한 특정 상황에 대해서 선명한 지침을 받지 못해서 성과를 내지 못했을 수도 있다. 자신의 강점과 맞지 않는 직무를 맡고 있어서 그럴 수도 있다. 이 모든 가능성을 먼저 살펴야 한다.

그러나 안타깝게도 일을 제대로 하는 데 관심이 없거나 전혀 그럴 의향이 없는 사람은 어느 조직에서나 존재한다. 이정표와 표적과 목표를 계속해서 놓쳐버리는 사람도 있다. 모든 상황에서 개인적인 이득을 우선적으로 취하려는 사람도 있다. 늘 부정적이고 사악하기만 한 사람도 드물게 있다. 회사는 이들을 철저하게 솎아내야 한다. 마음이 아파도 반드시 해야 하는 일이다. 애초에 이런 사람을 채용한 게 실수임을 잊어서는 안 된다.

다행히도 이런 사람은 많지 않다. 그리고 우리는 인간 본성에 대한 냉소적인 믿음을 근거로 이런 주장을 하는 것이 아니다. 동기부여를 주제로 다룬 많은 연구들이 우리와 같은 결론을 내리고 있다.[28]

- 1980년에 미국 상공회의소의 의뢰로 갤럽이 실시한 연구에 따르면, 미국인 노동자 가운데 88퍼센트가 열심히 일하고 최선을 다하는 것이 중요하다고 응답했다.
- 코네티컷뮤추얼인슈어런스Connecticut Mutual Insurance Company의 연구에 따르면, 미국인 가운데 76퍼센트는 자신의 일에 헌신한다고 느낀다.
- 퍼블릭어젠다파운데이션Public Agenda Foundation이 미국 노동자를 대상으로 수행한 연구에서, 자신에게 일이 어떤 의미인지 다음 네 가지 설명 중 하나를 선택하라고 했다.
   1. 일은 단순히 사업상의 거래이다. 일을 많이 할수록 돈을 많이 받

아야 한다.

2. 일이 인생에서 가지는 의미는 싫지만 꼭 해야만 하는 불쾌한 것이다. 그러므로 굳이 일을 하지 않아도 된다면 나는 일을 하지 않을 것이다.

3. 나는 내가 하는 일이 흥미진진하지만, 이 일이 내 인생의 다른 영역에 방해가 되도록 놔두지는 않을 것이다.

4. 나는 내가 받는 급여와 상관없이 최선을 다해 일해야 한다는 내 면적 욕구를 가지고 있다.

응답자의 80퍼센트가 첫 번째와 네 번째를 선택했다(첫 번째를 택한 응답자가 52퍼센트다). 그러니까 미국 노동자 대부분은 (모두가 그렇지는 않다!) 일을 제대로 잘하고 싶어 한다. 그들은 자랑스럽게 여길만한 어떤 것의 한 부분이 되기를 원한다. 그들은 도전을 원하며 자신의 능력을 발휘할 기회를 원한다.

짐 콜린스의 새로운 생각

직원들을 오퍼(OPUR)로 만들어라

《좋은 기업을 넘어 위대한 기업으로》를 집필할 때였다. 우리 팀원 가운데 한 명이 휴가로 자리를 비우게 됐다. 그녀는 자신이 없는 동안에도 모든 일이 완벽하게 처리될 수 있도록 빽빽하게 적은 계획을 들고 나에게 왔다.

"아주 꼼꼼한 계획이네요. 참 잘했어요!"

나는 칭찬을 아끼지 않았다. 그러자 그녀는 이렇게 말했다.

"저는 제가 오퍼OPUR임을 잘 알고 있습니다. 저는 직무를 가지고 있는 게 아니라 의무를 지고 있거든요."

그런데 이 이야기에는 반전이 있다. 그녀는 파트타임 유연근무 직원으로 시간당 급여를 받고 있었다. 그러나 그녀는 풀타임 정규직의 프로의식과 주인의식을 보여주었다. 일에 대해서 그녀는 자기가 '오퍼'라는 인식을 분명하게 가지고 있었다.

오퍼OPUR는 '궁극적으로 책임을 지는 한 사람One Person Ultimately Responsible'이라는 뜻이다. 모든 작업이나 목표에는 오퍼가 있어야 한다. 그러니까, 당신이 "이 문제에 대한 오퍼가 누구죠?"라고 물을 때 누군가가 나서서 "제가 오퍼입니다"라고 대답하는 사람이 있어야 한다는 말이다.

이런 상상을 해보자. 당신이 사는 마을에 눈이 많이 왔다. 모든 사람이 자기 집 앞의 인도에 쌓인 눈을 치우는 것이 일종의 불문율이다. 그래야 길이 이어지고 사람들이 마을을 오갈 수 있다. 그런데 당신이 하필 눈이 많이 온 날 다른 곳으로 휴가를 가서 집에 없었다면 어떻게 될까? 눈을 치워야 하는 당신의 의무는 면제되지 않는다. 당신은 그 집의 주인으로서 집 앞의 인도에 쌓인 눈을 치워야 하는 오퍼이기 때문이다. 그런데 당신이 사는 동네가 진정으로 이웃사촌 관계로 이어져 있다면, 이웃이 당신 대신 당신 집 앞의 인도에 쌓인 눈을 치워줄 것이다. 입장이 바뀌면 당신도 기꺼이 그렇게 할 이것이 바로 진정한 오퍼 문화다.

마지막 비밀, 존중

위대한 기업을 세운 이들 가운데 다수는 전혀 초인적인 인물이 아니다. 그들은 특별히 더 똑똑하지도 않으며 카리스마가 넘치는 리더도 아니었다.

그들에게 성공의 비결이 무엇이냐고 물으면 십중팔구는 당황하면서 "비결? 비결 같은 건 없는데…"라고 대답한다. 그들은 이 책에서 살펴보았던 기본적인 사항을 언급할 뿐이다. 예를 들면 이런 것들이다. 비전을 가질 것, 올바른 전략적 결정을 내릴 것, 끊임없이 혁신할 것, (그리고 특히 그들이 한결같이 말하는 점인데) 실천을 정확하게 할 것.

대단한 성공 비결이 따로 있지 않다면 어째서 아주 소수의 기업만이 위대한 기업이 될까? 어째서 소수의 사람만이 위대한 리더가 될까? 위대한 리더들이 꼽았던 비결 가운데는 이해하기 어려운 과학이나 난해한 개념은 전혀 없다. 그렇다면 혹시, 우리 저자들이 미처 파악하지 못한, 무언가가 있을까?

그런 생각을 할 무렵에 우리 저자들은 페덱스를 창업한 프레드 스미스의 인터뷰를 자세히 듣게 됐다.

> 기업을 운영하는 많은 사람들이 (…) 공장 현장에서 일하는 직원을 얕잡아봅니다. 평직원을 경멸합니다. 비록 그 직원들이 엄청난 돈을 벌어준다고 해도 현장에서 일한다는 이유만으로 경멸한다는 말입니다.[29]

바로 그때 우리가 지금까지 살펴보았던 거의 모든 것 뒤에 감추어져 있던 주제가 분명하게 드러났다. 바로 존중이다.

우리 저자들은 로스앤젤레스에서 고등학교 수학 교사로 일했던 하이메 에스칼란테[Jaime Escalante]의 이야기에 늘 감동받곤 했는데, 그의 이야기를 소재로 한 영화가 〈스탠드 업Stand and Deliver〉이다.

에스칼란테는 멕시코 이민자들이 많이 사는 가난한 동네의 고등학생들에게 대학교 수준의 미적분학을 가르쳤다. 그가 가르친 학생들은 해마다 전국 거의 모든 학교의 학생들보다 높은 비율로 AP 수학 시험을 통과했다.*

그는 스탠퍼드대학교에서 강연을 하면서 자신의 교육 철학을 사랑과 존중이라는 아주 소박한 단어 두 개로 소개했다. 그는 학생들을 사랑했고 또 존중했다. 그 아이들이 할 수 있으리라고 생각한 것보다 더 많은 것을 아이들에게 요구했다. 그리고 그보다 더 아이들을 존중했다.

비결이라면 바로 그게 비결이다. 위대한 기업의 토대는 존중이다. 위대한 기업은 고객을 존중하고, 스스로를 존중하며, 관계를 존중한다. 무엇보다 위대한 기업은 직원을 존중한다. 직위나 직급 혹은 출신 배경과 상관없이 존중한다.

위대한 기업은 직원을 존중하므로, 당연히 그들을 신뢰한다.

위대한 기업은 직원을 존중하므로, 당연히 그들에게 개방적이고 정직하다.

위대한 기업은 직원을 존중하므로, 당연히 그들에게 행동과 의사결정의 자율권을 보장한다.

위대한 기업은 직원을 존중하므로, 당연히 그들의 타고난 창의성, 지

---

* AP는 미국과 캐나다의 고등학교에서 대학 수준의 과목을 수강하고 시험을 볼 수 있는 프로그램으로, AP 과목 시험에 통과하면 대학교에서 학점을 인정받을 수 있으며 대학교 입학에도 유리하다.

성, 문제 해결 능력을 신뢰한다.

위대한 기업은 직원을 존중하므로, 당연히 높은 성과를 **기대**한다. 그들은 높은 기준과 어려운 엄격한 도전 과제를 설정하는데, 이는 충분히 그 기준을 충족하고 또 그 과제를 성취할 수 있다고 믿기 때문이다.

궁극적으로, 위대한 기업의 직원이 전술적인 탁월함을 꾸준하게 이어가는 것은 그들이 **그렇게 할 수 있다고** 모두가 믿기 때문이다.

바로 이런 존중 안에서 기업이 성장한다. 스스로를 존중하는 기업은 사회의 모범이 되어 세상에 긍정적인 영향을 미친다.

당신은 기업으로서의 성과뿐만 아니라 가치관으로서도 하나의 표준을 제시하는 특별한 기업을 만들 수 있다. 온갖 소동을 뛰어넘어 성공을 거둠으로써 위대함과 인간이 가지는 근본적인 품위 그리고 존중이 손을 잡고 함께 나아갈 수 있음을 보여주는 위대한 기업을 당신이 만들 수 있다.

인생의 마지막 순간에, "내가 남기고 가는 것이 자랑스럽고, 내가 이 일을 해왔던 방식이 내가 봐도 훌륭하다. 나는 참 잘 살았구나"라고 말할 수 있는 그런 기업을 당신은 만들 수 있다.

이 확장판은 초판과 구조가 매우 다르다. 그래서 초판의 서문이 책 앞부분에 그대로 남아 있으면 독자가 혼란스러울 것이라고 판단했다. 그러나 일부 독자는 빌과 내가 초판을 서문에서 어떻게 소개했는지 궁금하게 여길 것이라는 생각했다. 그래서 초판 서문을 확장판에도 싣기는 하되 마지막 부분에다 싣기로 했다.

초판 서문

우리가 짐 젠테스를 처음 만났을 때 그는 재고품을 자기 원룸 아파트에 수북하게 쌓아두고서 그 한구석에서 잠을 자고 있었다.

그는 산호세에 있는 비좁고 답답한 원룸에서 회사를 창업했고, 그때부터 그의 집은 완제품을 모아두는 창고가 됐다. 온갖 부품과 장비로 꽉 들어찬 그의 집에는 청년 네 명이 섭씨 40도가 넘는 열기 속에서 자전거 헬멧을 만드는 일에 매달렸다. 젠테스는 더 넓은 공간이 필요하게 되자 이웃집 차고를 빌렸고, 그 대가로 헬멧 하나를 주었다. 이렇게 젠테스는 원룸 하나를 쓰는 스타트업에서 차고를 쓰는 스타트업으로 규모를 키웠다. 다행히도 그의 이웃들은 좋은 사람들이었다. 거대한 UPS 물류 트럭이 헬멧이나 새로운 장비를 실어나르느라 동네의 진입로를 오가도 크게 불평하지 않았다.

이 스타트업의 사장실은 부엌 탁자였다. 그 탁자에는 온갖 서류 뭉치들, 자전거 헬멧 시제품들, 책들, 그리고 벽에 비스듬히 기울어진 상태로 놓여 있는 매킨토시 컴퓨터에서 뽑은 출력물들이 어지럽게 널려 있었다. 온갖 자전거 포스터로 둘러싸인 채 그 탁자에 앉아 있던 20대 후반의 열정적이던 남자 젠테스는 우리에게, 자기는 곧 그 아파트에서 벗어나서 자기 소유의 건물로 들어갈 것이며 또 그렇게 자기 회사가 성공할 것이라고 기대한다고 말했다.

그러더니 기업가정신과 중소기업 경영을 주제로 다룬 책들을 가리키고는 이렇게 말했다.

"저 책들은 내가 창업을 하는 데는 도움이 되었습니다만, 내가 정말 알고 싶은 것은 알려주지 않습니다."

"그게 뭐죠?"

우리가 묻자 그는 잠시 멍하게 창밖만 바라보았다. 그렇게 삼사십 초 동안 멍하게 있더니, 갑자기 고개를 돌려 우리를 바라보고는 이렇게 말했다.

"나는 지로를 위대한 기업으로 만들고 싶습니다."

바로 그때부터 이 책을 써야겠다고 결심했다.

이 책은 당신의 회사를 영속적인 위대한 기업으로 만드는 방법을 설명한다. 우리는 짐 젠테스와 같은 사람들, 즉 자기 회사가 특별하며 존중과 자부심을 받을 만한 가치가 있는 회사가 되기를 바라는 사람들을 위해서 이 책을 썼다. 이 책에서 우리는 그런 사람들이 어떻게 하면 높은 성과를 유지하고 업계에서 지도적인 회사로 모범이 되며 또 여러 세대에 걸쳐서 위대한 상태를 유지하는 특별한 기업을 만들 수 있을지, 또 어떻게 하면 우리가 그런 사람들을 도울 수 있을지에 초점을 맞추었다. 당신은 지금 당신이 지도자로 있는 회사를 위대한 기업으로 만들고 싶은가? 그렇다면 이 책은 당신을 위한 책이다.

이 책에서 일러주는 다양한 교훈들이 회사의 규모와 상관없이 어떤 회사에든 도움이 되겠지만, 우리 저자들은 (대기업 산하의 개별 사업부까지 포함해서) 주로 중소기업의 지도자를 상정하고 이 책을 썼다. 이유는 단순하다. 위대한 기업의 토대가 완성되는 시점은 기업의 규모가 아직은 충분히 작고 또 유연할 때라서 그렇다. 그래야만 지도자가 자기 회사를 자기 가치관이 온전하게 구현되는 조직으로 만들 수 있기 때문이다.

IBM이 위대한 기업이 된 것은 IBM이 지금의 모습처럼 거대한 기업으로 성장하기 전에 톰 왓슨이 위대한 기업의 토대를 완성한 덕분이다. 지금의 나이키는 과거에 나이키가 골리앗을 상대하던 다윗 시절에 필 나이트가 했던 일 때문에 위대하다. 3M은 윌리엄 맥나이트가 수십 년 전에 이미 자신만의 가치관을 이 회사에 실현했기 때문에 지금 위대한 기업으로 존재한다. 엘엘빈도 레온 빈이 메인의 프리포트에 있던 작은 건물에서 소기업을 운영하면서 실행했던 행동 덕분에 지금 위대한 기업으로 존재한다. 파타고니아도 회사가 막 형성되던 단계에서 크리스틴 맥디비트가 남겼던 지울 수 없는 각인 덕분에 위대한 기업의 후보로 꼽을 수 있다.

당신이 중소기업의 리더라면, 당신 회사가 장차 위대한 기업이 될 수 있을지 어떨지는 오로지 당신에게 달려 있다. 이 책은 그런 일을 해낼 사람을 위한 책이다.

비록 이 책에서 우리가 영리를 추구하는 기업에 초점을 맞추었지만, 비영리 조직을 경영하는 사람들도 이 책에 담긴 내용을 유익하게 활용할

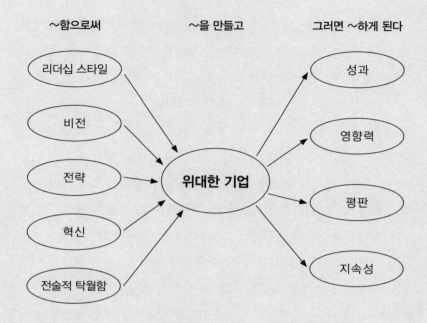

~함으로써	~을 만들고	그러면 ~하게 된다
리더십 스타일		성과
비전		영향력
전략	위대한 기업	평판
혁신		지속성
전술적 탁월함		

수 있을 것이다. 위대한 기업을 만들어나가는 데 필요한 원칙들은 영속적인 위대함을 추구하는 모든 조직에도 똑같이 적용할 수 있다.

이제 짐 젠테스는 창고 같은 원룸 아파트에서 재고품을 끌어안고 잠을 자지 않는다. 지로스포츠는 1986년에 우리가 짐 젠테스를 '사장실'에서 만났던 뒤로 규모가 100배 넘게 커졌으며, 지속적인 위대한 기업을 성장하는 길로 순조롭게 나아가고 있다. 젠테스가 꾸었던 꿈을 이제 당신이 꾸면서 젠테스가 걸었던 길을 걸어가길 빈다.

짐 콜린스와 빌 레지어

자료출처는 PDF 파일로
확인할 수 있습니다.

| 옮긴이 | 이경식

서울대학교 경영학과와 경희대학교 대학원 국문학과를 졸업했다. 옮긴 책으로는《사람을 안다는 것》《두 번째 산》《넛지: 파이널 에디션》《신호와 소음》《댄 애리얼리 부의 감각》《에고라는 적》《우발적 충동》《무엇이 옳은가》《당신이 모르는 민주주의》등 다수가 있다. 산문집《치맥과 양아치》, 소설《상인의 전쟁》, 평전《유시민 스토리》등의 책을 썼고, 영화〈개 같은 날의 오후〉, 오페라〈가락국기〉등의 대본을 썼다.

좋은 리더를 넘어 위대한 리더로

초판 1쇄 인쇄 2024년 8월 23일
초판 1쇄 발행 2024년 9월 5일

지은이 짐 콜린스·빌 레지어
옮긴이 이경식
펴낸이 유정연

이사 김귀분
책임편집 신성식 **기획편집** 조현주 유리슬아 서옥수 황서연 정유진 **디자인** 안수진 기경란
마케팅 반지영 박중혁 하유정 **제작** 임정호 **경영지원** 박소영

펴낸곳 흐름출판(주) **출판등록** 제313-2003-199호(2003년 5월 28일)
주소 서울시 마포구 월드컵북로5길 48-9(서교동)
전화 (02)325-4944 **팩스** (02)325-4945 **이메일** book@hbooks.co.kr
홈페이지 http://www.hbooks.co.kr **블로그** blog.naver.com/nextwave7
출력·인쇄·제본 (주)상지사 **용지** 월드페이퍼(주) **후가공** (주)이지앤비(특허 제10-1081185호)

ISBN 978-89-6596-646-3 03320